金融新格局

资产证券化的突破与创新

林　华◎主编
郁冰峰　邓海清　郝延山◎编著

中信出版社 · CHINACITICPRESS · 北京 ·

图书在版编目（CIP）数据

金融新格局：资产证券化的突破与创新／林华主编；郁冰峰，邓海清，郝延山编著．—北京：中信出版社，2014.6（2020.4重印）

ISBN 978-7-5086-4599-5

Ⅰ．①金… Ⅱ．①林… ②郁… ③邓… ④郝… Ⅲ．①资产证券化—研究—中国 Ⅳ．①F832.51

中国版本图书馆CIP数据核字（2014）第106796号

金融新格局

资产证券化的突破与创新

主　　编：林　华

编　　著：郁冰峰　邓海清　郝延山

策划推广：中信出版社（China CITIC Press）

出版发行：中信出版集团股份有限公司

（北京市朝阳区惠新东街甲4号富盛大厦2座　邮编　100029）

（CITIC Publishing Group）

承 印 者：北京通州皇家印刷厂

开　　本：787mm×1092mm　1/16　　字　　数：500千字

印　　张：33　　印　　次：2020年4月第11次印刷

版　　次：2014年6月第1版　　广告经营许可证：京朝工商广字第8087号

书　　号：ISBN 978-7-5086-4599-5/F·3199

定　　价：78.00元

服务热线：010-84849555　服务传真：010-84849000

投稿邮箱：author@citicpub.com

序一

资产证券化与中国金融市场

随着我国金融市场发展的逐步深化，稳定的金融环境显得尤为重要，而资产证券化恰恰是实现金融稳定和促进金融发展的一条重要途径。

目前，我国金融市场的融通资金主体还是商业银行，间接融资的比例依然很大。在经济转型、结构调整和国际化、多元化的大环境下，我国的银行也在探索转型发展的道路。从国外银行的发展经验来看，合理运用资产证券化手段，可以帮助银行解决多种问题，提高银行的竞争力、盈利水平和业务发展空间。本书作者以理论和实践相结合的方式，分析了资产证券化对银行自身发展的重要性。商业银行可以利用资产证券化来分散风险、增加流动性、改变融资模式、提高盈利水平和加快业务转型。针对资产与负债在期限和价格上的错配问题，通过资产证券化，商业银行将长期资产提前变现，有效解决了长期资产和短期负债匹配失当的问题，增强了银行资产的流动性和安全性。本书用了大量的篇幅阐述了信贷资产证券化的原理和实践，把商业银行涉及的各种信贷资产的证券化，用专业、易懂的方式展现出来。同时，本书也分析了多个美国银行失败的案例，在鼓励银行开展资产证券化业务的同时，也为我们提出了客观而又实际的警示。

从美国的经验来看，货币市场基金在利率市场化过程中规模会不断壮大，并逐渐成为资产证券化市场的主要资金来源之一。我国利率市场化进程不断加快，短期市场 Shibor 利率和长期市场国债收益率基准已经基本形成，贷款利率已完全放开，其他各项基础设施建设将陆续完成。利率市场化将为资产证券化提供持续的资金动力，资产证券化将渐入佳境。现阶段，随着国家盘活资金存量市场政策的落实，资产证券化得到了进一步的发展，金融脱媒现象加剧，多层次的市场和多元化的产品不断发展。这一举措将使得市场参与者倍增，金融普及化进程加快，受惠者范围快速扩大，众多中小微企业和个体将获得急需的金融服务。党的十八届三中全会提出了发展普惠金融，资产证券化也是实现这一目标的重要途径之一。

此外，资产证券化也是人民币国际化和中国资本迈出国门的重要渠道。中国已经超越美国成为全球第一大贸易国，人民币跨境结算已运用于有关贸易伙伴国并取得了良好的效果，人民币在境外的大量使用，将为人民币成为国际储备货币奠定坚实的基础。资产证券化的发展将会为境外人民币回流境内配置充足的投资产品，人民币在贸易项下流出、资本项下流入，形成闭合循环，稳定汇率，从而进一步推动人民币的国际化。

我国经济结构调整正在推进，金融市场改革和利率市场化进程不断深化，商业银行改革转型步伐不断加快。资产证券化，是中国金融市场发展的选择。

蔡鄂生

中国银监会原副主席

序二

金中夏

过去的10年是世界金融爆发和颠覆的10年，从美国的金融腾飞到次贷泡沫的破碎，从华尔街的狂欢到欧洲小镇的破产，从两个基金的倒闭到整个世界经济的衰退，我们目睹了一幕幕人间喜剧，而贯穿其中的是一个我们不太熟悉的身影——资产证券化。

资产证券化是近代世界金融领域的一个重大创新，现已成为美国和欧洲资本市场不可或缺的一部分。和其他很多创新一样，资产证券化也是诞生于艰难时刻：1970年的美国正经历着经济衰退，在当时政府的支持下，代理机构开始将住房抵押贷款通过打包发行抵押贷款转手凭证来解决融资问题，打响了现代资产证券化的第一枪。在之后不到20年的时间里，资产证券化市场的开拓者们不断探索开拓，创造出了包括RMBS、ABS、CMBS、CDO等各类证券化产品，后来还开发出了很多以非实物资产为依托的证券。截至2013年年底，美国和欧洲资产证券化产品的存量高达

12 万亿美元。蓬勃发展的资产证券化为欧美国家的资本市场注入了新的活力，推动了结构优化，盘活了信贷资产，也促进了房地产和消费的发展。同时，大量资产证券化产品的发行也丰富了金融产品的种类，为投资和融资提供了广阔的天地。这一点对美国特别重要，因为这些资产支持证券产品也成为美国向世界输送美元的重要载体。

资产证券化在我国也经历了近 10 年的发展。从 2005 年建设银行和国家开发银行获准发行首批 71.96 亿元“优质公司贷款”和“个人住房抵押贷款”为基础资产的 ABS，到 2007 年国务院扩大试点后一年内规模攀升到 412 亿元，再到 2013 年信贷资产证券化 500 亿元的规模，资产证券化在我国已经迈开了坚实的步伐。尽管如此，这一阶段资产证券化依旧属于小额度的尝试和摸索。可喜的是，在前一阶段的探索过程中，我们也搭建起了资产证券化的基础设施，比如相关部门发行了《信贷资产证券化试点管理办法》和《关于进一步扩大信贷资产证券化试点有关事项的通知》等一系列制度性文件及一些监管、投资、会计和税务方面的规定和指导，为我国资产证券化的发展奠定了坚实的基础。更进一步，2013 年国务院办公厅发文指出资产证券化要进入常态化，国务院李克强总理也强调要通过金融创新来盘活资产存量，这些都将使我国的资产证券化从此驶入快车道。

在加快发展的同时，我们也需要对资产证券化有清晰的了解和认识。资产证券化是金融发展的必然趋势，也是我国的金融走向国际舞台的重要工具之一。但是，金融危机的历史也告诉我们这个工具的危险性。本书的作者都有海外资产证券化相关的实战经验，也亲身经历了资产证券化从顶峰到危机到恢复的阶段，他们希望通过本书来分享其对资产证券化的理解和美国的资产证券化经验，以此来切身投入我国资产证券化的工作中来，为中国的金融事业做贡献。

本书内容丰富，从多个方面对资产证券化进行分析介绍，其中既有理论的探讨，也有具体产品的介绍，更有翔实的实例分析。本书介绍的产品涵盖了目前我国资产证券化适用的各个类别，如汽车贷款、信用卡应收款、住房及商业房产贷款、银行信贷和企业资产等，这些介绍中不仅有概念的解释，还有资产证券化具体操作的阐述。

本书还从会计、税收、法律和评级等方面详细介绍了资产证券化相关的“软环境”建设问题，其中很多信息值得我们相关的法律法规制定部门借鉴和参考。除此之外，本书还详细介绍了资产证券化的模型构建技术和流程，这类实战技术的介绍在一般理论性的书中是看不到的。

此外，本书还把人民币国际化、利率市场化和资产证券化集合起来进行了深入的探讨。我国早期的离岸资产证券化采取的模式主要是基础资产和发起人在国内，SPV 和投资者在国外，以美元计价这一模式。随着香港离岸人民币市场及上海自贸区的发展，离岸证券化模式中基础资产和 SPV 均可以“内迁”，国外投资者可以用人民币买入资产证券化产品，这无疑将增加证券化产品的销售渠道，实现风险的国际化定价。资产证券化也将成为人民币国际化的重要载体。

无论是对资产证券化的学习者、参与者、监管部门或是理论研究员，这都是一本很有价值的参考书。

我国资产证券化的时代已经开启，金融市场的发展也正在进入一个新的时期。在迎接或共创这个伟大机遇的时候，我们的金融从业者可以借助这本书做好充分的准备，这也是我推荐本书的重要原因。

金中夏

中国人民银行金融研究所所长

目录

第一章

金融改革将进入资产证券化时代

20世纪60年代麦金农（R. J. Mckinnon）和肖（E. S. Show）关于金融抑制和金融深化的讨论引发了广泛关注，引领了之后70～80年代全球范围内兴起的金融自由化进程。拉美及亚洲国家在20世纪金融自由化过程中，资金账户开放先于国内金融机构现代化导致金融危机爆发，大量实践证明金融自由化次序至关重要。时至今日，金融自由化进程中的正反两方面经验揭示的关于利率市场化、本国货币国际化、资本自由流动、金融机构与金融市场现代化等核心概念之间的逻辑关系已经非常清楚。

从历史上看，金融自由化理论与实践交织。70年代金融自由化有激进式、渐进式之分，推出时机有需求尾随型和供给引导型之分。从逻辑上看，大国金融自由化的合理时间节点安排如下：（1）利率市场化完成，（2）金融机构、市场现代化完成，（3）资本自由流动，（4）本国货币国际化完成。

对于我国这样的发展中国家来说，经济转型和升级的任务繁重，改革进展到当下，进一步推动金融改革势在必行。我国的金融改革与金融自由化几乎同义。金融自由化、现代化意味着资金利率、货币汇率主要由市场真实供需决定，而非政府直接管制或控制。金融自由化的主要方向包括利率和汇率的市场化、金融机构的现代化、金融监管的现代化。我国金融自由化的动力来自改革向纵深方向发展，提升国家竞争力。

第一节
我国利率市场化进程

利率市场化是金融改革至关重要的一环，也是金融改革的排头兵。过去我国采取的发展政策是压制资金利率，居民部门补贴生产部门，通过投资和出口拉动经济增长。这种模式在发展初期的好处显而易见：有力地推动了我国过去30年的快速发展。2007年开始的国际金融危机以及近些年愈演愈烈的生态环境问题，从不同的侧面折射出出口—投资导向型的发展模式已走到尽头。后危机时代，我国必须走内需拉动型增长道路，这就要求金融改革向纵深方向发展，充分发挥市场在调节资源配置中的决定性作用。

一、国外利率市场化情况

国外的利率市场化，不论是以美国、日本为代表的发达经济体，还是以韩国、泰国为代表的东亚经济体，或者是以阿根廷、智利为代表的拉美国家，都集中在20世纪70～80年代。主要原因如下：70年代，两次石油冲击带来了世界性的通货膨胀，各国经济普遍出现“滞涨”局面，在利率管制以及金融创新作用下，金融市场比较完善的国家的银行等存款性机构普遍出现“脱媒”现象，而对于智利等拉美国家而言，高通货膨胀则导致了储蓄率下降和存款大量外流，国内资金稀缺制约了经济发展。此外，“滞涨”现象使得长期占主流地位的凯恩斯主义受到人们普遍质疑，以哈耶克、弗里德曼为代表的新自由主义开始广泛影响各国的金融实践，麦金农和肖提出金融抑制理论以后，金融自由化浪潮席卷全球。

国外的利率市场化主要有两条途径，即渐进式和激进式。欧、美、日等国家普遍采用的是一种渐进式的改革。美国的利率市场化改革从1970年开始酝酿，直至1986年完成，历经16年，如果以“Q条例”完全废除为标志，则要持续到2011年《多德－弗兰克华尔街改革与消费者保护法案》的实施；日本的利率市场化改革历经17年，直至今天，日本的利率仍然没有彻底地市场化；德国的利率市场化可分为形式的市场化和实质的市场化两个阶段，历时11年；英国和法国也分别经历了10年和20年左右。激进式的典型代表为阿根廷一波三折的改革和智利的超级货币主义实验，这种激进式的改革一方面表现为国家经济状况大幅波动，通货膨胀高企，又表现在改革步伐过大，甚至是利率市场化与金融混业经营、银行私有化、汇率改革和资本项目自由化等其他金融自由化改革同时推进，激进式改革最终均以失败告终。

二、我国利率市场化改革思路与进程

借鉴国外经验，结合我国国情，我国的利率市场化改革总体上按照如下思路进行：先放开货币市场利率和债券市场利率，再逐步推进存、贷款利率的市场化。央行在《2002 年货币政策执行报告》中指出，我国存、贷款利率市场化按照“先外币，后本币；先贷款，后存款；先农村，后城市；先长期、大额，后短期、小额”的顺序进行。此外，不断完善相关的配套制度，包括：存款准备金制度、再贴现及公开市场操作等主要中央银行间接调控工具的建设，金融市场结构的改革与完善，金融机构竞争机制和监管机制的建立等。

在以上思路的指引下，我国一方面放松利率管制，先是于 2004 年实现了“存款利率管上限，贷款利率管下限”的阶段性改革目标，后于 2013 年 7 月 19 日放开了贷款利率；另一方面，发展和完善市场利率体系，初步建立了以上海银行间同业拆借利率（Shibor）为代表的短期基准利率和以国债收益率曲线为代表的中长期基准利率体系；同时，央行不断完善调控理念和方式，利率已经成为调节经济运行的主要手段之一。

如果把放开银行间同业拆借利率作为我国利率市场化改革开端，那么我国利率市场化起于 1996 年 6 月，事实上，我国在 80 年代就开始了逐步放开贷款利率的尝试。

（一）存贷款利率的市场化

这一部分主要包括贷款利率市场化、存款利率市场化和外币存款的市场化。

1. 贷款利率市场化

1983 年，国务院授予人民银行在基准贷款利率基础上，上下各 20% 的利率浮动权。这样做的目的，一方面在于维持管制利率，从而不触动实体经济部门利益；另一方面，通过边际上的市场化，提高金融资源配置效率。在金融抑制、产业先行思维影响下，改革有一定程度倒退，1996 年 5 月，为减轻企业的利息支出负担，贷款利率的上浮幅度由 20% 缩小到 10%，浮动范围仅限于流动资金贷款。

1997 年，在亚洲金融危机、经济不景气环境下，管制利率弊端日益显现：由于银行对大客户的贷款相当于批发，对中小企业的贷款相当于零售，管制利率将批发价格和零售价格一刀切，造成银行没有积极性给中小企业贷款。为扩大中小企业融资，相关人员曾建议将商业性贷款利率上浮上限统一扩大到 30%，上浮原则按照信用等级制定。最终结果是自 1998 年 10 月 31 日起金融机构对小企业贷款利率上浮幅度由 10% 扩大到 20%，农村信用社贷款利率上浮幅度由 40% 扩大到 50%，大中型企业贷款利率最高上浮幅度 10% 不变。

1999 年贷款利率浮动幅度再度扩大，县以下金融机构和商业银行对中小企业的贷款利率上浮幅度扩大到 30%，但对大型企业贷款利率上浮幅度仍为 10%，国务院确定的 512 家大型国有企业贷款利率不上浮。

进入 21 世纪，国有商业银行和农村信用社改革取得重要进展，金融市场中长期基准收益率曲线的构建为金融机构贷款定价提供了初步基准，金融机构自主定价的意识和能力显著增强。中小企业贷款浮动利率的顺利实施也弱化了相关部门的顾虑，贷款利率市场化的外部条件进一步完善。2003 年 8 月，农村信用社改革试点地区信用社的贷款利率浮动上限扩大到基准利率的 2 倍。2003 年 12 月 10 日，经国务院批准，中国人民银行决定自 2004 年 1 月 1 日起再次扩大金融机构贷款利率浮动区间，商业银行、城市信用社贷款利率的浮动区间上限扩大到中国人民银行制定的贷款基准利率的 1.7 倍，农村信用社贷款利率的浮动区间上限扩大到贷款基准利率的 2 倍。贷款利率浮动上限不再根据企业所有制性质、规模确定，而是根据企业的信誉、风险等因素确定合理的贷款利率。金融机构贷款利率的浮动区间下限，保持为贷款基准利率的 0.9 倍不变。

2004 年 10 月，基本取消了金融机构人民币贷款利率上限，仅对城乡信用社贷款利率实行基准利率 2.3 倍的上限管理，金融机构贷款利率的浮动区间下限仍为贷款基准利率的 0.9 倍不变。人民币贷款利率过渡到上限放开、实行下限管理的阶段，市场化程度显著提高。

2005 年 3 月，央行将商业银行个人住房贷款优惠利率回归正常贷款利率的上限管理；2006 年 8 月，商业银行个人住房贷款利率下降至基准利率 0.85 倍；2008 年 10 月，下限扩大到 0.7 倍。

2012 年，根据经济形势发展变化，中国人民银行分别于 6 月 8 日、7 月 6 日两次下调金融机构人民币存贷款基准利率。同时把利率调整与利率市场化改革相结合，将金融机构贷款利率浮动区间的下限调整为基准利率的 0.7 倍。这一方面有利于引导资金价格下行，降低企业融资成本；另一方面，金融机构自主定价空间进一步扩大。

2013 年 7 月 20 日，央行全面放开金融机构贷款利率管制，取消金融机构贷款利率 0.7 倍的下限，由金融机构根据商业原则自主确定贷款利率水平；取消票据贴现利率管制；对农村信用社贷款利率不再设立上限；个人住房贷款利率浮动区间暂不做调整。

2013 年 9 月 24 日，央行公布了近期推进利率市场化的“任务表”：一是建立市场利率定价自律机制，二是开展贷款基础利率报价工作，三是推进同业存单发行与交易。24 日，包括工商银行等 10 家成员在内的市场利率定价自律机制成立。10 月 25 日，贷款基础利率集中报价和发布机制在试运行 1 个月后正式运行。贷款基础利率是商业银行对其最优质客户执行的贷款利率，其他贷款利率可在此基础上加减点生成。

贷款基础利率集中报价的实质，类似美国的最优贷款利率形成机制。一般而言，美国最优贷款利率在联邦基准利率的基础上上浮 300 个基点。目前中国存在两个基准利率体系，一是央行公布的 1 年期存贷款基准利率，二是上海银行间同业拆借利率，这两者尚未合并。

2. 存款利率市场化

相比贷款利率的市场化，存款利率市场化的进程要谨慎得多，这主要是因为存款利率市场化要求银行具备健全的产权约束机制和经营体制，否则一旦引起价格恶性竞争，便有可能影响金融体系稳定和安全。

1999 年 10 月，人民银行选取了风险相对可控的机构间批发市场进行利率市场化的初步尝试，批准中资银行对中资保险公司试办 5 年以上、3 000 万元以上长期大额存款协议，利率水平由双方协商确定。2002 ~ 2003 年，协议存款试点范围扩大到全国社会保障基金理事会和已完成养老保险个人账户基金改革试点的省级社会保险经办机构。

2004 年 10 月 29 日，央行决定放开金融机构人民币存款利率下限。“贷款利率管住下限、存款利率管住上限”旨在一段时间内防止银行恶性竞争，合理保护银行业利润，进而为银行的改革赢得时间。

2005 年 3 月，金融同业存款利率比照央行超额准备金存款利率执行的机制，由双方自由协商确定。9 月 21 日起，商业银行被允许自由决定除定期和活期存款外的 6 种存款的利息定价权。

2012 年 6 月 7 日，央行决定自 8 日起，将金融机构存款利率浮动区间上限调整为基准利率的 1.1 倍。

目前为止，我国利率市场化的最后一步即彻底放开定期和活期存款利率，根据美国、日本、韩国等国家经验，完成这最后一步的关键就是引入大额可转让定期存单（CD）。CD 作为商业银行一种主动负债产品，一方面由于到期之前不会发生提取存款问题，缓和了银行“脱媒”过程；另一方面，由于其可转让性和利率敏感性，又为稳妥推进存款利率市场化创造了条件。

我国的大额存单业务经历了曲折的发展历程。早在 1986 年交通银行即首先引进和发行大额存单，1987 年中国银行和工商银行相继发行大额存单。然而，由于缺乏一个统一的交易市场，也由于伪造银行存单进行诈骗等犯罪活动十分猖獗，央行于 1997 年暂停审批银行的 CD 发行申请，CD 业务因而实际上被完全暂停。进入 2013 年，利率市场化步伐加快，银行对资产证券化和大额可转让定期存单的呼声越来越高，2013 年 8 月，五大国有银行已向央行提交同业定期存单（NCD）方案，目前，已有 10 家银行获得首批试点发行资格。

同业存单是大额可转让定期存单的先行步骤，按央行“先同业、后企业和个人，先长期后短期”的思路，在同业存单稳定运行一段时间后，待条件成熟再推进面向企业和个人，发行大额可转让存单。

3. 境内外币存款利率市场化

外币存贷款利率市场化启动比较晚，但是由于市场基础比较成熟，其市场化步伐更快一些，目前我国外币贷款利率已经市场化，外币存款利率也基本实现市场化。2000 年 9 月，放开了外币贷款利率和 300 万美元以上大额外币存款利率。2003 年 7 月，小额外币存款利率管制币种由 7 种减少为 4 种。同年 11 月，小额外币存款利率下限放开。2004 年 11 月，1 年期以上小额外币存款利率全部放开。

（二）市场利率体系建设

我国的利率市场化进程采取的是逐步放松利率管制与完善市场利率体系并行的方式，目前，我国已经初步建成了以 Shibor 为代表的短期基准利率与国债收益率曲线为代表的中长期基准利率体系。

1. 短期基准利率体系

20 世纪 80 年代，拨款改贷款，商业银行与中央银行职能逐步恢复，机构间资金余缺调剂的需求推动同业拆借市场迅速发展起来。但由于当时金融机构体制改革尚未到位，同业拆借市场一度出现乱拆借的现象，为此，对拆借利率一度实行上限管理。

90 年代，随着同业拆借方面的相关法律法规不断完善，专业银行商业化改革取得阶段性进展，同业拆借业务实现了全国联网并生成了统一、透明的中国银行间拆借市场利率。1996 年 6 月，我国取消拆借利率上限管理，实现了拆借利率完全市场化。

在拆借利率市场化后 10 余年里，同业拆借市场和回购市场成交量均有了大幅增长。在借鉴伦敦、东京、中国香港和新加坡等国际金融中心市场基准利率形成基础上，2007 年 1 月 4 日，央行正式推出 Shibor。

目前 3 月期内的 Shibor 报价主要参考同期限的回购利率，由于具有活跃的回购交易作为参考，3 月期内的 Shibor 已经能充分反映资金市场变化。然而，由于 3 月及以上期限回购交易量稀少，Shibor 运行中还存在着长端报价质量不准的问题。

将 Shibor 建成我国权威的利率基准具有重要意义，首先，只有当 Shibor 这一利率基准得以充分确立并成为诸多金融产品定价基准，央行才可以从存贷款利率的制定中退出；其次，将 Shibor 运用到商业银行内部资金转移定价中，这对于商业银行内部管理而言非常重要。

大额可转让定期存单的发行，对于 Shibor 的完善也具有重要意义。大额可转让定期存单的期限一般是 14 天到 1 年，这恰好弥补了同业拆借中长期利率的不足，从而有助于完善 Shibor 成为货币市场基准利率。

2. 中长期基准利率体系

1996 年，财政部国债发行开创性地通过交易所平台实现了利率招标、收益率招标、划款期招标等多种方式的市场化发行，并根据市场供求状况和发行数量，采取了单一价格招标或多种价格招标的方式。1997 年 6 月，银行间同业市场开办债券回购业务，债券回购利率和现券交易价格均由交易双方协商确定，同步实现了市场化。1998 年 9 月，两家政策性银行首次通过人民银行债券发行系统市场化发行了金融债券。1999 年，财政部首次在银行间债券市场以利率招标的方式发行国债。

银行间市场利率的完善为商业银行自主定价提供了基准收益率曲线，为管制利率市场化和银行完善内部定价机制准备了条件。

第二节
人民币国际化进程

一、货币国际化的演进历史

自黄金诞生成为国际通用计价手段和贸易计算工具以来，先后有黄金、英镑、美元、日元、欧元等货币充当国际货币。相应地，货币的国际化分为 4

个阶段：（1）黄金主导阶段，即金本位时期；（2）英镑本位时期；（3）以美元为主导的布雷顿森林体系时期；（4）牙买加体系时期至今。其中，英镑的国际化得益于其先发优势，美国则是在“二战”后凭借其超强的综合国力用霸权强行推进美元的国际化，欧元则是一开始就是天然的国际货币。这三种货币的国际化有太多特殊性，无法为人民币国际化提供太多借鉴。而我国当前面临的外部环境与日本日元、德国马克的国际化进程所面临的外部环境具有颇多相似之处。

日元的国际化与日本经济自由化、金融国际化的进程紧密相连，日本经济自由化和国际化分为“贸易自由化——外汇交易自由化——金融自由化”三个阶段，不同阶段包含不同的政策操作支撑着日元的国际化。

贸易自由化方面，日本1964年加入国际货币基金组织（IMF）第八条款国，实现了经常项目的可兑换，自由程度与欧美国家相当。外汇交易自由化方面，1949～1979年为原则上禁止阶段，但也有例外的特批，1960年7月，日本引入非居民日元存款自由结算制度，1970年11月，以日元计值的外债得到许可发行，1972年9月，非居民在国内发行以外币计值的债券得到许可，1973年2月，日本转向完全浮动汇率制度；1980～1996年的规则是“原则自由，有事管制”，1980年12月实施的《外汇法》标志着日本实现了资本项目可兑换，1985年提出国内金融市场自由化、改善外国机构市场准入、欧洲日元市场自由化三项措施，1986年12月建立东京离岸市场；1997年至今主要废除了许可和事前审批制度，废除了外汇银行制度，以促进外汇业务自由化。金融自由化方面，1979～1994年以利率市场化、金融机构业务自由化和金融国际化为标志；1998年“金融大爆炸”后，日本提出“日元亚洲化”战略，2000年5月，“清迈协议”就东亚地区货币金融合作、建立双边货币互换机制等问题达成共识，区域货币合作进程有了突破性进展。但是，90年代后半期至今，泡沫经济崩溃后的日本经济长期低迷等问题一直困扰着日本，尽管日本政府采取积极态度，日元国际化陷入了停滞、后退的局面。

德国马克是在恶性通货膨胀的背景下诞生的，这给德国货币当局带来两个沉痛教训：一是把稳定货币当作头等大事，后来马克也成为世界上最稳定的货币；二是更加注重国内经济发展，马克的国际化远没有国内经济发展和币值稳定重要。

德国逐步实现了经常项目和资本项目的自由兑换。1954 年前，德国外汇管制非常严格，对贸易进出口实行许可证制度，进口用汇需要申请，出口商品的外汇收入要在规定额度内售给指定银行；1954 年 9 月，德国设立“自由马克账户”，放宽非居民在德国投资限制，12 月，进一步实行新的对外支付制度，1958 年 12 月，德国宣布实行有限度的货币自由兑换，即经常项目可兑换。资本项目可兑换进程是按照先放开资本流出后放开流入的顺序进行的，1952 ~ 1958 年，德国分步取消了资本流出管制，1969 年，国外资金流入压力减弱，德国放宽了有关资本流入的管制，但 1971 年 5 月美元危机后，资本流入压力上升，德国又恢复先前管制，1974 年，放松乃至取消境外借款准备金要求、向非国内居民出售国内证券和转让债权等限制，1981 年 3 月后，非居民购买国内证券不再需要核准，1984 年 12 月，德国实现了资本项目自由化。

欧洲货币体系的建立巩固了马克的国际地位。1979 年 3 月，欧洲货币体系正式建立，其他成员国货币与马克挂钩，马克成为这些国家货币“名义锚”。马克的国际化是从其区域化开始的，从最初的蛇形浮动到欧洲货币体系，再到欧洲货币联盟建立，最终欧元形成，马克在欧洲货币一体化进程中始终起着重要作用。

二、人民币国际化进程

观察当今主要世界通用货币发展历史，货币国际化通常分为三个阶段：贸易结算货币，投资标的货币，最终自然而然成为国际储备货币。至 2011 年，跨境贸易人民币计算范围已经扩大到全国。人民币国际化的路接下来主要是逐步实现人民币可兑换，这主要包括四大方面的改革，包括利率市场化改革、人民币汇率形成机制改革、人民币离岸市场建设和资本项目开放。随着人民币国际化的推进，人民币在成为储备货币方面也开始取得一定成就，如央行与越来越多的国家签订货币互换协议，一些国家已经采纳人民币作为储备货币等。

（一）跨境贸易人民币结算

2009年7月，上海市和广东省广州、深圳、珠海、东莞市的365家企业开始跨境贸易人民币结算试点；2010年6月，跨境贸易人民币结算试点范围由上述城市扩大到20个省（自治区、直辖市），境外地域范围由港澳和东盟扩大到所有国家和地区；2011年8月，业务范围进一步扩大，跨境贸易人民币结算境内地域范围扩大到全国。详见图1.1。

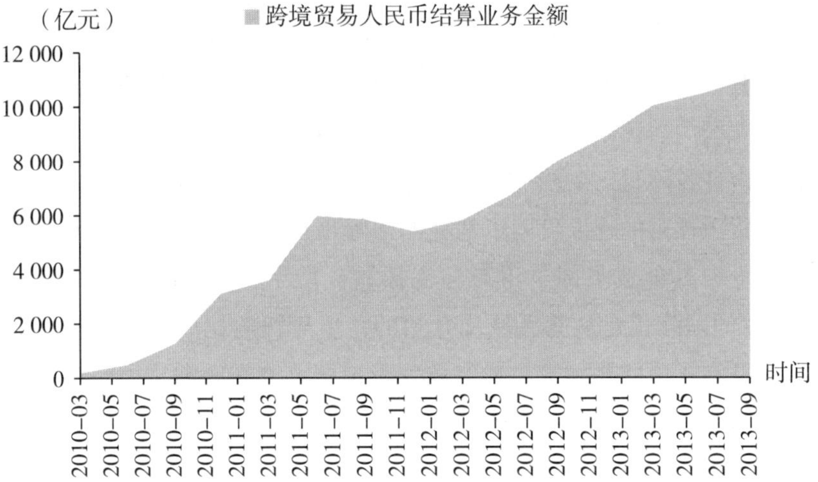

图1.1　我国历年跨境贸易人民币结算金额

资料来源：Wind资讯，宏源证券

（二）利率市场化

1996年，我国放开银行间市场拆借利率，标志着我国利率市场化进程的开始。在市场基准利率方面，目前我国已经形成以Shibor为代表的短期基准利率和以国债收益率曲线为代表的长期基准利率。存贷款利率方面，2004年，我国过渡到存款利率管上限、贷款利率管下限的阶段；2013年，我国进一步放开贷款利率下限，贷款集中报价机制正式运行，我国已进入利率市场化最后一步。

（三）人民币汇率制度

1994 年中国实行外汇体制改革，确立了进出口结售汇制度，并于 1996 年实现了经常项目下人民币可兑换，建立了以市场供求为基础，单一的、有管理的浮动汇率制度。但是，由于汇率波动幅度比较小，IMF 将人民币列入盯住汇率制度。

随着贸易、资本双顺差带来了严重的国际收支失衡，贸易摩擦问题不断，2005 年，中国实行了人民币汇率形成机制改革，形成了以市场供求为基础、参考一篮子货币进行调节、有管理的浮动汇率制度。

2008 年国际金融危机下，为抵御冲击，人民币汇率自 2008 年 7 月开始实际盯住美元。在“4 万亿”经济刺激计划下，中国成为世界经济增长引擎，国际资本大幅流入强化了人民币升值预期，2010 年第一季度，我国超过日本成为世界第二大经济体，外汇储备接近 3 万亿美元。在国际重压下，2010 年 6 月，央行退出盯住美元的政策，重回以市场供求为基础、参考一篮子货币进行调节、有管理的浮动汇率制度。

2012 年 4 月，央行发布公告，将扩大外汇市场人民币兑美元汇率浮动幅度。自 16 日起，银行间即期外汇市场人民币兑美元交易价浮动幅度由 5‰扩大至 1%，外汇指定银行为客户提供当日美元最高现汇卖出价与最低现汇买入价之差不得超过当日汇率中间价的幅度由 1% 扩大至 2%。

（四）开放资本项目

1996 年 12 月，我国已经完全放开经常项目，根据 IMF 研究，从经常项目可兑换到资本项目，可兑换时间平均需要 7 ~ 10 年。然而目前，我国资本项目仍然处于部分可兑换阶段。

1. 跨境直接投资（ODI、FDI）

2011 年 1 月 13 日发布的《境外直接投资人民币结算试点管理办法》规定，自 8 月 23 日起，全国的银行和企业均可开展人民币境外直接投资（人民币 ODI）。

2011 年 6 月 21 日，人民银行发布《关于明确跨境人民币业务相关问题的通知》，首次公开明确了外商直接投资人民币结算业务（人民币 FDI）的试点办法。10 月，商务部发布通知规定，境外投资者可以运用合法获得的境外人民币开展直接投资活动，随后人民银行也明确银行可以按照相关规定直接为外商投资企业办理人民币资金结算业务。我国跨境直接投资详见图 1.2。

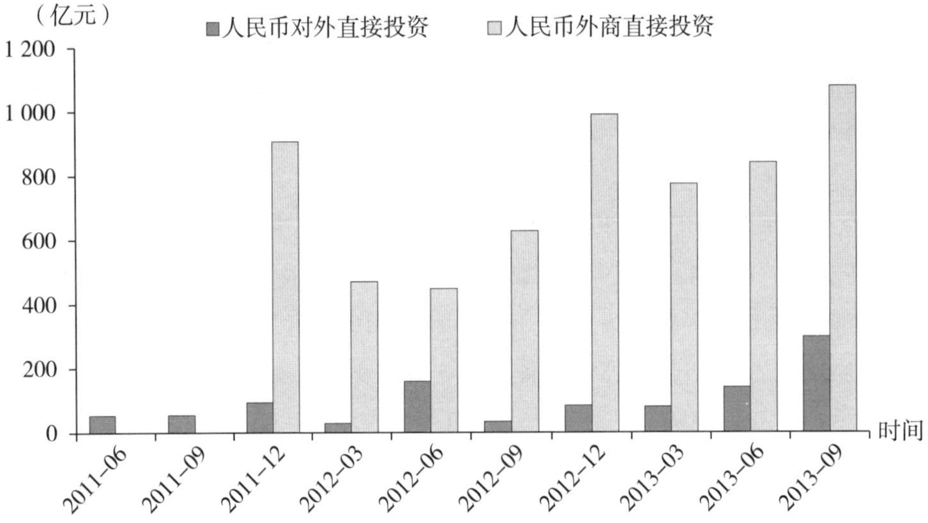

图 1.2　我国跨境直接投资人民币结算金额

资料来源：Wind 资讯，宏源证券

2. 跨境证券类投资（QDII、QFII、RQFII）

2003 年 6 月，保监会允许保险外汇资金可投资境外成熟资本市场证券交易所上市的中国企业发行的股票；8 月，保监会、央行首次允许保险公司在核准制下在境外运用外汇资金对银行存款、债券、票据等金融工具进行投资；2005 年 1 月，第一笔保险外汇资金境外运用额度 17.5 亿美元批给了中国平安；2006 年 5 月，中国社会保障基金正式启动海外投资。2006 年第一季度后，QDII 进程明显加快，针对银行、券商、基金开办 QDII 业务的暂行管理条例纷纷出台。2006 年 4 月，《商业银行开办代客境外理财业务管理暂行办法》发布，QDII 完成了从试点到制度的转变；9 月，国内首只基金 QDII 产品公开发行；同年，工商银行、建设银行、中国银行、交通银行、汇丰银行、东亚银行获得了首批 QDII 牌照，并相继推出了代客境外理财产品。我国 QDⅡ投资额度如图 1.3 所示。

2003 年 5 月 23 日，瑞士银行首先获得了我国第一张 QFII 批准证，并于同年 7 月 9 日首次以 QFII 的身份买入 4 家内地 A 公司的股票，从而为 QFII 在我国股票市场投下了第一单。此后，随着 QFII 数量以及其获批投资额度的增加，QFII 先后投资了股票、债券、基金等法律所允许的金融工具，逐渐成为我国证券市场上一股活跃力量。

2012 年年初，中国又推出人民币合格境外机构投资者制度，即 RQFII，又称“小 QFII”，并授以 200 亿元人民币初始配额。与 QFII 不同的是，RQFII 允许境外合格机构投资者募集离岸市场人民币，投资于境内证券市场，这里的境外合格机构投资者主要是指在港中资基金公司和证券公司。我国 QFⅡ、RQFⅡ投资额度如图 1.4 所示。

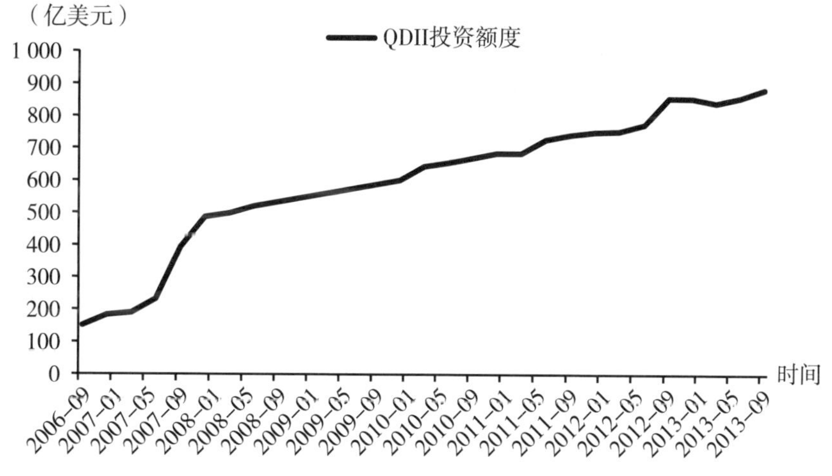

图 1.3　我国 QDII 投资额度

资料来源：Wind 资讯，宏源证券

（五）建设离岸人民币市场

我国一直支持香港地区成为人民币离岸中心，离岸人民币业务最早追溯到 2004 年；2009 年跨境贸易人民币结算政策出台以后，香港离岸人民币业务

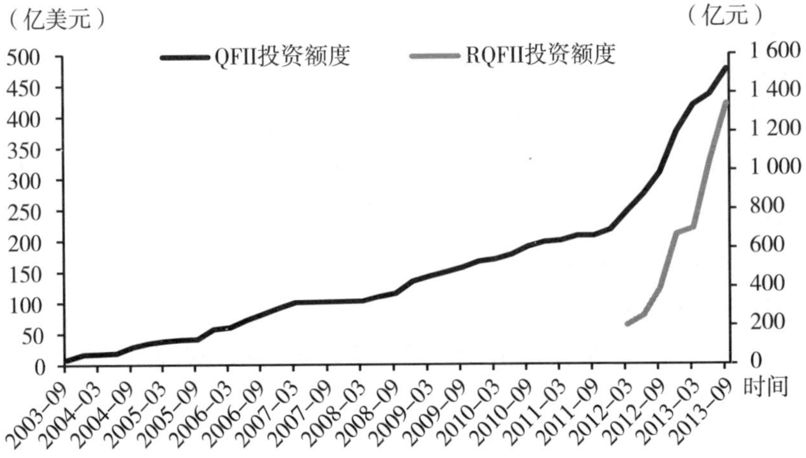

图 1.4　我国 QFII、RQFII 投资额度

资料来源：Wind 资讯，宏源证券

发展更加迅速，详见表 1.1。目前，中国香港是最大的人民币离岸中心，流动性充足，占人民币贸易结算总额的 80%，人民币产品种类也最多，包括存款、贸易融资及贷款、债券、公募基金、股票、外汇、结构性存款、存款证等。

此外，新加坡、中国台湾、伦敦最近也加入了人民币离岸中心行列，其流动性规模（存款）依次为新加坡 1 000 亿元（2013 年 6 月底），中国台湾 710 亿元（2013 年 6 月底），伦敦 120 亿元（2012 年年底）。人民币产品类型，有银行业务，如贸易融资、贷款等；外汇，如 CNH、NDF；债券和股票等。2013 年 7 月，RQFII 试点启动。

表 1.1　中国香港离岸人民币市场发展过程

时间	事件
2004 年 1 月	开展个人人民币业务，包括存款、兑换及汇款业务
2005 年 10 月	允许包括零售、饮食及运输在内的 7 个行业开设人民币存款账户
2006 年 2 月	允许香港居民开设人民币支票账户
2007 年 7 月	首笔人民币债券发行
2009 年 7 月	开始跨境贸易人民币结算试点

（续表）

时间	事件
2009 年 9 月	财政部首次在香港发行人民币国债
2010 年 2 月	金融管理局发出通知，简化跨境人民币结算的运作安排，放宽人民币多项业务限制
2010 年 6 月	跨境贸易人民币结算试点的地域范围扩大
2010 年 7 月	人民币业务清算协议修订
2010 年 8 月	允许人民币清算行等境外机构进入内地银行间债券市场投资试点
2010 年 11 月	人民币国债通过债务工具中央结算系统发行
2011 年 1 月	内地企业可以使用人民币进行境外直接投资，香港银行可为这些投资活动提供人民币资金
2011 年 4 月	首只离岸人民币股票上市
2011 年 8 月	中央明确支持香港建成人民币离岸中心，并颁布具体政策
2011 年 12 月	RQFII 试点启动

资料来源：公开资料，宏源证券

（六）人民币发挥储备货币职能

2005 年 5 月，东盟与中日韩“10 + 3”财长共同签署《清迈协定》，主要内容是建立区域性货币互换网络，在该框架下，中国与日本、韩国、泰国、菲律宾、马来西亚、印尼六国签订总额为 235 亿美元的货币互换协议，其中中国承诺出资 165 亿美元。

2008 年金融危机爆发后，中国开始在更大范围内与更广泛的国家和地区签订双边本币互换协议。至 2013 年，中国已与 20 多个国家和地区货币当局签订了双边本币互换协议，伙伴国已经超出“东盟 + 日韩”并扩展到拉美、中亚、南亚、中东、欧洲等地区，互换金额如图 1. 5 所示。

2006 年 12 月 1 日，菲律宾央行首次将人民币纳入官方储备货币。此后，俄罗斯、马来西亚、白俄罗斯、尼日利亚、泰国、日本等国家陆续宣布已经或正在考虑将人民币纳入官方储备货币。值得关注的是，2011 年 12 月，央行

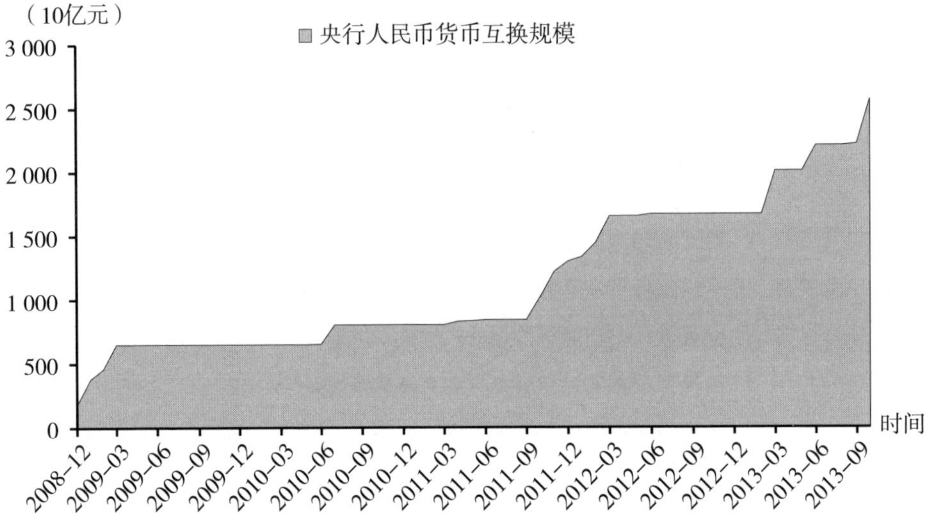

图 1.5　人民银行同国外央行人民币互换金额

资料来源：Wind 资讯，宏源证券

公告指出，日本政府已正式提出购买一定规模中国国债，2012 年 3 月，日本财政大臣安住淳透露，日本政府接到了中国政府的答复，同意日本购买相当于 650 亿元人民币的中国国债。日本将人民币纳入储备货币，意味着人民币首次成为发达经济体储备货币。详见图 1. 6。

图 1.6　人民币进入国外官方储备货币进程

资料来源：公开资料，宏源证券

由于未实现完全自由可兑换，人民币未能加入 IMF 特别提款权（SDR），这也是人民币成为国际储备货币的一大障碍。然而，2009 年 8 月，IMF 成功发行以人民币为支付货币、价值约500亿美元的债权，这表明国际金融组织对人民币的国际化已经给予高度肯定。

三、上海自贸区——中国金融改革的试验田

（一）上海自贸区成为我国金融创新的试验田

2013年9月27日，上海自由贸易实验区（以下简称自贸区）总体方案正式公布。自贸区肩负着我国在新时期加快政府职能转变、积极探索管理模式创新、促进贸易和投资便利化，为全面深化改革和扩大开放探索新途径、积累新经验的重要使命，是国家战略需要。自贸区的范围涵盖上海外高桥保税区、上海外高桥保税物流园区、洋山保税港区和上海浦东机场综合保税区四个海关特殊监管区域，即“三港三区”。并根据先行先试推进情况以及产业发展和辐射带动需要，逐步拓展实施范围和试点政策范围，形成与上海国际经济、金融、贸易、航运中心建设的联动机制。

上海自贸区的主要任务包括加快政府职能转变、扩大投资领域的开放、推进贸易发展方式的转变、深化金融领域的开放创新以及完善法制领域的制度保障。其中加快金融领域的开放创新主要通过两项措施实现：

第一，加快金融制度创新。在风险可控前提下，可在试验区内对人民币资本项目可兑换、金融市场利率市场化、人民币跨境使用等方面创造条件进行先行先试。在试验区内实现金融机构资产方价格实行市场化定价。探索面向国际的外汇管理改革试点，建立与自由贸易试验区相适应的外汇管理体制，全面实现贸易投资便利化。鼓励企业充分利用境内外两种资源、两个市场，实现跨境融资自由化。深化外债管理方式改革，促进跨境融资便利化。深化跨国公司总部外汇资金集中运营管理试点，促进跨国公司设立区域性或全球性资金管理中心。建立试验区金融改革创新与上海国际金融中心建设的联动机制。

第二，增强金融服务功能。推动金融服务业对符合条件的民营资本和外

资金融机构全面开放，支持在试验区内设立外资银行和中外合资银行；允许金融市场在试验区内建立面向国际的交易平台；逐步允许境外企业参与商品期货交易；鼓励金融市场产品创新；支持股权托管交易机构在试验区内建立综合金融服务平台；支持开展人民币跨境再保险业务，培育发展再保险市场。

（二）上海自贸区为利率市场化提供试验田

上海自贸区成为我国金融创新的试验田，其意义堪比深圳经济特区的建立。2014 年自贸区金融工作计划已经排定，将包括 5 项制度创新和 5 项功能推进。

5 项制度创新包括：建立自由贸易账户的分账核算管理制度，这是整个金融创新的基础；建立汇兑便利化的双向投融资制度，打通境内外市场；扩大人民币跨境使用领域，提升人民币国际化程度；建设利率市场化改革体系，以及建立便利化的外汇管理制度。

5 项功能包括：深化大宗商品现货市场功能，在区内建设涉及国计民生的能源、农产品等的大宗商品现货市场；建设面向国际的金融交易市场；搭建双向跨境投资平台；大力拓展融资租赁的服务功能；积极引进各类境内外的机构。

2013 年以来，利率市场化进程明显加速，对市场产生的影响可谓深远。自贸区将为利率市场化攻坚战提供舞台。正如前文所说，利率市场化需要完全放开存贷款利率限制，目前已经到了攻坚时刻，存款利率仍没有完全放开。而国务院给予了自贸区在金融机构资产方价格实行市场化定价的权利，可以预见 2014 年，存款利率的完全放开将会率先在自贸区实现，随后推广至全国。

另外，之前央行在汇改上作为有限，只能是在汇率市场上进行一些价格干预。但是，现在央行手里有了上海自贸区（还有前海），某种程度上类似于“离岸金融市场”。央行现在做汇改，将完全不同于过去几次汇改的力度。我国以前有香港离岸市场，但是央行不是规则制定者。而在自贸区，央行拥有强大的影响力。未来央行可能构筑资金池，在离岸市场发行国债，从而与在岸市场形成制衡。这一做法的好处有很多，央行的资产负债表，以前通过结售汇的方式取得3.6万亿外汇储备作为资产，现在，它可以通过债券的方式，再做一个巨额资产出来，从而使得央行资产负债表再次大幅扩张，增强央行在全球的影响力，以及提升使用货币政策应对金融系统风险的能力。

第三节
资产证券化受益于两大改革的路径分析

一、美国经验

回顾美国资产证券化市场的发展，有三条基本经验可供我们借鉴。第一，资产证券化与存贷款利率管制松绑密切相关；第二，资产证券化与美元的国际化密切相关；第三，资产证券化市场是影子银行的主战场。

（一）资产证券化与存贷款利率管制松绑密切相关

从海外经验来看，美国资产证券化市场的大发展伴随着利率市场化下存款机构松绑和美元的全球化。

1971年，布鲁斯·本特和亨利·布朗成立了美国第一只货币市场基金。之后货币市场基金发展迅猛，美国金融市场结构开始发生显著变化。如图1.7所示，1977年货币市场基金规模仅为39亿美元，1982年即突破2 000亿美元。为了应对资金脱媒造成的困境、减轻负债端压力，美国商业银行业推出NOW账户、ATS账户、MMDA、Super Now账户等与之抗衡。尽管如此，货币市场基金仍在利率市场化过程中规模不断发展，并逐渐成为资产证券化市场的主要资金来源之一。

（二）资产证券化与美元的国际化密切相关

除了货币市场基金，资产证券化之所以在美国大放异彩也与美元的国际化密不可分。20世纪80年代开始，美国经常账户出现持续逆差，大量美元通过贸

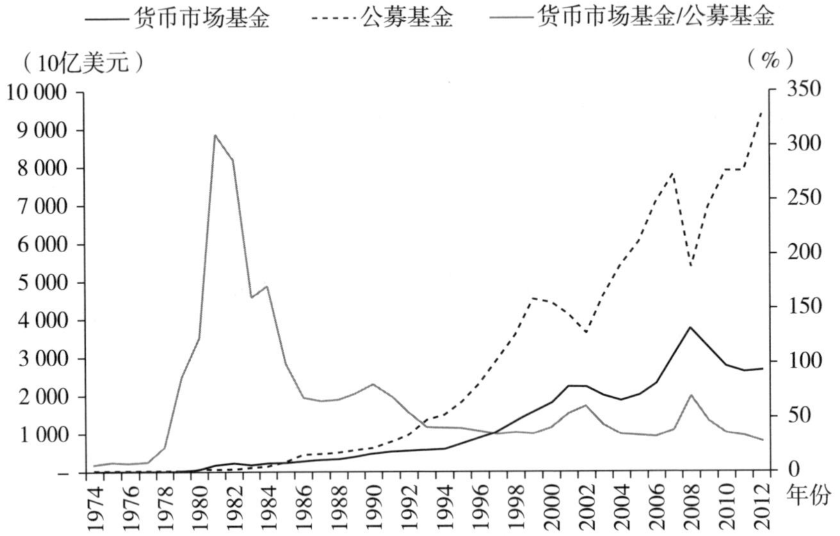

图 1.7　自诞生起，美国货币市场基金规模上升迅速

资料来源：美联储，宏源证券

易结算流向世界，但是由于美元的国际货币职能，流出的美元部分又通过投资美国金融市场回流。以海外机构和个人持有 GSE 支持证券规模为例，1976 年仅为 20 亿美元，1986 年即 250 亿美元，1996 年为 1 344 亿美元，2006 年为 12 636 亿美元，详见图 1.8。海外资金的青睐始终是美国证券化市场的极大动力。

（三）资产证券化市场是影子银行的主战场

2007 年 8 月美联储杰克逊镇（Jackson Hole）年会上，“影子银行”被首次提出，随后为各界所熟知。与传统商业银行不同，影子银行在完成期限、信用、流动性转换时受到的监管较少而且无法获得来自央行或者政府的信用担保，因此金融危机爆发之初出现了资金逃离影子银行的现象。详见图 1.9。

直观上看，作为动名词的资产证券化是从投行的角度看将流动性差的基础资产分割出售成标准化证券的过程，而影子银行则是指从资金来源到资金流向到最终资金使用都与传统商业银行体系并行但受到较少监管的融资体系。在美国，两者的关系体现在国内外资金通过各种直接融资渠道向资产证券化

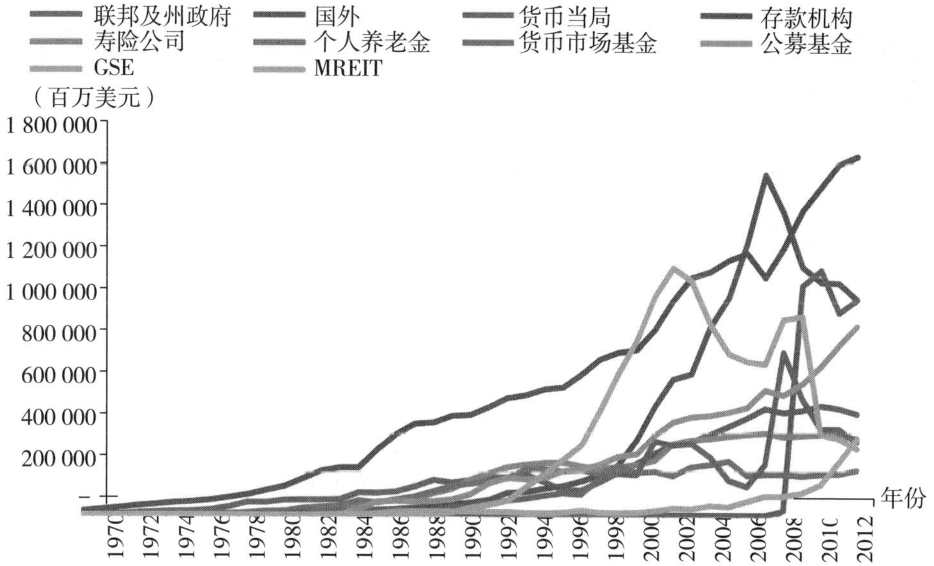

图 1.8 美国 GSE 支持证券投资者结构

资料来源：美联储，宏源证券

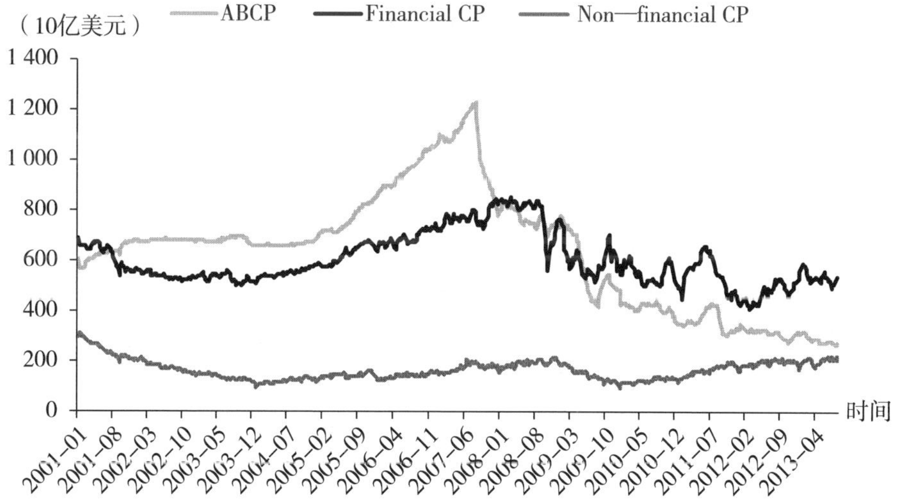

图 1.9 逃离影子银行体系

资料来源：美联储，宏源证券

市场汇聚集中，形成了与传统融资体系分庭抗礼的“影子银行”。因此我们说，资产证券化市场可以称作影子银行的主战场。详见图 1.10。

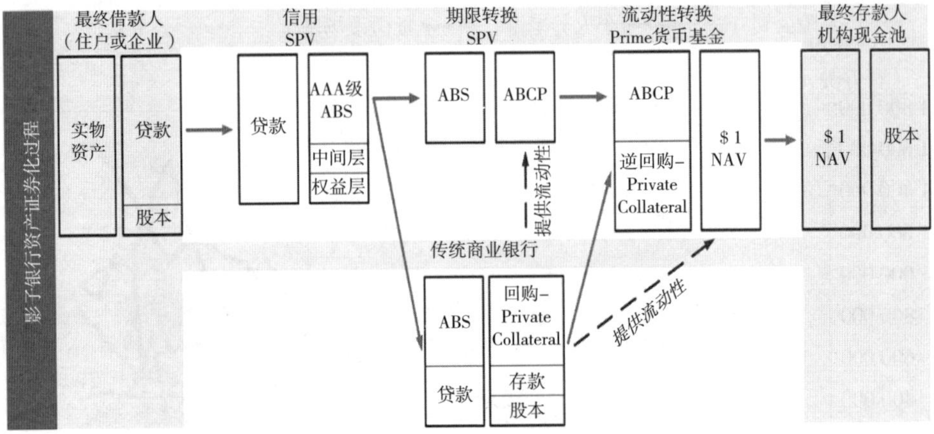

图 1.10　资产证券化市场与影子银行

资料来源：国际货币基金组织，宏源证券

但是需要注意的是，虽然影子银行的内涵是明确的，但是其外延存在明显争议。而且，在不同国家和地区，影子银行的表现形式有明显的差别。就我国来说，影子银行是在银行信贷冲动受限外加资产证券化还很弱小条件下表内资产表外化的产物，表现形式主要为“银行的影子”，即信托和券商资管等非银行金融机构作为银行信贷资产出表的通道。这点与美国的影子银行有天壤之别。

二、中国国情

回到中国，银行业过去10年单纯依靠消耗资本、扩大资产规模的粗放型发展模式已经无法持续。依据杜邦公式，商业银行的资本回报率 = 存贷息差 × 资产周转率 × 杠杆率。从商业银行经营的外部环境来看，我国利率市场化改革30年时至今日只差临门一脚，中期来看存贷款息差下降已成共识；以《巴塞尔资本协议 III》为代表的银行业监管规则对资本充足率和流动性的要求日益提高，杠杆率受到约束；为了维持高资本回报率唯一可以依仗的只剩加快资产周转率。对于商业银行而言，实行资产证券化不仅可以改善资本充足率，还能够帮助其转变经营模式，提高中间业务收入，堪称商业银行突围利率市场化之必备“利器”。

现实也正是如此。利率市场化进程中伴随着存款脱媒，近些年银行推出银行理财、同业等中国版影子银行业务，以此应对负债减少和监管加强。我国银行理财产品的影子银行特征最为明显。对于银行来说，一方面，银行理财产品资金通过投向信托公司、券商资管等通道，实现负债端的表外化；另一方面，信托等通道投向票据、信贷资产，实现了资产端的表外化。

（一）资金端

自2004年银行开展理财业务以来，作为存款替代性理财工具，银行理财产品从几百亿、几千亿的规模扩大到2013年6月底的9.85万亿元，逐渐成为举足轻重的银行表外资金来源。详见图1.11和图1.12。

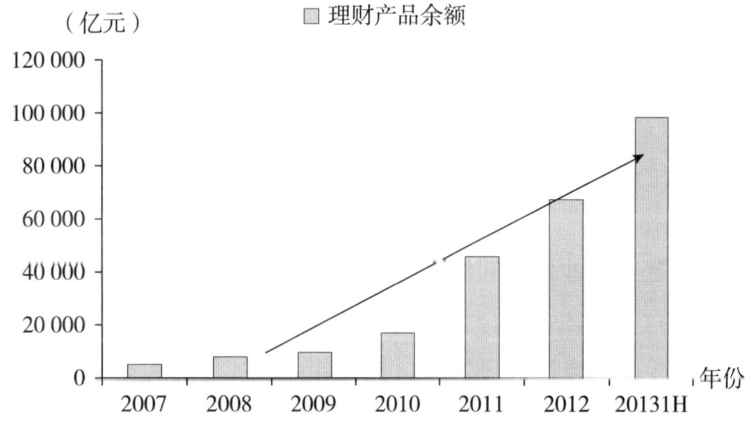

图1.11　银行理财产品余额增速惊人

资料来源：宏源证券

（二）信贷资产表内转表外模式

从规避监管的方式上看，信贷资产最初只需通过银信合作即可进入理财产品资产池内，后来为规避监管，演化为通过购买信托受益权进入理财产品资产池内。票据资产由于信托公司缺乏票据贴现资格，也需要绕道第三方才

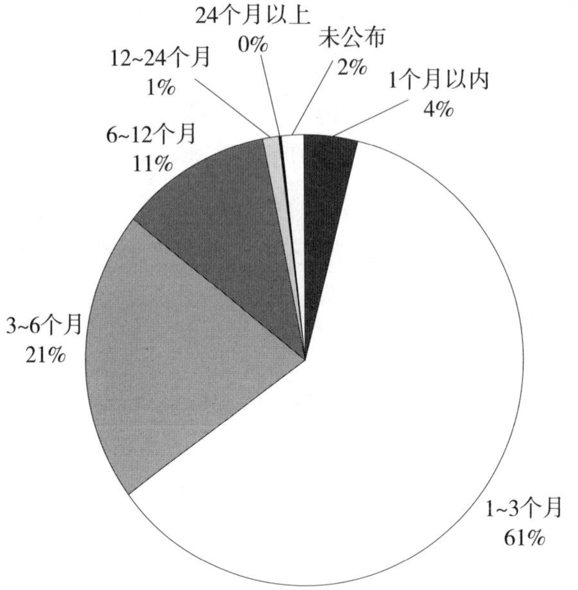

图 1.12　银行理财产品期限分布（2013 年上半年）

资料来源：宏源证券

能进入理财产品资产池内。

1. 银信合作

2005 年年底，商业银行和信托公司首次尝试理财业务合作，银信合作规模见图 1. 13。这个阶段银信合作的主要模式有三种：银行理财直接购买本行信贷资产；银行理财通过信托发放信托贷款；银行理财购买信托，信托受让信贷或票据资产。信托贷款占比详见图 1. 14。

2. 信托受益权

自 2009 年以来，信贷政策的先松后紧，使得银信合作业务成为“银行资产表外化”的重要工具。在这一阶段，盛行信托受益权模式，主要包括三种，即过桥企业模式（见图 1. 15）、财产权信托模式（见图 1. 16）和银行自营资金模式（见图 1. 17）。

按照 2010 年 8 月银监会 72 号文的要求，商业银行应将表外资产在 2011 年年底前转入表内，并按照规定计入风险资产并计提拨备。但转表的范围仅

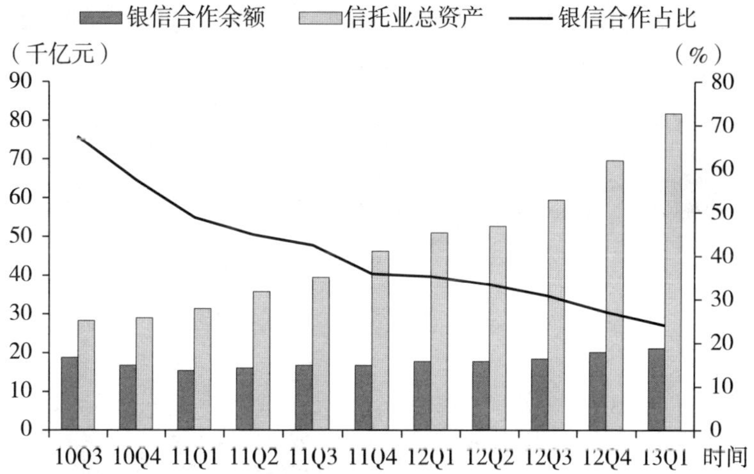

图 1.13　银信合作规模稳定，占比持续下滑

资料来源：宏源证券

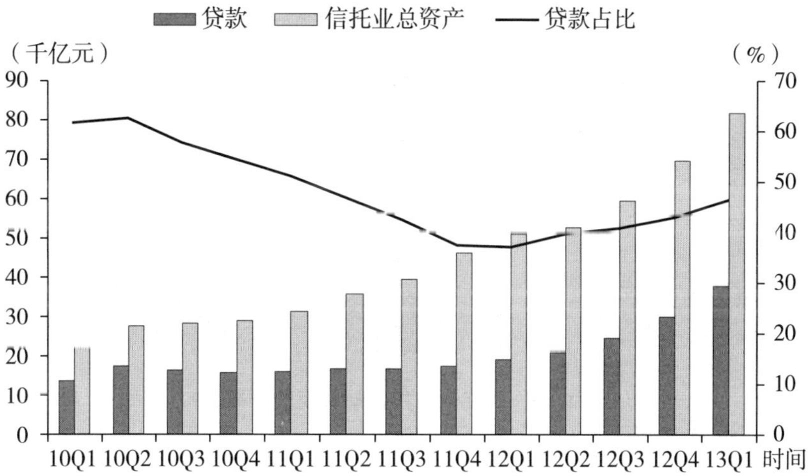

图 1.14　信托贷款占比企稳回升

资料来源：宏源证券

限于三类，即银行理财资金通过信托发放信托贷款、受让信贷资产和票据资产。由于银监会未规定银行理财资金投资不能直接投资信托受益权以及理财投资信托受益权需要入表，因此通过两种方式使监管套利成为可能：一是银行理财计划投资信托受益权，并非直接发放信托贷款、受让信贷资产和票据资产，不在转表范围之内；二是银行运用自有资金向过桥银行购买信托受益权（以投资同业资产的形式），自有资金并非2011年规范的银信合作理财资金，因此不受监管。

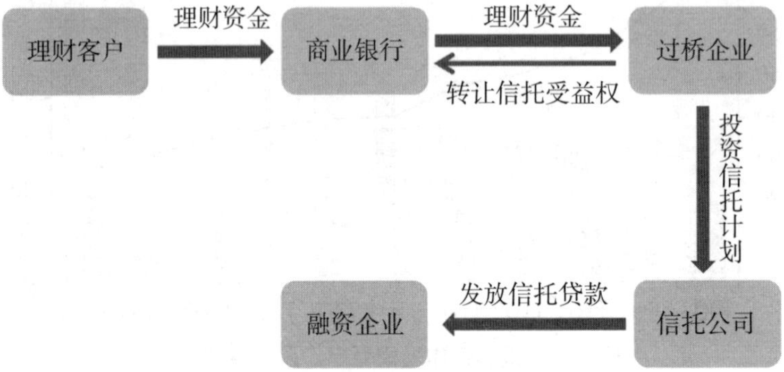

图1.15　信托受益权之过桥企业模式

资料来源：宏源证券

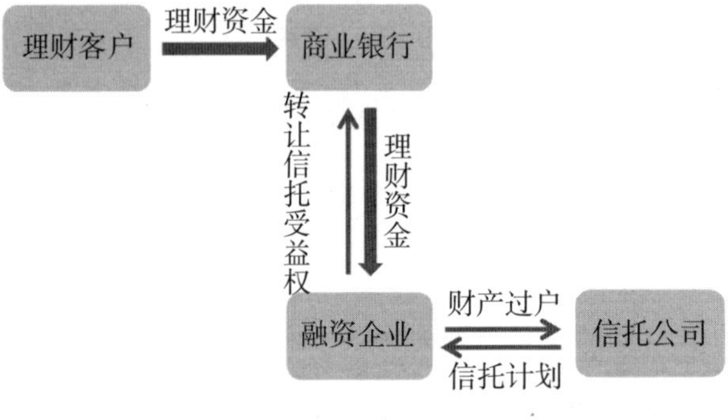

图1.16　信托受益权之财产权信托模式

资料来源：宏源证券

3. 银证合作、银证信合作

自2010年8月银监会下发《关于规范银信理财合作业务有关事项的通知》叫停银信合作通道业务，再加上泛资管时代"新政"频出，银证合作模式（见图1.18）、银证信合作模式（见图1.19）、银保模式、银基模式等便应运而生。以银证合作为例，自2012年下半年以来，券商资管出现了爆炸式增长，2013年6月底，规模已经达到3.42万亿元。

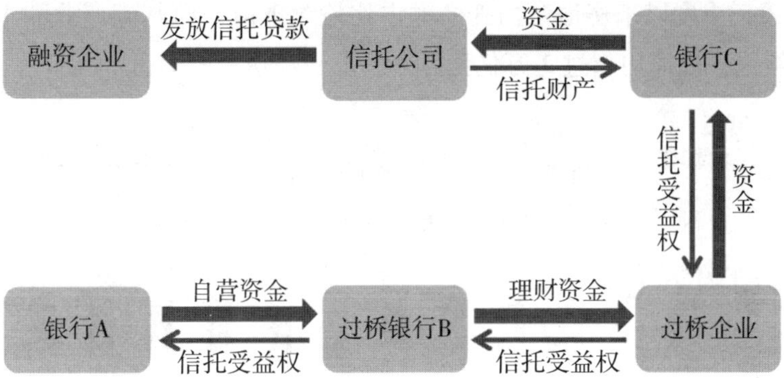

图 1.17　信托受益权之银行自营资金模式

资料来源：宏源证券

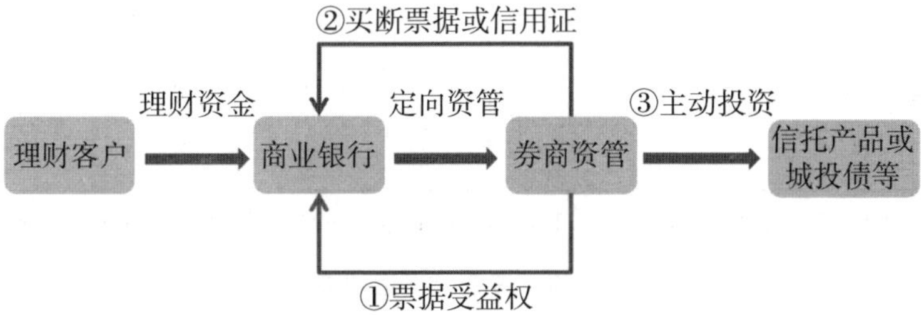

图 1.18　银证合作模式

资料来源：宏源证券

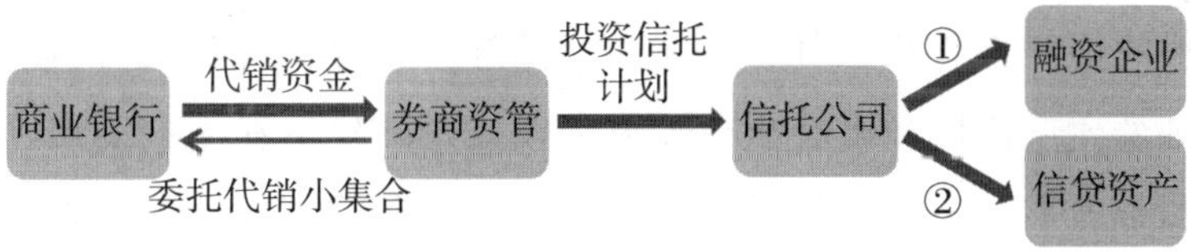

图 1.19　银证信合作模式

资料来源：宏源证券

（三）投向端

1. 信托投向

资金信托运用方式详见图 1.20。目前，信托产品最主要的三个投向为基础产业、工商企业和房地产（见图 1.21）。由于银监会收紧房地产信托政策，

2011 年第三季度以来房地产信托余额占比持续下滑，而基础产业和工商企业则持续领跑，规模均超过 2 万亿元。

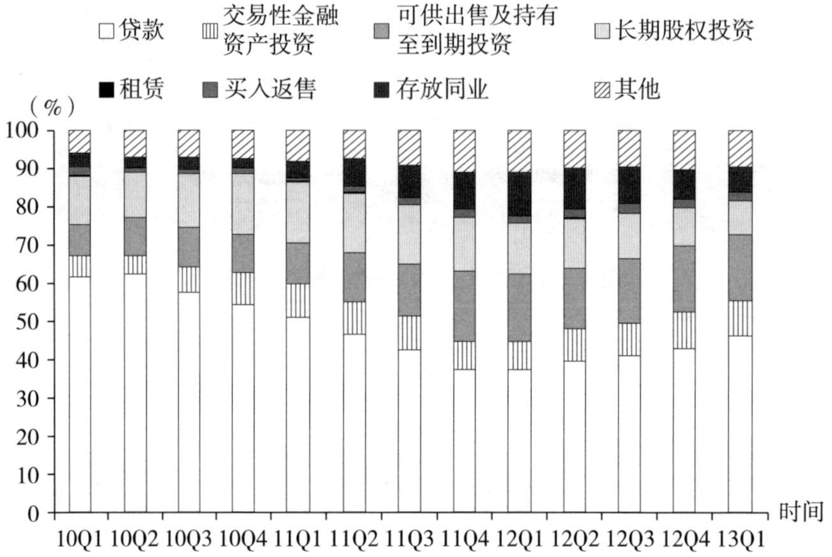

图 1.20　资金信托运用方式

资料来源：宏源证券

2. 类资产证券化模式

一般的信托操作模式主要有贷款型信托、股权型信托、权益型信托、准资产证券化型信托和组合型信托五种模式。基建信托中的类资产证券化模式是指政府平台公司以其对地方政府的应收账款债权（或者应收账款收益权）设立财产权信托，并委托信托公司将财产权信托的受益权进行“流动化”分拆转让，从而政府平台公司获得应收账款证券化后的资金。期限届满时，由地方政府还款或政府平台公司回购信托受益权的方式实现融资退出。详见图 1.22。

与美国金融体系明显不同，我国金融体系中银行一支独大的现象尤为明显。近些年来，一方面受存款准备金率、存贷比、存贷款利率等监管指标要求，商业银行信贷供给增速出现明显放缓；另一方面，以房地产、地方政府

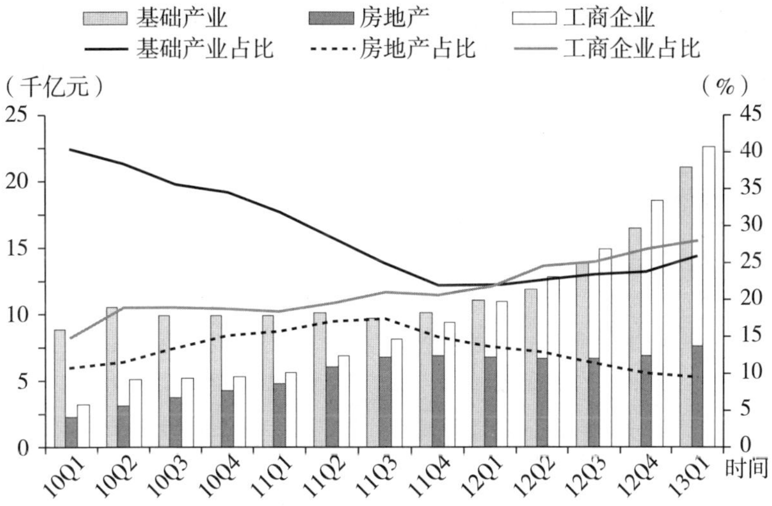

图 1.21　资金信托实体经济投向三大方向

资料来源：宏源证券

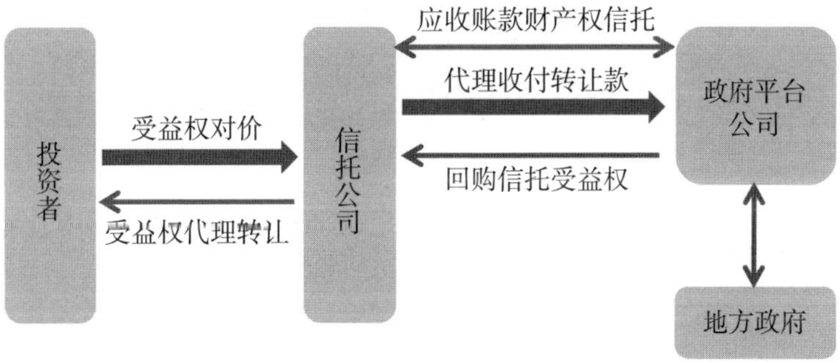

图 1.22　基础设施信托类资产证券化操作模式

资料来源：宏源证券

融资平台为代表的融资主体需求强度不减，政府控制利率长期低于合理的（市场的）水平，导致资金短缺。而影子银行能够解决短缺问题并增加银行以及储户的收益，可以说“影子银行”的诞生是缘于对利率市场化的强烈诉求。所以，解铃还须系铃人。通过利率市场化，即承认由市场供需决定最终利率水平而非政府，资金将会被有效地利用，“影子银行”问题也会得到解决。

伴随宏观经济转型、监管理念升级，理财和同业的风险疏堵之策亦层出不穷，中国版影子银行面临阳光化挑战（见表1.2）。从监管层和全社会融资角度看，资产证券化不失为解决影子银行膨胀的重要一环。

表1.2 银行理财监管“猫鼠游戏”

时间	监管要求	标志性通知/规定
2008-12-04	要求资产买断	《银行与信托公司业务合作指引》
2009-07-06	规定理财资金投资信贷资产和发放信托贷款的要求	《关于进一步规范商业银行个人理财业务投资管理有关问题的通知》
2009-12-14	封杀理财资金直接对接银行自身信贷资产	《关于进一步规范银信合作有关事项的通知》
2009-12-23	要求信贷资产类理财产品期限匹配	《关于规范信贷资产转让及信贷资产类理财业务有关事项的通知》
2010-08-05	融资类银信合作限额管理、表外资产转表内	《关于规范银信理财合作业务有关事项的通知》
2011-06-16	信托收益权纳入银信合作监管口径	《关于做好信托公司净资本监管、银信合作业务转表及信托产品营销等有关事项的通知》
2013-03-25	非标准化资产限额管理	《关于规范商业银行理财业务投资运作有关问题的通知》

资料来源：宏源证券

考察最近一段时间监管层的意图，影子银行阳光化之路渐行渐近。2013年6月陆家嘴论坛上，银监会主席尚福林就提出要充分利用银行业自身的技术、网点和人员优势，将理财业务规范为债权类直接融资业务，不断探索理财业务服务实体经济的新产品、新模式。9月16日，尚福林再次表示，银行理财业务本质是受投资人委托而开展的债权类直接融资业务。可建立专营机制，按照相应标准对资金募集、投放、风险等进行严格管理，主要赚取管理费，严禁利润分成，严禁风险兜底，严禁“脱实向虚”。之后，银监会业务创新监管协作部主任王岩岫对外透露，理财业务未来创新方向之一，是要鼓励银行推出自主的资产管理计划，以加强通道类业务的风控。9 月 26 日，经银监会业务创新监管协作部批准，中信银行获首批理财资产管理业务试点资格。

更进一步说，2012 年以来监管放松带来的大资管时代意味着传统的市场分割与占山为王的时代已经过去，各种机构将在一个更为市场化的平台上较量，竞争和优胜劣汰不可避免。鉴于信贷资产的规模巨大以及非标类资产管理的普及，相信国内金融机构管理信用资产的兴趣亦将随之兴起。另外，利率市场化将利率风险、信用风险的对冲与管理日益暴露出来成为金融机构的迫切需求。利率互换、国债期货、信用违约互换等金融衍生品的发展将使资产证券化显著受益。

利率市场化、人民币国际化是我国中长期金融发展战略。人民币国际化加速推进意味着资产证券化走向国际化指日可待。我国早期的离岸资产证券化采取的模式主要是基础资产和发起人在国内，SPV 和投资者在国外，以美元计价。随着香港离岸人民币市场、上海自贸区的发展，离岸证券化模式中基础资产和 SPV 均可安排在国内，国外投资者可以以人民币买入 ABS 产品。人民币国际化进程中，离岸证券化的模式将大大增加，同时亦将显著提高资产证券化产品的销路，实现风险的国际化定价。

另外，资产证券化是金融市场改革和金融市场现代化的关键一环。随着新一届政府“盘活存量”政策的逐步落实，金融衍生品等创新产品的配合，金改大环境必将造就出资产证券化的最佳发展环境，我国的金融机构和金融微观基础必将更加稳健！稳健的金融微观基础是利率市场化和人民币国际化的血肉和立足之本。因此，资产证券化的大规模发展实际上也将有利于我国的金融自由化改革。

第二章

资产证券化概述

第一节
什么是资产证券化

一、资产证券化的定义和意义

什么是资产证券化？翻开不同的专业书籍，你会看到很多关于资产证券化的不同定义。其实，关于资产证券化的定义没有对和错，只是大家站在不同的阶段、角度和层次上来对同一个事物进行阐释罢了。鉴于资产证券化这个词源于英文单词“Securitization”，我们就从字面上把它定义为：资产证券化是一个将资产转化为证券的过程。这里所指的资产可能是一个或一组资产，或者只是这些资产的一部分现金流权益；这里所指的证券则是以资产的现金流为支持的拥有各种不同风险和收益特点的证券；而这个转化过程中往往会使用金融工程技术来实现结果的最优化。

资产证券化是金融发展的必然趋势。什么是金融？从广义上说，政府、个人、组织等市场主体通过募集、配置和使用资金而产生的所有资本流动都可称为金融。金融发展的目的就是要促进资本流动的畅通，提高资源配置的效率，即把最低成本的资本投向效益最好的“项目”。在资产证券化出现之前，资本的流通和定价主要是建立在市场参与主体这类“大项目”的总体质量和效益之上的。但是，实现在市场参与主体这个“大项目”层面的资本最优化并不一定是真正的资源配置最优化，因为“最好”的市场参与主体拥有的资产或项目不一定全部都是最有效的，而“低质”的市场参与主体也可能拥有一些优质的资产或项目。资产证券化的突破在于它使得资本流动不受传统市场主体的限制，从而实现从主体层面的金融到资产层面的金融的转化，达到更细致的优化。并且，资产证券化中运用的结构金融技术使得被证券化的资产和证券化后的产品，在时间和空间上的转化更为精细和灵活，从而更有效地体现金融的核心作用，那就是跨时间和空间的价值交换。资产证券化这种在更深层次上的精细化和多样性使得资产的供给更丰富、定价更有效，从而使资本的流动和资源的配置得到进一步的优化和升华。

传统上，资产证券化中的资产往往是流动性较差的资产，所以需要金融转化来“变身”成具有流通性的证券，所以下面这个相对狭义的资产证券化的定义常常被使用：

“资产证券化是指将一个或一组流动性较差但预计能产生稳定现金流的资产，通过一系列的结构安排和组合，对其风险和收益进行分割和重组，并实施一定的信用增级，从而将资产的预期现金流转换成流通性和信用等级较高的金融产品的过程。”

本书所介绍的资产证券化大都属于以上定义的范畴之内。当然，随着现代金融产品的不断创新和结构金融技术的不断提高，资产证券化早已超越了只是解决流动性问题或是基于稳定现金流的阶段。从技术上来讲，只要想做，任何可能产生现金流的资产都可以进行证券化。基于我国的资产证券化目前尚处于初级阶段，本书主要介绍传统的资产证券化概念和产品。

二、资产证券化的本质

资产证券化的本质可以从不同的角度来诠释。要理解资产证券化的本质，我们必须首先了解资产证券化的基本流程。

一个完整的资产证券化交易通常包括 3 步：（1）由发起人成立特殊目的实体（SPV），并将需要证券化的资产转移给 SPV，该转移一般需要构成“真实出售”；（2）SPV 通过对资产池的现金流进行重组、分割和信用增级，并以此为基础发行有价证券，出售证券所得作为SPV从发起人处购买资产的资金；（3）服务机构负责资产池资金的回收和分配，主要用以归还投资者的本金和利息，剩余部分则作为发起人的收益。

图2.1是一个资产证券化交易的典型流程图。从图2.1可以看出，资产证券化的两个重要的创新或特征在于：风险隔离，分层和增信。通过利用SPV把资产的风险转移出来并实现和发起人本身风险的隔离，以此发行的证券仅依赖资产的信用而非发起人的信用。通过分层和增信，资产的信用可以得到进一步提升，所以发行人可以借此获得比发起人本身信用级别更高的评级，从而获得更高的流通性、售价或更低的融资成本。

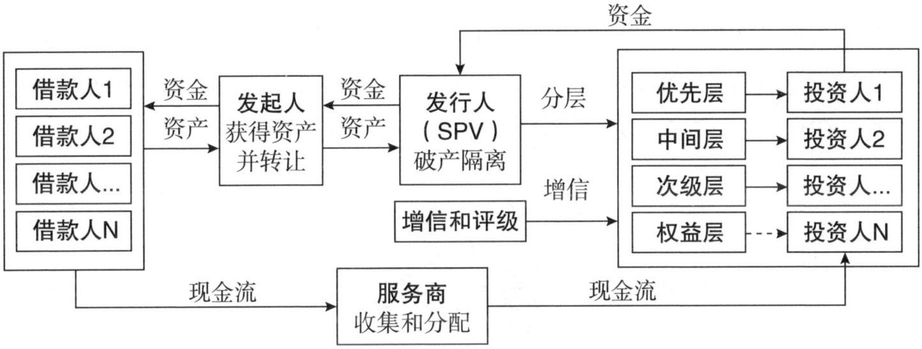

图2.1　资产证券化流程

资产证券化的本质是什么？从发起人的角度讲，如图2.1所示，发起人以放弃资产的现金流权益来换取资金，所以从本质上来讲是一种融资行为或资产出售行为。关于资产证券化到底是融资还是出售的问题一直是学术界和行业内争论的问题，而且从各国的会计、监管和法律上都有可能有不同的解释，但这并不妨碍我们对资产证券化的理解。其实，资产证券化的结构灵活多变，技术不断推陈出新，所以很难以不变的目光去解读它，这也是资产证券化的魅力所在。在很多时候，资产证券化交易兼有融资和出售的性质，这种双重特性也反映了发起人的许多动机，包括金融、监管、会计、税收及战略的考虑。

三、资产证券化的分类

资产证券化有很多不同的分类方式，但是最普遍采用的是根据交易所使用的基础资产来分类。

目前，市场上的资产证券化产品一般分为两大类：（1）以房产抵押贷款为基础资产的不动产抵押贷款证券（MBS）；（2）以非房贷类资产为基础资产的资产支持证券（ABS）。

MBS一般可以进一步分为个人住房抵押贷款证券（RMBS）和商业地产抵押贷款证券（CMBS）。在美国，MBS还可以按照是否有政府支持分为代理证券（Agency MBS）和非代理证券（Non-Agency MBS），其中，代理证券中可以按现金流的分配结构不同继续分为转付证券（Pass-through）和抵押担保债券（CMO）。图2.2列示了2013年年底美国MBS的存量分类占比。

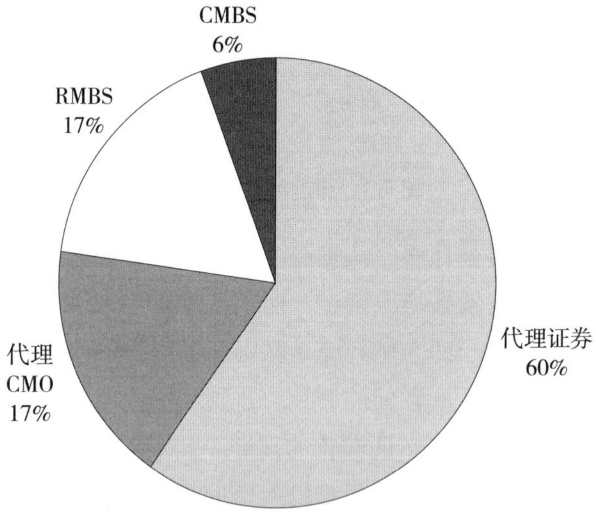

图2.2　2013年年底美国MBS存量分类（总量为8.72万亿美元）

ABS可以进一步分为狭义ABS和CDO两类，前者包括以汽车贷款、信用卡应收款、学生贷款、设备租赁、消费贷款等为基础资产的证券化产品，而后者是在20世纪80年代出现并在90年代中期发展起来并迅速蔓延的以银行贷款、债券或资产证券化产品为基础资产的证券化产品。图2.3列示了2013年年底美国ABS的存量分类占比。

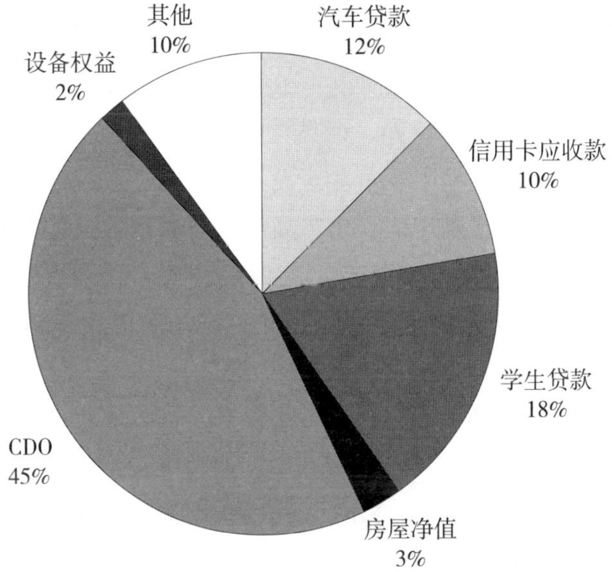

图2.3 2013年年底美国ABS存量分类（总量为1.28万亿美元）

四、资产证券化的简史

资产证券化的早期案例其实在18世纪就有，例子之一就是引起著名的“1857恐慌”的美国铁路抵押债券。中国应该有更早的案例，本书在此不做探讨。现代资产证券化的第一例是直到1970年才发生的，即在美国政府的支持下发行的一个抵押贷款支持证券。1985年，Sperry公司以1.92亿美元的电脑租赁合约为担保，发行了世界上第一只资产支持证券。同年，第一笔汽车贷款证券化诞生。信用卡应收款证券化也于1987年开始。80年代末，市场上开始出现担保债券证券（CBO）和担保贷款证券（CLO），即CDO。同时，美国发生储贷危机，不良债权的证券化也由此而生。

自第一单产品诞生至今，资产证券化已经历了半个世纪的发展历程。与诞生之初相比，其最大的变化表现在两个方面：一是基础资产极大丰富，二是从美国辐射到各国。从最初的住房抵押贷款到"只要能产生现金流就可以证券化"，资产证券化经历了一个从不动产证券化到动产证券化到最后"合成"资产也能证券化的过程。在资产证券化初期，证券化资产的品种主要限于住房抵押贷款这一类信用特征简单、还款条件明确、期限相对较长的资产。随着资产证券化技术的不断成熟，证券化资产的种类局限也不断缩小，即使那些现金流量不易确定、期限较短甚至没有实体的"合成现金流"等也被纳入了证券化范围。而且，资产证券化产品可以被用作基础资产进行"再证券化"。今天，资产证券化的基础资产包括住房抵押贷款、汽车贷款、信用卡应收款、学生贷款、企业贷款、商业房产贷款等各类贷款或其他证券化产品（ABS 和 MBS 等）。

资产证券化已经跨越国界，扩散至全世界。资产证券化已经成为欧美金融市场最重要的融资工具之一，投资众多，遍布全球。美国证券业与金融市场协会（SIFMA）的数据显示，2013 年证券化产品的存量达到 10 万亿美元，占到美国整个债券市场总量的 25%，仅次于美国国债。欧洲虽然在规模上略逊美国，但在创新方面也不落后（首创了整体业务证券化，即 Whole Business Securitization）。在亚洲，澳大利亚和日本的证券化市场也很活跃。而且，这些主要市场发行的资产证券化产品已经远销世界每个角落。

过去的 20 年间，担保债务凭证（CDO）、信用互换（CDS）和新定价技术的出现极大地刺激了市场，促进了资产证券化的进一步飞速扩张。然而，以华尔街为首的金融机构开始毫无节制地发行信用，并通过资产证券化向全世界兜售被滥用的信用。从 2004 年开始，全球资产证券化市场开始经历爆发式上涨，特别是次贷产品和 CDO 产品，同时 CDS 在资产证券化交易中被广泛使用。以 CDO 为例，大量高风险的次级贷款、高收益债券或低级别的证券化产品被用作基础资产来发行 CDO。数据显示，2006 年全球 CDO 发行规模达到了 5 206 亿美元，2007 年略有下降但也有 4 816 亿美元之巨，而在 2000 年，该数字还不到 700 亿。同时，交易的发行动机也从最初的融资或资产负债表管理需求转向投机和套利，2005～2007年间发行的CDO中以套利为目的的交易超过85%。而且，很多CDO中使用了CDS等衍生金融产品作为基础资产而不是真实的资本资产，这种“合成”CDO的大量发行使得市场上本已被滥用的信用得到成倍放大。2007年，全球CDS面额总量达到前所未有的62万亿美元。这些“发展”都为全球金融市场埋下了重大隐患。

2007年“次贷危机”爆发，继而引发全球范围内的金融危机，资产证券化市场遭遇寒冬。近年来，虽然各国的资产证券化市场逐渐回暖，一些产品的市场得到了恢复，但总体已难再回到危机前的景象。见图2.4。

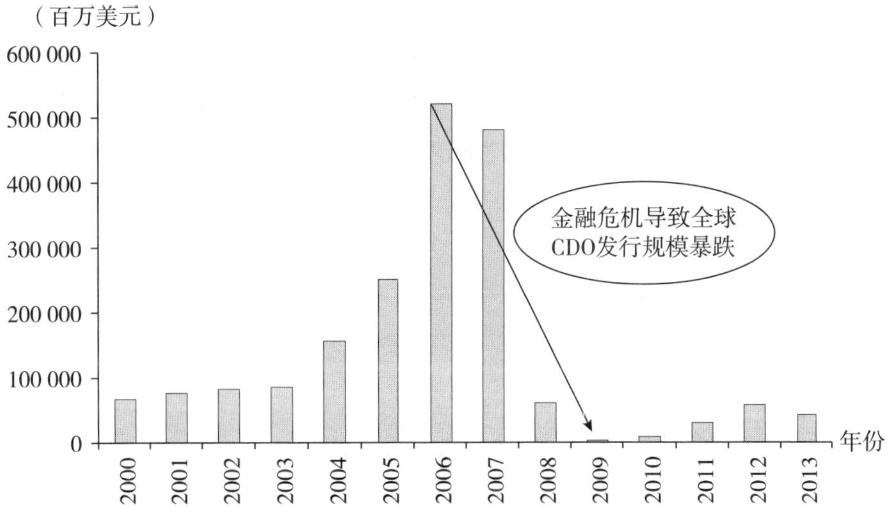

图2.4　CDO市场在迅速膨胀后于2008年开始大幅萎缩

资料来源：美国证券业与金融市场协会

我国早在20世纪90年代初就开始了资产证券化业务的探索。1992年第一单“类”资产证券化产品三亚地产投资券发行。随后，中远集团、中集集团，还有广深珠高速，尝试了离岸资产证券化并取得了成功。而我国正式的资产证券化历程则开始于2005年，迄今为止可以分为三个阶段：第一阶段从2005年到2007年，试点规模150亿元，实际发行了187.7亿元；第二阶段从2007年开始，试点规模600亿元，但期间遭遇金融危机而被暂停，实际发行了480.1亿元；第三阶段开始于2012年，首期额度为500亿元。

经过30多年的高速发展，我国经济取得了丰硕的成果，但同时也积累了很多结构性的问题。2012年以来，我国经济增长环境变得更加复杂，稳增长、调结构、促改革，成为当前和今后经济和金融工作的大局。目前，我国金融体系的顶梁柱是商业银行，如何提高我国商业银行的资本运作效率和竞争力？如何引进其他市场主体来共建一个高效、完善的金融体系来为实体经济服务？这些是我国金融和经济发展中需要考虑的重大课题，而资产证券化可能正是破解这些金融难题的有效工具。特别是在我国当前货币存量高企的情况下，通过货币政策刺激经济的空间越来越小，我国政府也明确了未来需要“盘活存量，用好增量”的战略。信贷资产证券化有助于盘活存量资产，实现总体提升，并能够推动经济结构调整和转型升级，因此我国信贷资产证券化常态化的迫切性越来越大。2013年8月28日，李克强总理主持召开国务院常务会议，决定进一步扩大信贷资产证券化试点。随后，第三轮3 000亿元额度的信贷资产证券化试点开始。种种迹象显示，我国资产证券化的春天已经来临。

第二节 美国市场的发展

一、奠基：大萧条至证券化诞生

（一）大萧条与住房危机

20世纪30年代爆发的经济危机（即“大萧条”）是老一辈美国人的噩梦，美国政府在危机后的一系列举措虽然使得美国的经济重新走上正轨，但任谁也想不到，这些政策也为70多年后的“次贷危机”埋下伏笔。

在大萧条之前，美国可以发放住房贷款的机构主要有四类：商业银行

(Commercial banks)、寿险公司(Life insurance companies)、互助储蓄银行(Mutual savings banks)和储蓄机构(Thrifts，也叫 Savings and Loan Associations，简称 S&L)。前三类机构发放的住房抵押贷款以中短期为主，一般不超过5年，被称为气球型贷款。S&L 则发放 11 ~ 12 年左右的贷款。这些还款计划缓解了买房者的偿付负担，使得更多人能够买得起房子。但是，在没有贷款保险、二级市场等担保和退出机制存在的条件下，贷款发放机构必须承担这些贷款的违约风险和流动性风险。

如图 2.5 所示，随着经济危机的爆发，失业率开始飙升，大量失去工作的美国人无力偿还抵押贷款，期间大约有超过 200 万户居民丧失了房产权。银行以及其他贷款机构只能通过拍卖抵押品(即房屋)回收资金，美国住房市场遭遇沉重打击，1928 ~ 1933 年美国的房价跌幅近 30%，其中仅 1932 年就跌了 10.5%，直到 20 世纪 40 年代初房屋价格才恢复到大萧条前的水平。作为房地产市场主要资金提供者的银行及储蓄机构大量破产。政府随后的危机处理办法深刻地改变了美国的住房抵押贷款类型，促进了抵押贷款二级市场的繁荣，为资产证券化的诞生奠定了基础。

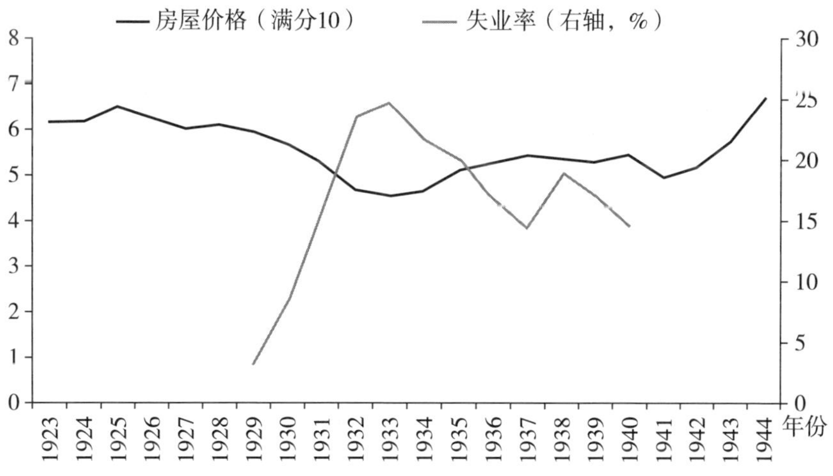

图 2.5 大萧条期间，房屋价格大跌、失业率高涨

资料来源：*Irrational Exuberance*，Journal of Economic Perspectives

（二）政府力促完整的抵押贷款市场

政府意识到要解决住房危机必须解决两个问题：第一，大量金融机构倒闭引起了资金的短缺；第二，因为金融危机，居民收入大为降低，信用水平下降难以获得金融机构的住房贷款。因此，解决住房危机首先要解决这两个问题，即需要设法提高提供贷款的供给，并为这些贷款提供一定的保险。

1932 年联邦住房贷款银行（Federal Home Loan Banks，简称 FHLB）成立，联邦住房贷款银行是由各州联邦储备银行组成管理及融通的储蓄机构。联邦住房贷款银行在取得财政部拨款后，再将资金贷给有需求的金融机构，如储蓄贷款银行等。1933 年政府通过《住宅抵押贷款法》（Home Owners' Loan Act of 1933）并成立房屋贷款公司（Home Owners' Loan Corporation）。该法规定由联邦政府提供担保，形成长久性、以分期还款方式运作的抵押市场。1934 年，美国国会正式通过《国民住房法案》（National Housing Act of 1934，简称 NHA），成立联邦住宅管理局（Federal Housing Administration，简称 FHA）和联邦储蓄贷款保险公司（Federal Savings and Loan Insurance Corporation，简称 FSLIC），组建"互助抵押贷款保险基金"，对个人住房抵押贷款提供保险。1937 年《公共住宅法案》被提出，设立联邦平民房屋建设署（The United States Housing Authority，简称 USHA），以维持永久性的中央政府补贴。这些法案的颁布以及相关机构的成立，极大地促进了美国住房抵押贷款一级市场的发展。

1938 年，根据 NHA、FHA 特许成立了联邦国民抵押贷款协会（Federal National Mortgage Association，简称 FNMA，又称 Fannie Mae），即房利美。成立之初的主要目的是为银行等抵押贷款发放机构提供资金，并通过购买 FHA 和美国退伍军人管理局（The Veterans Administration，简称 VA）担保的住房抵押贷款来提高美国房屋抵押贷款二级市场的效率和作用。这一格局直到 1968 年都没有太大的改变。

1968 年，政府开始转变其在住房抵押贷款市场的地位以及职能。根据当年颁布的《住房和城市发展法》（Housing and Urban Development Act of 1968），房利美被成分两部分，一部分仍叫房利美，另一部分则叫政府国民抵押贷款协会（Government National Mortgage Association，又称 Ginnie Mae），即吉利美。吉利美主要为合规抵押贷款，即由 FHA、VA 和 FmHA① 等机构提供保险的贷款（其他抵押贷款称为非合规贷款，或称常规贷款），在二级市场交易提供担保。

1970 年，联邦政府授权房利美购买常规住房抵押贷款。同年，为加强竞争，进一步拓宽抵押贷款二级市场，美国国会通过了紧急住房金融法案，政府设立了另一家私人拥有的、在联邦政府注册的抵押贷款公司——联邦住房抵押贷款公司（The Federal Home Loan Mortgage Corporation，简称 FHLMC）另一个广为人知的名字是 Freddie Mac，即房地美。

至此，美国政府完成了所有住房抵押贷款市场的基础工作，第一单资产证券化产品呼之欲出。

二、繁荣：三次浪潮

从 1970 年开始，资产证券化经历了三次浪潮，分别诞生了 MBS、ABS 和 CDO。同时，资产证券化的基础资产也从最初的住房抵押贷款扩展到汽车贷款、信用卡应收款、学生贷款等各类贷款，或是 ABS、MBS，甚至 CDO 等。

吉利美早在 1968 年就协助推出了第一单抵押贷款支持证券，但直到 1970 年才发行了自己的第一只抵押贷款支持证券：住房抵押贷款转付证券（Mortgage Pass-through Securities）。行业内通常也将 1970 年作为资产证券化的诞生之年。继吉利美之后，房地美（1971 年）和房利美（1981 年）都发行了自己的抵押贷款支持证券（Mortgage Backed Securities）。这些证券的结构和吉利美发行的第一单产品类似，都是转付证券（Pass through Securities），一般只有一个分层。为了满足投资者在投资期限、风险和收益率等方面的不同需求，房地美和房利美先后推出了 CMO、IO 以及 PO 等证券化产品。这些产品甫

① 联邦农场保险管理局（Farmers Home Administration，简称 FmHA）。

推出就受到投资者的追捧，发行量猛增，但发行规模的波动较大，见图 2.6 和图 2.7。

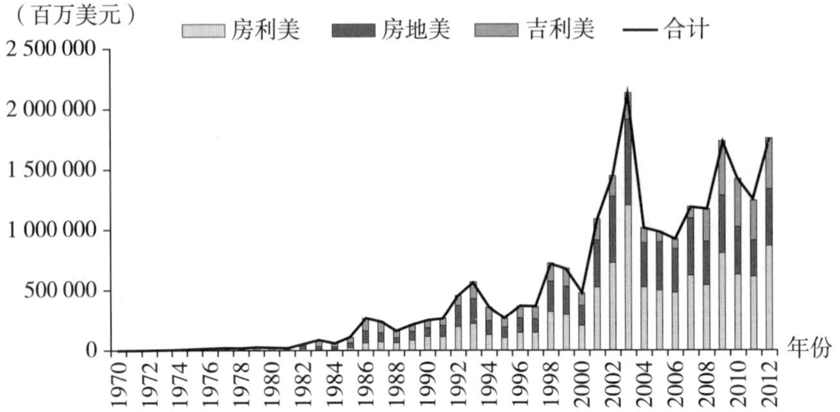

图 2.6　机构 MBS 发行规模

资料来源：美国证券业及金融市场协会

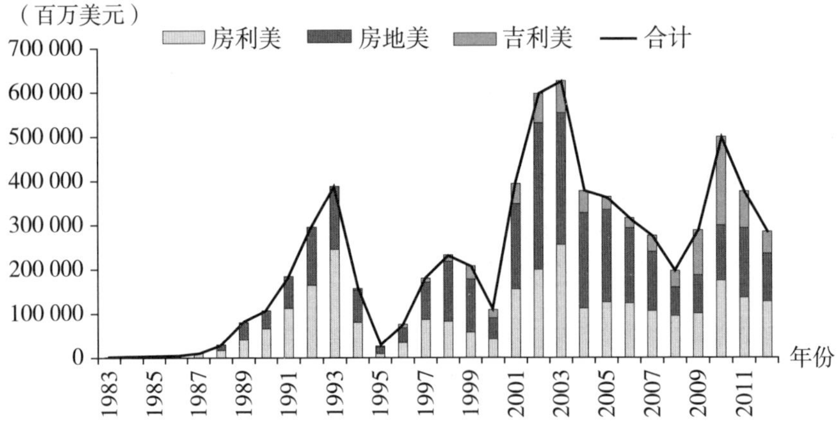

图 2.7　机构 CMO 市场需求大，发行量波动大

资料来源：美国证券业及金融市场协会

从本质上讲，ABS 仅仅是 MBS 的推广，是证券化技术由住房抵押贷款向其他资产类别的延伸。全球第一个非抵押贷款支持证券诞生于 1985 年，基础资产是计算机租赁票据。同年，汽车贷款证券化产品推出，并成为首个持续发展的非抵押贷款类支持证券。从此，ABS 在美国迅速发展起来，被证券化的资产除了汽车贷款外，还包括信用卡应收款、商业房产抵押贷款、住房权益贷款、贸易应收款以及基础设施收费等。ABS 品种如图 2. 8 所示。

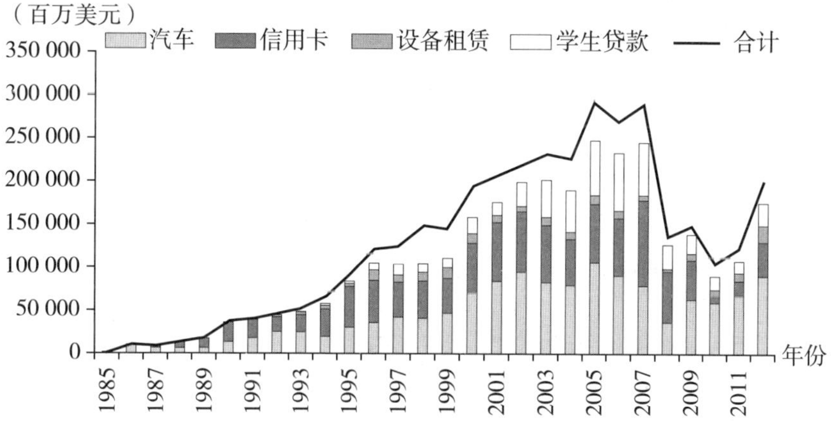

图 2. 8　ABS 品种

资料来源：*Irrational Exuberance*，Journal of Economic Perspectives

20 世纪 80 年代下半期，美国的商业银行开始尝试通过将一些流动性低的资产证券化以提高资本充足率，CDO 由此诞生。按照证券化方法不同，CDO 可以分成现金型、市值型和合成型三种；按发行目的不同，可以分为套利型和资产负债表型两种。如果说资产证券化是近 50 年来金融领域最伟大的创新之一，那 CDO 则是资产证券化领域最伟大的创新。但是由于其复杂性，直到 CDS 和新的定价技术的出现，CDO 才真正繁荣起来。SIFMA 的数据显示，在 2000 年左右，全球 CDO 发行量仅 1 000 亿美元不到，但到 2006 年全球发行量达到了 5 200 亿美元，年复合增长率达到 31%。

毫无疑问，资产证券化的出现深刻地改变了全球产业和金融的格局。资产证券化提供了比银行间接融资更为简便快捷的直接融资途径，并且交易中往往涉及众多金融机构的参与（银行、保险、专业贷款机构、财务公司、信托、评级公司等），这使得金融业与实业之间的联系前所未有地紧密起来，两者互相促进、共同繁荣。然而，以华尔街为首的金融机构开始毫无节制地发行证券化产品，发行的动机也开始由单纯的融资向投机和套利转移。由于低质量的资产可以轻易地通过证券化的“掩护”来高价出售，并且风险也得到信用评级机构的认可，所以大量低信用级别的资产被纳入资产池，特别是次级贷款被作为基础资产，这加大了证券化产品的信用风险。随着美国房价开始下跌，次级贷款累积的风险越来越大，“次贷危机”终于在 2007 年爆发，并迅速演变为全球范围内的金融危机。

三、变革：由“次贷”之祸引起的危机和改革

（一）金融危机

2007 年 1 月，汇丰宣布额外增加在美国次级贷款中的准备金额，并发出可能大幅增加拨备的警告。同年 3 月，汇丰公布业绩并为次级贷款额外增加准备金 70 亿美元。几乎同一时间，全美第二大次级贷款公司新世纪金融公司透露其经营的次级债坏账问题严重，并于几周后（2007 年 4 月 2 日）申请破产保护。“次贷危机”的序幕由此正式拉开。

2007 年 7 月开始，由次级贷款引发的亏损、流动性下降和准备金要求等问题在金融机构中频繁出现，破产络绎不绝，全球股市也因为次贷问题频发而出现多次暴跌。2007 年 7 月 26 日，道琼斯指数大跌 311 点；8 月 9 日，道琼斯指数再度暴跌 387 点；11 月 1 日，道琼斯跌 362 点。

进入 2008 年，“次贷危机”的范围逐渐扩大。同年 9 月 15 日雷曼兄弟的破产，标志着“次贷危机”正式演变成全球金融危机。根据 IMF 2009 年的《全球金融稳定报告》中的数据，全球因为金融危机损失近 4.1 万亿美元，其中美国的损失超过 2.7 万亿美元。直到今天，我们仍无法确定全球经济是否已经完全走出了金融危机的泥沼。这次危机虽然给全球经济带来了不可估量的伤害，但也给了全球各国一个建立更安全、稳健和有效的金融体系的机会。

（二）《多德 - 弗兰克法案》

为了应对金融危机，美国政府相继出台了多个法案，包括《住房和经济

恢复法案》和《紧急经济稳定法案》，这些法案的主要目的在于救助金融机构，稳定资本市场，防范更大范围的危机。但这些方案都是临时性的，随着金融危机逐渐被控制，更全面、更深刻的改革也开始推进。

2010年7月21日，奥巴马签署了全面金融改革法案《2010年多德－弗兰克华尔街改革和消费者保护法》，简称《多德－弗兰克法案》。该法案被认为是美国大萧条以来改革力度最大、影响最深远的金融监管改革议案，反映了美国政府对金融危机的全面反思，提供了后金融危机时代金融监管的全景。

《多德－弗兰克法案》的核心包括两方面的内容：金融市场系统性风险监管和金融产品消费者保护。该法案提高了对资产证券化及衍生品信息披露的要求，填补了对这些产品以及对对冲基金、私募基金和信用评级公司监管的空白。

金融市场系统性风险监管的具体措施包括：（1）建立新的监管协调机制和监控市场系统性风险。其中，有重要意义的一点是成立金融稳定监督委员会，主要职责在于识别和防范系统性风险。（2）防范金融机构“大而不能倒”的风险。建立全新的系统风险监管框架，将所有具有系统重要性的金融机构纳入美联储的监管下，美联储成为“超级监管人”；引入“沃尔克法则”，限制大型金融机构的自营交易业务；规定在极端情形下可以对某些原来被认为是“大而不能倒”的金融机构进行清算。（3）加强对证券化及场外金融衍生品的监管，提高对证券化产品和衍生品的透明度及信息披露。以资产证券化为例，该法案提出风险自留要求，明确评级机构的责任并加强监管。

该法案中金融产品消费者保护的具体措施包括：（1）设立消费者金融保护局，对提供住房抵押贷款、信用卡及其他贷款的金融机构进行监管，确保消费者在使用这些金融机构的服务时能够得到的信息是可靠的；（2）修正高管薪酬和内部治理结构，给股东在高管薪酬上提供更多的话语权，增加和扩大SEC监管的权利和范围；（3）大幅增加对评级机构的监管力度，要求提高评级公司信息披露的程度，增加评级机构的责任，努力减少对外部评级的依赖。

从《多德－弗兰克法案》内容可以清楚地看到，尽管大众之前普遍认为资产证券化是引发这次金融危机的罪魁祸首，但是随着金融危机调查以及认识的深入，这一观念得到了改变：资产证券化本身是中性的，能够转移或分散风险并且提高资产的流动性。金融危机是多方力量共同作用的结果，其中监管不力（存在多处监管空白、对风险的认识不足、忽略弱势群体的利益等）和金融机构盲目追逐利润（滥发信用、滥用衍生品及证券化和不负责任地推销等）才是本次危机的重要原因。

正是这种对资产证券化认识的深入，欧美政府只是加强了监管部门的职能，对一些高风险的交易进行限制，而不是对资产证券化进行封杀。全球资产证券化市场从2009年开始逐步回暖，而我国也在2012年宣布重启资产证券化试点工作。

第三节
中国市场的发展

虽然我国信贷资产证券化的试点工作正式开始于2005年，但早在20世纪90年代初期，我国就开始探索学习国外的证券化模式，并且有过一些成功的实践案例，给后来资产证券化之路提供了极有裨益的经验和指引。自2005年至今，我国信贷资产证券化试点工作已经开展到第三次，积累了丰富的理论及实践经验，信贷资产证券化常规之路正逐步展开。

一、早期探索

（一）我国资产证券化溯源

我国最早的资产证券化项目可以追溯到1992年。当时三亚市开发建设总公司为了筹集资金，以地产开发后的销售权益为担保发行了三亚地产投资券，集资开发三亚地产。从下文的分析中我们可以看到，三亚地产投资券并非严格意义上的资产证券化产品，但是它具备了资产证券化的一些重要特征，因此可以认为是我国资产证券化的雏形。

三亚地产投资券的交易结构具备一般资产证券化的一些重要特征，比如发起人将未来收益权（销售权益）证券化，引入资产管理人（海南汇通国际信托投资公司，简称汇通国投）及外部担保（汇通国投承担担保责任）等。但是缺少了资产证券化最核心的 SPV，因而没有完全实现“真实出售”和“破产隔离”。另外，该交易中政府的重度参与也淡化了证券化的市场特征。但不可否认，三亚地产投资券是我国迈出的资产证券化探索第一步。

此后，我国成功开展了一系列离岸资产证券化项目：中远集团航运收入资产证券化、中集集团应收账款证券化、广深珠高速公路未来收益资产证券化。这些项目具备一些重要的共同特征，包括在海外设立 SPV，发行的资产支持证券也在国际市场发行，信用评级、承销等工作也由海外机构完成。

但是离岸资产证券化也存在一些不足：第一，外汇管制。目前我国还没有实现资本项目的自由兑换，但是融得的资金以及本金利息的偿还都是外汇，收入却可能是人民币（比如广深珠高速公路未来收益资产证券化），并且资金主要用途可能也在国内。第二，汇率风险可能导致计划融得资金与还款金额之间的不匹配。换句话说，由于汇率变动可能产生计划外的成本。第三，国内金融机构获得项目经验较少。因为离岸资产证券化项目的参与机构多为外资机构，中资机构并没有积累到相应的项目经验。因此，离岸资产证券化比较适合跨国公司。尽管如此，中远集团等三个离岸资产证券化项目的成功实践，还是为我国后来资产证券化提供了宝贵的经验。

（二）央行牵头信贷资产证券化研究

1978 年改革开放到 1997 年，我国金融业经历了巨大的变化，逐渐从最初“大一统”的金融格局建立起以国有金融为主的完整体系。但是，以银行为主的国有金融机构在整个资本市场中仍一枝独秀，占据绝对地位，也积累相当巨大的系统风险。资产证券化被认为是银行转移系统风险、提高资本充足率和增加流动性的一个重要方式，但在我国是否可行当时还没有进行系统性的论证。

1999年，央行和建设银行开始着手资产证券化的研究。当年年初，人民银行首次从顶层设计的角度研究我国住房抵押贷款证券化的可行性，拉开了资产证券化在我国展开的序幕。同年9月，建设银行向人民银行报送《关于发行住房抵押贷款债券的请示》。随后由政府牵头，银行为主和其他金融机构相互合作的方式，开展了一系列探索研究工作。2001年《信托法》推出后国内基本具备了设定SPV的法律环境，国家开发银行和建设银行重新提出了与国际资产证券化通行做法更为贴近的法案。2004年年底人民银行与银监会共同报请国务院批准实施资产证券化试点工作。2005年4月20日，人民银行颁布《信贷资产证券化试点管理办法》，标志着我国资产证券化试点工作正式启动。

二、走走停停的试点

我国信贷资产证券化试点工作开始于2005年，至今可以分为三个阶段，并非一帆风顺，其中第二阶段由于全球金融危机而被紧急暂停。

2005年3月到2007年4月是信贷资产证券化试点的第一阶段，试点的规模限制在150亿元。在此阶段共发行了5期证券化产品，分别是建元2005－1个人住房抵押贷款资产支持证券、2005年第一期开元信贷资产支持证券、2006年第一期开元信贷资产支持证券、东元2006－1优先级重整资产支持证券、信元2006－1重整资产证券化信托资产支持证券，实际发行规模187.7亿元。

信贷资产证券化试点的第二阶段是2007年5月到2008年12月，试点的规模限制在600亿元。在此阶段共发行了12期证券化产品，实际发行规模480.1亿元。之后由于金融危机的影响，监管层叫停了试点期间产品发行，导致2009～2011年信贷资产证券化处于完全停滞状态。

2012年5月，银监会和央行发布《关于进一步扩大信贷资产证券化试点有关事项的通知》，信贷资产证券化重启，首期额度为500亿元。本次重启央行接受金融危机的教训，更加注重风险控制。首先建立风险自留机制，要求发起人持有权益层（最低档次证券）的比例不低于发行总规模的5%，且持有期限不低于权益层的存续期限。这一点与欧美有显著的不同，在这些国家，风险自留机构通常是特殊目的实体；而发起人风险自留可能会影响“真实出售”。其次，引入双评级机制，支持投资者付费模式。提高评级的客观性和准确性，减少评级误差可能造成的不利影响。虽然双评级会提高融资成本，但这也是在我国评级机构缺乏公信力和独立性情况下的无奈之举。最后，不做合成证券和再证券化。由于再证券化在提高杠杆的同时更隐藏了风险，被认为是“次贷危机”产生的一个重要原因，而合成证券则是再证券化的基础。

根据央行的统计数据，从2005年试点开始至2013年6月，我国金融机构在银行间市场共计发行了896亿元信贷资产证券化产品，其中2005～2008年间发行规模为667亿。这个数字相对于我国银行70.8万亿元贷款余额仍显得微不足道，信贷资产证券化常规化亟待推出。

三、2013破局之年

2013年以来，我国信贷资产证券化进程明显加速。政策的春风不断吹来，而最为重要的事件则是2013年8月底李克强总理在召开国务院会议时提出进一步扩大信贷资产证券化试点规模。政府如此推进信贷资产证券化的主要原因来自我国现阶段复杂的金融环境。

近年来，我国利率市场化改革不断加速推进，以银行为主的金融体系在前期已经积累了大量系统性风险的情况下，面临更具挑战的未来：负债稳定性继续下降，资产负债错配问题愈发凸显。同时，金融业混业经营趋势也在加强，竞争加剧，经济增长环境异常复杂。稳增长、调结构、促改革是当前和今后经济金融工作的大局。

尽管中国金融体系运行总体稳健，但金融工具和资本市场配置资源的效率与经济结构调整和转型升级的要求还有差距。2013年6月19日，国务院常务会议研究部署金融支持经济结构调整和转型升级的政策措施，明确提出要优化金融资源配置，用好增量、盘活存量，更有力地支持经济转型升级，更好地服务实体经济发展。由此可见，以往通过增加银行信贷投放和新增发债来补充实体经济需求、刺激经济增长的时代已经一去不返。

2013年7月2日，国务院印发《关于金融支持经济结构调整和转型升级的指导意见》（国办发〔2013〕67号），又称“国十条”，要求逐步推进信贷资产证券化常规化发展，盘活资金支持小微企业发展和经济结构调整。8月28日，国务院总理李克强主持召开国务院常务会议，决定进一步扩大信贷资产证券化试点。这一系列里程碑式的事件正式开启了我国资产证券化的盛宴。

本轮新增试点规模约为3 000亿元，加之之前剩余的约1 000亿元总计有4 000亿元的额度。在额度分配上则主要向国开行和上市商行及政策性银行倾斜，审批手续大为简化。预计本轮试点过后，我国的信贷资产证券化将进入常规化发展阶段，不仅发行规模会大幅增加，基础资产的范围也会扩大。现阶段我国信贷资产证券化的基础资产以优质公司贷款、个人住房抵押贷款、不良资产贷款、个人汽车抵押贷款等方面为主。未来，中小企业贷款、消费类贷款、学生贷款、城镇化建设融资、廉租房等都将成为基础资产的重要组成部分。本次资产证券化试点主要具有以下特点：

第一，本次试点工作将惠及更多的领域。试点会在已有的授信额度内继续支持铁路、船舶等重点行业改革发展，同时加大对消费、保障性安居工程的信贷支持力度，具体讲就是向经济发展的薄弱环节和重点领域倾斜，例如“三农”、小微企业、棚户区改造、基础设施建设等。

第二，在严格控制风险的基础上进一步扩大试点规模。“次贷危机”发生的重要原因是华尔街金融机构滥发信用，并将大量低信用、高风险资产纳入基础资产池中，通过打包、分层等金融工程技术，特别是再证券化方式来掩盖风险，同时获取高额收益。本次资产证券化试点吸取了金融危机的教训，严选优质资产进行信贷资产证券化，暂时不做再证券化。

第三，允许优质信贷资产证券化产品在交易所上市交易以转移风险、提高流动性。前期信贷资产证券化产品均在银行间市场发行，虽然银行间市场不管从体量还是流动性上都要优于交易所市场，但银行间的风险却没有被转移到系统外。同时在交易所上市有助于银行资金的流转，提高流动性并转移风险。

在经过近10年的积累，我国信贷资产证券化终于站到了爆发的前夜。

第三章

资产证券化解析

第一节
资产证券化和传统融资的区别

一、资产证券化和企业证券化

在第二章中我们讲到，资产证券化从本质上来讲可能兼具融资和出售的性质。那么，从融资的角度来讲，资产证券化和传统的企业证券化（即企业用股权或债权融资）有什么区别呢？

首先，我们需要区分“企业”与“资产”这两个不同的概念。企业的一般定义是“把人的要素和物的要素结合起来的、自主地从事经济活动的、具有营利性的经济组织”（注：非营利性组织和机构及政府都可以成为资产证券化的发起人，为简化起见，我们不在此一一解释）。一个企业可以拥有很多资产，包括有形的，无形的，在资产负债表上有体现的，或是表外的，每一个资产都可能会对企业的业绩产生影响。而我们在资产证券化中一般使用的是企业的资产负债表中的“经济资产”，即指资产的所有权已经界定，其所有者由于在一定时期内对它们的有效使用、持有或者处置，可以从中获得经济利益的那部分资产。与企业相比，资产一般只有特定的经济行为与之对应，有固定的使用寿命，价值相对来讲比较容易确定。所以，和预测一个企业将来的现金流相比，预测一个资产或一类资产的现金流要容易很多，结果也更稳定。而在金融概念中，这种“稳定”就代表着低风险、高信用。

企业通过股权或债权融资（企业证券化）是在资产负债表右边进行融资，以企业整体为融资主体，假设企业会永续经营。企业股权和债权投资者都会关注融资企业的整体信用、表现和发展潜力，所以企业在传统融资中会受到很多来自投资者的限制和自身整体条件的制约。对投资者来讲，企业与资产不同，是由多个要素构成的永续经营实体，会从事很多不同的经济活动，所以对企业的寿命和发展边界的确定很难，属于无边界问题求解。另外，资产负债表右边的融资一般会导致资产负债表的扩张、周转率和资产回报率的下降。

资产证券化融资则不同，由于“破产隔离”机制的使用，发起人可以真正将证券化资产与发起人整体信用风险隔离开来。被证券化的资产不再与发起人存在收益风险关系，即使发起人被破产清算，证券化资产也不会被列为清算资产。由于破产的发起人及其债权人不能对证券化资产行使追索权，证券投资者不必担心发起人的整体信用风险，而是可以集中关注基础资产本身的质量和风险。证券化资产的信用独立使得资产证券化产品的信用分析和转化变得清晰明了，当基础资产的信用不足时，发行人可以利用定向的增信手段来保证证券的质量，从而获得高于发起人自身的信用等级。在一定的条件下，资产证券化可以转移资产和融资出表，从而盘活存量资产，实现资产负债表的紧凑，提高整个资产负债表的周转率。

下面我们以银行为例来比较企业证券化（资产负债表右边融资）和资产证券化（资产负债表左边融资）。

企业证券化的重点在企业资产负债表的右边，融资以公司整体信用和表现为基础，假设公司会永续经营，融资主体是企业本身，操作属于公司财务（Corporate Finance）的范畴。如图3.1所示，银行的资本结构中包括存款、短期负债、长期贷款、发行的债券和股票。

而资产证券化的重点在资产负债表的左边，发起人在交易中不是发行主体，而是证券化资产的提供方，真正的发行主体为SPV。资产证券化交易在设立的第一天就有明确的起始和终止日期，SPV唯一的目的是发行证券，所持有的资产一般也是确定的，而且跟发行人进行了风险隔离，所以资产证券化是有边界问题求解。由于有明确和独立的标的，资产证券化中的现金流预测相对比较容易，可以通过金融工程技术来对预期现金流进行分割、重组和定向增信来满足证券的发行要求。资产证券化的操作属结构金融（Structured

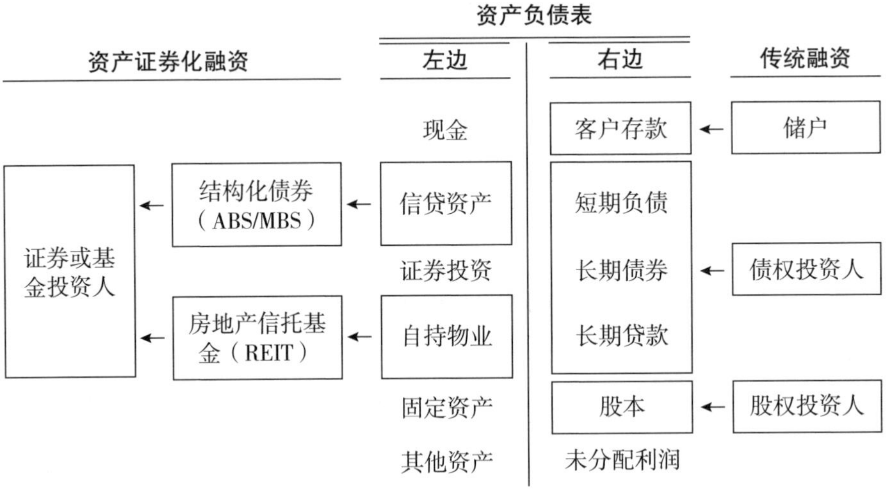

图 3.1　银行资产负债表“左”“右”融资比较

Finance）的范畴。

资产负债表左边融资和资产负债表右边融资在资金的流向和运作上有明显的不同。传统的银行作为间接融资平台，投资人通过银行为信用媒介，把资金提供给融资方，即间接融资。投资方存款于银行，银行向借款人发放贷款，在此过程中，银行负责对于贷款项目的评审和贷后管理，并承担贷款违约的信用风险。该模式的资金募集成本低，投资者面临的风险小，银行的角色是终极信用风险的持有者。具体的流程如图 3.2 所示。

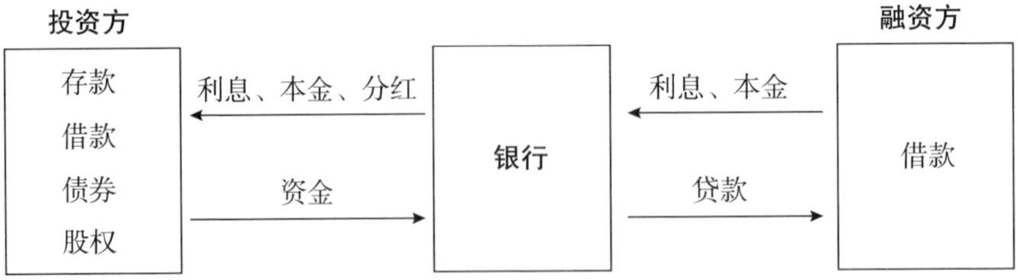

图 3.2　传统银行资金流向

资产负债表左边融资，即信贷资产证券化，是银行向借款人发放贷款，再通过信贷资产证券化把信贷资产出售给投资人，在此过程中银行和信托只起到导管作用，债务和债权关系从原来借款人与银行的关系，转变成债券投资人和借款人的关系，实现投资方和融资方的直接对接（直接融资）。在这种模式下，发放贷款成为银行的中间业务，银行不承担贷款的信用风险，而是由投资方承担，银行负责贷款的评审和贷后管理。信贷资产证券化后的资金流向如图 3.3 所示。

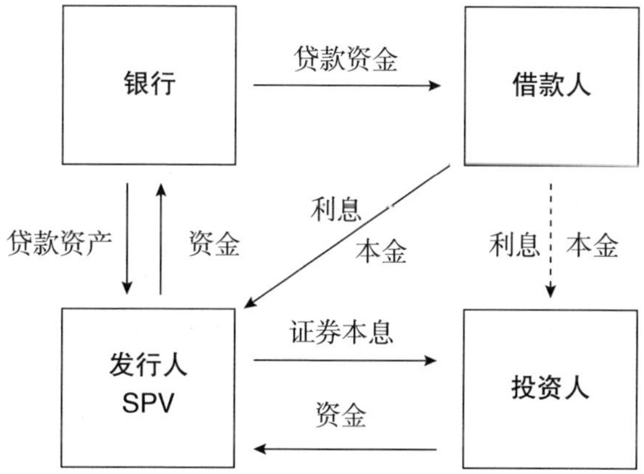

图 3.3　信贷资产证券化后的资金流向

银行用资产负债表左边的信贷资产进行证券化在我国称为信贷资产证券化，目前属于银监会和人民银行管理；如果资产（如应收款）来自非银行金融机构，则为企业资产证券化，属于证券监督管理委员会（简称证监会）监管。另外，企业的自持物业也可以通过信托发行房地产信托基金（REIT）。本书主要侧重于介绍信贷资产证券化，但会在第九章对企业资产证券化和 REIT 进行专门的讨论。从我国目前的监管角度而言，资产负债表右边的融资属于企业证券化，属于中国证监会管理；而资产负债表左边的融资，如果应收账款来自银行的信贷资产，属于信贷资产证券化，归中国银监会与人民银行管理，发行的证券目前一般在银行间市场交易，但是政府开始鼓励优质信贷资产证券化产品在交易所交易；如果是非银行金融机构的应收账款，则属于企业资产证券化，归中国证监会管理，发行的证券在证券交易所大宗交易。

二、资产证券化的特点

和其他融资方式相比，资产证券化有两个重要的特点：风险隔离和信用增级。风险隔离使得融资从企业的层面转为资产的层面，实现更细致的资产供给和定价；而结合结构金融技术的信用增级则是对资产证券化产品的个性化设计，以实现风险和收益组合的多样性和最优化。

（一）风险隔离和特殊目的实体

风险隔离是资产证券化的基本特征，在此前提下，发行人可以突破发起人的信用和融资条件的限制，以高于发行人的信用评级获得低成本的融资。资产证券化的实质是将基础资产的现金流分割包装成易于出售的证券，这其中有两个核心要素：一是有可预期的未来现金流，二是风险隔离。风险隔离有两层含义：（1）资产的卖方对已出售的资产没有追索权，即使卖方破产，卖方及其债权人也不能对证券化的资产进行追索；（2）当资产池出现损失时，资产支持证券的投资者的追索权也只限于资产本身，而不能追溯至资产的卖方或原始所有人。资产证券化过程必须设计合理的风险隔离机制，才能确保证券化产品的风险与卖方或原始所有人无关，而只与基础资产本身相关，即资产的“真实出售”。在实现“真实出售”的前提下，证券化产品可能获得比发起人更高的信用评级，从而降低融资成本。

按照美国资产证券化经验，发起人要将能产生现金流的资产出售给特殊目的实体（SPV），然后由 SPV 发行以该现金流为支持的证券化产品。SPV 的主要功能在于隔离资产出售人和被出售资产之间的权利关系，它是资产证券化交易中的核心主体，也是资产证券化最重要的设计。SPV 一般采用特殊目的公司（SPC）或特殊目的信托（SPT）两种形式，前者的核心是将基础资产“出售”给受托机构，后者的关键是基础资产被“信托”给受托机构，二者都实现了所有权的转移和风险的隔离，是实质上的“真实出售”。

SPV 的设计使得自身几乎没有破产风险，原因有两点：首先，SPV 的形式可以是信托、公司、合伙或特殊免税实体，但出于破产隔离和避免双重征税的目的，SPV 一般都采用信托形式。当然，采用这种形式会对 SPV 的行为产生很多限制，比如规定 SPV 唯一的目的是发行资产支持证券。但是，这种限制的好处是 SPV 本身不易破产。其次，发起人把资产“真实出售”给 SPV，在法律上实现两者之间的破产隔离，即发起人的债权人在发起人破产时对已证券化的资产没有追索权。SPV 和破产隔离机制的使用是资产证券化区别于其他融资方式的一个非常重要的方面。

在我国现有公司法和破产法等法律体制下，资产证券化产品的风险隔离基本都是通过信托实现的，采取了 SPT 形式，即将基础资产设定为信托资产，转移给受托人所有，再由受托人发行相关证券化产品。

（二）信用增级

信用增级是资产证券化的另一个重要设计。虽然资产可以通过“真实出售”转入 SPV，但是这并不代表资产本身一定可以达到证券化的要求。SPV 中的资产虽然实现了风险隔离，但同时也实现了收益隔离，即资产得不到卖方或其他第三方的支持。在独立资产自身条件有限的情况下，要以此发行高级别的证券，特别是信用级别比资产本身信用级别高的证券不是一件容易的事，这就需要用到资产证券化的另一个特殊武器——信用增级。由于资产本身已经被隔离出来，目标明确，预测相对稳定，需要增补的范围可以定向，这些都使得有效或“低成本”的信用增级成为可能。资产证券化产品在发行之前一般都会经过一定的信用增级，用以提升证券的信用质量和现金流的稳定性，从而更好地满足投资者的需要。

信用增级的方式多种多样，按照增级的来源不同可以分为内部信用增级和外部信用增级两类：

1. 内部信用增级方式

内部信用增级是指通过对资产池的构建设计及其现金流和结构化安排，来提高证券现金流质量和信用评级的措施。内部信用增级的最大优点是成本较低，其所需的资金来源于资产池本身及其产生的现金流。

第一，风险分散。除了通过 SPV 来隔离基础资产的破产风险之外，发起人还可以利用对资产的过滤、选择和组合，来分散或降低基础资产池的整体风险。在建立资产证券化的资产池时，设计者可以把大量的资产组合在一起，通过规模来减少单个资产的影响，实现资产池的风险分散。同时，设计者还可以在资产的种类、地区、期限、信用级别或经济关联性等方面进行筛选组合，减少整体资产池在某些特定风险上的集中度或是对特定经济条件的敏感度，从而加强总体现金流的稳定性。

第二，超额抵押。超额抵押是指资产池的规模超过证券发行规模的部分。超额抵押一般由发起人持有，没有评级，其性质有点类似企业的股权。在现金流分配中，超额抵押的优先次序一般低于其他证券；当基础资产发生损失时，超额抵押往往承担“第一损失”。在很多证券化交易中，超额抵押往往被设计成权益档证券。而在一些循环型资产证券化交易中（比如信用卡），超额抵押也称为“卖方权益”，其在分配和损失的承担次序上和所发行的证券是平级的，但是卖方权益承担了吸收资产池的规模变动，所以也是对证券的支持和保护。

第三，优先与次级结构。优次结构是资产证券化内部信用增级中最常用的一种方式。优次结构是指把基础资产的现金流分割成不同层次的子现金流，并以此发行不同级别的证券。现金流的分配和损失的承担一般按照证券级别的高低来顺序进行，高级别证券一般先得到偿付，而低级别证券一般首先吸收损失。以一个简单的 AB 证券结构为例，该交易中发行了两种不同级别的证券（见图 3.4）：优先级——A 档证券和次级——B 档证券。权益证券一般由发起人保留，没有评级，属最低档证券。在分配中，基础资产所产生的现金流首先用于按顺序支付 A 和 B 证券利息；之后优先偿付 A 证券的本金，只有当 A 证券投资者得到完全偿付后，B 证券的本金才能得到偿付。如果出现损失，B 证券先用来吸收损失，只有当 B 证券损失殆尽时，A 证券才会受到损失。因此，B 证券实质上是用来支持 A 证券的。在这种优先与次级结构下，如果 B 的比例达到一定程度，A 证券损失的概率和风险就会降至很低，所以一般可以获得 AAA 级的信用评级。

第四，利差和利差账户。利差是指基础资产的利息收入减去资产支持证券

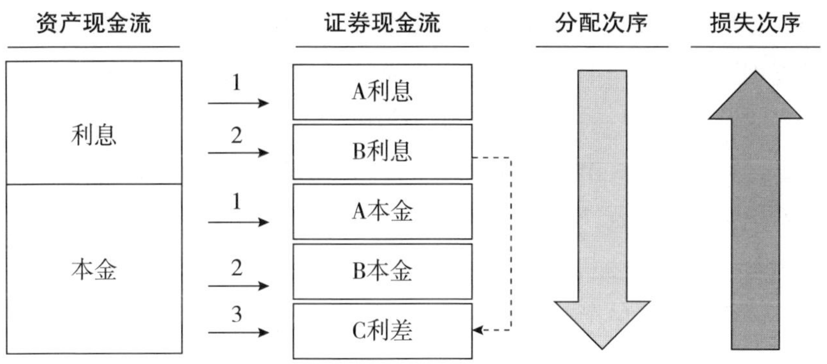

图 3.4 AB 优先与次级结构下的现金流和损失分配

的利息支付和各种交易费用（如服务费、管理费、托管费等）之后的净收入。利差收入一般归属于发起人，但往往处于现金流分配的最低级别，所以是对交易中所有证券的信用支持。在有的交易中还会设立利差账户，在资产池表现不佳时用来储备利差，而不是直接支付给发起人，只有在满足交易设定的条件下，利差账户中的资金才可以“释放”给发起人。利差账户里的资金可以在交易现金流出现短缺时用来弥补证券可能出现的损失，从而为证券提供信用支持。

第五，偿付加速机制。偿付加速机制是指在交易出现特殊状况或资产的表现恶化的情况下，基础资产现金流的配置会从一般的次序转为指定的特殊次序的设计。这种设计的目的是为了在交易表现恶化、市场条件不利或相关参与方违约或违规的情况下，对高级别证券进行保护。加速偿付的特殊次序一般是严格地按级别高低依次偿付，高级别的证券一般会优先得到较高比例的或全部的现金流，所以其偿付得到了“加速”；只有当高级别的证券全部得到偿付后，下一级别的证券才可以得到偿付。而在循环型证券化交易（信用卡应收款或汽车分销商贷款资产证券化）或 CDO 中，这种机制表现为发起人不得再用交易的资金来购买新的资产，而是必须用所有的资金来偿付或回购证券，从而实现证券偿付的加速或提前。

2. 外部信用增级方式

外部信用增级主要是利用基础资产之外的资源对资产证券化交易进行信用增级，这些外部资源包括发起人、第三方担保人或保险公司等。

第一，担保债券。这是资产证券化发展较早期的一种外部增信措施，主要是通过购买保险公司的保单为资产支持证券的损失作保。在这种增信方式下，证券的信用级别一般以保险公司的信用级别为上限。

第二，资产担保。由第三方（保险公司、财务公司或发起人关联方）对资产证券化交易中的资产质量进行担保。如果资产池发生损失，该担保人会偿付损失额（最高到协议规定的额度）或是按面值购买违约的资产。

第三，信用证。由第三方金融机构（一般是银行）提供信用证支持，在交易的现金流出现短缺时提供流动资金支持（以信用额度为限）。

第四，现金储备账户。现金储备账户是目前资产证券化中使用最多的一种外部增信方式，在资产证券化交易中有多种形式，有时候也被划分为内部增信的一种（根据来源不同）。现金储备账户一般是一个独立的信托账户，其中的资金由发起人或第三方在证券发行时存入（全部或部分）；有的交易中，还会为现金储备账户设立目标余额，并利用交易的超额利差慢慢充实。现金储备账户中的资金一般投资于高质量高流动性的短期产品，比如商业票据，可以随时变现，只在资产现金流不够支付证券的利息或本金时才会被动用来弥补不足。与利差账户相同，现金储备账户里的资金一般也会随着证券的偿付而慢慢释放给所有者（一般是发起人或第三方），如果证券到期付清，储备账户里的资金也会被全部返还。从资金提供者的角度讲，现金储备账户里的资金可以看作被抵押给了证券投资人，所以有时候这类账户也被称为现金抵押账户。

第二节
资产证券化的基本过程和参与主体

一、资产证券化的基本过程

资产证券化的基本过程包括资产池的组建、交易结构的安排、证券的发行，以及发行后的管理等环节，具体的流程如图 3.5 所示。

图 3.5　资产证券化的简化流程

（1）组建资产池。资产证券化的发起人根据自身的融资要求、资产情况和市场条件（包括证券需求，定价和其他融资选择等），对资产证券化的目标资产和规模进行规划。根据一定的资产入池条件，发起人要对已有的资产进行分析和评估，将符合条件的资产纳入资产池，有时发起人还会根据需要向第三方购买资产来补充和完善资产池。必要时，发起人还会雇佣第三方机构对资产池进行审核。

（2）设立特殊目的实体（SPV）。特殊目的实体是资产证券化运作的关键主体，其目的是为了实现发行人（或原始权益人）和入池资产之间的风险隔离（破产隔离）。SPV 的经济行为明确简单，资本化程度很低，在整个资产证券化交易中扮演的是通道（Conduit）角色。SPV 通过发行证券获得资金，并以此来购买基础资产，组建资产池。

（3）构架和信用增级。根据市场条件和信用评级机构的意见，对资产池及其现金流进行预测分析和结构重组，以实现最优化的分割和证券设计。在这个过程中很重要的一步是利用信用增级措施来强化目标证券的现金流和信用保障，实现证券的目标信用评级和发行的最大经济效益。

（4）信用评级。评级机构对交易发行的证券进行分析和评级，为投资者提供证券选择和定价的依据。这一步和第（3）步之间往往是一个互动的过程，信用评级机构一般会从交易一开始或计划阶段就参与进来，在资产证券化的整个设计和发行过程提供意见和反馈，而且一般会在证券发行后一直跟踪观察交易的表现。发起人有时还会聘用会计师事务所对交易的资产信息、建模结果和交易文件的披露进行审核，以保证交易信息的质量。

（5）证券发售。由承销商通过公开发售或私募的形式向投资者销售证券。特殊目的实体从承销商处获得证券发行收入后，按约定的价格向发起人偿付购买基础资产的资金。

（6）后期管理。上面所讲的5个步骤一般都是在几个月或几个星期内（有的甚至是几天内）完成的。但是，资产证券化交易的具体工作并没有因为证券的出售而全部完成，其实，这才是交易的开始。特殊目的实体会聘请专门的服务商或管理人对资产进行管理，在很多情况下，发起人一般有偿作为资产服务人对资产池资产进行服务。这些管理和服务工作包括资产现金流的收集、账户的管理、债务的偿付、交易的监督和报告。当全部证券被偿付完毕或资产池里的资产全部被处理后，资产证券化的交易过程才算真正结束。

二、资产证券化的参与主体

资产证券化交易的金额一般比较大，而且涉及金融、法律、会计和监管等方方面面，所以参与主体众多。这其中主要包括资产证券化发起人、特殊目的实体、投资者、服务商、存托人、受托人、托管人、信用增级提供人、承销商等交易主体。此外，资产证券化交易中一般还会使用各种服务机构，如信用评级机构、律师事务所、会计师事务所、资产评估机构、财务或投资顾问、收款代理人等。如果证券公开上市的话，交易中还会有证券交易所、上市服务机构、做市商等的参与。

图3.6是一个典型的信贷资产证券化交易主要参与方的关系图。

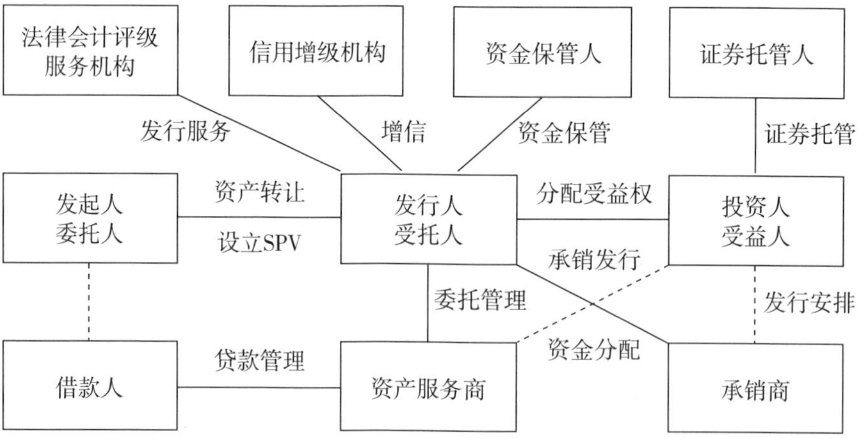

图3.6　资产证券化的主要参与主体

以上这些参与主体及其结构关系是美国资产证券化不断演化成熟后的一种通用架构，我国也基本沿用了这一模式。下面结合我国相关部门对信贷资产证券化主体的规定和要求，介绍几个比较重要的资产证券化交易的参与主体：

（一）特殊目的实体

我国的监管对资产证券化实体的规定和国际做法基本一致，中国银监会目前对受托机构和特殊目的实体（信托）做了如下规定：

- 金融机构作为发起机构，将信贷资产信托给受托机构，由受托机构以资产支持证券的形式向投资机构发行受益证券，以该财产所产生的现金支付资产支持证券收益的结构性融资活动；受托机构应当按信托合同约定，分别委托贷款服务机构、资金保管机构、证券登记托管机构及其他为证券化交易提供服务的机构履行相应职责；受托机构以信托财产为限，向投资人支付资产支持证券收益。
- 特殊目的信托为承诺信托而负责管理特定目的的信托财产并发行资产支持证券的机构。
- 特殊目的信托应当在信贷资产支持证券发行结束后10个工作日内，向银监会报告信贷资产支持证券的发行情况，并向银监会报送与发起机构、信用增级机构、贷款服务机构和其他为信贷资产证券化交易提供服务的机构所签署的法律文件。

（二）资产服务商

资产服务商是资产证券化中另一个重要交易主体，肩负着资产证券化交易从证券发行开始到资产全部处理完毕整个期间的大部分服务（管理）工作。在很多资产证券化交易中，发起人虽然转让了资产，但是由于其拥有现成的系统和客户关系，所以顺理成章地成为交易的服务商。服务商会按所管理资产的一定比例提取服务费，所以这种对证券化资产保留的服务权有时候是发起人重要的收入来源。

由于服务商的重要性，一般的证券化交易中都会聘用一个服务商，并指定一个后备服务商，在必要时（比如服务商破产或违规）顶替服务商以保证证券化交易的正常运作。在一些资产服务工作比较复杂的交易中（比如商业房地产抵押贷款证券化交易），还会同时用到两个甚至三个服务商，如总服务商、特殊服务商和副服务商，各自承担一部分服务管理工作。而在CDO交易中，资产池的经营和管理更为重要，对服务商的市场经验要求也很高，所以必须由专业的资产管理公司来担任交易的资产管理人（Asset Manager）。

在我国的信贷资产证券化监管规定中，贷款服务机构是接受受托机构委托，负责管理基础资产池的机构。贷款服务机构一般是信贷资产证券化的发起人和资产出售方。中国银监会目前对贷款服务机构的要求如下：

贷款服务机构依照服务合同约定管理基础资产，履行下列职责：收取贷款本金和利息、管理贷款、保管信托财产和法律文件，定期向受托机构提供资产服务报告。贷款服务机构应有专门的业务部门，对基础资产池信贷资产单独设账，单独管理。贷款服务机构应将基础资产池回收资金存入资金保管机构，并通知受托机构。

（三）资金保管人

资金保管人在资产证券化交易中担任了高级“出纳”的角色，承担账户的开设、资金的保管和证券的支付等工作。为了避免利益冲突，资金保管人往往由与发起人和服务商等交易主体没有关联关系的、信用比较好的第三方担任。

在我国的信贷资产证券化监管规定中，资金保管机构是接受受托机构委托，负责保管信托财产账户资金的机构。信贷资产证券化发起机构和贷款服务机构不得担任同一交易的资金保管机构。资金保管机构应以信贷资产证券化特定目的信托名义开设信托财产的资金账户；依照资金保管合同约定方式，向资产支持证券持有人支付本金和利息；依照资金保管合同约定方式和受托机构指令，管理特定目的信托账户资金；定期向受托机构提供资金保管报告，报告资金管理情况和资产支持证券收益支付情况。在向投资人支付债券本息的间隔期间，资金保管机构只能按照合同约定的方式和受托机构指令，将信托财产收益投资于流动性好、变现能力强的国债、金融债等金融产品。

（四）信用增级提供人

为了获得较高的证券信用评级，资产证券化交易中可能还会使用第三方信用增级人来对基础资产和内部信用增级措施产生的现金流进行补充和加强。这类第三方信用人一般与发行人签订合同（如担保、保险、互换、期权等），在一定的情况下为SPV提供现金流支持。

我国的信贷资产证券化监管对信用增级机构的要求如下：应当确保受托机构在资产支持证券发行说明书中披露信贷资产证券化交易中的信用增级安排情况，并在其显著位置提示投资机构；信用增级仅限于在信贷资产证券化相关法律文件所承诺的范围内，信用增级机构不对信贷资产证券化业务活动中可能产生的其他损失承担义务和责任。

（五）承销商/财务顾问

承销商是资产证券化交易和市场之间的枢纽。承销商一般由投资银行、信托投资公司、证券公司等来担任，而美国的资产证券化交易中一般使用投资银行来担任承销商。有的资产证券化交易会有一个承销团队，由多个投资银行或证券公司组成，其中一个主承销商往往担任交易的联络人。除了提供市场信息、联络投资人、安排证券发行之外，承销商往往还担任整个资产证券化的财务顾问，负责协调律师、会计师、税务师和信用评级机构等多方关系，并在交易的产品设计和证券定价过程中扮演关键角色。

第三节
资产证券化的益处、风险和对策

一、资产证券化的益处

资产证券化的益处可以从多个角度来讲。在大的方面，资产证券化作为一种金融工具，和其他金融工具一样，可以用来完善资本市场的结构，改善资源的配置，提高资金的运作效率，从而促进经济结构的优化，达到为实体经济服务的目的。而且，和传统的金融过程相比，资产证券化可以突破传统市场主体的束缚，实现资产层面的金融转化，是更精细、更多样和更深层的金融过程。具体到市场的参与者，我们可以从资产证券化的供（发起人）和求（投资者）两方面来分析：

（一）对发起人的益处

1. 融资渠道

资产证券化的使用，可以为发起人提供一条传统融资方式之外的融资渠道。传统融资（股权和一般债务）对企业整体资产、收益表现和信用条件的要求很多，融资的门槛很高。由于风险隔离和信用增级的使用，资产证券化在融资上可以摆脱企业甚至资产本身的信用条件的限制，从而可以降低企业融资的门槛。而且，资产证券化在设计上比传统融资方式更加灵活多变，可以设计出各种满足投资人需求的产品，所以融资的基础比较厚，渠道更广。特别是在企业整体信用不佳或融资条件苛刻的情况下，企业的融资渠道是有限的。而资产证券化作为一种创新的融资方式，其融资的原理和基础不同于其他传统模式，可以帮助企业挖掘资产优势，拓宽融资渠道。理论上讲，在资产证券化下，以相同质量的资产去做交易的不同企业在融资时是平等的，不管发起人本身的规模、财力、信用或行业如何；这种平等给了弱势发起人一个和强势对手在同一起跑线上进行融资竞争的机会。

2. 融资成本

融资成本往往是企业融资中最重要的考虑因素。资产证券化可以帮助信用级别较低的发起人取得高信用级别的融资成本，这是资产证券化最重要的原因之一。一个非投资级（BBB 级以下）企业如果利用自身的信用来融资的话，其融资成本要比 AAA 级证券的成本高很多，在目前的资本市场上可能就是几百个基点的差异。但是，通过资产证券化，非投资级的企业也有可能来发行 AAA 级的债券。

以美国福特汽车为例，该公司是美国三大汽车公司中经营得最好的一个，就算在金融危机中也不需要接受美国政府的直接救济（其他两大汽车公司都被间接接管过），但目前的信用评级也只有 Baa3/BBB -（穆迪/标准普尔），在投资级和非投资级的边缘，直接融资的成本很高。资产证券化一直是该公司最重要的融资渠道，这一点福特汽车在每年的年度报告中都会反复强调。图 3.7 所示是福特汽车过去 3 年和 2014 年计划的资本结构，该公司 2013 年年底由资产证券化带来的融资余额达 430 亿美元，占所有融资的 44%。虽然福特汽车一直想减少其对资产证券化的依赖（由于监管和会计处理趋于严格），但在自身信用级别得不到提高的情况下，相对成本较低的资产证券化无疑还将是它依赖的融资渠道。福特汽车在其 2013 年的年报中披露，公司通过资产证券化发行的 AAA 级证券的平均利差为 9 ~ 25 个基点，而它发行公司债券的利差则高达 78 ~ 159 基点，融资成本差异之大一目了然。

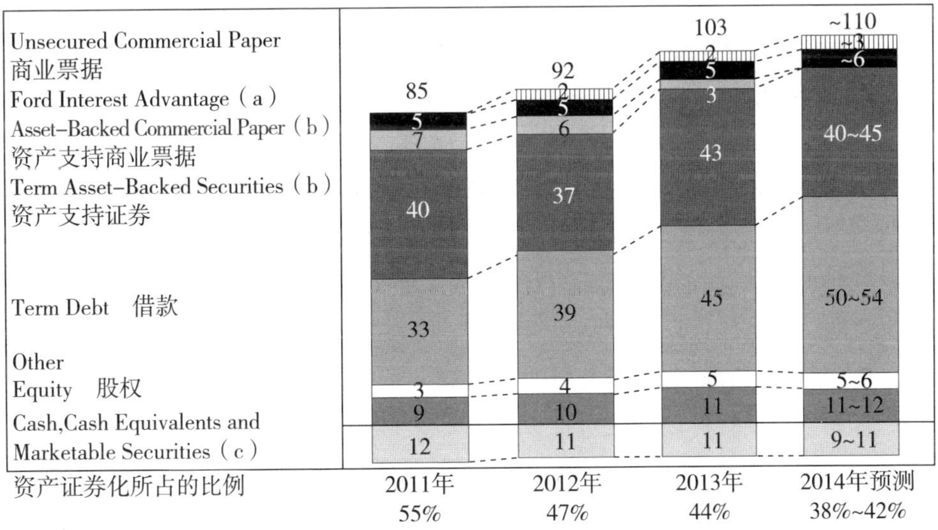

图 3.7 福特汽车公司的资本结构分析（单位：美元）

资料来源：福特汽车 2013 年财务报告

3. 流动性

增强流动性是资产证券化的一个自然结果，因为证券化本身就是一个把流动性差的资产转化为流动性高的证券和现金的过程。资产证券化可以从时间和空间两个方面来实现“变现”的目的，即把将来的现金转变成现在的现金或是把现在的不流动资产转化成可流通的资产。

4. 融资自由度

和传统融资相比，利用资产证券化融资会给发起人留下更多的财务自由度和灵活性。在传统的股权和债券融资下，企业的管理和财务表现会受到投资方和债权人严格的监督，有时候还会在经济行为和决策中受到很多限制。这类监督和限制对特定的投资人和债权人来讲是必要的，因为这些投资人的利益与企业的经营活动密切相关，但是有时候这种干涉会限制经理人在管理和战略实施中的自由度和弹性，增加企业运作的成本和障碍，不利于企业的整体发展。而资产证券化融资是独立于企业之外的融资，由于风险隔离的机制，投资人无权对发起人本身的经济行为进行干涉，所以留给企业更多的自由度。

5. 企业信息披露

和传统融资相比，利用资产证券化融资对发起人的信息披露要求不高。传统的股权或债权融资是以企业整体的资产、表现或信用作为基础的，所以投资者要求企业提供或披露大量相关的信息，这其中将会涉及企业的方方面面，包括财务状况、经营成果、现金流量，以及企业管理和重要项目、客户、投资方等。在这些信息的分享或披露中，企业的一些专有信息或商业机密可能会泄露给第三方甚至市场竞争者，对企业造成损失。而资产证券化融资的信息披露主要是针对证券化资产，而不是交易的发起人。发起人在资产证券化融资中的信息披露有限，这降低了信息披露带来的风险、成本和可能的损失。

6. 表外融资

资产证券化融资在符合“真实销售”和一定的条件下，可以实现“出表”，即不在企业的财务报表上体现交易的资产和发行的证券。这种处理使得企业的资产负债表更加紧凑，杠杆比率更低，资产回报率更高。这些指标虽然只是在数字上提升了企业的实力和表现，但这种提升可以给企业带来很多间接的经济利益，比如良好的声誉或容易的传统融资。

7. 锁定利润和提高财务表现

资产证券化除了融资，还可以作为一种资产的销售渠道，而且以这种方式进行的资产销售可能获得比其他渠道更好的回报。从时间上来讲，有些资产在经济上虽然已经内含利润，但利润的实现可能需要长期的过程，或者是这些内含利润将来的可实现度变数很大。在这种情况下，企业可以利用资产证券化来提前锁定资产的利润，从而提高当期的收益率。而对一些资产被低估或不被认可，或者缺乏短期工具来实现资产价值的企业来讲（比如人寿保险公司预计的储备盈余或企业账上一个很有现金流潜力的被低估的资产），这些企业可能受到会计政策或监管规则的限制，没有办法在报表上体现资产的价值，它们可以通过资产证券化把这部分不可企及的“低估价值”或“未来价值”变成现金或证券。当然，真实销售的会计处理可以马上实现利润，体现价值，从报表上提高发起人的业绩表现，虽然这种做法不是非法的，但在一定程度上会歪曲企业的真实业绩。

（二）对银行发起人的益处

基于信贷资产证券化对我国的重要性，我们将以上几个证券化的益处放到商业银行身上来分析一下。信贷资产的证券化可以给商业银行发起人带来诸多益处，比如转移风险、表外融资、降低资本准备金、提高利润率、增强流动性和解决资产和负债的错配问题等。下面我们分析一下其中几个重要的益处：

1. 缓解资本金压力，增强流动性

随着我国资本监管要求的不断加强，资本和流动性对银行的约束越来越强。在存款得不到增长的情况下，银行仅靠在资本市场上增发股票来满足资本金和流动性需求是不可持续的，主要问题包括：

- 融资量大，对股票市场的资金供给和股指形成压力。
- 现有股东权益不断摊薄，可能招致股东的反对。
- 对银行股价造成压力，使股价长期被低估，不利于再放行融资。

信贷资产证券化可以帮助银行把资产转移出资产负债表，实现资产负债表的紧缩，从而降低资本金要求的基数，缓解资本金压力。同时，把资产通过证券化转化为现金后，银行的流动性也得到提升。

2. 解决资产和负债的错配

我国商业银行长期以来都存在“短债长投”的期限错配问题，商业银行的负债多为短期存款，而资产多为中长期贷款。由于受通货膨胀的影响，我国存款活期化的趋势较为明显；同时，实体经济对长期贷款的需求越来越高，这些趋势要求银行进一步延伸“短债长投”。商业银行以短期性储蓄存款（负债）来支撑中长期性放贷（资产）的模式中潜藏着各种风险，包括流动性风险、利率风险和价值不对称风险。首先，短债的高流动性和长期资产的低流动性会给银行带来很大的流动性风险，在金融危机中美国数十家银行由于挤兑和流动性不足而被迫破产就是很好的例子。其次，由于商业银行的资产方利率和负债方利率在变动方面的不一致，商业银行在资产和负债的价值变化上也会出现错配，从而增加利率风险和收益的不稳定性。信贷资产证券化可以盘活银行的中长期信贷资产，调节资产和负债的期限结构，帮助银行解决资产和负债错配带来的一系列问题。

3. 分散银行信贷风险

资产证券化与直接融资殊途同归，都可以实现将风险向外分散的目的。商业银行“发行并持有贷款”的模式虽然能够满足经济运行对资金融通的一般需求，但银行本身承担了所有的信贷风险，这是间接融资的特性所决定的。商业银行可以利用信贷资产证券化来调整所持信贷资产的结构，通过对高集中度或特定风险的资产的证券化来管理所持信贷资产的风险水平。此外，商业银行资产的规模在经济周期中会有很大起伏，不利于风险的管理和防范。在经济上升周期，银行的资产无限膨胀，带动海量的资本补充需求；但在经济下行周期，可能遭受重大资产减值损失，成为吞噬银行资本的无底洞。信贷资产证券化可以改变商业银行传统上单一的贷款业务中的“贷款→回收→贷款”的模式，使原来的两个阶段分解成两个相对独立的过程，即贷款过程与出售过程，从而使贷款风险不再全部由银行承担，而是部分转移到了证券投资人身上。

4. 提高银行收益率

商业银行可以将自己持有的期限长、利率低的信贷资产证券化，实现部分利润的提前兑现，并将收回的资金用于其他投资，提高资产收益率。

5. 提高中间业务收入

商业银行除了作为证券化的发起人，通常还会充当贷款资产服务机构和资金保管机构等角色。以美国为例，房屋按揭贷款资产的服务费大约在0.5%/年，汽车按揭贷款资产的服务费为0.75%~1.00%/年。如果资产证券化达到一定的规模，服务费可以成为重要的中间业务收入来源。而且，由于服务费权可以在资产证券化交易发行时确认入资产负债表，它的价值一般与银行其他资产的价值对利率的反应上呈现相反的走向，所以是一个天然的价值对冲保护。

我们会在本章的附录中用两个简化的案例来解释资产证券化和再证券化在商业银行中的应用和好处。这两个案例并不一定适用于我国的银行，但可以帮助大家理解资产证券化的运用原理。

（三）对投资者的益处

资产证券化产品的出现给投资者带来了更多的投资选择和机会。经过风险隔离和信用增级的资产支持证券往往具有风险低、流动性强、收益高的特点，对投资者很有吸引力，这也是资产支持证券在金融危机前风靡全球的原因。

和其他投资产品相比，资产证券化产品的设计灵活，可以按照不同投资者的投资意愿、资金实力及风险偏好等量身定制不同种类、等级、期限和收益的投资产品，这是其他投资产品很难做到的。而且，资产证券化的基础资产种类繁多，包括一些一般投资者以前无法参与的资产项目，通过对资产证券化的投资，更多的投资者可以参与到各种资产的投资中来。特别是对于机构投资者来说，购买资产支持证券不仅可以优化自身的资产结构，而且可以突破某些投资限制，可谓一举多得。

二、资产证券化的风险

和其他任何东西一样，资产证券化也有两面性，既有其益处，也有其风险。作为一个投资产品，资产证券化产品的风险也是客观存在的。而作为一种金融工具，资产证券化本身是中性的，但是如果使用不当或被滥用，就可能成为给金融市场或整个经济带来沉重打击的杀伤性武器。在具体讲解资产证券化产品的风险前，我们先来回顾一下资产证券化和金融危机的故事。

（一）资产证券化和金融危机

资产证券化在提高银行收益率、增强资产流动性、减少银行资本金需求和分散银行风险等方面的功效显著，这也是金融危机前美国各大银行纷纷大规模使用资产证券化的原因。由于信贷风险可以通过资产证券化轻易地转移出银行的资产负债表，很多银行的激励模式从原来的管理风险模式（Asset Risk Management Model）转变成通道银行模式（Conduit Bank Model），即收入和利润主要依靠贷款发行的规模，而非风险管理的质量和效率。这一低风险高收入的模式还吸引除了传统商业银行之外的其他各类市场主体，包括投资银行、房贷公司、对冲基金、货币市场基金、证券公司、财务公司等，也催生了一个规模巨大的“影子银行系统”。一些专门以发放贷款并马上通过资产证券化转手卖出的抵押贷款银行（Mortgage Bank）发展迅猛，如著名的美国全国财务公司（Countrywide）、新世纪财务公司（New Century）和第一选择公司（Option One），一时间成为当时银行界的新宠。同时，欧美各大传统老牌商业银行和投资银行也纷纷在内部组建类似的通道银行部门，全力扩张盈利颇丰。

在以贷款发行规模为首要目标的情况下，银行在发行贷款时较少考虑到贷款的信用风险，更多是考虑如何使贷款人满足贷款条件，尽可能多地发放贷款。在金融危机之前，美国各大银行发行了大量低质量的贷款（次级贷款），并通过资产证券化技术进行分层打包销售，把风险转移给遍布世界的投资者，同时也保留了一小部分在自己的手中。但是，这些资产的风险并没有因为“打包”而真正消失，而是在慢慢积累，并在2007年开始的金融危机中集中爆发。次贷危机的爆发使得资产证券化这个庞大的机器突然停了下来，导致各大银行或影子银行的资金和收入通道出现了堵塞。更可怕的是，这些机构手里准备进行证券化的大量资产一下子无法出手，而所持的证券也迅速贬值。对于依靠资产证券化来融资的抵押贷款银行来讲，其最重要的资金来源一下子被彻底切断，所以纷纷破产，红极一时的新世纪财务公司和第一选择公司双双破产、全国财务公司被美国银行收购（这可能是美国银行史上最失败的一次收购）、华盛顿互助银行（WAMU）被强制以16亿美元的价格出售给摩根大通银行（JP Morgan）。同时，各大投资银行也陷入困境，其中五大投资银行中高盛和摩根士丹利被迫转型为控股银行公司，美林证券和贝尔斯登被其他控股银行公司收购，而雷曼兄弟则以破产告终。至此，最大的几家投资银行全部被纳入受严格监管的储蓄银行系统。

关于金融危机的分析和讨论有很多，有人把这次危机归咎于资产证券化，这不是没有一点道理，毕竟资产证券化在其中扮演了一个重要的角色。但是，我们更同意的一种观点是，金融危机是资产证券化的两端（即资产提供方和证券购买方）共同作用的结果，而不是资产证券化本身。在资产的供方，银行为了牟利，滥发信用，给资产证券化输送不良资产；而在证券的买方，投资者盲目吸纳美元资产，不计后果；而资产证券化作为一个桥梁，帮助了这供需双方的一拍即合。

从全球资金流动的角度看，金融危机也可能是以美元作为国际货币的全球化失败的一个结果。金融危机前，世界各国通过贸易积累了大量美元，这些通过贸易项下所积累的美元需要寻找投资机会，通过资本项下回流美国，而美国的资产证券化产品迎合了这一需求。

另外，日本在金融危机前保持超低利率，投资人从日本借入低成本日元，换成美元到美国购买债券，赚取收益利差，此类交易被称为持有交易（Carry Trade）。

持有交易的具体操作方式是：从日本借入低息日元，把日元换成美元在美国购买债券，赚取收益利差，到期末再把美元换成日元进行偿债。该策略最大的风险是在期末美元贬值、日元升值，导致汇率损失大于利差收入。但由于当时日本经济情况很差，政府不太愿意让本币（日元）升值，所以汇率风险较低，给了许多投资人通过持有交易进行套利的机会。

资本项下美元资金回流和日本持有交易刺激了对美国结构化证券的需求，这为通道银行模式创造了条件。由于有强大的需求，银行可以轻易将信贷资产进行打包出售，根本不需要承担信贷风险。由于只是导管，银行只通过放贷而不是持贷就可以获得丰厚的中间业务收入，因此具有强烈的放贷动机。在这种模式下，通道银行不依赖管理信贷风险来获得利润，而是通过贷款的规模来盈利，所以愿意给更高风险等级的借款人提供信贷融资。虽然银行最终通过销售信贷资产实现信用风险的转移，但是风险不会因为信贷资产的转移而消失，而是沉淀在金融系统中，由证券投资者来承担。

银行在金融危机之前更多考虑的是如何满足贷款人的借款需求，对贷款的信贷风险相对不敏感。如下例子可以说明银行在危机前所发行贷款的质量：一些结构化证券的资产池中出现了零首付贷款，该类贷款的利率也很诱人，前两年借款人只需支付1%的固定利率，从第三年开始利率上升为正常水平，另外贷款本金在前两年无须摊销。对于价格为100万美元的房子，购买者可以从银行借到100万美元的贷款，前两年每年只需支付1万美元，而且这个偿付可以抵减个人所得税，所以贷款每年的实际成本少于1万美元。这类贷款中，借款人的成本很低，风险也很低，而银行承担了所有的利率和房价下跌的风险；银行又通过资产证券化把风险转移给了证券投资人。如下描述，零首付比例等同于免费给购房者一个看涨和看跌期权：

购房首付比例：从金融角度看，购房首付属于期权，支付的首付款等同于购房者获得期权的对价。通过零首付的例子比较容易理解首付款的期权对价特性，零首付的房子，购房者在没有支付对价的情况下，获得了看涨期权（Call Option）和看跌期权（Put Option）。房价上涨时可以出售房子，赚取价差，即执行看涨期权；反之，如房价下跌，则可以违约，将房子还给银行。由于这些贷款资产都被出售给证券投资人，这些风险将由证券投资人承担，当房价下跌时，购房者将执行看跌期权，证券投资人将蒙受巨大的损失。

由于对资产支持证券的需求旺盛，使消费信贷极易获得，导致原本不具备条件购买房子、汽车或使用信用卡的消费者得到了银行的“慷慨”贷款。过量的信贷发放，使美国家庭房屋拥有率（Home Ownership）在金融危机前达到历史新高，接近70%水平，如图3.8所示。

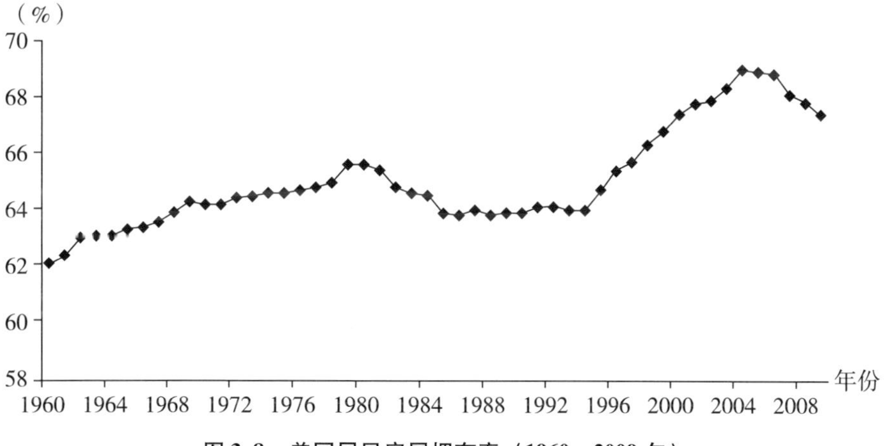

图3.8　美国居民房屋拥有率（1960～2009年）

如图3.9所示，美国的房屋需求、房价、信贷规模在金融危机前进入了循环状态：信贷的宽松刺激了购买需求，对房屋需求的增加导致了房价上涨，而房价上涨反过来又会推动信贷的扩展，当贷款价值比例（LTV）要求固定的情况下，房屋价格上涨会带动信贷。这一切都是基于投资人对MBS和CDO产品的旺盛需求和市场对房价持续上涨的预期。

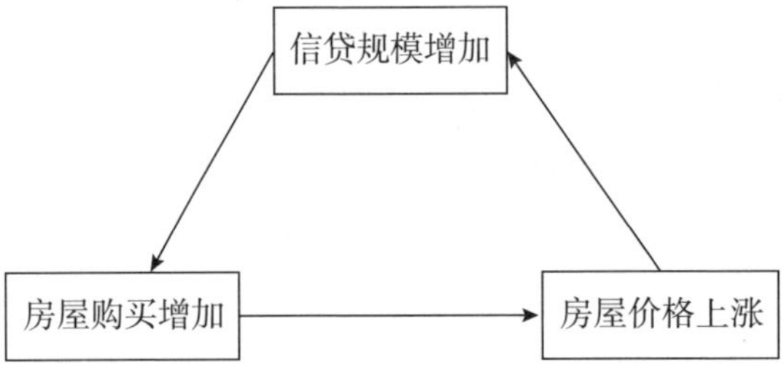

图 3.9　房屋需求、房价、信贷规模的循环关系

但是，这一切随着美国房价在 2006 年达到顶峰并开始回落后起了转变。在商业银行中，汇丰银行首先于 2007 年 2 月宣布对自己所持的次级贷款进行 105 亿美元的减值。而在影子银行方面，2007 年 6 月，贝尔斯登旗下的两个次贷 CDO 对冲基金爆出问题，并于 7 月宣布破产，这一事件震动了整个市场。贝尔斯登是结构化证券领域的先行者，该公司管理的对冲基金的破产引起了投资者对 MBS 和 CDO 等结构化证券的担忧，市场开始减少对结构化证券的投资。

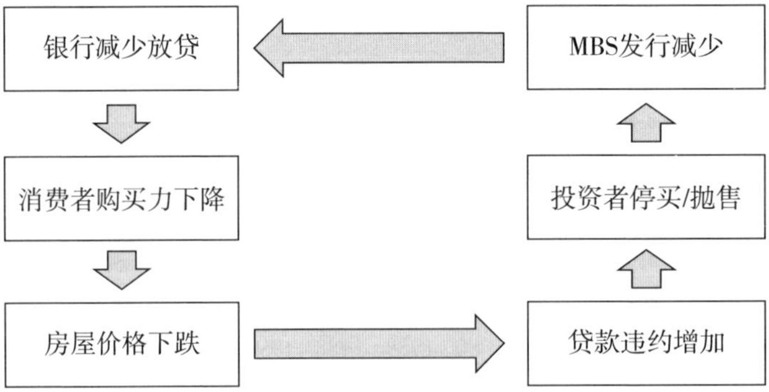

图 3.10　投资人减少购买结构化证券的后果

从图 3.10 可以看出，投资人减少投资结构化证券，银行将无法通过 SPV 进行信贷资产出表销售，银行的融资能力和流动性下降，从而导致银行无法给购房者提供信贷。银行信贷规模的减少，削弱了购房者对房屋的需求，需求下降导致房屋价格下跌。对于首付低或者零首付的房子，房价下跌使购房者的房屋股权价值变为负数（Underwater House），购房者开始违约

(Default)。房价下跌、违约和房屋止赎等处理，导致资产证券化交易的现金流恶化，交易的信用评级开始下降，交易中支持证券开始发生损失和减值(Impairment)，优先证券的信用风险也持续升高，这进一步验证了投资人对结构化证券信用风险的担忧。投资人进一步减少投资结构化证券，银行信贷发行规模进一步缩减，房屋需求进一步下降，房价进一步下跌，引发更多的违约和更多的证券降级和减值，整个市场开始形成一个恶性循环。

投资人对 MBS 和 CDO 的担忧很快扩散到了所有资产支持证券。在 MBS 和 CDO 的抛售开始不久，投资人也开始抛售汽车贷款支持证券（Auto ABS）、信用卡应收账款支持证券（Credit Card ABS）、学生贷款支持证券（Student Loan ABS）及商业房产抵押贷款支持证券（CMBS），这些资产证券化产品也被纷纷降级和减值。投资人开始全面逃离资产证券化市场，这使美国的消费者失去了一个最重要的信贷融资渠道，引起实体经济的萎缩，进一步提高了贷款的违约率和资产支持证券的损失。

金融危机的另一个标志性事件是2008 年雷曼兄弟的倒闭，雷曼倒闭事件是整个金融危机的转折点。雷曼倒闭后，许多银行彻底失去了通过出售结构化证券进行融资的能力。同时，贷款的违约和大规模的证券抛售使得银行所持有的证券和资产进一步贬值，银行的资产负债表质量急速恶化，收入锐减，并发生巨额损失。美国银行体系面临着整体破产的风险。这时，美国联邦储备委员会（简称美联储）和财政部开始介入，美联储直接通过证券回购项目，从市场购买符合条件的 ABS 和 MBS，为银行提供流动性。另外财政部还通过购买银行的优先股，直接给银行注入资本金，提高银行的经济资本充足率。由于美元的世界储备货币地位，美联储和财政部具有足够的能力通过政府信用为银行化解信用风险和流动性问题（如图 3. 11）。

但是，雷曼兄弟的破产却给欧洲的银行带来了流动性灾难，根据国际互换和衍生品交易准则（International Swap and Derivative Agreement），如交易对手一方破产，交易双方的权利和债务需要即期支付。雷曼兄弟的倒闭给交易对手带来了严重的流动性问题。欧洲与雷曼有关系的银行都深陷其中，欧洲各国政府的救市策略与美国基本相同，即通过发行政府债券来给银行注入资

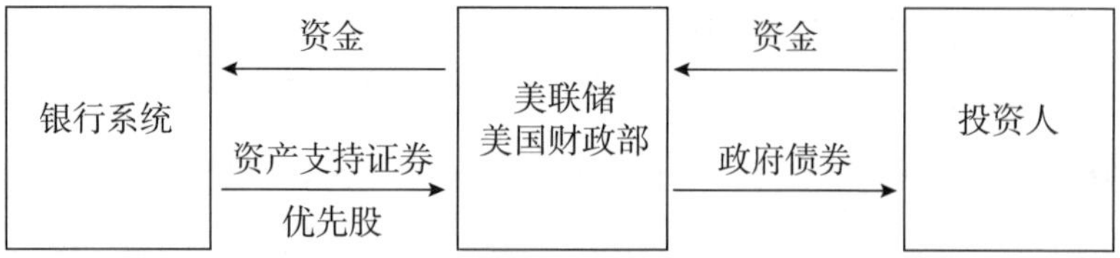

图 3.11　美国政府和财政部的救市模式

金，从而把银行的问题转移给了政府。但是，由于欧元区国家的财政和货币体系分离，导致财力较弱的国家在救助完本国银行之后，政府负债率飙升，失去了再融资能力，这为后来的欧债危机埋下了伏笔。欧洲政府的债务问题在 2009 年年末希腊政府发行新债偿还旧债时开始凸显。当时，希腊政府由于无法发行新债券来偿还一笔到期的债务，开始违约，这也宣告了欧债危机的正式爆发，这一危机后来逐渐演变为欧元危机。由于对欧元的担忧，本来希望分散美元资产集中度的投资人不敢再去购买欧元资产，只能不得已回头继续购买美国国债，为美国政府的救市提供了资金扶持。

目前，我们无法判断雷曼兄弟的倒闭是否美国政府有意为之，但是雷曼倒闭之后，金融危机逐渐从美国转移到了欧洲。欧元区陷入危机，欧洲政府的债务问题凸显，而美国的股市和债市则节节高升。与欧洲相比，虽然美国政府的资产负债表急速膨胀，理论上的信用质量下降（实际也是，标准普尔还把美国的国债降了级），但是由于欧债和欧元问题，各国政府或机构投资人没有更好的选择，只能购买美元债券作为储备资产。

（二）资产证券化的主要风险和对策

虽然资产证券化的好处很多，但金融危机也暴露了其危险性，如果使用不当，资产证券化也可以成为祸害金融市场甚至整个经济的武器。在市场层面上，政府监管部门可以通过全面的法律法规和严格的监督管理来引导资产证券化的健康发展；而对于投资者来讲，我们必须对资产证券化产品的各种风险有足够的了解。

虽然资产证券化产品一般具有风险低、收益高、流动性强等特点，但是这些特点都是相对的，并且是基于一定的假设和市场条件的。和其他证券产品一样，资产证券化产品也有信用风险、降级风险、利率风险、流动性风险等，只是在程度上和其他类别的证券有所差异。除此之外，资产证券化产品还有一些与资产证券化交易特点相关的特殊风险，比如提前偿付风险、产权风险和交易参与方（发起人、服务商或信托等）风险等。接下来我们介绍一下资产证券化产品的几个常见的风险和相应的对策。

1. 提前偿付风险

提前偿付风险是资产支持证券的一个重要风险，也是资产证券化产品区别于普通证券的一个重要特征。所谓提前偿付，就是指资产支持证券比预计的日期提早得到偿付，这种情况一般是由于资产证券化交易中的基础资产现金流的提前而引起的。在传统的企业融资中，融资人一般不会因为有足够的现金而提前偿付债券；而在资产证券化中，发行人是SPV，其任务是将基础资产产生的现金分配给证券投资人，而不是储存或用于其他经济行为，所以基础资产现金流的提前会直接造成证券得到提前偿付。

借款人提前偿还的不确定性将对资产支持证券的现金流产生重大影响，其结果是缩短或延长证券的预定投资期，从而使得投资者的收益变得不确定。贷款现金流的回收速度由多个因素决定，其中计划的部分是由贷款的合同条款决定的，而非计划的部分往往和借款人的提前偿付、迟付或违约有关。一般资产证券化交易的提前偿付风险主要来自基础资产中借款人的提前偿付，包括自然转手偿付、再融资偿付和部分清偿贷款三种，其中再融资偿付的变数最大。

一般而言，当市场贷款利率较低的情况下，借款人会进行贷款再融资，借入低利率贷款，偿还原有高利率贷款，即以新债还旧债。证券投资人此时将提前收到的现金流进行再投资，再投资的收益将低于原有投资的收益，所以有再投资风险。提前偿付会增加投资人现金流的不确定性，从而提高信贷资产支持证券的预期回报率，这也是资产证券的收益率高于相同评级的普通债券的原因之一。

资产证券化产品的提前偿付风险可以通过几种办法解决：

（1）发起人在构建资产池时选择对提前偿付有约束的贷款。这类贷款通过规定在一段时间内不允许借款人提前偿还贷款（锁定方式）或收取提前偿付罚金来限制提前偿付。这种模式在CMBS交易中经常见到。

（2）SPV委托资金托管人将提前收到的现金流用于购买国债、金融债等来调整现金流，降低投资人的再投资风险，确保投资人的投资收益和期限符合既定要求。

（3）通过结构化设计对资产池的现金流进行特殊切割，来确保特定的证券在一定范围内不受资产现金流变化的影响。比如，在MBS交易中，发行人可以设计发行提前偿付风险很低的“计划摊销档证券”（Planned Amortization Class）来满足不愿承担提前偿付风险的投资人的偏好。计划摊销档证券在现金流的分配中享有一定的“按需分配”特权，只要资产池实际的提前偿付率在设定的区间内，无论总体现金流如何变化，该证券只会分得计划的现金流数量，所以计划摊销档证券的投资期限相对稳定，提前偿付风险很小。

2. 信用风险

信用风险是指证券的发行人不能按时对证券本息进行支付的风险。资产证券化产品的信用风险一般是由基础资产的质量和交易的信用增级设计决定的。资产证券化交易通常会聘请信用评级机构对证券的信用风险进行评级。由于信用增级技术的不断提高，资产证券化交易一般都可以通过评审获得很高的信用评级（一般优先级都是AAA）。在投资资产支持证券时，投资者一般不是直接考虑证券是否会发生违约事件（概率一般很小），而是必须分析交易中资产池的质量和预期表现、交易的信用增级措施和证券的结构设计等。其中，基础资产分析尤为重要，因为这是整个交易质量的决定性因素。我们会在后面几章介绍各类资产证券化产品时具体分析各种基础资产的特点。如果交易的信用增级中含有第三方信用增级，投资人还需要对该第三方的信用进行分析和判断。

信用风险的变动会改变证券的市场价值，资产池信用质量的整体恶化还可能直接影响证券的现金流。在美国，资产支持证券化的投资者可以利用信用保险或对冲信用风险工具，来规避信用风险及其带来的证券价值变化。对冲信用风险工具有信用价差期权、信用远期合约、信用互换等。

3. 利率风险

资产支持证券的利率风险来自两个方面：一是利率变化对资产池的现金流的影响，二是利率变化对证券本身定价的影响。对于资产池中拥有浮动利率资产的交易，基础资产的现金流因受到利率变动的影响而不同，这种不同不仅体现在利息现金流和贷款的提前偿付上，有时还会影响贷款的违约（比如利息飞涨导致借款人无力偿还）。而且，资产证券化交易的资产和负债方还存在着利率错配的风险。比如，如果资产池中的资产为固定利息而发行的证券为浮动利息，那么在利率上升的环境下，资产池的利息现金流收入（固定的）可能没有办法来支撑证券的利息现金流支出（增长的）。

而在证券的定价上，资产证券化产品和其他固定收益类证券一样，价格与利率呈反向变动关系。利率的上涨会使得证券贬值，如果投资者必须在到期日前出售证券，就会导致损失。

利率风险可以运用利率期权、利率期货及利率互换等衍生金融工具进行转移。为了解决交易中资产和负债双方的利率错配问题，在资产证券化交易中常常使用利率互换合约来进行平衡。证券投资者也可以根据证券的利率设计和自身的风险偏好来选择合适的衍生工具进行避险。

4. 流动性风险

流动性风险表现为证券以接近于其真实价值的价格出售的难易程度。衡量流动性的一般指标是市场上买卖出价之间的差额，该差额越大，流动性风险就越大。如果投资者计划将证券持有至到期日，那么流动性风险并不十分重要。由于资产支持证券的结构和设计特点，其流动性一般比较高。但是，在市场或证券本身出现问题时，资产支持证券也会面临流动性问题，这一点在 2007 年开始的金融危机中体现无疑。

5. 服务商和管理人风险

资产证券化交易中的资产是由服务商和资产管理人来管理的。如果服务商和资产管理人违约或破产倒闭，资产证券化的运作就会面临停止或瘫痪的危险。特别是在一些资产处理比较复杂的交易中（比如 CMBS 和 CDO），服务商和资产管理人的权力很大，其能力和操作对证券的表现有直接的影响。

一般的资产证券化交易都会制定后备服务商或管理人，以降低服务商违约或破产带来的风险。在交易的信用评级中，信用评级机构也会对交易的服务商或管理人进行实力和经验评估，这一般也是资产证券化产品信用评级的一个重要方面。

6. 证券评级和降级风险

资产支持证券的信用级别和上面提到的各种风险，特别是信用风险，直接相关，一般会由信用评级机构在证券发行时给出。值得注意的是，资产证券化产品的信用评级和传统的公司信用评级完全不同，其主要表现在以下几个方面：

- 公司信用评级主要针对公司特有的风险因素，而资产支持证券的评级必须更注重系统风险。由于一般的证券化的资产池中有大量的资产，单个资产的特定风险将会得到分散，所以资产池的主要风险是系统风险。正是由于这个不同，资产支持证券的信用级别转移呈现出和公司信用级别转移不同的形式。
- 资产支持证券的信用评级针对的是一个静态的资产池，而公司信用评级针对的是一个动态的目标。在公司信用评级中，一般的假设是在公司、行业或整体经济出现问题时，公司的管理层会采取拯救措施，比如改变经营战略或引入新的融资等以避免违约的发生。而对于资产支持证券，由于风险隔离机制和特殊目的实体的设计，信用评级中不能假设有动态的“应对”，因为资产池的表现是被动和独立的，不受发起人影响，也不会有发起人的支持。
- 资产支持证券的信用评级对量化模型的依赖性很大，而公司信用评级则会侧重分析判断。公司信用评级中会对公司的现实情况、长期发展和企业竞争力进行分析，并把公司放入整个行业或经济的周期中来判断公司是否可以承受行业或经济的长期低谷。而资产支持证券的信用评级依赖的则是对将来的经济状况的预测和资产池对经济条件的敏感度，而这两者都需要运用量化模型来分析、计算和模拟。

简单来讲，资产支持证券的信用评级中有两步重要的计算：第一步，预测资产池的损失分布；第二步，模拟现金流的收入和分配。其中，第一步是关键。在信用评级中，由于每个信用级别都对应一个特定的损失可能性（PD），所以一旦确定了资产池的损失分布，那么相应的证券的损失分布也就可以计算得出；如果可以为目标证券建立相应的信用支持，那么证券就可以获得目标的信用评级。详见图 3. 12。

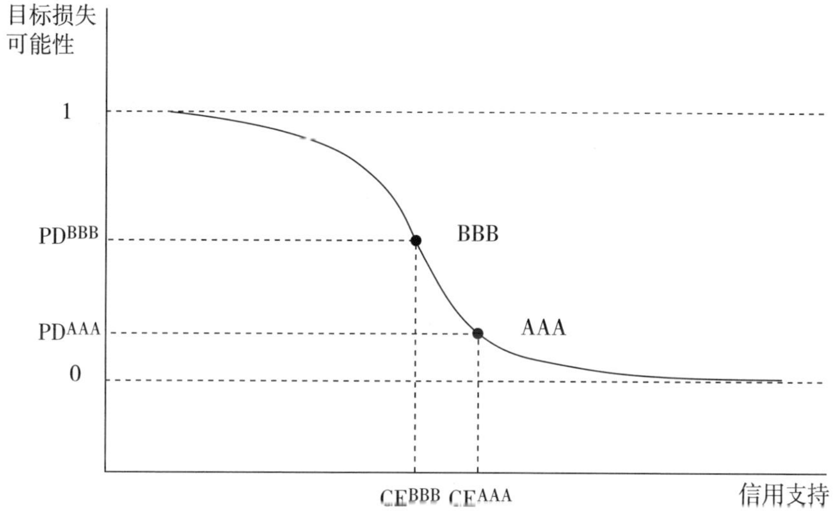

图 3. 12　证券损失可能性和信用支持要求的关系图

虽然资产支持证券的信用评级看似科学，但对量化模型的过于依赖和对太多“未来因素”的假定也带来了很多问题。在最近的这次金融危机中，证券的评级暴露出了诸多不足和弊病，比如对发起人的倾斜、评级的不审慎和风险预测方法的滞后等。金融危机前，信用评级机构对资产证券化产品的评级很宽松，对风险没有足够的认识（有意或者无意）。由于评级机构的费用由发起人支付，为争夺市场份额，评级机构有时屈从于受评对象的要求，将信用级别作为竞争的筹码之一，评级机构的独立性受到挑战。而普通投资者更是对资产支持证券的风险认识不足，有时完全依赖信用评级机构出具的评级来进行投资。

金融危机爆发后，信用评级机构在备受指责的情况下又对资产证券化市场“落井下石”，降级了巨量的资产支持证券，其中包括很多被“错杀”的优质证券。降级导致投资者们在恐慌中抛售这些证券，导致证券进一步贬值，投资者损失巨大。对有些证券投资者来讲，证券的降级不只是投资暂时贬值的问题，而且还会增加持有成本（如商业银行必须为低级别的证券持有更多的资本金）。更严重的是，资产支持证券在会计上如果按市价计量，降级减值会给投资者带来巨额的会计损失。还有一些投资者（如退休基金）在投资上对信用级别有严格的要求（比如必须投资于投资级证券，即 BBB 级或以上评级），如果证券降级到所需的要求以下，投资者就必须抛售，实现损失。在金融危机中，资产支持证券的降级和市价贬值给投资者带来的损失远远超过其真正的预期信用损失。

金融危机后，世界各国都开始讨论解决信用评级和评级机构利益冲突的问题。这其中有些应对措施或设想值得参考：

（1）利用内部评级，减少对外部评级的依赖。

外部评级的可靠性和周期性问题，是本次金融危机中暴露的问题。借鉴本次金融危机，如果金融机构完全依赖外部评级进行资本和风险管理，可能会对证券产品的风险没有独立和真实的判断。外部评级是银行不可控的，当外部评级机构调低证券评级时，资本金需求将会提高，造成银行的资本短缺，甚至破产。因此，金融系统中重要的银行在必要时应该减少对外部评级的依赖，摆脱外部评级带来的周期性影响。大型金融机构不同于小型金融机构或一般的零售投资者，内部有一定的信息和人才，可以自主研究，对证券产品进行评级并引用于日常风险管理。使用内部评级对所持有的产品进行风险评估，在一定程度上可以降低外部评级所导致的顺周期性风险。

（2）采用双评级制度。

金融危机后各国针对危机中饱受诟病的结构化金融产品普遍实施双评级制度。如欧央行要求 2010 年 3 月 1 日以后发行的资产支持证券至少由两家评级机构在发行阶段进行评级；从 2011 年 3 月 1 日起，所有资产支持证券必须至少具有两个外部评级结果；欧盟委员会于 2011 年提交的《信用评级机构监管法规》二次修订草案也提出类似要求，目前已在欧洲议会的最后审议中；美国《多德－弗兰克法案》规定结构化金融产品评级必须在 NRSRO 评级机构之间实现信息公开共享，目的也是鼓励多个评级机构对结构化金融产品进行评级。

（3）投资者付费模式。

关于评级制度的另一个提议是改变现有的评级付费模式，即由投资者而不是被评级机构来聘请和支付评级费用，并结合双评级制度进行。引入投资者付费模式能够有效杜绝与发行人之间的利益冲突问题，更加有效地发挥双评级的约束作用，同时还不增加发行人成本，有利于顺利推进双评级制度。

附录 3.1

信贷资产证券化对银行的益处——案例分析

这里我们用一个简单的案例来分析信贷资产证券化对银行的益处。

ABC 银行在 2009 年 12 月 31 日的资产负债表如表 3.1，总资产为 600 000 元，银行存款为 450 000 元，长期债券为 102 000 元，以及股权 48 000 元（根据《巴塞尔资本协议》银行资本金 8% 的要求，即 8% ×600 000 元）。

表 3.1　ABC 银行 2009 年 12 月 31 日的资产负债表　（单位：元）

现金	50 000	存款	450 000
抵押贷款	0	长期债券	102 000
消费贷款	550 000	股权	48 000
总资产	**600 000**	**负债和股东权益**	**600 000**

假设 ABC 银行在 2010 年间新增 8 000 000 元抵押贷款，为获得新增贷款资金来源，ABC 银行相对应新增存款 7 360 000 元，存款总量达 7 810 000 元，同时根据商业银行资本金管理办法，需要新增资本金 640 000 元，使资本金达到 688 000 元（8 600 000 元 ×8%）符合监管要求。截至 2010 年 12 月 31 日，ABC 银行的资产负债表如表 3.2（为简化起见，假设所有当年利润全部用于分红，不增加股权）。从表 3.2 中可以看出，银行通过资产负债表的右边进行融资（传统融资），将导致资产负债表的扩张、吸收存款的压力，对资本金的需求也会随之增加。

表 3.2　ABC 银行 2010 年 12 月 31 日的资产负债表（不进行证券化融资）　（单位：元）

现金	50 000	存款	7810 000
抵押贷款	8 000 000	长期债券	102 000
消费贷款	550 000	股权	688 000
总资产	**8 600 000**	**负债和股东权益**	**8 600 000**

在没有进行信贷资产证券化情况下，ABC 银行 2010 年的利润表如表 3.3 所示。传统银行的主要盈利模式为利差收入，对资本金的占用比较大，同时随着业务的发展，规模会不断增加，不利于整体资产收益率和股权收益率的提升。该银行 2010 年度的总资产收益率为 1.23%，股权收益率为 15.36%。

表 3.3 ABC 银行 2010 年的利润表（不进行证券化融资） （单位：元）

抵押贷款利息	240 000	假设新增贷款在 2010 年的加权平均余额为 4 000 000 元，利率为 6%/年
消费贷款利息	44 000	消费贷款的利率为 8%/年，该笔贷款在 2009 年持续存在
贷款发放费	40 000	贷款发放费收入为新增贷款总额的 0.5%
总收入	**324 000**	
减：存款利息	82 600	假设新增存款在 2010 年的加权平均余额为 3 680 000 元，利率为 2%/年，原存款利率相同
减：债券利息	6 120	债券利息为 6%/年，该笔负债在 2010 年持续存在
净收入	**235 280**	
减：其他费用	129 600	其他费用假设为总收入的 40%
净税前收入	**105 680**	

目前，中国可能有很多银行不愿意采用资产证券化这种融资模式，这其中除了技术和监管方面的原因外，还有一个可能的重要原因是银行目前很容易获得低成本的资金来源（比如存款）。在这个案例中，ABC 银行的贷款利率为 6%，而存款的利率成本为 2%，虽然资产证券化可以提高资产周转率，减少资本金需求，但是稳定殷实的存贷利差使得银行缺少进行信贷资产证券化的动力。将来，随着我国金融市场的开放和利率市场化的推进，银行面临的竞争将越来越激烈，获得低成本资金的难度将会增大，所以信贷资产证券化可能成为一个重要的融资模式。

如果 ABC 银行进行资产证券化，并假设所有的新增贷款在季度末出售，2010 年期末的资产负债表和 2009 年期末的资产负债表基本相同。在资产证券化模式下，ABC 银行不需要通过拉存款获得融资，只需从另外一个银行获得可以滚动使用的授信额度。另外在资产证券化模式下，ABC 银行将不长期持有贷款资产，因此也不需要增加资本金。如表 3.4 所示，2010 年该银行的资产负债表和 2009 年资产负债表基本相同。

表 3.4　ABC 银行 2009 年 12 月 31 日的资产负债表（进行证券化融资）　（单位：元）

现金	50 000	存款	450 000
抵押贷款	0	长期债券	102 000
消费贷款	550 000	股权	48 000
总资产	**600 000**	**负债和股东权益**	**600 000**

通过资产证券化进行融资的银行采取的是通道银行商业模式，银行发行贷款但不以持有贷款资产为目的。通过循环出售贷款，银行可以提高资产周转率，增加了资产收益率和股权收益率。在该情景下，ABC 银行 2010 年度的总资产收益率为 2.38%，股权收益率为 29.75%，是不采用资产证券化情况下的近两倍。

从表 3.5 中可以看到，在资产证券化模式下，银行的资产负债表在业务发展的情况下可以继续保持紧凑，实现更高的周转率，以较少的资本金完成同样规模的业务。

表 3.5　ABC 银行 2010 年 12 月 31 日的利润表（进行证券化融资）　（单位：元）

抵押贷款利息	60 000	假设新增的 8 000 000 元贷款在 2010 年平均发生，每季度末证券化 2 000 000 元；银行获得在证券化之前贷款的利息收入，待证券化资产的加权平均余额为 100 000 元
消费贷款利息	44 000	消费贷款的利率为 8%/年，该笔贷款不进行证券化
贷款发放费	40 000	贷款发放费收入为新增贷款总额的 0.5%
贷款出售收入	40 000	出售的 8 000 000 元贷款的 0.5%
服务费	15 000	假设银行在资产出售后仍旧保留资产的服务权，每季度按出售贷款的余额收取服务费，服务费收入为 0.5%/年
总收入	**199 000**	

（续表）

减：银行信用额度成本	40 000	资产证券化模式下，银行不需要通过拉存款去获得融资，只需要从另外一个银行获得20 000 000元的授信额度，但成本比存款高，假设是4%，额度在年度内平均使用
减：存款利息	9 000	原来存款的利率仍旧为2%，保持不变
减：债券利息	6 120	债券利息为6%/年，该笔负债在2010年持续存在
净收入	**143 880**	
减：其他费用	129 600	费用和不进行证券化一样
净税前收入	**14 280**	

另外，从表3.5中也可以看到，ABC银行的收入来源从原来的侧重于利息收入转变为利息收入和中间业务收入（如贷款发放费，服务费和贷款出售收入等）的均衡，即利息收入占总收入中的比重从原来的88%降为52%。同时，由于假设没有低成本的存款，ABC银行的融资成本从原来的2%上升为4%，这体现了市场竞争下的成本趋势。

目前，我国鼓励盘活存量资产，提高银行效率，支持实体经济发展。同时，随着资本市场的逐渐放开和利率市场化的推进，银行获得低成本存款资金的难度预计将增大，必须拓展新的融资和收入渠道，提高市场竞争力。更快的资产周转率要求和更高的资金成本和资本金要求与我国当前的金融市场发展趋势完全契合，在这种大环境下，信贷资产证券化将会迎来快速发展的阶段。

附录3.2

评级套利与再证券化——案例分析

由于在金融转换上的精细化和灵活性，资产证券化可以帮助银行实现时间和空间上的套利，解决流动性、周转率、收益率、风险度和资本金要求等方面的问题。下面我们用一个简化的例子来解释如何使用“再证券化”来进行评级套利，降低银行的资本金压力。我们运用这个“再证券化”的例子不是鼓励大家去进行“再证券化”或是单纯以套利为目的去进行资产证券化交易（这些在我国当前的资产证券化发展阶段中不值得推荐），而是希望大家从中了解资产证券化的金融转化功能和技巧应用。

（一）资本充足率的计算

资本充足率是衡量一个商业银行是否安全和稳健的重要指标，它反映了银行在存款人和债权人遭受损失之前资本所能承担的资产损失的程度。对该项指标的严格规定目的在于，抑制风险资产的过度膨胀、保护存款人和其他债权人的利益、保证银行的正常运营和健康发展。各国金融管理当局都会对商业银行资本的充足率进行管制，监测银行抵御风险的能力。

资本充足率有不同的口径，主要比率有资本对存款的比率、资本对负债的比率、资本对总资产的比率、资本对风险资产的比率等。而且，资本本身的定义也是多样的，还在不停地变化。《巴塞尔资本协议》是各国监管机构在制定资本充足率规定时普遍参考或采用的标准。《巴塞尔资本协议》是由巴塞尔银行监督委员会（the Basel Committee on Banking Supervision）发布的一系列对银行监管，特别是资本金规定的建议。巴塞尔银行监督委员会分别于1988年、2004年和2010年发布了三套银行监管建议，俗称《巴塞尔资本协议I》、《巴塞尔资本协议II》和《巴塞尔资本协议III》。目前，世界各国普遍采用的还是《巴塞尔资本协议 II》中的建议，但是正在向《巴塞尔资本协议 III》转型。《巴塞尔资本协议 III》制定于金融危机之后，对银行的监管建议内容更广泛，资本金的计算和要求也更苛刻。

为了简化起见，我们不在这里仔细探讨和分析这些协议和具体的比例规定，而是假设银行的资本充足率计算和目标要求如下：

- 计算公式：CAR = 资本/加权资产风险。其中，加权资产风险是由各类资产的金额和相应的风险敞口（权重）计算得来。
- 目标要求：CAR = （T1 + T2）/加权资产风险≥8%。其中，T1 和 T2 分别是两种银行资本类型：第一类资本是所有者权益，第二类资本是优先股加 50% 的次级附属债务。

下面我们来举例说明资本充足率的计算方法（见表 3.6）。

表 3.6　银行 A 的资产负债表　　（单位：元）

资产（100）		负债和所有者权益（100）	
现金	10	存款	95
政府债券	25		
抵押贷款	20		
其他贷款	40	所有者权益	5
其他资产	5		

假设现金和政府债券的风险权重为零，抵押贷款的权重为 50%，其他类型资产的权重为 100%：

- 银行 A 的总的加权资产风险 = 10 元（现金）×0% +25 元（政府债券）×0% +20 元（抵押贷款）×50% +40 元（其他贷款）×100% +5 元（其他资产）×100% =55 元。
- 资本充足率 = 所有者权益/加权资产风险 =5/55 =9.09%。

尽管银行A看似有高达95%的资产负债率，但它的实际资本充足率却高于8%。此银行的核心资本充足率可以达到要求，是因为高风险资产（其他贷款和其他资产）的比例较低。

针对资产证券化，《巴塞尔资本协议》中有明确的规定。在计算加权资产风险时，不同级别和种类的资产证券化产品的风险权重差别很大。表3.7和表3.8所示是一个资产证券化产品风险权重和再资产证券化产品的风险权重样本。

表3.7 信用评级与风险权重对应表（长期证券）

信用评级	AAA ~ AA −	A + ~ A −	BBB + ~ BBB −	BB + ~ BB −	BB − 级以下或者未评级
资产证券化风险敞口	20%	50%	100%	350%	1 250%
再证券化风险敞口	40%	100%	225%	650%	1 250%

注：评级在BB + 级（含BB + 级）~ BB − 级（含BB − 级）之间的，发起机构不适用表中的350%或650%风险权重，而适用1 250%的风险权重。

表3.8 信用评级与风险权重对应表（短期证券）

信用评级	A − 1/P − 1	A − 2/P − 2	A − 3/P − 3	其他评级或者未评级
资产证券化风险敞口	20%	50%	100%	1 250%
再证券化风险敞口	40%	100%	225%	1 250%

银行等金融机构持有低级别（投资级以下）资产证券化产品的资本金要求很高，如果证券被降级，那么将会进一步提高资产的风险权重，从而降低银行的资本充足率。当资本充足率指标达不到监管要求时，银行必须采取措施（额外的融资或资产销售）来满足监管的要求，如果这些措施得不到有效执行，银行将面临破产的风险。在这次金融危机中，美国数百家银行因为资本充足率达不到要求而破产或被收购。

（二）再证券化与评级套利

一般而言，每个资产支持证券在发行时的信用评级都具有足够的信用支持水平（至少根据当时评级机构对其的损失预期来说是这样）。但是随着市场环境和基础资产表现的变化，交易的预期损失率可能会上升，从而导致原本具有足够信用支持的证券被降级。证券的降级和证券的本金损失概率相关，与本金亏损的数量无关。比如，只要确定证券无法全部收回本金，哪怕是一元钱，该证券都会被降级为“垃圾”级别。如果证券被降级或者证券的初始评级比较低，持有这些证券的银行机构的资本金要求会很高。

资产的信用评级和资本金要求之间的比例不是简单的线性关系（评级本身就不是线性关系）。以 A－和 BBB＋这两个不同信用级别的资产证券化产品为例，虽然信用风险只差一小档，但是风险权重却差了 1 倍，即 50% 对 100%。同样，不同级别的资产证券化产品和再证券化产品的风险权重比例变化也是不同的。这种非线性和不同比的关系，就为评级套利提供了可能性。

再证券化指的是把资产证券化产品作为基础资产，用来发行新的资产支持证券，比如 CDO 或 ReREMIC 产品。再证券化有很多应用，比如有些投资者可以通过再证券化来突破投资级别的限制（比如不能投资高风险的贷款或持有非投资级的证券）或实现资产间的定价差异。对银行来讲，在某些情况下，再证券化可以帮助提高银行的资本充足率。比如，根据《巴塞尔资本协议》，BB 信用评级证券的风险权重是 350%，而再证券化的 AAA 信用评级证券风险权重仅为 40%。如果再证券化市场条件允许，银行可以将评级较低的证券进行再证券化来降低加权资产风险的总体权重，降低资本金要求。

图 3.13 是再证券化的一个典型操作。

在图 3.13 中，作为基础资产的 BB 级资产支持证券被重新分割和打包，用来支持新的证券的发行：优先级证券（65%）、夹层证券（15%）和次级证券（20%）。由于分别有 35% 和 20% 的信用支持，优先级证券和夹层证券分别获得了 AAA 级和 A 级的信用评级，次级证券没有评级。通过这个再证券化，新的证券组合的整体风险权重为 291%，比原来的 BB 级的 350% 风险权重低了很多。如果银行机构可以把无评级的证券出售给愿意承担高风险的投资者（比如对冲基金），那么再证券化后的资本金要求将会进一步降低。这种转换操作就是再证券化的评级套利。

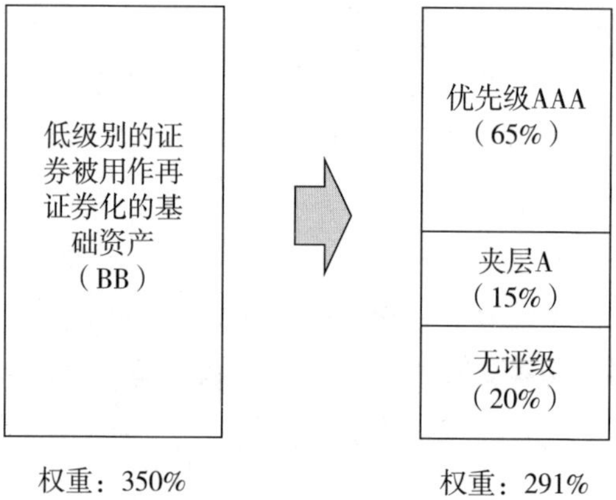

图 3.13　再证券化评级套利

通过以上这个例子可以看出，资产证券化（和再证券化）可以利用基础资产和发行的证券之间的非一对一关系来实现套利，这种套利可以是上面这个案例中的评级和资本金要求套利，也可以是流动性、风险、定价、税务和会计效果等方面的套利。极端点来讲，资产证券化本身就是一个通过隔离、分割和重组来实现“套利”的过程。

第四章

汽车贷款证券化

汽车贷款证券化产品是非抵押贷款证券化产品中最重要的一个分支，也是继住房抵押贷款证券化（MBS）之后出现得最早的资产支持证券。1985 年，美国海丰银行（Marine Midland Bank，后被汇丰银行兼并）发行了第一只汽车贷款证券，规模仅为 6 000 万美元；而到 2013 年，美国的汽车贷款证券年发行量已接近 900 亿美元。汽车贷款证券化的交易结构在所有资产证券化中属于比较简洁直观的，所以我们把它放在第一个来介绍。本章主要从发行市场、基础资产和交易结构设计三个方面来展开，并结合中美案例来介绍汽车贷款证券化。

第一节
汽车贷款证券化市场

一、汽车贷款证券化的发展

自 1985 年首只产品问世之后，汽车贷款证券化发展迅猛，纳入的汽车贷款的类型不断丰富，交易的结构也渐趋复杂和完善，见图 4. 1。过去 10 年间，2. 2 万亿美元非住房抵押类资产证券化证券的发行中，汽车贷款证券化产品占了 30% 以上。历史资料显示，2000 ~ 2007 年间，每年汽车贷款证券化产品的发行都超过 700 亿美元。但是，和其他资产支持证券一样，受金融危机影响，汽车贷款证券化产品的发行量从 2006 年开始下滑，并在 2008 年暴跌至 400 亿美元以下。

金融危机爆发之后，由于资产证券化产品很难找到投资人，很多以资产证

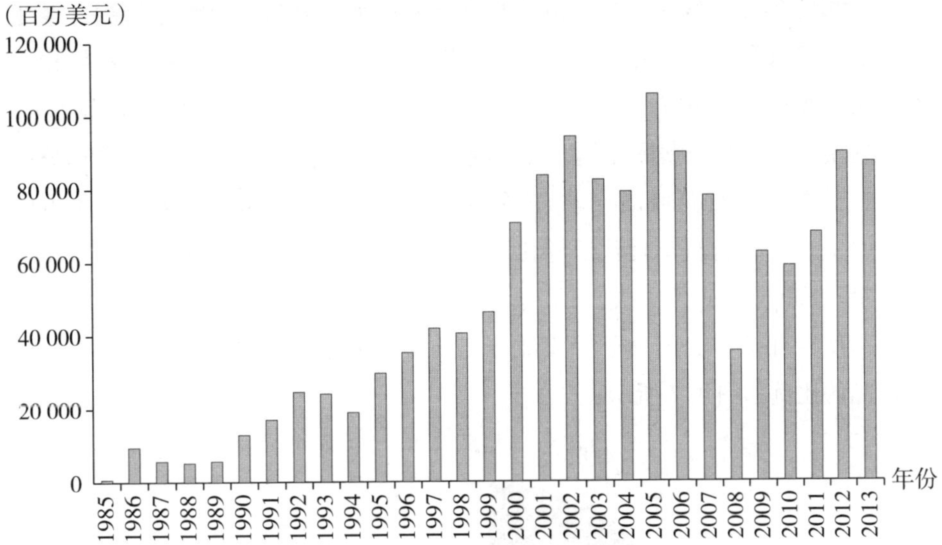

图 4.1　美国汽车贷款 ABS 年发行量

资料来源：美国证券业与金融市场协会

券化为主要融资渠道的公司陷入了困境，其中包括美国的各大汽车制造商。2008 年，美联储推出了“资产抵押证券贷款计划”（TALF）来拯救资产证券化市场，即直接由政府收购符合要求的资产支持证券来为发起人提供资金。这个项目为汽车制造商及其金融公司注入了急需的流动资金，也推动了之后的汽车贷款证券化市场的复苏。同时，美国政府通过对通用汽车和克莱斯勒两大汽车制造商的注资和重组，也有效地稳定了当时飘摇的美国汽车贷款证券化市场。

2009 年，美国汽车贷款证券化市场强力反弹，年发行量回到了 600 亿美元以上；随着投资者的回归，汽车贷款证券化市场继续回升，2012 年和 2013 年的发行量都超过了 800 亿美元。在主要的几个资产支持证券化产品中，汽车贷款证券化是受金融危机影响最小，复苏最稳健的一个。

二、汽车贷款证券化的分类

汽车贷款证券化产品可以按照基础资产的借款人类型、汽车类型、贷款类型等相结合来分类。和汽车相关的贷款一般可以分为普通汽车贷款、摩托车贷款、娱乐车贷款、公司用车贷款、汽车出租贷款、汽车分销商贷款和汽车租赁应收款等。相应地，针对以上各类贷款的汽车贷款证券化也应运而生。在这些不同的汽车贷款证券化，普通汽车贷款证券化（Auto Loan）、汽车分销商贷款证券化（Dealer Floor Plan）和汽车租赁证券化（Auto Lease）三类占比近90%，其中普通汽车贷款证券化还可以按照贷款的质量分为优质（Prime）和次级（Subprime）两大类。

2013年年底，美国汽车贷款证券化产品的余额为1 615亿美元，其中各类产品的比例如图4.2所示。

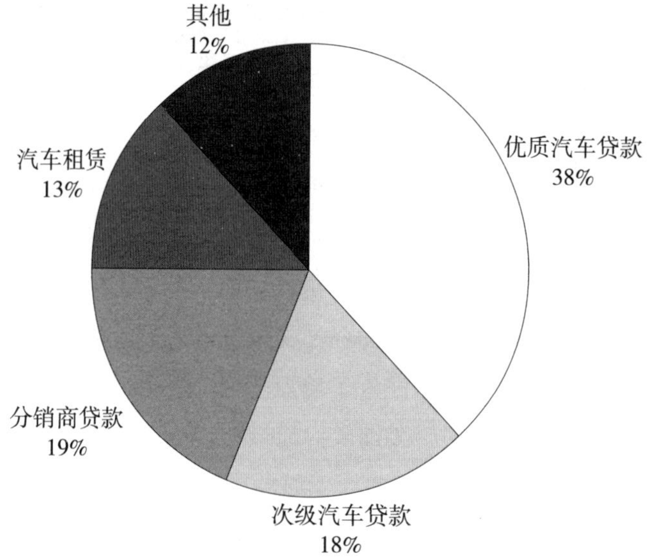

图4.2　美国汽车贷款ABS比例（总额1 615亿美元）

资料来源：美国证券业与金融市场协会

汽车贷款证券化产品的质量一直很稳定。以2013年年底的这1 615亿美元汽车贷款证券化产品为例，目前有信用评级的证券中投资级证券（BBB或以上）占99.1%，其中AAA级占80.7%。

不同类型的汽车贷款证券化在基础资产和交易设计上会有所不同，如非特别指出，本章所讨论的汽车贷款证券化主要针对的是普通汽车贷款证券化。

三、优质和次级汽车贷款证券化

如前所述，普通汽车贷款证券化可以按借款人的信用质量划分为优质发行（Prime Issuance）与次级发行（Subprime Issuance）。其实细分的话，市场上还有一些次优级（Near Prime）产品，我们在这里不做区别，把它归为次级产品系列里。需要特别指出的是，此处的优质和次级主要指的是资产池中借款人的信用优劣，和证券交易结构中的证券级别和现金流分配优先级不同。

20 世纪 90 年代前，汽车贷款证券化交易都是优质发行交易。从 90 年代中期开始，次级汽车贷款的证券化也逐渐流行起来，发行量稳步上升。到 2007 年金融危机之前，优质汽车贷款支持证券的发行数量与次级发行量的市场份额为 68%∶32%。在金融危机中，汽车贷款证券化的次级发行也被市场视为“次贷”产品，发行十分困难，发行量快速萎缩，使得优质发行证券的发行量升至 93%（见图 4.3）。2011 年之后，随着市场对次级汽车贷款支持证券的逐渐接受，次级发行量也开始恢复。截至 2013 年年底，美国（普通）汽车贷款证券化产品余额约为 912 亿美元，优质和次级分别占 616 亿和 296 亿美元。

（一）优质汽车贷款 ABS 市场

图 4.4 描述了 2008 年优质汽车贷款 ABS 发起人的分布，其中汽车制造商旗下的金融公司占据了发行的主导地位，主要发起人包括“底特律三巨头”（通用、福特和克莱斯勒）和日本的本田及尼桑。前 10 名的发行人中只有少数独立的发行人，如美国汽车协会（USAA）、卡迈斯（CarMax）和世界奥穆尼（World Omni）。日本的丰田汽车公司虽然汽车销量一直名列前茅，但是由于其本身拥有良好的信用（1985 年到经济危机前一直保持 AAA 的信用评级），融资成本很低，所以没有积极参与汽车贷款的证券化。经济危机爆发之后，丰田汽车也于 2009 年被夺去 AAA 的信用评级，该公司的评级在 2011 年

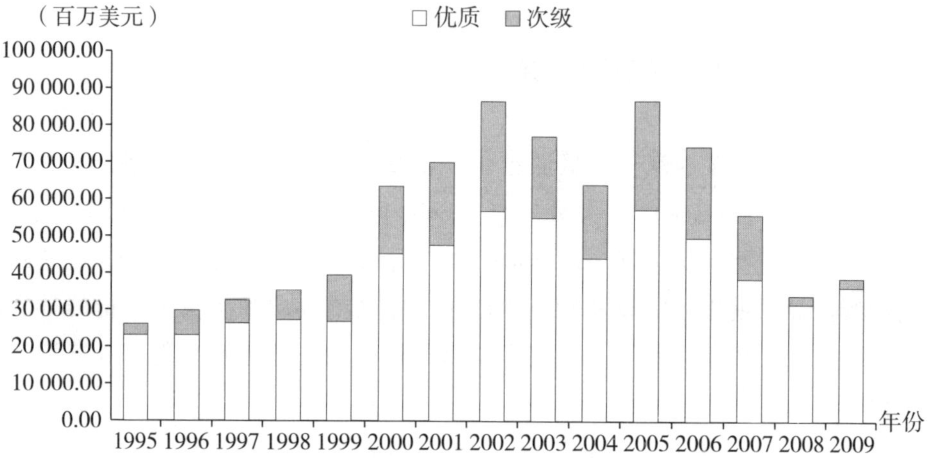

图 4.3　美国优质和次级汽车贷款证券化发行规模

资料来源：《资产支持简报》ABS 数据库

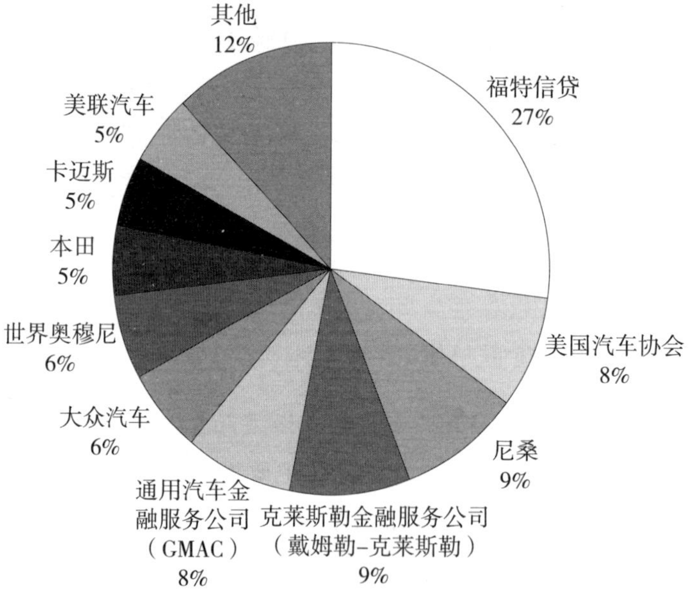

图 4.4　2008 年美国优质汽车贷款 ABS 发起人比例

资料来源：《资产支持简报》ABS 数据库

被进一步降级为 AA -。信用影响融资，这也是丰田汽车近几年来开始参与到汽车贷款证券化中来的重要原因。

一般而言，汽车制造商旗下的金融公司是制造商用来促进销售的工具，给符合条件的客户提供优惠的融资。所以，拥有优良信用的消费者一般会选择制造商旗下的金融公司，因为他们可以获得更为优惠的利率。

优质汽车贷款 ABS 的信用质量一直很稳定，这是与其优质的基础资产分不开的。图 4. 5 是根据资产证券化网站的数据统计的自 2000 年以来优质发行人资产池的累计净损失。该图反映了优质发行人的基础资产表现比较稳定，累计净损失率保持在 3% 以下。受到经济危机的影响，2007 年和 2008 年发行的资产池的损失有所增加，即便如此，与其他资产类别的证券化交易相比，汽车贷款证券化的累计损失率仍处在一个较低的水平。

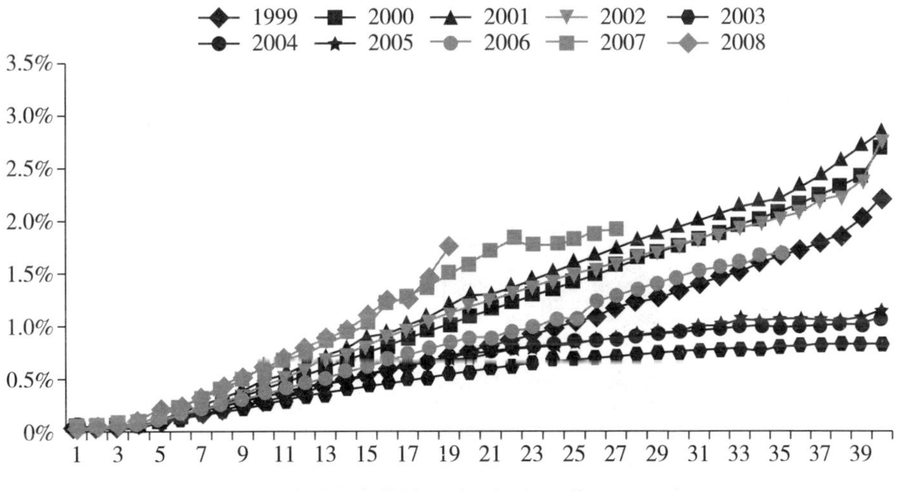

图 4. 5　优质汽车贷款累计净损失（截至 2009 年）

资料来源：ABSnet

（二）次级汽车贷款 ABS 市场

与优质贷款市场不同，次级贷款的发行人基本以独立的贷款人为主，所谓的独立就是不依附于任何汽车制造商。独立发行人的这个特性决定了他们只能获取财务上的利差，这一点和制造商下设的财务公司具有本质的区别。

汽车制造商下设的金融公司与母公司具有很好的协同性，汽车制造企业可以利用制造业的利润来补贴下属金融公司的财务成本，为优质客户提供低成本贷款，促进汽车销售，提高母公司产品的周转率，达到市值管理的目的。而独立发行商单一的利差利润来源，决定了其无法为优质客户提供低成本融资，从而只能聚焦于次级客户的市场。

图 4.6 是 2007 年次级汽车贷款 ABS 发起人的市场份额构成。次级汽车贷款 ABS 发起人主要是独立的金融公司，其中美国信用公司（Ameri Credit）和第一资本公司（Capital One）在当时占据大部分市场份额。选用 2007 年数据的原因是因为受金融危机的影响，次级汽车贷款 ABS 发行量显著减少，目前还处在恢复期。在次贷危机全面爆发的 2008 年，仅美国信用公司、美联银行（Wachovia）以及 CPS 公司三家就发行了 25 亿美元的次级汽车贷款 ABS。

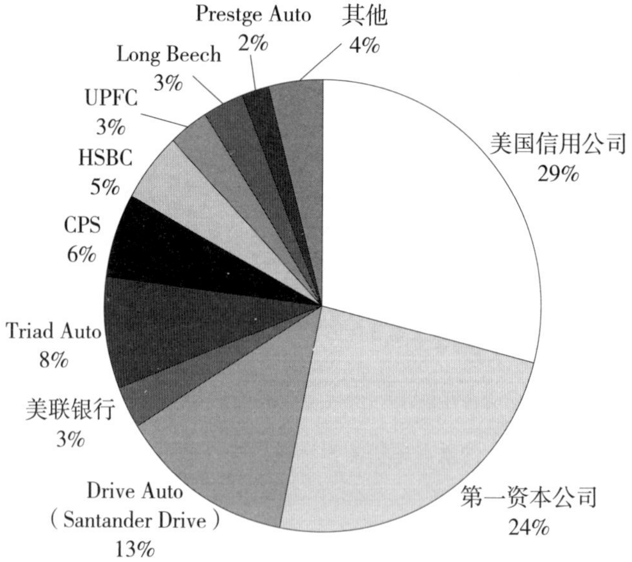

图 4.6　2007 年次级汽车贷款 ABS 发行人结构

资料来源：《资产支持简报》ABS 数据库

在金融危机中，次级汽车贷款 ABS 受到了很大的冲击，信用评级也一直未受到各大信用评级机构的青睐，但是由于稳健的证券化结构设计和低于预期的基础资产损失，次级汽车贷款 ABS 以稳定的表现挺过了难关，没有出现次级 RMBS 般的惨剧。2009 年开始，各大信用评级机构纷纷对次级汽车贷款 ABS 进行升级。

表4.1是惠誉评级（Fitch Rating）在2011年年底统计的2008~2011年间各级次级汽车贷款 ABS 的信用评级转变比例。以 BBB 级证券为例，2008 年评级为 BBB 级汽车贷款 ABS 中，在 2011 年年底，83.3% 已经被全部清偿（无损失），剩下的 16.7% 被升级为 AAA 级。

表4.1　2008~2011年次级汽车贷款ABS信用评级的转变比例　（单位:%）

	清偿	AAA	AA	A
AAA	98.3	1.7	0	0
AA	91.7	8.3	0	0
A	87.5	12.5	0	0
BBB	83.3	16.7	0	0
BB	66.7	0	0	33

资料来源：惠誉评级

次级汽车贷款 ABS 在这次金融危机之中和之后的表现，也证明了本书关于资产证券化的一个重要的观点：如果设计合理，资产证券化可以把劣质资产转化为优质证券。

第二节
汽车贷款证券化的基础资产和结构设计

一、汽车贷款证券化的基础资产

前面提到，汽车贷款证券化在发展过程中逐步包含了多种和汽车相关的信贷类型。我们在此主要介绍在汽车贷款证券化中运用最多的普通汽车贷款。

汽车贷款是借款人与融资人之间的合同契约，是一种抵押贷款，借款人将汽车作为贷款的抵押品。汽车贷款的总额一般按照事先约定的还贷比率进行摊销。汽车贷款完全还清之前，汽车的所有权始终属于贷款人。如果借款人无法偿还贷款，贷款人可以从借款人处收回汽车。

（一）借款人

汽车贷款的风险取决于两个重要因素，即借款人的信用和抵押品的价值。汽车贷款的借款人可以是个人、公司、分销商等，我们这里主要讨论个人消费者。汽车贷款可以按照借款人的总体信用情况划分为优质贷款与次级贷款。在美国，一般来说，信用分数（FICO）得分在680分以上的借款人被称为优质借款人，低于这个FICO分值的借款人被界定为次级借款人。

在美国过去十几年间的汽车贷款证券化中，优质发行交易的贷款平均FICO在700～750分之间，而次级发行交易的平均分值则在570～620分之间，两者的差异非常大。这种差异决定了优质和次级发行在交易结构和增信强度上的截然不同。

（二）抵押品

汽车贷款的另一个风险因素是抵押品的价值，也就是汽车的价值。如果抵押品的价值减值，那么借款人的违约可能性就会增加，而在借款人违约的情况下，贷款人所能得到的回收值也将会相应降低。汽车的贬值几乎是必然的，但是贬值或折旧的速度会因为不同的因素而不同。因此，评估抵押品的质量及其特点尤为重要。

作为汽车贷款抵押品的汽车多种多样，从种类上可以分为轿车、越野车、面包车、跑车、卡车等，每类都可以按型号大小细分为小、中、大及豪华类。近些年来，电动环保车的逐渐普及还会进一步丰富抵押品的种类。从风险角度来看，不同类型、大小和价位的汽车在折旧和价值走向上会有很大的差别，对经济的敏感度很不一样。

一辆车的价值往往取决于一系列的因素，但折旧是汽车价值下降的最主要原因。折旧的水平与车的类型、型号与制造商（品牌）相关，同时还受市场状况和价格的影响。比如耗油量大的汽车折旧速度会随油价上升而加快。此外，如果某一特定品牌或型号的汽车停产或生产商质保能力出现问题，汽车的折旧曲线也会发生改变。因此，在资产证券化中，确保资产池中贷款抵押品的厂牌、型号和厂商的多样性至关重要。

汽车贷款的抵押品可以是新车，也可以是二手车。美国二手车市场十分发达，而其近几年发展更快，所以二手汽车贷款的比率也在增长。虽然二手车的折旧曲线相比新车更平缓，却面临较高的违约风险和违约后损失，主要原因是二手车较难估值，从而导致在贷款时抵押率偏高。同时，买二手车的消费者在总体上比买新车的经济条件要差，风险相对会高。因此，在汽车贷款证券化中，评级机构和投资者最关注的指标之一就是以二手车为抵押品的贷款在资产池中的比例。从历史数据来看，优质汽车贷款证券化发行交易中二手车贷款的比例较低，在15%～30%之间，而次级发行交易则一般在50%。

（三）贷款期限

汽车贷款的合同期限比较短，一般在3～5年，长一点的贷款期限在5～7年。合同期限决定了汽车贷款的法定偿还速度。用于进行证券化的汽车贷款的期限大多为60个月或者更短。期限为60～84个月之间的贷款，同样可以作为资产证券化的基础资产，但是通常由于这类贷款的借款人收入较低，相应的信用违约风险高于短期限的贷款。而且，这类贷款的提前还款速度比正常期限（即60个月或更短）的贷款低，不利于支持短中期的汽车贷款证券。

在汽车贷款证券化交易的发行文件中，发行人一般要对基础资产的平均贷款期限、已摊还期限和剩余贷款期限进行明确的披露。而且，评级机构和投资者会特别关注长期贷款（大于60个月）在资产池中的比例，所以这一指标也会在交易发行报告中披露。近几年来，美国优质汽车贷款证券化发行交易中，期限超过60个月的贷款平均比例一直保持在40%左右，而次级发行交易的这一比例在提高，平均在70%～80%之间。在金融危机之后，由于信贷政策的相对严谨，长期限的汽车贷款的比例有所下降。

（四）利率

汽车贷款的利率取决于贷款的风险（主要是借款人的信用）、贷款的期限和借款当时市场利率水平。在其他条件相同的情况下，风险越高，贷款期限越长，贷款的利率就越高。汽车贷款利率有时候还受到汽车制造商和分销商促销的影响。为了增加销量，汽车制造商一般通过旗下的金融公司向消费者提供利率减免优惠，此类贷款被称作“受资助类贷款”。拥有良好信用记录的借款人可以享受此类贷款利率优惠。利率优惠将会显著降低相同市场条件下的贷款利率水平，有时甚至可以看到优质信用的消费者可以完全减免利息的优惠，即零利率。该类贷款一般由汽车财务公司发放，汽车制造企业可通过销售利润来弥补利息损失，以吸引优质客户。

在美国过去十几年间的汽车贷款证券化中，优质发行交易的贷款平均利率在4%～7%之间，而次级发行交易的平均则高达13%～20%。

（五）首付及抵押率

抵押率是指贷款的余额与抵押物价值的比率。抵押率越低，借款人在汽车中的股权价值越高，汽车贷款的损失风险越低。如果抵押率过高，加上汽车有较高的折旧率，会造成借款人的股权价值为负数，即借款人债务额超过汽车的价值。在其他条件等同的情况下，抵押率越高，借款人违约的可能性越大，尤其对于次级借款人而言。如果借款人股权价值为负，那么当借款人违约时，贷款人将会蒙受损失。损失金额是当前的贷款余额与汽车处置所得之间的差值以及损失的利息及机会成本。

为了降低损失风险，一般汽车贷款中往往要求借款人在买车时支付一定的购车款，即所谓的首付。首付的作用是建立借款人对汽车的股权价值，降低抵押率。

在美国汽车贷款证券化中，优质发行交易的贷款抵押率一般小于100%，而次级发行交易的则会超过100%，平均在110%～120%之间。

（六）汽车贷款证券化交易的基础资产实例

下面我们通过对2013年和2014年实际发行的四个汽车贷款证券化交易的基础资产的分析比较，来了解不同交易类别中资产的特点（见表4.2）。交易一和交易二是丰田公司和本田公司旗下的财务公司发起的优质发行，而交易三和交易四是桑坦德银行和艾利银行（前身是通用汽车旗下的财务公司）发起的次级发行（交易四介于优质级和次级之间，有时被归为次优级发行）。

表4.2　优质发行和次级发行的基础资产比较

	交易一	交易二	交易三	交易四
发起人	丰田公司	本田公司	桑坦德银行	艾利银行
交易编号	2013 – A	2013 – 3	2014 – 1	2013 – 4
交易类型	优质	优质	次级	次级
交易金额（百万美元）	1 302	1 539	1 168	1 072
贷款数量（笔）	84 513	88 370	69 753	55 586
平均贷款额（美元）	15 401	17 409	16 744	19 293
平均利率	2.56%	2.42%	16.30%	7.94%
平均信用分数	756	753	589	630
平均原始期限（月）	61	60	70	68
平均剩余期限（月）	45	47	63	57
平均年龄（月）	16	13	7	12
60个月以上的比例	20.16%	14.54%	88.56%	77.78%
新车比例	80.41%	87.48%	35.05%	62.46%
二手车比例	19.59%	12.52%	64.95%	37.54%

从表4.2所示的交易比较中我们可以看出，优质交易的基础资产中贷款的借款人信用分（FICO）高、原始期限和剩余期限短、长期贷款的比例小、二手车的比例小，这些都说明资产池的风险比较低；但与此相对应，优质基础资产的利率很低，都在2.50%左右。而次级交易的基础资产的特点正好相反，信用分低、原始期限和剩余期限长、长期贷款的比例大、二手车的比例大，这些特点都预示着违约和损失的风险；作为补偿，次级基础资产的利率很高。

基础资产的质量和风险不同，决定了证券交易设计的不同，我们会在下文介绍优质发行和次级发行的证券结构差异。

二、汽车贷款证券化的结构设计

（一）交易类型

汽车贷款证券化交易主要有两大类，一类是以汽车消费贷款为基础资产的期限交易（Term Transaction），另一类是以汽车分销商库存融资贷款为基础资产的库存交易（Warehouse Transaction）。这两者有很大的区别，前者我们已在前面介绍过，属消费者贷款，针对个人购车者；后者属商业性贷款，针对汽车代理分销商，而且一般是循环信用。

在期限交易中，入池基础资产在交易完成时即确定下来，但在特定的情况下，债券发行规模超过入池基础资产数额，托管人便会设置预存账户（Pre-funding Account）。在交易完成时，在预存账户中存入部分发行收入，用于购买额外的基础资产。

在库存交易中，汽车贷款资产池是滚动的，这类交易通过发行商业票据或中期票据为贷款提供滚动融资。顾名思义，库存交易为尚未进行资产证券化的存量资产进行融资，待库存汽车贷款数额足以期限交易时，再打包进行资产证券化。因此，库存交易的本质是过桥融资，期限交易则为库存交易实现了再融资。

本章主要讨论的是期限交易，而库存交易的证券化在设计原理上和信用卡应收款证券化相似，请读者参考第五章信用卡资产证券化。

（二）交易主体和结构

汽车贷款证券化主要通过授予人信托（Grantor Trust）或所有人信托（Owner Trust）的结构来完成。授予人信托要求按比例同时给各档证券偿付本金，不允许对基础资产进行期限和信用分档等结构化设计。目前，汽车贷款证券化的主流是采用所有人信托形式，该结构可以实现不同信用档级和期限现金流重新分配，同一个交易中可以有几只不同法定到期日的证券，一般包括一档货币市场债券，以及期限为 1 年、2 年和 3 年的债券。

汽车贷款交易的具体结构因一系列因素而不同。首先，发起人需要决定证券化交易的资产转移是一次转移还是两次转移。这里的转移次数是指汽车贷款从发起人（Sponsor）到发行主体（Issuer）之间的“出售”次数。在进行两次资产转移的交易中，发起人会成立一个间接特殊目的有限责任公司（Depositor，通常被称为资产存入方），其主要功能是向发起人购买资产，然后向发行主体（SPV）注入资产，或者将资产出售给发行主体，同时从发行主体处获得融资。

图 4.7 描述了一个典型的汽车贷款证券化交易的参与主体结构关系。如图 4.7 所示，资产的发起人同时也是资产服务商，获得信托资产的服务费权和收入。该结构下发行主体是一个所有人信托，因此除了契约受托人（Indenture Trustee）之外还有所有人受托人（Owner Trustee），前者代表着债券方的利益，后者代表着资产方即发起人和存入人的利益。如果交易中资产和负债方有利率或货币错配，为了防止利率和汇率风险，结构中通常还包含利率和汇率互换的对手。

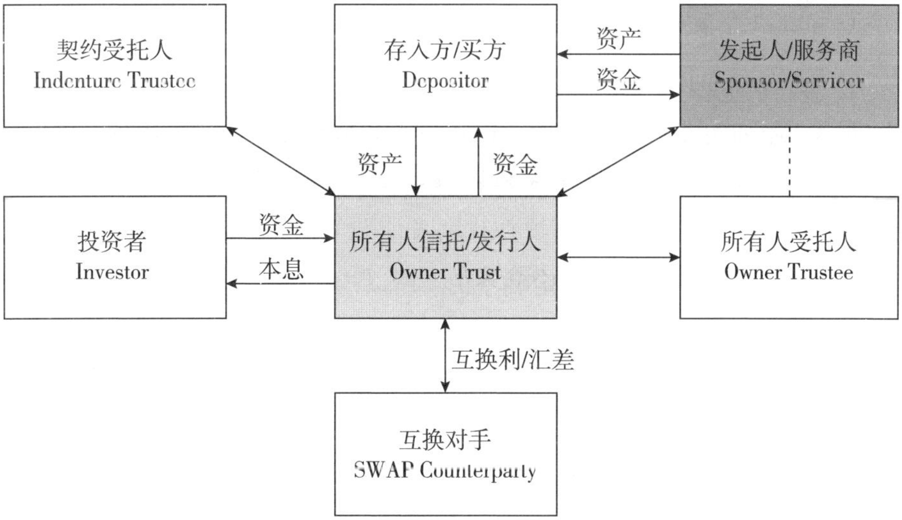

图 4.7 汽车贷款证券化交易结构

与其他结构化交易类似，汽车贷款证券化的评级也是基于与发行人隔离的汽车贷款资产池的信用状况。要使资产化证券的评级高于其发行主体的评级，资产池中的贷款必须与发起人实现风险隔离，包括破产隔离。为了实现该目的，资产必须转移给为实现破产隔离而设的特殊目的公司或载体，使其在发起人面临破产时不受影响。汽车贷款证券化中一般使用存入方和所有人信托两次转移来实现证券化资产的风险隔离。

很多汽车贷款证券化交易的发起人，还会担任服务商的任务（有些交易会聘请第三方服务商）。服务商的职责和报酬会在交易的“销售及贷款服务协议”中详细规定。此份协议也会明确服务商的终止条款和后备服务商的替代事宜等。汽车贷款证券化交易的资产服务费通常按所管理的资产的规模和一定的比例提取；优质汽车贷款资产的服务费比例一般在1%（每年）左右，而次级汽车贷款资产的服务费比例往往在3%左右或更高。服务费一般按月支付，在支付顺序上占据最优先的位置。

在汽车贷款证券化交易的信用评级中，发起人和服务商的信用、资质和历史表现也是信用评级机构考虑的因素。

（三）汽车贷款证券化交易中的注意点

1. 发行的证券

汽车贷款证券化交易的证券结构一般不会很复杂，发行的证券一般都是具有风险小、评级高（AA~AAA级）、期限短（3年以内）、利息低等特点的债券。

由于汽车贷款一般都是固定利率的，所以汽车贷款支持证券也以固定利率为主。当然，有时候由于投资者的需求，交易也会发行浮动利率的债券（利率一般以市场互换为基准），这时交易结构中就可能会使用利率互换协议来解决资产和负债双方的利率错配问题，规避交易利率风险。

优质汽车贷款ABS的交易一般使用简单的A/B档设计，只有A档高级证券和B档支持凭证（或权益档）：A档一般获得最高信用评级A-1或AAA级，B档一般由发起人保留，没有评级。表4.3所示是本田汽车2013年发行的一个优质汽车贷款 ABS。A 档证券中的 A－1 证券是货币市场档级，将会在下文介绍。

表 4.3 本田汽车 2013－3 号资产证券化交易的证券（预售计划）

证券	评级	级别	利率	面额（百万美元）
A－1	A－1＋	优先级	固定	281.00
A－2	AAA	优先级	固定	300.00
A－3	AAA	优先级	固定	305.00
A－4	AAA	优先级		114.00
权益凭证	无评级	支持级		25.64

资料来源：标准普尔

次级汽车贷款 ABS 的交易相对比较复杂一点，一般除了 A 档证券外，还会有几档投资级的中间档和非投资级或无评级的支持档和权益档。表 4.4 所示是桑坦德银行 2014 年年初发行的一个次级汽车贷款 ABS。从中可以看出，除了获得 AAA 级的 A 档证券外，交易还发行了 B 档、C 档和 D 档中间级和支持级证券，信用评级都在投资级；最后，该交易还发行了一个非投资级的次级支持证券，即 E 档，来为以上所有投资级证券提供信用支持。这个交易中还发行了一个浮动利率的优先级证券，即 A－2－B 档。

表 4.4 桑坦德银行 2014－1 号资产证券化交易的证券

证券	评级	级别	利率	面额（百万美元）
A－1	A－1＋	优先级	固定	228.00
A－2－A	AAA	优先级	固定	85.28
A－2－B	AAA	优先级	浮动	255.83
A－3	AAA	优先级	固定	87.28
B	AA	中间级	固定	138.99
C	A	中间级	固定	140.74
D	BBB＋	支持级	固定	69.49
E	BB＋	次级	固定	60.15

资料来源：标准普尔

2. 货币市场档级（Money Market Tranche）

在汽车贷款 ABS 交易的证券中一般还会有一个货币市场档级（一般名为 A－1 档），这是一档专门为满足货币市场基金投资要求的证券。该类证券必须满足美国 1940 年《投资公司法案》第 2a－7 条款的要求，即货币市场基金不能购买期限超过 13 个月的证券。货币市场档级债券的面额需要根据交易完成日后 13 个月内基础资产所能产生的现金流预测来设计。为了获得“A－1”或“R－1”评级，交易的设计者在现金流建模时通常要以保守的提前还款率和本金损失率来计算货币市场档级最大面额。

3. 预存账户（Prefunding Account）

如前文所述，预存账户的出现是由于发行债券的总额超过资产池的贷款总额，超额发行的债券收入被置于特定的账户中，用于在交易完成后购买更多的汽车贷款资产。

通常预存账户都有明确的期限，在该期限之内，必须将账户的资金用于购买额外的应收账款。如果没有在规定的期限内进行应收账款收购，账户中的金额会被用于偿付债券本金。此外，交易文件中也会明确可以被收购汽车贷款的条件，以保证所收购贷款的质量和资产池中的一致。这些条件包括，贷款的加权平均初始期限、加权平均剩余期限、最低及最高年利率、新车及二手车数量、最小信用分数，以及资产的地区集中度等。

4. 法定最终到期日（Legal Final Maturity Date）

“AAA”评级债券的法定最终到期日是指资产池中期限最长贷款的最终到期日加上 12 个月。设立较长法定最终到期日的重要性在于，当贷款客户出现支付困难时，资产服务商可以展期或重新约定条款，只要确保该展期不会造成资产池中贷款的最终到期日不超过资产支持证券的法定最终到期日即可。同时，如果要对违约贷款进行止赎处理，这个额外的期限也可以使得损失的回收在证券的法定到期日之内完成。

（四）信用增级

汽车贷款证券化交易中的信用增级有多种，包括超额抵押、优次结构的分档设计、现金抵押账户、储备账户以及超额利差等。此外，在一些交易中，由于资产池中的部分汽车贷款低于市场利率发放，即发放了受资助类贷款，因此还会是用利息补充账户（Yield Supplement Account）这一独特的增信手段来规避由低利率造成的利息现金流短缺风险。历史上还有很多次级汽车贷款证券化交易选择了债券保险作为其主要的信用增级手段，即债券保险公司为投资人提供不可撤销的本金与利息支付保证。但是，这一增信手段成本比较高，而且受到保险提供人本身信用级别的制约。特别是在金融危机之后，由于债券保险行业受到沉重打击，各大保险公司普遍被降级，所以也无力来提供这一增信模式。

1. 超额抵押（Over-Collateralization）

超额抵押是汽车贷款资产证券化信用增级中最常见的方式。超额抵押指的是资产池的基础资产价值超过资产支持证券票面价值的部分。通常在交易完成日有一个初始的超额抵押数额，然后逐步增加到交易文件中约定的目标超额抵押（Target OC），通常指定为当前资产池余额的一个比例。另外，绝大部分交易还会设置一个最小超额抵押，一般是初始资产池数额的一个比例。

由于目标证券的超额抵押数额一般是根据当前资产池余额设定的，所以会随着资产池的摊销而下降。在满足目标超额抵押水平的情况下，逐步下降的超额抵押机制可使所有人受托人将资产池的溢出收益支付给发起人。

目标超额抵押值类似一个阀门，控制着现金流在债券投资人和发行人之间的分配。在资产池一定的情况下，目标超额抵押值越高，则当期期末债券的目标余额越低，所以交易会分配更多的现金流给债券使其余额达到目标值，这样发起人分得的部分就会变少。如果可用于支付的现金少于当期应付债券本金，则超额收益部分释放给发行人的时间将推迟。

2. 超额利差（Excess Spread）

一般来讲，汽车贷款资产证券化交易的资产池的利息收入都会超过债券的利息支出。交易的资产和负债双方的利息之差，在支付完各类交易费用（如服务费、委托费等）之后的部分被称作超额利差，这个可以用来吸收当期资产池的信用损失，对发行的证券提供信用支持。

在满足了交易各方的偿付需求和弥补了资产池的当期违约损失之后，超额利差才可以释放给发行方。

3. 储备账户（Reserve Account）

汽车贷款资产证券化交易中常常会设置一个现金储备账户，资金一般由发起人在交易发行时存入，有时还会利用交易的现金流来逐渐增补。交易文件中一般会设定现金储备账户的初始金额、目标金额和最低金额，而且往往是按照交易的初始发行额或当前余额的一定比例来计算。现金储备账户中的资金只能投资于流动性和信用质量很高的产品，这些资金在交易出现现金流短缺时可以用来偿付证券。在满足交易规定的目标水平后，现金储备账户中的资金可以释放给发起人。

4. 利息补充账户（Yield Supplement Account）

许多汽车生产商的财务公司经常给借款人提供低利率贷款，这些贷款的利率远低于市场利率，此类贷款被称为受资助贷款。使用低利息的贷款来支持相对高利息的证券，会产生利息现金流的错配和不足问题。为了解决这一问题，汽车贷款资产证券化交易常常使用利息补充账户来为交易提供额外的利息收入现金流。

利息补充账户可以通过两种方式来设立，一种是通过给资产池添加额外的汽车贷款资产，并用该笔资产的收入来补偿利息现金流的不足；第二种是把证券发行的一部分收入在发行时存入一个指定的利息补充账户里，在必要时提取出来为交易提供额外的"利息现金流"。在这种情况下，利息补足账户里的资金的投资标准和程序与现金储备账户类似。

利息补充账户的目标金额可以通过以下步骤进行计算：（1）通过负债方的融资成本（债券的利息）推导出一个折现率；（2）使用该折现率对资产池的预计现金流进行折现；（3）计算资产池账面值和资产池现金流的折现值之间的差额，该差额就是利息补充账户的目标金额。

5. 优先与次级结构（或称现金流的优次顺序）

在汽车贷款证券化交易中，证券现金流的偿付有先后次序，一般是级别高的证券先于级别低的证券得到偿付。汽车贷款证券化最常见的本金分配结构为顺序偿付，基本的规则是将所有资产池的本金计划收款及提前还款先用于支付期限最短的优先级的债券，在期限最短的债券被全部偿付完毕后，再用于偿付期限第二短的债券，并以此类推。

而在损失的承担上，如果资产的损失数量超过超额抵押和现金储备账户的支持，亏损将由最低档级的债券承担；一旦最低档级的本金全部被计提损失，那么亏损将由次最低档承担，以此类推。如果证券档级相同，则由同档级的债券按比例承担损失，并冲减债券账面价值。

6. **加速清偿机制**

除了规定一般的现金流优次顺序外，汽车贷款证券化交易中还会设计证券的加速清偿机制，以便在特殊情况下对证券实施保护。一旦交易的加速清偿机制被触发，交易的现金流将不按照一般的现金流优次顺序分配，而是进入特殊优先分配状态，而这种特殊分配优先次序往往是更严格地按照证券的级别高低来进行。

加速清偿机制的触发点可以根据基础资产的表现指标，比如资产的违约率、损失率、提前偿付率或交易的超额利差水平。当资产的表现未能满足事先设定的指标时，将会触发加速清偿机制，对高级证券进行优先偿付，从而增加对证券的信用保护。

汽车贷款证券化中加速清偿机制的另一个常用的触发点是违约事件（Events of Default）。一旦交易中出现违约事件，交易的现金流分配就会进入前述的特殊优先分配状态来保护高级别的证券。以下是几个常用的违约事件的定义：

- 债券的应付利息在到期日没有得到偿付。
- 债券的本金在到期日没有得到偿付。
- 发起人对资产池情况的陈述和保证不真实（违约）。
- 发起人或服务商无法按照合同的规定履行义务。
- 发起人破产或申请破产。
- 发起人涉及联邦或者政府所得税的特定事件等。

7. 信用增级实例

表4.5所示是前面（见表4.4）介绍过的一个由桑坦德银行在2014年发行的次级汽车贷款证券化交易的信用增级措施。该交易中使用了我们前面讲到的超额抵押、优次结构、储备账户、利息补充账户和超额利差等多种方式。其中，A档证券在发行时的信用支持达到资产池的45.8%，最低的E档也有10.75%的信用支持，这里面还不包括利息补充账户和超额利差的支持。

除了以上信用增级，该交易中还设置了加速清偿机制，一旦资产池的累计净损失超过预定的指标或是交易中出现违约事件，交易将进入加速偿付状态。

表4.5　桑坦德银行2014－1号资产证券化交易的信用增级

来自低级别证券的支持（初始资产池的比例）	
档次A	35.05%
档次B	23.15%
档次C	11.10%
档次D	5.15%
档次E	0.00%
超额抵押率	
初始比例（初始额）	8.75%
目标比例（余额）	15.00%
最低比例（初始额）	1.50%
储备账户	
初始比例（初始额）	2.00%
目标比例（初始额）	2.00%
最低比例（初始额）	2.00%
总的信用支持	
档次A	45.80%
档次B	33.90%
档次C	21.85%
档次D	15.90%
档次E	10.75%
利息补充账户	11.17%

资料来源：标准普尔

第三节
汽车贷款证券化案例分析

一、美国案例——本田汽车贷款证券化交易第 2013 -3 号

（一）交易简介

本田汽车金融公司是本田汽车公司的金融公司，管理着近 280 亿美元的汽车贷款证券化资产池。本田汽车金融公司为本田的优质顾客提供优惠的贷款，资产证券化为汽车金融公司的贷款提供了变现的通道，形成了产业和资本相结合的良性互动模式。

本田汽车贷款证券化交易第 2013 -3 号是一个典型的优质汽车贷款证券化交易，该交易和本田公司在过去 10 年间发起的几十个交易一样，简单稳妥，属于比较“无趣”的交易。

该交易发行了四档优先级资产支持证券及一档支持级资产支持证券，其中：A -1 的评级为 A -1 +，法定期限为 1 年；A -2、A -3、A -4 的评级为 AAA 级，法定期限最长为 6 年（A -4）；次级债券不进行评级。交易完成日为 2013 年 7 月 24 日，债券的还本付息日为每月的 15 日，第一个支付日为 2013 年 8 月 15 日。

表 4.6　本田 2013 -3 证券交易档级安排

证券	初始本金（百万美元）	利率	利息计算方法	首次付息日	最后付息日
A -1 级	423	0.22%	实际天数/360	2013 -8 -15	2014 -8 -15
A -2 级	449	0.54%	30/360	2013 -8 -15	2016 -1 -15
A -3 级	458	0.77%	30/360	2013 -8 -15	2017 -5 -15
A -4 级	170	1.13%	30/360	2013 -8 -15	2019 -9 -16

资料来源：本田金融和标准普尔

如表4.6所示，2013－3的优先级证券包括四个档级A－1、A－2、A－3和A－4。此外还包括次级债券38 461 538.98美元，次级债券为非公开发售债券，该债券的偿付优先权低于上述优先级债券。

本次交易资产池的初始本金额为1 538 461 538.98美元，与优先级债券发行规模相比，超额抵押部分为38 461 538.98美元。超额抵押部分在交易中被设计为一款不需要还本付息的次级债券。该交易的其他信用增级方式包括超额利差、优次结构、现金储备账户和利息补充账户等。

（二）交易结构

本次交易由本田金融公司发起，其交易结构如图4.8所示。和很多汽车贷款证券化交易一样，该交易采用所有人信托的方式发行，分别设置了所有人托管人和债券托管人，分别代表发行方和债券投资人利益。

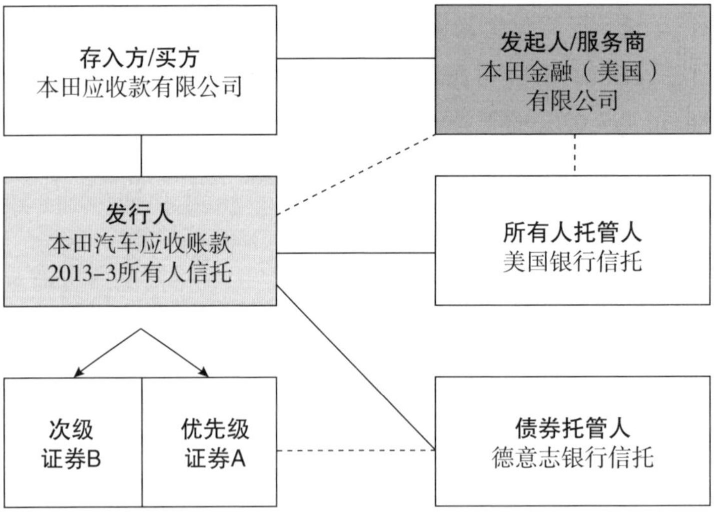

图4.8　本田2013－3交易结构

（三）现金流分配和信用增级

该交易主要通过内部增信的方式来实现信用增级，主要的手段是通过优次结构、超额抵押（次级债券）、现金储备账户、利息补充账户、超额利息等方式。

1. 优先与次级结构

该交易采用顺序支付的方式，资金归集账户中的现金先用于支付资产管理人的服务费用，服务费为每年1%，其次用于支付托管费用。之后支付A-1～A-4的利息，剩余资金按照A-1～A-4顺序进行本金支付。在优先级债券本金支付完成之前，超额收益部分支付给次级债券，但是在优先级别债券本金支付完成后，所有超额收益支付给次级债券（具体支付顺序见图4.9）。

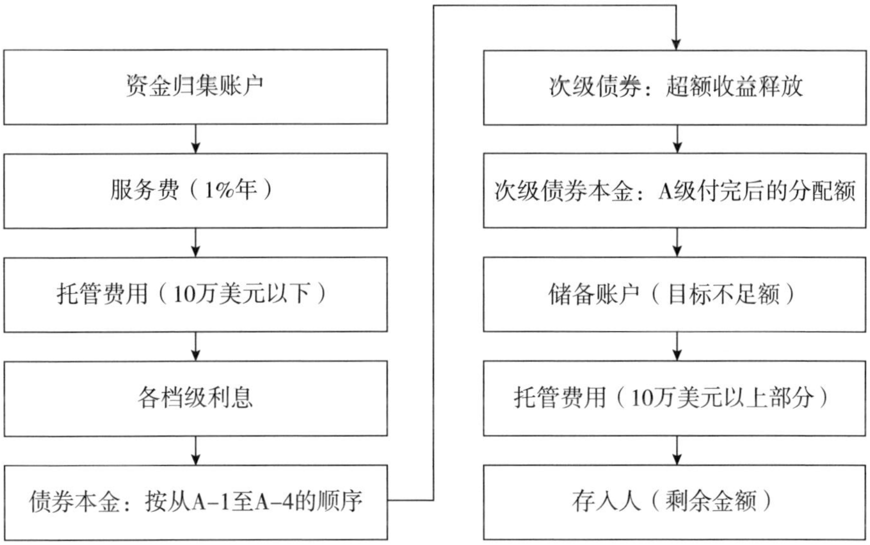

图4.9 本田2013-3交易现金流分配次序

当资产池的剩余本金余额为初始本金总额的10%以下时，贷款服务人有购买选择权，通过购买资产池剩余应收账款的方式来提前赎回剩余债券。

2. 次级债券

次级债券发起时本金余额为38 461 538.98美元，占发起时资产池本金总额的2.5%，次级债券的偿付顺序在所有层级的优先级债券之后。只有当本次付息日所有优先级债券的本金及利息都偿付完毕之后，次级债券才会收到本金及利息的偿付。

3. 现金储备账户

储备账户的资金会用来弥补优先级债券及次级债券所需的利息本金偿付金额缺口。在交易发行日，资产存入人在现金储备账户中存入 3 846 153.85 美元，占资产截止日所有应收账款本金余额的 0.25%。

4. 利息补充账户

在交易发行日，资产存入人在利息补充账户中存入 58 606 652.46 美元。该笔资产的收入将被放入资金归集账户用于债券利息的支付。在本次交易中，利息补充账户的金额以 3.9% 的折现率计算，将所有资产池应收账款通过该折现率折现为现值，该现值与资产池的账面本金额相比，即得出利息补充账户所需存入的数额。

5. 超额利差

资产池的利息收入在支付完服务费、托管费和债券利息后的盈余，要先用来补偿资产池的违约损失，剩余的部分才可以释放给存入人。

（四）交易的评级

从本田金融公司 2006～2012 年所发起的 20 个交易来看，其基础资产的累计损失率为 1.24% 左右，具体每个交易的累计损失情况如图 4.10 所示。

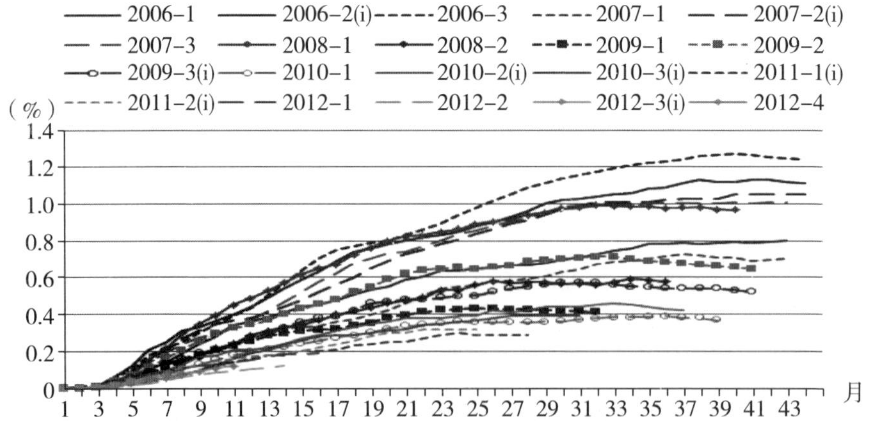

图 4.10　本田汽车历史交易的累计损失率

资料来源：标准普尔

标准普尔的评级报告显示，本田金融最近几个交易的累计损失率呈下降趋势（见表4.7），由于2013－3交易资产质量与2013－1交易相当，标准普尔预测该交易的累计损失率也处在0.6%～0.75%区间。

表4.7 本田汽车往年交易资产池的表现

交易	月	当前累计损失（%）	预计累计损失（%）
2012－1	16	0.19	0.75～0.95
2012－2	14	0.12	0.75～0.95
2012－4	8	0.07	0.65～0.80
2013－1	5	0.04	0.60～0.75

除了优良的基础资产质量外，本次交易的次级债券、现金储备账户、超额利差等增信方式，为优先级债券提供了5.56%信用支持，该信用支持水平超过了5倍的预计累计损失率（0.60%～0.75%），因此标准普尔对该交易中的优先级债券的信用评级均为AAA级。

二、中国汽车贷款证券化案例

从我国目前的资产证券化条件来看，汽车贷款是比较适合证券化的资产，应用前景很大。从美国的证券化历史来看，汽车贷款的证券化走在了其他主要资产支持证券的前面，主要原因是汽车贷款的存量大、低风险和容易预测，非常适合用于证券化。而我国目前的汽车贷款的风险也相对很低，借款人信用质量普遍不错，分散度良好，所需的交易结构不必太复杂，很适合在资产证券化的起始阶段开展；同样重要的是，我国汽车贷款的存量丰富，增长迅速，发起人的融资需求也会随着市场的扩大而不断提高，所以对资产证券化有内在的需求。

（一）通元2008－1

上汽通用成立于2004年8月11日，是银监会核准开业的第一家汽车金融公司，主要业务包括为个人及公司客户提供购车贷款、为汽车经销商提供采购车辆贷款和营运设备贷款在内的一揽子汽车金融服务。自2004年成立以来，上汽通用业务不断发展，贷款规模增长迅速。截至2011年年末，上汽通用资产总额348.21亿元，个人汽车抵押贷款余额238.15亿元，资本充足率13.37%。快速的增长也对公司的融资提出了更高的要求。通过资产证券化，上汽通用正努力开拓多元化的融资渠道，降低融资成本，为公司业务的发展提供资金保障，并精简了资产负债表，提高了资产的投资回报率。

借鉴美国的资产证券化经验，上汽通用积极开始汽车贷款证券化的探索，并于2008年1月发行了我国第一只汽车贷款支持证券。该交易以上汽通用发放的汽车贷款作为基础资产，中信证券为主承销商，华宝信托为项目受托人。

图4.11为通元2008－1的基本交易结构，其中实线表示各方之间的法律关系，虚线表示现金流的划转。

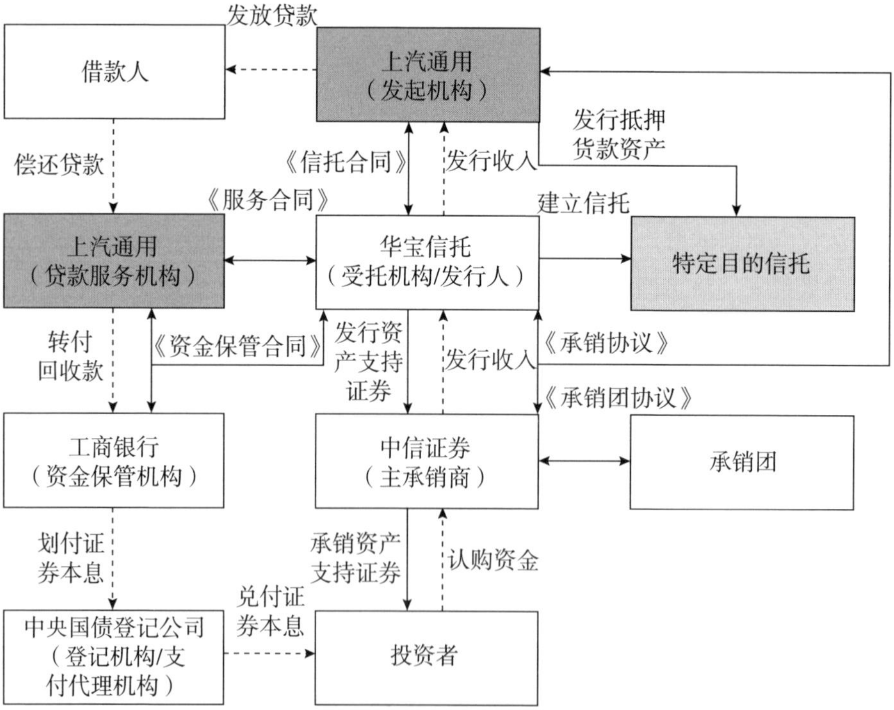

图4.11　通元2008－1交易结构

通元 2008 -1 的规模将近 20 亿元，发行的证券包括 16.66 亿元 A 档证券和 2.35 亿元 B 档证券，均为浮动利率证券（如表 4.8 所示）。该交易中还有 0.92 亿元次级资产支持证券，由发行人购买并持有。

表 4.8　通元 2008 -1 规模

证券	发行金额（元）	发行利率*	法定到期日	评级
A 级证券	1 666 135 900	基准利率 +1.55%	2014 年 7 月 26 日	AAA
B 级证券	235 228 500	基准利率 +2.50%	2014 年 7 月 26 日	A
次级支持证券	92 098 061	不设票面利率	2014 年 7 月 26 日	NR

* 基准利率为人民银行公布的 1 年期定期存款利率。

通元 2008 -1 的主要信用增级方式是优先与次级结构。次级证券为 A 级证券和 B 级证券提供信用支持；B 级证券为 A 级证券提供信用支持。在高级证券全部偿付完毕之前，次级资产支持证券不获得本金分配。该交易中 A 级证券和 B 级证券的信用支持分别达到 16.42% 和 4.62%，比同期的美国优质汽车贷款证券化交易的信用支持水平高很多。

这种优次结构的信用增级还体现在该交易的“顺序偿付”现金流分配方式上，如图 4.12 所示。

与图 4.9 所描述的本田 2013 -3 偿付顺序不同的是，通元 2008 -1 交易中如果贷款服务人是发行人，则服务费的优先级低于债券的利息和当期应付本金。而在本田 2013 -3 中，不管谁是贷款服务人，对贷款服务人的现金支付顺序均处在第一顺位。在美国，其他资产证券化交易一般采用和本田交易相同的模式，因为贷款服务人的能力是债券投资人可按期收回债券利息和本金的保障。通元 2008 -1 的这种设计是发起人对投资者的一个“礼让”，作为中国第一个汽车贷款证券化交易，这种“礼让”对建立投资者信心是有帮助的。

（二）通元 2012 -1

上汽通用在发行了第一单汽车贷款证券化交易之后，美国金融危机全面爆发，国内的信贷资产证券化试点也进入停滞状态。随着国家 2012 年信贷资

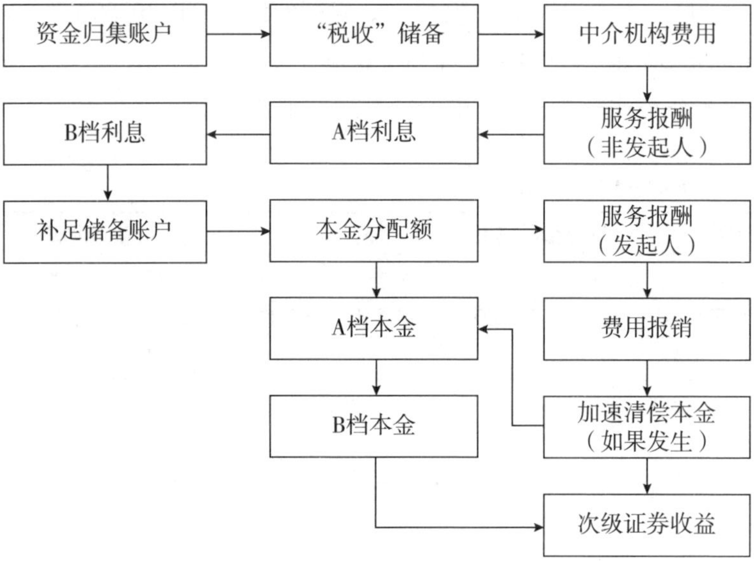

图 4.12　通元 2008 -1 交易现金流分配次序

产证券化试点的重新开启，上汽通用发行了第二单信贷资产证券化交易“通元 2012 年第一期个人汽车抵押贷款证券化信托资产支持证券”（简称通元 2012 -1）。该交易由发起人上汽通用作为贷款服务方，发行人（受托机构）为中粮信托，主承销商（簿记管理人）为中信证券。这是上汽通用第二次试水个人汽车贷款证券化。

和通元 2008 -1 交易类似，通元 2012 -1 交易的证券结构也是 A 级、B 级和次级的简单组合。其中，A 级资产支持证券规模 16.51 亿元，占比 82.55%；B 级资产支持证券规模 2.49 亿元，占比 12.45%；次级资产支持证券规模 1 亿元，占比 5.00%。从信用支持的比例上看，通元 2012 -1 交易比通元 2008 -1 交易更稳健一点。

证券的详细信息见表 4.9。优先级 A 档预计到期日 2014 年 7 月 26 日，预期加权平均期限 0.58 年；优先级 B 档预期到期日 2015 年 6 月 26 日，预期加权平均期限 2.19 年。A 和 B 档资产支持证券都采用浮动利率，票面利率为基准利率（1 年期定期存款利率）加上相应的利差。

为了满足监管部门最新要求的双评级制度，本期资产支持证券同时引入大公国际、联合资信与中债资信三家评级机构为发行的证券进行评级。

表 4.9　通元 2012 -1 规模

证券	发行金额（元）	发行利率*	法定到期日	评级
A 级证券	1 651 080 000	基准利率 + 利差	2018 年 2 月 26 日	AAA
B 级证券	248 900 000	基准利率 + 利差	2018 年 2 月 26 日	A
次级支持证券	100 007 045	不设票面利率	2018 年 2 月 26 日	NR

* 基准利率为人民银行公布的 1 年期定期存款利率。

（三）2012 上元一期

几乎与通元 2012 -1 同时发行的还有 2012 上元一期个人汽车抵押贷款资产支持证券（简称 2012 上元一期）。

2012 上元一期是由上海汽车集团财务有限责任公司（简称上汽财务）作为发起人的一只个人汽车抵押贷款资产支持证券。2012 上元一期由上海信托面向全国银行间债券市场成员公开发行优先级的 A 档和 B 档，并向上汽财务定向发行次级档证券。

该交易也同时使用了我国三大评级公司（大公国际、联合资信与中债资信）为发行的 A 档和 B 档进行评级。由于 2012 上元一期在交易安排、证券发行、增信措施和现金流分配上和前面介绍的通元的两个交易相似，我们在这里不再重复介绍。

上汽通用和上汽财务这两家公司目前的业务发展良好，融资成本很低，其实在理论上是不需要进行资产证券化来进行融资的。但是，从长远发展和市场竞争的需要来看，进行资产证券化的尝试无疑会为公司融资渠道的挖掘和拓展打好基础。在金融市场日新月异的今天，这种超前的准备是企业富有长远战略眼光的体现。

随着我国资产证券化的深入开展和投资者对汽车贷款证券化的进一步理解，我们将会看到更多的汽车贷款证券化交易、更广阔的交易市场、更优化的结构和更丰富的证券产品。

第五章

信用卡资产证券化

信用卡资产证券化（或称信用卡应收款证券化）是资产证券化中一个独特而重要的分支。利用证券化，信用卡公司可以降低融资成本，分散资产风险，提高财务指数，扩大业务规模，盘活应收款存量，从而提高收入、利润率、流动性和股东价值。2010年美国会计准则变化之前，发行人还通过资产证券化把信用卡应收款转移出资产负债表，从而大幅提高资本充足率，变相提高杠杆和盈利。从20世纪90年代中期起，证券化已成为信用卡公司最重要的融资渠道。

对投资者而言，特别是退休基金、保险公司和商业银行等机构投资者，信用卡资产支持证券因为其优质的信用评级和稳定可测的现金流，吸引力很强，是投资组合中比较热门的一款中短期投资产品。

自1987年诞生以来，信用卡资产证券化规模一直平稳增长，在2007年达到历史高点，当年美国的发行额达到995亿美元，详见图5.1。

2007年经济危机爆发之后，信用卡资产证券化规模急剧直下，2010年跌至谷底，当年全美发行量仅74亿美元，与1988年的水平相当。

经济危机中，和其他证券化产品一样，信用卡资产支持证券价格一落千丈，2009年5年期的AAA级证券的市场预期收益率差高达550多基点，BBB级证券的市场收益利差更是飙升至近2 000个基点，详见图5.2。在当时这样高的市场收益率要求下，以降低融资成本为目的的证券化其实已经失去意义，如果不是因为各大银行当时的流动性需求，2009年下半年到2010年上半年的证券化发行量理论上应该为零。

虽然也有一些信用卡证券信托和发行银行在这次金融危机中破产或被迫解体，但美国最主要的几大信用卡公司都在危急时刻，特别是2009年，对它

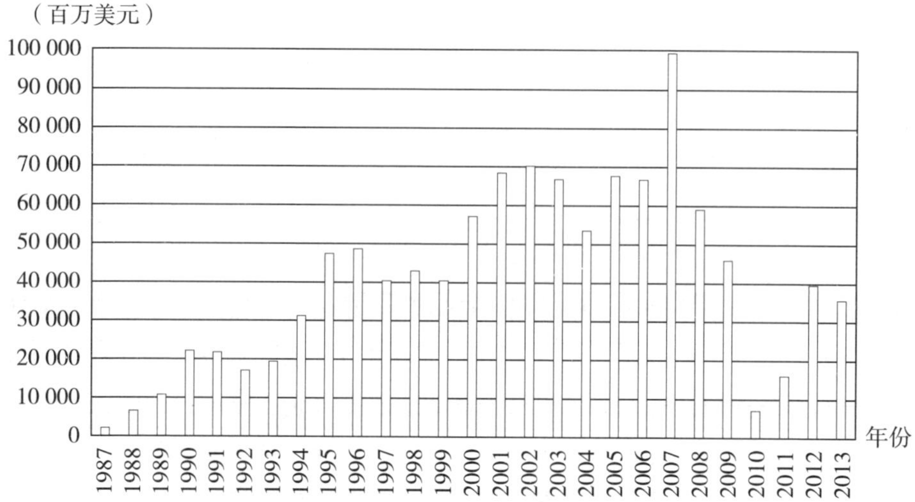

图 5.1　美国信用卡资产支持证券年发行规模

资料来源：美国证券业与金融市场协会

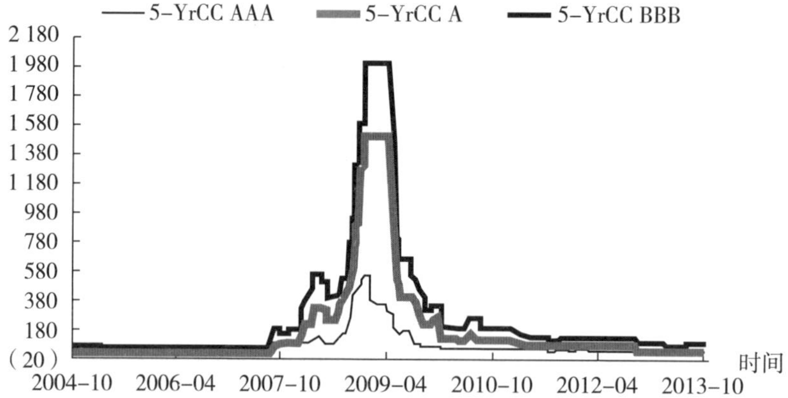

图 5.2　美国 5 年期固定利率信用卡证券市场要求的收益利差

资料来源：花旗银行投资研究

们旗下的信用卡证券信托进行多种额外增信，保住了这一重要的融资渠道，也让大部分信用卡证券投资者没有承担和房地产次贷证券投资那样的亏损。

2011 年，美国信用卡资产证券化开始迅速回升，2012 年和 2013 年每年的发行量都超过 350 亿美元。信用卡资产证券化的迅速回归，证明了市场对这一产品的信任和需求。无论是对信用卡公司还是投资者，信用卡资产证券化有着其独特的吸引力。

第一节 信用卡资产证券化的基础资产

信用卡是一种灵活、方便和安全的支付工具，现在已经取代现金或银行借记卡成为美国人生活中最主要的付款方式。和中国家庭一样，美国家庭或个人的支出主要是房子、汽车、教育和其他生活消费。前三项一般借助银行贷款支付，而生活消费的支付则大部分通过信用卡。所以，喜欢提前消费的美国人也就自然地针对以上每项主要支出建立了以下四大类借款：住房贷款、汽车贷款、学生贷款和信用卡贷款。截至 2013 年 9 月，美国的信用卡贷款余额大约在 8 500亿美元左右。因为美国 40% ~50% 的家庭有信用卡欠款，这些家庭的信用卡平均贷款额在 1.5 万美元左右，相当于美国平均家庭收入的 30% 。

一、信用卡的分类

信用卡有多种分类。根据发卡人不同，可以分为银行卡、零售卡和联名卡等；按持卡人不同，可分为个人卡和商业卡；按信用卡组织，也可分为维萨卡（VISA）、万事达卡（Master Card）、美国运通卡（American Express）、发现卡（Discover）、日本国际卡（JCB）等国际大牌和一些地区性的品牌[如欧洲的欧陆卡（EUROPAY）、我国的银联和台湾地区的联合信用卡等]。尽管种类看似繁多，但不同信用卡的原理和使用方式没有多大区别。

二、信用卡的使用原理

从财务角度讲，信用卡持卡人每一次用信用卡付费或提款，就是一次向发卡银行的贷款行为。持卡人到商户持卡消费或提现时，并不自己直接付款，而是由发卡人过后代为支付，持卡人在规定的付款日之前向发卡人支付应付的款项。持卡人无须每月缴清所有应付款项，只需付最低应缴金额即可，余下金额可据自己的意愿决定偿还金额和时间。最低应缴金额是根据持卡人的新消费额、未偿余额、发卡人垫付余额、融资费用和年费等因素决定的。发卡人会对持卡人没有按月全额付清的应收款计提利息并加到余额中成为持卡人下一个月的应收款余额。

三、信用卡贷款的特点

信用卡贷款与住房贷款、汽车贷款和学生贷款不一样，有其自身的许多特点。

第一，信用卡贷款是一种循环信用贷款，一旦获得审批，就可以在获准的额度内随借随还，再借再还，无须多次审批。

第二，信用卡的发贷方对借款方在资金的用途上一般没有限制，持卡人可以用于吃喝玩乐各项消费或取现。并且其使用方式上也没有限制，灵活方便，持卡人可以在任何有刷卡机的地方，或通过网络和电话进行借贷行为。

第三，信用卡贷款是一种无担保信贷。发卡方发放一般的信用卡是根据其对借款方的信用和财力的估价，而不是基于任何抵押或担保（现在也有以第三方担保或以存款为抵押的银行信用卡，但规模非常小）。当申请人向发卡人申请信用卡时，发卡人会根据申请人的信用和财力记录决定给予持卡人一定的信用额度，申请人的财力和信用记录越好，所获得的信用额度就越高。如果持卡人违约不付款，发卡人无权扣留持卡人的资产来抵充。当然，持卡人的信用记录会因为信用卡违约而受损，这在一切以信用为基础的美国社会是非常严重的。

第四，信用卡贷款是一种高利率高风险的贷款。由于信用卡的无担保、短期和无资金用途限制等特点，信用卡贷款有些类似于“高利贷”。信用卡贷款的坏账率一般比其他贷款类型高，平均在5%以上，而且随经济的周期变化会有大幅的波动。图 5.3 列示了美国各银行发行的优质信用卡的历史坏账记录，次优级的银行卡的坏账率波动会更大。

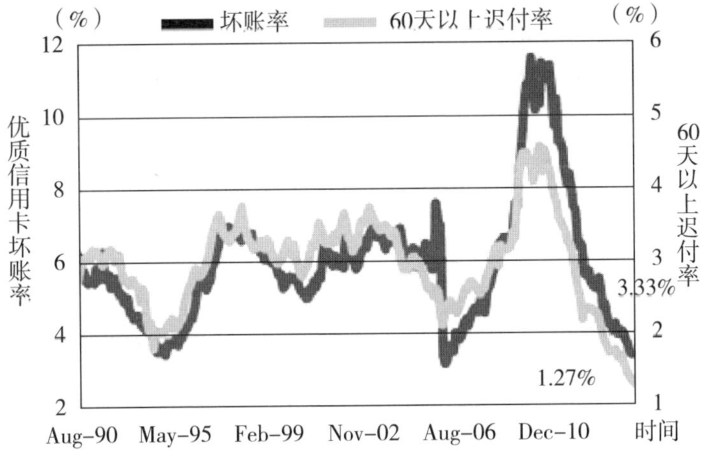

图 5.3　美国银行卡坏账率和 60 天以上迟付率

资料来源：惠誉评级（2013 年 9 月发布）

正因为高风险，信用卡的利息（融资费用）一般比其他贷款类型高很多。发卡人会向没有按月付清所有应收款的持卡人收取提供资金融通的费用。信用卡便利使用者（Convenience Users）一般只是用信用卡来支付，而不是借款，所以他们每月付清账款，不会产生融资费用。而信用卡周转借款者（Revolvers）一般不付清所有余额，而是每月偿付一点，没有付清部分则周转到下个月再付。这样，信用卡公司就会对其没有付清的“贷款”额征收融资费用。信用卡的利率比其他类型的贷款的利率高许多，虽然也有固定利率，但浮动利率居多。现在一般的信用卡利率在 20% ~25% 之间。融资费用根据收款期内平均每天的债务余额来计算，以日计息，起息日可以是发卡人垫款日、结账日或缴款截止日。

第五，信用卡贷款的还款期相对其他种类贷款来讲是很短的，一般在一年以内。按照还款行为方式，信用卡持卡人可以分为两种：一种是便利使用者，这类持卡人只是把信用卡作为一种支付方式，而不是借款工具，他们每月付清账款，还款期在一个月或更短；另一种是周转借款者，这类持卡人是真正的“信用”借款人，他们一般不付清所有余额，而是每月根据财务状况，偿付最低偿付额或多一点，没有付清部分则周转到下个月再付。周转借款者也因为有授信限额或高利息的压力，不可能一直拖着不还。所以从交易开始，款项一般也会在8~10个月内还清。

第六，从发卡人的角度讲，信用卡贷款的收入来源很多样，收益率比其他贷款更可观。

除了信用卡的利息，即融资费用之外，发卡人还会从信用卡持卡人或商家等各方获得以下各项费用：

- 交换费（Interchange）：信用卡的运作是建立在发卡人、商户，持卡人、银行、支付系统等多方信用关系基础之上的。每一笔信用卡消费，信用卡公司都会从付给商户的款项里面扣除出一定比例的钱作为为商户提供销售机会和收款服务并承担了信用风险的费用。这种交换费会由发卡人、信用卡系统公司、合作银行等一起分享。所以，持卡人的每一笔信用卡消费，发卡人都可以分到部分交换费收入（一般是交易额的1%~2%）。
- 迟缴费（Late Fee）：持卡人因为没有按时偿付最低偿付额而被罚的费用，一般为25~35美元每次。
- 余额转账费（Balance Transfer Fee）：持卡人为了降低利息、减少最低付款或整合贷款等目的，而把其他信用卡里的应付款转入一张信用卡的费用，一般是转入金额的3%~5%，最低10美元一次。
- 其他各项因为违约或特殊服务的费用，如信用卡年费、提现费（Cash Advance Fee）、国际交际费（International Transaction Fee）、支票弹回费（Returned Check Fee）、停止付款费（Stop Payment Fee）等。

由于收入来源的多样和相对高的利息，信用卡贷款的收益率很可观，一直是银行资产中一块肥厚的蛋糕。

我们将在本章第三节中介绍如何对信用卡资产证券化交易的基础资产进行分析。

第二节
信用卡资产证券化的结构特点和演变

信用卡资产证券化的流程和结构自1987年诞生以来一直不断演变、优化，现在已经比较成熟。信用卡资产证券化的总体流程和其他资产证券化一样：先是由发放或买入贷款的发起人把资产汇总成资产池，卖给一个专门的信托，然后由信托出面把资产池的现金流进行分割、重组并打包成证券出售给投资者。但是，由于信用卡贷款的循环、短期、无担保、浮动余额和无预定还款期等特点，用于打包住房贷款、汽车贷款和学生贷款等的封闭式、还本型的结构，无法用于信用卡贷款的证券化。

把一个资产转化为证券，总体的现金流期限不会因为证券化而变化，只是怎么分割和组合的问题。一个长期贷款池的现金流可以被分割成短、中、长期的各类现金流，以支撑不同期限的证券。但是，这些短、中、长期证券的加权总体期限和支持它们的贷款池期限是一样的。而信用卡贷款的付款期太短，集合起来的贷款池不可能支持一个中期或长期证券。如果只是用来发行短期证券（1年期以内），那么操作会太频繁，成本会很高，也就失去了证券化的意义。如何解决这个期限错配问题，是信用卡资产证券化的一个关键。

一、突破性的循环购买和多次发行的运作模式

信用卡资产证券化中创立的循环购买、多次发放和卖方权益吸收的模式，是现代资产证券化发展史中一个重要创新和突破。如何实现短期信贷资产支撑长期债券的证券化？那就必须对短期信贷资产进行拉长延伸，方法就是循环购买，前赴后继，周转支持。利用老的短期资产的现金流来购买新的短期资产，这样就可以支持长期债券的发行。

更进一步，信用卡资产证券化不但在资产方实现了循环购买，而且在负

债方衍生出多次发行的模式。如果老的债券到期或是所积累的资产增加到了一定程度，发行人又可以通过增发新的证券来进行融资，即以一个变动的资产池来支持证券的多次发行。

当然，以上这个模式的可行性要基于几个前提：(1) 短期资产必须有持续稳定的供应；(2) 短期资产的质量要有有效控制；(3) 循环购买的操作成本不能太高；(4) 短期资产的收益率要足够高；(5) 合理有效的短期资金积累，以偿付大额到期额。这也是信用卡资产证券化要解决的几个主要问题。

(一) 统和信托

信用卡资产证券化首先要解决的是如何循环购买。为了避免每次资产转让都要设立一个新信托的问题，信用卡公司一般采用统和信托模式（Master Trust）而不是传统上的单一信托模式（Single Trust）。统和信托不是封闭的，可以长期不停地购买信用卡应收款，并以汇集的信用卡应收款资产池作为支撑，多次发行证券系列。每个证券系列都可以分享这个统和信托里的信用卡应收款的权益。

在设立统和信托时，信用卡公司会把一些符合资产池服务合同要求的信用卡账户指定给信托，并把这些账户里的信用卡应收款转让给信托。信用卡公司会保留对账户的所有权和支配权，一般也会继续服务这些账户和客户，出让的只是当时这些指定账户里的应收款余额。设立之后，这些信用卡指定账户会因为持卡人的循环使用而产生新的活动和贷款。

统和信托会定期（一般每天）用已购贷款的收款现金流来购买这些新的贷款。此外，卖方也可以指定额外的信用卡账户（包括新发行的账户）到统和信托中并把其中的应收款转让给信托。在有些情况下，如果统和信托里的应收款余额低于指定的最低水平，卖方还必须按合同要求指定额外的信用卡账户到统和信托中。当然，在一定条件下，卖方也可以通过停止这种账户指定而把应收款从统和信托里购回。

虽然统和信托可以直接用来发行信用卡证券，但更多的发行人采用了双层信托的方式来进行证券化。在双层信托模式下，卖方一般先把信用卡资产转让给一个统和信托，然后由统和信托发行信托权益凭证（Certificate），并把凭证卖给一个发行信托，最后由发行信托以信托权益凭证的现金流作为基础资产来发行证券。

对发起人来说，统和信托不但解决了短期资产和中长期证券的错配问题，而且降低了多次多重证券发行的成本。从投资者角度来看，统和信托也有其优点。相对单个独立信托，统和信托下的资产规模一般比较大，资产池在人口、地域和年份等方面集中风险相对而言可能会比较小。

（二）卖方权益

统和信托证券化开始时，卖方（信用卡公司）一般会放入足够的信用卡应收款到统和信托里以支持信托发行的投资者权益凭证（Investor Certificate），并额外多放一部分应收款作为卖方权益（Seller's Interest、Seller's Certificate 或 Transferor's Certificate）。卖方权益和已发行的其他权益凭证共同分享统和信托里的资产，卖方权益代表着卖方对已转让到统和信托里但还没有出售的那部分额外资产的权益。卖方权益和投资者权益凭证对信托里的资产享有平等权利。虽然从英文名字上来看，卖方权益是一种证券，但从形式上来讲，卖方权益不一定是"证券化"的权益。就算在 2009 年新的美国证券化相关的会计准则出台之前，卖方权益所代表的那部分资产在会计上也不可以按"出售"处理，而是应该保留在卖方的资产负债表上，作为应收款或贷款继续计提坏账准备。所以，这部分权益是否做成证券意义不大。

卖方权益在统和信托里承担着重要的角色。为了确保统和信托里有足够的"海绵"来降低信用卡应收款不足（资产池萎缩）的风险，信用评级机构会对卖方权益的大小提出要求。因为指定给信托的信用卡账户的余额会不断变动，而信托发行的投资者权益凭证是固定面额的，这种错配就需要一个浮动目标来平衡。特别是信用卡这种支付工具在使用和付款上的季节性特点，有时付款会超过新的借贷额，或者使用者退货导致余额降低，这些都可能导致信托里的信用卡应收款余额低于投资者权益凭证的面额。保留一定的卖方权益就可以降低这种风险，保证统和信托里有足够的信用卡应收款来支持投资者权益。如果说统和信托是一个蓄水池，来接收上游多条河流的水，倘若没有一个释放或填补平衡机制，水池里的水位就会不断变化。那么卖方权益就是这个蓄水池里的一块超级海绵，用来吸收或释放水来使池里的水保持在标准或目标水位。

图5.4是一个简化了的信用卡应收款证券化交易中的卖方权益在一个证券系列的生命周期中的变化示意图。从图中可以看出，信托中的信用卡应收款总额会不断变化，但资产池的这种变化会由卖方权益来吸收，从而保证信用卡支持证券的稳定和按计划偿付。

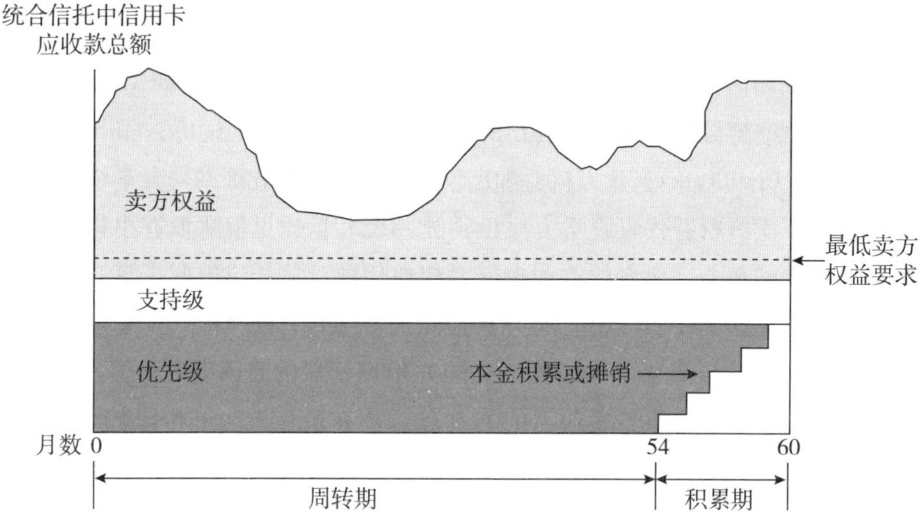

图5.4　卖方权益变化示意

（三）变化的结构

信用卡资产的证券化结构随着会计、税务、监管和信用评级等多方要求的变化而不断演进和完善。这种进化必将随着未来几年在会计和监管领域的法规条例的变动而继续。这是发行方，特别是银行，对融资渠道的畅通和高效的不断追求的必然结果。

近年来一个典型的信用卡资产证券化结构变化的例子就是“非关联结

构”（D-linked Structure）或者“分摊型”（Socialized）信托的诞生和普及。在非关联结构下，同一系列的不同级别的证券不是关联的，不需要同时发行。这种结构突破了传统结构下多级证券互相关联，必须同时发行的模式。信用卡资产证券一般有三个信用等级：优先级（A 组，AAA）、次优级（B 组，AA）和次级（C 组，BBB）。非关联结构允许发行人先发行一个证券系列中的低档证券。这样的处理可以扩大投资人的范围，拓宽次级证券的市场，从而增加发行人的融资机会。退休基金是美国最大的证券投资群之一。美国《1974 年退休收入证券法案》（ERISA）对美国的退休基金的投资进行了严格的限制。退休基金不可以投资没有评级的转付证券（Pass-through Certificate），包括信用卡信托发行的权益凭证。但是，非关联结构下的低档证券可以独立发行并获得投资级信用评级（BBB），此类证券就可以合法卖给退休基金，从而打开一个广阔的市场。同时，低档证券的先发也给高档证券的快速发行和融资提前铺好了路，以更快地应变证券市场的需求。

除了统和信托、发行信托和非关联结构的应用，信用卡资产证券化的其他结构创新还有单系列和多系列证券的并存、单系列下的非关联结构、多个资产池的联合证券发行、多个统合信托的共享使用等。此外，除了发行固定面值的证券，还有些机构针对发行人的融资需求的季节性变化，也相应设计了浮动融资凭证。随着法律法规和投资需求的不断变化和发行人对融资渠道、效率和成本的不断追求，信用卡资产证券化的结构创新和演变还会继续。

二、现金流的使用和分配

（一）常规分配设计

基于信用卡贷款的短期和无定期付款等特点，要用其现金流来支持相对长期的债券（一般是3 年、5 年或10 年），其现金流的使用和分配设计就十分重要。目前，信用卡资产证券化一般都利用两段式设计来解决资产和负债的错配问题：（1）周转期（Revolving Period），（2）控制摊还期（Controlled

Amortization Period）或控制积累期（Controlled Accumulation Period）。信托发行每一个证券系列时，都会按照当时对信用卡资产池付款表现的预测来设定这些期限，并写入协议，以保证该证券系列能在到期时及时得到偿付。

信用卡持卡人的付款会在统和信托层面上进行第一次分配：投资者权益和卖方权益按比例平均分配，没有优次级的差异。卖方权益分得的部分会返还给卖方。投资者权益分得的现金流会进一步分成本金现金流和融资费用现金流两块，然后各自按照信托和证券发行合同规定的分配结构规则继续进行分配。

每个月，服务商会把投资者权益分得的本金现金流和融资费用现金流分别存入两个不同的收款账户：一个本金账户，存本金收入；一个融资收入账户，存融资费用所得。

投资者的利息收入和信托的各项费用，包括冲销款项的补偿，会从融资收入账户中提取，剩余的部分在没有指定用途的情况下返还给卖方。

在周转期，本金账户的钱会用于购买该信托指定信用卡账户里的新的信用卡应收款或卖方新指定到信托的信用卡账户中的应收款。

周转期过后，一般有两种方式来为最后的分期或到期付款积累资金：控制摊还期或控制积累期。控制摊还期方式下，本金账户里这个系列享有的那部分本金收入会被用来直接偿付该系列证券，每月如此，直到全部付清。在控制积累期方式下，本金账户里相应的那部分本金收入会被存入一个特定的信托账户，用于短期投资。这些短期投资就变成该系列证券的基础资产，它的价值会随着逐渐的积累和再投资收入而增长，直到足以一次付清该系列证券。目前，大多数信用卡资产证券化采用了控制积累期和到期一次付清的方式。

在控制摊还期或控制积累期内，随着部分信用卡本金收入会被以直接或积累的方式来偿还投资者权益券，卖方继续转入信托的新信用卡应收款会更多地被卖方权益吸收。在这种情况下，卖方权益会逐渐增加，业内常称这种现象为“应收款回归资产负债表”（因为卖方权益不能作为表外销售处理）。

（二）加速偿还设计

信用卡资产证券化的另一个有特色的现金流分配设计是提前分期偿还期，这也是信用卡资产证券化中为保护投资者而设置的一个信用增级方式。由于信用卡资产现金流的不确定性和信托周转期的使用，信用卡担保证券和其他资产担保证券不一样，不会因为基础资产的提前偿付而出现证券提前还款的情况。但是，为了确保投资者在信用卡基础资产出现严重问题时能够尽快收回投资，信用卡证券信托都设有特定情况下的提前分期偿还期。信用卡应收款证券化的发行文件中一般都会规定信用卡担保证券进入提前分期偿还期的条件或事件，如：

- 超额利差低于规定的最低水平，一般为零。
- 月支付率低于规定的最低水平。
- 卖方权益低于规定的最低水平。
- 基础资产的本金余额低于证券投资额。
- 卖方、运作人或相关方出现造假、违规、违约、无力偿还或破产等情况。
- 信托没有足够的现金来按要求存储到指定账户或支付给投资者。
- 信托被归类为《1940 年投资公司法案》定义的投资公司（投资公司要接受更多的证券监管）。

以上条件中最主要的一项是超额利差的水平，因为这是判断信托资产质量的最直接的标准。各种信用卡信托计算超额利差的方法不尽相同，但现在一般的做法都是用连续 3 个月的平均超额利差水平来判断是否要进入提前分期偿还期。

一旦提前分期偿还期发生，信用卡证券的周转期就马上结束，所有分摊到投资者权益凭证的本金收入将会全部用于偿还证券投资者，而不是用来购买新的信用卡应收账款。而且，在提前分期偿还期内，用于偿还投资者的本金收入的分配不是按照各个证券的法定或预期到期日，而是按照证券的优先级档次来安排。一般的次序是优先级先得到偿付，然后依次是次优级、次级或更低级别；而损失的吸收则是按照倒过来的次序。

提前分期偿还期的发生会立即影响发起人的流动性和融资风险。进入提前分期偿还期后，信托立即会停止向发起人购买信用卡应收款。此时发起人就必须做出一个重要选择：(1) 找到其他融资渠道来维持信用卡贷款的发放，(2) 减少或关闭信用卡持卡人的信用额度或使用。第一个方案是大多数发行人会尽力争取的，虽然其他融资渠道的成本一般会比信用卡资产证券化高。但是，如果提前分期偿还期的发生是因为资产质量的恶化，那么发行人本身账面上的资产质量可能也已恶化，这种条件下去寻找替代融资渠道并非易事。如果采取第二个方案，那就意味着发行人要裁减或退出信用卡业务，作为发行人、贷款方或服务商的收入和声誉都会受到极其负面的影响。而且，一旦减少或关闭信用卡持卡人的信用额度，那些依赖信用卡作为短期融资工具的客户的流动性也会马上受到影响，可能会引发付款的延迟或停止，从而进一步恶化发行人保留的和信用卡信托内的信用卡资产的质量。

信用卡信托进入提前分期偿还期的情况是比较少见的。从信用卡资产证券化开始至今（2013 年），提前分期偿还发生过不超过 10 次，包括：Advanta、Chevy Chase FSB、Conseco、Spiegel、RepublicBank（Delaware）、Southeast Bank、Next Card、Providian National Bank 和 First Consumers National Bank。其中有的是因为资产质量恶化（如 Advanta），有的是因为卖方的信用级别降低（如 Providian）或者破产（如 Conseco）。

鉴于信用卡信托进入提前分期偿还期的严重后果，有关各方都会竭力避免这一选择。华盛顿互惠银行（Washington Mutual）的信用卡信托在 2008 年差点因业绩不良进入提前分期偿还期，后来该银行被摩根大通银行（JPMorgan Chase）收购。摩根大通银行为了避免该信用卡信托进入提前分期偿还期，对该信托注入了大量高质量的信用卡应收款进行强行外部增信，最后避免了悲剧的发生。

2002 年 2 月 7 日，NextBank 因为银行的自身问题被监管部门（FDIC）接管，该银行旗下的 NextCard Credit Card Master Trust 的发行条款中列出的信用卡证券进入提前分期偿还期的情况之一就是 NextBank 被接管。但是，FDIC 出于对信托进入提前分期偿期的严重后果的考虑，于 2002 年 2 月 14 日公告，不允许 NextCard Credit Card Master Trust 因为被 FDIC 接管而进入提前分期偿还期。这个“政府强行修改合同”事件也成为美国资产证券化历史上戏剧化的一幕。在这之后，美国监管部门都公开明确表示把政府接管这类情况作为进入提前分期偿还期的条件是不可执行的。现在，大部分信用卡资产证券化信托都把“被政府接管”排除出进入提前分期偿还期的条件。

本章第四节会以美国 Advanta 公司的信用卡资产证券化的失败案例来讨论提前分期偿还期的严重性。一个成熟的有远见的信用卡发行人，会尽一切力量来避免提前分期偿还期的发生。

三、信用增级方式

资产化证券设计的目的是以最优的结构达到投资者的要求，以获得最佳融资成本。和其他资产证券化一样，为了使信用卡资产证券达到信用评级机构和投资者的要求，多重增信方式的组合使用是必需的。增信的目的是转化基础资产的风险和收益，以达到融资的最优化。针对信用卡资产的特点和使用的信托架构，以下几个增信方式常常被组合使用：

（一）内部信用增级

信用卡资产证券化的内部信用增级主要有超额利差（Excess Spread）、利差账户（Spread Account）、超额抵押（OC）和分级证券结构（Senior/Subordinated）。

1. 超额利差

超额利差是指基础资产的收益在扣除支付的投资者利息、服务费、损失和相关费用之后的盈余融资收入。这个盈余收入一般属于卖方，根据 2009 年前的会计准则，其价值会以仅付利息证券（IO）或剩余利息（Residual Interest）的形式出现在卖方的资产负债表上。

超额利差是防止投资者证券出现损失或提前分期偿还期的第一道防线，所以是所有信用卡资产证券化中最主要也是最普遍的内部信用增级方式。超额利差水平是由以下多个因素决定的：

- 信用卡应收款的融资收入。
- 信用卡会员费和其他费用。
- 交换费收入。
- 坏账和冲销率。
- 付款率。
- 资产中循环贷款的比例。
- 投资者的利息。

一般信用卡资产证券化交易的资产服务合同中都会详细说明超额利差如何分配，规定是直接返还给卖方还是在统合信托中和其他证券系列共享后再返还。如果超额利差为负，就说明当期基础资产所产生的收入无法满足信托所需的各项费用要求，那么其他信用增级方法就得用来填补这个“亏损”。如果超额利差持续为负，那么信托里的信用增级方法会被逐渐耗尽而导致投资者最后受损。所以，超额利差的水平（是否为负）一般被指定为是否进入提前分期偿还期的一个依据。

2. 利差账户

信用卡资产证券化交易的资产服务合同中也常常会要求利用超额利差来储备一部分资金，以降低证券的信用风险。这些条款一般会对基础资产的质量表现设定一些标准。当基础资产的质量表现指标低于所设定的标准时，部分或全部超额利差就会先被用来储备利差账户，剩余的部分才返还给卖方。利差账户里的资金将会被用来填补投资者证券的损失。如果证券到期付清，利差账户的余额才会被全部返还给卖方。

3. 超额抵押

和其他资产证券化一样，信用卡资产证券化中也有超额抵押，也就是我们前面介绍的卖方权益。卖方权益代表着信托里还没有被“证券化”的基础资产部分。在优先级方面，卖方权益的地位低主要体现在它必须吸收基础资产和投资者证券凭证间面值差额。与其他资产证券化不一样的是，信用卡资产证券化中的卖方权益不是真正意义上的信用增级，因为卖方权益和投资者证券凭证在信用风险的分担上是平等的，没有优次级别的差异。卖方权益和投资者证券凭证按面额比例分享基础资产的现金流。

4. 分级证券结构

信用卡资产证券化也都采用优先与次级结构对发行的证券进行分档，每个证券系列一般都会有优先级（A档）、次优级（B档）、次级（C档）和权益级（D档或没有级别名）。在信用评级上，优先级、次优级和次级一般是AAA、A和BBB，而权益级一般都没有正式评级。卖方一般保留权益级或部分次级证券。低级别证券在信用上对高级别证券提供担保和保护，在基础资产现金流出现问题时，先于高级别证券去吸收偿付损失。在现金流的分配上，只有当高级别证券的应付本金或利息得到满足后，低级别证券的本金或利息才能被偿付。不同的信用卡信托设计下，分级证券间的信用支持也会有所差异。有些信用卡信托下面的各个证券系列是独立的，低级别证券只给本证券系列的高级别证券提供保护。而现在更多的信用卡信托采用的是一种社交关系结构，信托里低级别证券会给所有信托内的高级别证券提供保护，不管是不是同一个系列。

（二）外部信用增级

信用卡资产证券化的外部信用增级主要有第三方信用证、现金抵押账户（Cash Collateral Account）、资产投资额度（Collateral Invested Amount）、储备金账户（Reserve Account）、D档证券、资产票面折扣（Principal Discount）和担保债券（Surety Bond）等。

1. 第三方信用证

第三方信用证是利用信用比较高的第三方担保人的贷款承诺，来为信用卡证券提供有限的偿付担保，是较早期信用卡资产证券化中使用的一种增信方式。这类信用证担保一般是针对特别情况下的损失风险，比如自然灾难。第三方信用证一般根据基础资产的质量而确定一定比例的投资者证券面额作为担保额。与其他信用增级方式比较，第三方信用证的成本比较高。而且，投资者要承担第三方的降级和拒付风险。所以，现在的信用卡资产证券化中，第三方信用证的使用并不多见。

2. 现金抵押账户

行业内对现金抵押账户是外部还是内部信用增级有不同的意见，本书把现金抵押账户归为外部信用增级主要是考虑到信用卡资产证券化中现金抵押账户中的资金不是从基础资产的现金流中提取的。现金抵押账户是一个独立信托账户，其中的资金由发起人、卖方或第三方银行在信用卡证券系列发行时存入。现金抵押账户里的资金会在超额利差降为负数时用来填补利息、本金和服务费等的付款不足。

现金抵押账户是第三方信用证的演进。为了使证券投资者不受第三方的信用风险影响，信用卡信托把向第三方借来的资金储存在指定的信托账户中。现金抵押账户对信托来讲是一个向第三方资金提供者的借款行为，要承担贷款利息费用。这个利息费用由超额利差来负担，超额利差的现金流只有在支付了现金抵押账户的利息后才可以发放给卖方。从现金流的分配上来讲，现金抵押账户利息的优先级处于最低端。当基础资产的表现良好时，现金抵押账户的本金会随着相关证券的本金减少时也相应得到偿付。但是，当基础资产的表现出现问题时，只有当所有相关证券的本金得到偿付后，现金抵押账户的提供者才可能得到偿付。

现金抵押账户可以设计成只为特定的证券或证券系列提供信用支持或用来支持信托中所有的证券。比如，现金抵押账户可以只支持信托中有信用评级的证券，而不对未经评级的证券负责。这些细节都会在证券化的发行文件中明确指出。

3. 资产投资额度

资产投资额度和现金抵押账户的操作有很多相似之处，一般也是由第三方出资，向信托进行贷款，优先级别低于其他证券。一般也是根据基础资产的质量而确定一定比例的投资者证券面额作为投资的额度。但和现金抵押账户不同，这部分贷款资金不是储存进一个信托账户中，而是用来投资购买一部分基础资产的权益。资产投资额度也常被称为 C 档（C Tranche），一般评级为 BBB（投资级）。在信用卡资产证券化中，资产投资额度一般是以非证券方式私募发行，级别低于其他投资者证券。有时这部分资产权益也会以证券方式发行，成为C档证券（Class C Bond）。

分配给资产投资额度的现金流将会被用来偿付第三方所提供的贷款的利息和本金。和现金抵押账户一样，资产投资额度的优先级低于其他投资者证券，在超额利差降为负数时用来填补其他证券的利息和本金等的付款不足。资产投资额度的设计优势是在为信托证券提供信用支持的同时，也使自身的投资者范围更广。

4. 储备金账户

有些信用卡资产证券化也会单独为其发行的次级证券（C档）设立储备账户。这种储备账户的起始资金可能由发行人在证券系列发行时存入部分，然后由超额利差慢慢充实，直到达到目标水平。储备账户的资金一般只在资产收入分配后不够支付次级证券的利息时才可以使用，用于填补利息不足的空缺。如果证券到期付清，储备账户里的资金也会被返还给卖方。

5. D档证券

在双层信托的信用卡资产证券化中，除了发行信托下证券系列的分级证券结构外，卖方也常会在统合信托下设计不同优次级的信托权益凭证来为投资者证券进行增信。一般的做法是由统合信托在除卖方权益（凭证）之外，发行两个不同级别的信托权益凭证，其中高级的那个将会转让给发行信托用于发行投资者系列证券；而另一个低级别信托权益凭证则会在投资者系列证券现金流出现问题的时候，以自己分享到的资产现金流去填补空缺。

6. 资产票面折扣

资产票面折扣也是信用卡资产证券化中在特殊时期推出的一个比较有特色的增信方式。在一般的信用卡资产证券化中，资产的转让都是按照应收款的面额来进行的，没有折扣或溢价。但是，在一些特定的情况或阶段，有一些信用卡资产证券化发起人（一般也是卖方）会以打折的方式把信用卡应收款转让给信用卡信托，并把折扣部分的收入作为融资费用现金流以供证券分配和共享。而且，这种折扣一般都会被设计成与超额利差挂钩，超额利差越小，折扣就越大。这样，信用卡信托的超额利差就会因为额外的“融资费用”收入而得到提升，这在信托中资产的质量出现问题时是非常重要的。2009～

2010 年期间，美国多个信用卡信托使用了资产票面折扣的增信方式来渡过难关，避免了因超额利差过低而带来的一系列流动性问题和交易加速偿还危机。

7. 担保债券

担保债券是由信用良好（一般 AAA 级）的第三方保险公司为指定的投资者权益凭证或证券提供的担保。由于这种增信方式的成本相对比较高，特别是愿意或者有能力提供 AAA 级担保的保险公司现在也很少，这种方式现在已经不常使用。

第三节
信用卡资产证券化的信用评级

信用评级机构在信用卡资产证券化中的作用非常重要，所承担的任务也比一般的资产证券化多。每个信用级别的证券所需的信用增级量、卖方权益的大小和信用卡账户的规格标准，都是由信用评级机构决定的。在信用卡资产证券化中，卖方只能向信托转让符合合同要求的信用卡账户中的应收款，而这些要求一般也是在发行时由信用评级机构评定的。

信用卡资产证券化采用统和信托模式，所有由同一信托而发行的证券都对信托里的所有资产享有同样的权利。如果信用评级机构要对其中的一个系列证券评级，那它就必须对统和信托里所有的基础资产进行信用分析和风险估测。而且，因为统和信托里的资产会随着循环购买而不断变化，其信用风险也会随之产生变化，信用评级机构必须持续地监测信托中所有资产的质量表现。

虽然信用卡资产的信用风险所呈现的周期性波动非常大，但信用卡资产证券从 1987 年初创以来，信用质量表现相对其他资产类别一直有优势。这和信用评级机构的持续监督是分不开的。

一、信用评级的要点

不同的信用评级机构对证券化的信用评级分析在方法和侧重方面可能有

些差别，但一般都会包括以下几个方面：

- 基础资产的信用质量。
- 法律和监管风险。
- 付款设计和现金流的结构。
- 运作和管理风险。
- 对手的风险。

（一）基础资产的信用质量

在大多数证券化中，对基础资产信用质量分析的首要决定的问题是，需要多少信用增级以维持优先级的证券达到 AAA 级。这就需要信用评级机构对基础资产在各种情况，包括极端情况下的损失做出估计。而这种估计一般都会从基础资产或类似资产的历史表现记录的分析开始。

（二）法律和监管风险

法律和监管风险主要集中分析信托中的资产和证券化参与各方的破产倒闭风险间的隔离程度。在证券化中，虽然每个参与方都会有不同程度的关联风险，但从分析风险隔离角度讲，最重要的是在证券化前发放和拥有基础资产的卖方。

（三）付款设计和现金流的结构

信用评级机构进行这部分评测主要包含两个步骤：对证券的发行文件的研究和利用数理模型进行现金流的分析测试。评测的目的是估计基础资产的现金流和相关的信用增级是否足够来按时支付证券的利息、本金和相关费用已达到预定的信用评级。

在现金流的分析测试中，信用评级机构必须要考虑到多种情况下现金流的分配结构及其变化。除了按照协议规定的一般优先次序的分配外，评级机构还要考虑到特殊情况下的分配次序的变化，比如当基础资产的质量表现恶化而引发的特定分配规则。如果证券化交易中由第三方增信（比如保险、担保、衍生金融工具等），这些增信在特定情况下对现金流的支持也要被考虑进来。

（四）运作和管理风险

这部分的评测作用是证券化的参与各方是否有能力管理好证券化的全程。证券化中最主要的“管理者”是服务商、受托管理人、资产管理人（主要是在 CDO 中）、付款代理等提供服务的各方。这些都是广义上的服务商。对服务商的评测是多方面的，包括基础资产的收款、迟付款的处理，抵押资产的接收，资金的收取、管理和分配，以及投资者的报告等。对有收入的抵押资产的交易，评级机构还要对资产管理方的能力及其过去的管理业绩表现进行分析和评估。

（五）对手的风险

信用评级机构需要对证券化中交易对手的责任和能力进行分析和评测。证券化对交易对手的依赖程度和对手的信用级别在一些证券化产品的信用评级中也是重要的考虑因素。

二、信用评级中运用的分析

对信用卡资产支持证券的信用评级主要包含以下 3 个分析：（1）基础资产的分析，（2）证券和结构的分析，（3）现金流测试。

（一）基础资产的分析

信用卡资产的表现和经济、监管、法规和文化等因素都有着直接或间接的关系。同时，信用卡贷款发行人的发行程序、风险管理、收款能力和客户服务水平等自身特性，也是决定信用卡资产质量的重要因素。

信用卡资产的质量表现和经济的各项指标有很大的相关性。失业率、利息水平、个人收入负债比和消费者信心等，都会对信用卡的使用和表现产生直接影响。所以，对信用卡证券的信用评级一般要对基础资产在一个或多个经济周期中的信用表现进行稳定状态和压力状态下的测试。经济周期和各种极端经济条件的假设在评级中的应用，可以使信用评级判断不受当下经济条件和主流经济预测的影响。

法律法规环境对信用卡资产的表现也是很重要的，这在美国尤为突出。美国法律中消费者个人破产法、消费者保护法和一些银行法律法规的变化，对信用卡的表现的影响很大。一个典型的例子就是2005年10月美国消费者个人破产法的变更。由于新法对个人破产有不利之处，很多人选择提前申请破产，从而引起了信用卡坏账率在2005年的飞涨。美国大多数信用卡发行人是银行，而银行在美国是被高度监管的机构。银行监管机构（如FDIC、OCC、FSA）对银行有很广泛的权利，可以调查或勒令其贷款发行和风险管理的政策和程序，从而影响贷款资产的品质特点。特别是由次贷引起的经济危机后，美国推出的一系列消费者保护法，对信用卡贷款提出了许多制约条件，这些变化将会或者已经改变了信用卡公司的发放、定价和风险管理方式，从而影响了信用卡贷款的质量表现。

同时，市场竞争也会影响和改变信用卡发行人的商业战略和决策，从而改变信用卡资产的组成和质量表现。激烈的市场竞争迫使信用卡公司整合变大以实现规模效应来降低成本，同时还推动了信用卡产品的创新、定价的完善和客户基础的拓展和深入。当然，随着客户基础从优质拓展到次级，相应的信用风险也提高了。美国的信用卡市场已经经历了多次整合，形成了为数不多的几家最大最成熟的信用卡公司占领绝大多数市场份额的局面。

信用卡资产的风险与发行人的贷款发行程序和风险管理有直接的联系。要理解一个信用卡资产池的信用质量水平，就必须了解其发行人的贷款战略、政策和程序。通过对资产池中资产的几个重要指标和相关历史记录的分析，信用评级机构一般可以判断出发行人的贷款发行和风险管理的特点和趋势。这些指标包括借款人信用评分、贷款的年份、授信额、使用率、地理分布等。

发起人的财务实力和质量，也是信用评级必须考虑的因素。信用卡证券中的发起人、资产卖方和服务商一般是同一家。这种多重角色和发起人对信用卡资产证券化的依赖，决定了发起人和证券化信托之间的紧密关系。虽然证券化后的基础资产从法律上已经与发起人隔离，但发起人一般会在证券出现问题时进行干涉以保证这一融资渠道的畅通。所以，从很大程度上讲，发起人给信用卡资产证券化提供了“额外”担保。当然，这种“额外”担保的前提是发起人有足够的财务实力和质量。

信用评级机构一般会把以上所谈及的各个因素对信用卡基础资产的影响归结为对以下 4 个重要表现指标的评测：收益率、冲销率、本金偿还率和购买率。

1. 收益率

信用卡资产池的收益率是每月收入所得除以当月初信用卡应收款总额的年化后的比例，主要用于衡量资产的收入水平。信用卡资产的收益主要包括融资费用收入（利息）、交换费和其他收费三项。这三个收入的比例在不同类型的资产池中会有很大的差别。目前，信用卡按照借款人的信用水平和付款表现来定价的模式已经被广泛采用。一般来讲，借款人信用越好，相关的利息和费用就越低。

信用评级机构会对信用卡资产池的收益率进行压力测试。信用卡资产的收益率会因为多种情况而降低，比如迟付或坏账、市场利息的下降、竞争引发的利息下调等。在收益压力测试中，信用评级机构一般会对所有收入来源进行分析测试。测试中，信用评级机构还要考虑不同性质的资产池对压力条件的敏感度和发起人对压力的反应和重新定价能力。一般来讲，次级资产池会比优先级资产池对负面压力更敏感，所以压力测试的假设结果也会更苛刻。在压力情况下，特别是信托进入提前偿还期的情况，信用评级机构一般会假设 40% ~70% 的收入减少。具体的收入下降幅度假设由资产池的质量水平、发卡人的重新定价能力和资产池的构成（浮动利息和固定利息比例）等因素决定。

2. 冲销率

信用卡资产池的冲销率是每月发生的不可收回的坏账额除以当月初信用卡应收款总额的年化后的比例，主要用于衡量资产的信用水平。发行人的放贷标准、收款能力、监管制度、法律环境和经济因素（如失业率和收入债务比例），都会对信用卡贷款的冲销率产生影响。在信用卡资产证券化中，应收款的冲销会减少本金的现金流，这部分损失会由融资收入的现金流来填补。但是，如果融资收入不够的话，一般就会引发提前分期偿还期和可能的证券损失。

对于一个静态的信用卡资产池，坏账的趋势是相对比较容易预测的。信用卡贷款的坏账率会随着年份的增长呈现有规律的变化，所以信用评级机构常会用一条年份损失曲线来描述这种趋势（见图5.5）：开始时冲销率比较低，然后随着出问题的应收款达到冲销状态（过期不付超过180天）而迅速增长，并在18～24个月的时候到达高点，随后回落到一个相对稳定的水平。

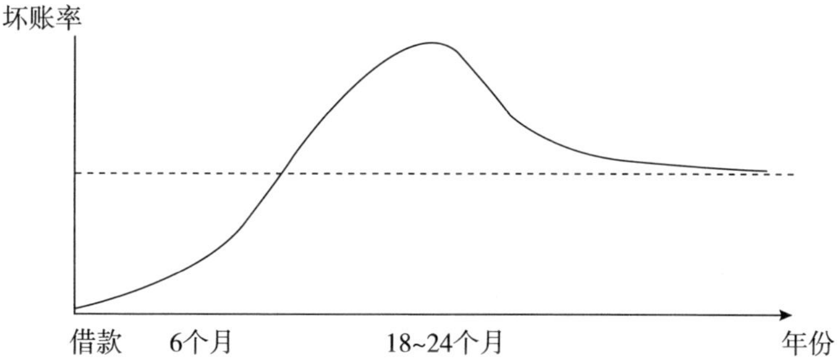

图5.5　信用卡年份损失曲线

信用评级机构在压力测试中会测算冲销率的增长对资产池和证券现金流的影响。压力测试会假设冲销率一下子翻倍，然后稳步增加，直到达到一般预计水平的3～5倍。具体测试中假设的增长倍数会根据资产池的历史损失的变动、信用卡账户的年份和发行人的放贷政策等决定。

3. 本金偿还率

本金偿还率是每月收到的信用卡应收款本金付款占月初信用卡应收款余额的比例，用于衡量信用卡借款人还款的速度。信用卡的还款速度受多个因素影响，包括最低付款额度、最低付款借款人的比例、迟付借款人的比例、便利使用者和周转借款者的比例等。不同的信用卡发行人的资产池在这些方面会有很大差别。比如，针对低端大众客户的第一资本公司的信用卡资产池中的每月只支付最低付款的借款人比例，要比针对高端客户的美国运通旗下的资产池高出至少一倍，而每月全额付款的便利使用者的比例却低很多。信用评级机构在评估和预测资产质量表现时，会对目标资产池的这些特点详细分析。在分析中，信用评级机构有时还会按信用卡是否有奖励积分，把目标资产池分成有奖积分卡和非积分卡来分开进行分析。有奖积分卡一般还款比较快，迟付率和坏账率比较低。

偿还率决定资产现金流的速度，即使很小的偿还率变动也会对信用增级和评级产生相对大的影响。在压力测试中，信用评级机构一般会根据资产池的特点假设本金偿还率会下降75%或更多。而在非常严重压力情况下，信用评级机构一般会假设证券信托进入提前偿还期的同时，卖方出现财务困难而取消信用卡的继续使用，这样资产池中的便利使用者的比例会急剧下降，而剩下的大部分是信用相对比较差的借款人。这种假设下，资产池的付款速度会很低，而损失会猛增。

4. 购买率

购买率是每月因为信用卡的使用而产生的新的应收款占信用卡应收款余额的比例，用于衡量信用卡的使用率。

购买率不仅与收入和消费有关，也和信用卡本身对用户的价值有关。当信用卡对用户的价值减少时，新的购买就会减少或中止。比如航空公司或某个商业品牌发行的信用卡，如果服务或产品的吸引力降低，那么信用卡的购买率自然就会下降。购买率与信用卡公司的财务状况也有关系，特别是在信用卡信托进入摊还或提前偿付期的时候，由于资产现金流将用于偿付证券而不是购买新的应收款，如果发行人没有能力购买，那么只能减少或取消信用卡持有人的使用额度，迫使购买率降低。在证券的偿付期内，如果信用卡购买率降低，资产池的规模会降低，用于分配的现金流也会相应减少，从而可能放慢证券的偿付速度，使证券投资者的风险承担期比预期的长。所以，在偿付期的购买率也是考虑信用卡资产证券化增信水平的一个重要因素。

在压力测试中，评级机构会对偿还期的购买率进行不同的假设来估测其对证券的影响。这些假设可以介于购买率保持恒定和购买率为零，相应的结果是资产池的规模稳定或全线降低。

（二）证券设计和现金流结构

信用卡的证券设计分析主要是看证券的期限、利息、利率互换、服务费等的合理性和风险，而现金流的结构则是分析交易中证券之间的关系、增信措施、现金流的分配设计等。

1. 利息

证券利息是信用评级中重点之一。在现金流的分配中，利息往往是第一优先级。如果利息得不到偿付，就会导致违约。利息有固定和浮动之分。固定利息比较容易预测，风险较低。浮动利息会随着市场利率变化而变动，从而可能带来额外的信用风险。评级机构需要对浮动利息进行压力测试来估计利息变动的风险和化解风险所需的信用增级水平。典型的压力情形就是假设利息在特定情况下快速增长，如在证券偿还期或提前偿还期内。

一般情况下，浮动利息的AAA证券所需的信用支持要比固定利息的高。在信用卡统和信托中，由于所有的证券系列共享现金流，即使某一系列证券本身是固定利息，如果信托中有浮动利息的证券，这个固定利息的系列也要承担利率变动的风险。

发行人有时会利用利率互换或利率封顶合同来降低证券的利率风险。信用评级机构会分析这些衍生工具使用的有效性和交易对手的信用级别来评测利率风险的降低程度。

2. 服务费和服务商

由于信用卡贷款的期限很短，如果服务出现问题，很可能会导致证券的损失。所以，评级机构会对服务商的质量和财力及协议中规定的服务费的水平和服务商的更换条件进行分析和评估。在现金流的分配中，服务费处于优先地位。信用卡资产证券化中，服务商的作用非常重要，服务商的质量直接影响信用卡的收款和损失收复能力。信用评级机构不仅要对现有服务商进行评估，还要假设在现有的服务商出现问题的时候，服务商更换的可行性和风险，以及协议中规定的服务费的水平是否足够用来吸引替换服务商。

3. 增信和现金流的设计

信用评级机构在评级中最重要的任务之一，就是分析证券的信用支持和现金流分配设计，并进行不同情形下的现金流测试。信用卡资产证券化中最重要的几个设计就是优次结构、信托和证券系列间的结构、卖方权益、提前分摊偿还期和信用增级的使用。具体请参考本章前面的内容。

除了以上讨论的几个主要方面，信用评级机构还会对信用卡资产证券化的其他风险进行分析和评估，这其中包括了法律和监管的风险、运作和管理的风险、交易对手的风险等。

第四节 美国信用卡资产证券化案例分析

一、花旗银行信用卡信托

花旗银行的信用卡业务规模在全美一直名列前茅，是最早也是最大的使用信用卡资产证券化金融机构之一，在信用卡资产证券化的推广和创新中起着非常重要的作用。1991 年 5 月，花旗银行设立了花旗银行信用卡一号统合信托（Citibank Credit Card Master Trust I，简称 CCIMT），开始其信用卡资产证券化之路。20 世纪 90 年代的信用卡资产证券化，还是以单层信托结构为主。从 1991 年 5 月到 1999 年 12 月间，CCIMT 一直承担了信用卡资产证券化的直接发行工作。从 2000 年 9 月开始，花旗银行建立了花旗银行信用卡发行信托（Citibank Credit Card Issuance Trust，简称 CCCIT），并开始使用它来替代 CCIMT 直接发行所有信用卡证券。花旗银行的 CCIMT 和 CCCIT 双层信托结构一直沿用至今。

2013 年 9 月，CCIMT 中的信用卡应收款总额约为 358 亿美元，其中 354 亿美元为本金，4 亿美元为融资费用应收款。同时，CCCIT 里一共有 38 个未到期证券，总面额达 252 亿美元，其中 A 档 219 亿美元、B 档 14 亿美元、C

档19亿美元。

目前，花旗银行信用卡资产证券化的几个主要参与主体分别为：

- 花旗银行：信用卡的发起人、贷款方、卖方、服务商和发行信托的经理人。
- CCIMT：抵押权益凭证的发行人。
- CCCIT：信用卡证券的发行人。
- 德意志银行美国托管公司（Deutsche Bank Trust Company Americas）：CCIMT的受托管理人和CCCIT的合同受托管理人。
- 纽约梅隆银行托管部（BNY Mellon Trust of Delaware）：CCCIT的受托管理人。

（一）花旗银行信用卡资产证券化的结构设计

花旗银行信用卡资产证券化的结构如图5.6所示。

从交易的结构流程上看，花旗银行首先把其发行的信用卡应收款转让给CCIMT，花旗银行保留对信用卡账户的所有权和服务权。当然，这些信用卡应收款必须符合一些合同规定的要求，比如必须由花旗银行或其子公司发行、出自指定的信用卡账户、以美元为币种、在转让时应收款不是坏账等。CCIMT以这些信用卡应收款作为抵押，发行了2000号抵押权益凭证并转让给CCCIT。CCCIT再以2000号抵押权益凭证的现金流为抵押，发行不同级别的信用卡证券。

目前，花旗银行本身的信用级别是A3（穆迪）或A（标准普尔），比最低投资级略高一点，直接借款成本不低。但是，花旗银行通过CCIMT和CCCIT发行的信用卡证券的信用级别大部分可以达到AAA级：优先级（A档）、次优级（B档）和次级（C档）由穆迪、标准普尔和惠誉国际给出的信用级别一般分别为Aaa/AAA/AAA、A2/AA/A和Baa2/A/BBB。这些信用卡证券的综合融资成本要比花旗银行的直接贷款或债券的融资成本低很多。

在结构上，CCIMT除了发行了2000号抵押权益凭证外，还于2009年5

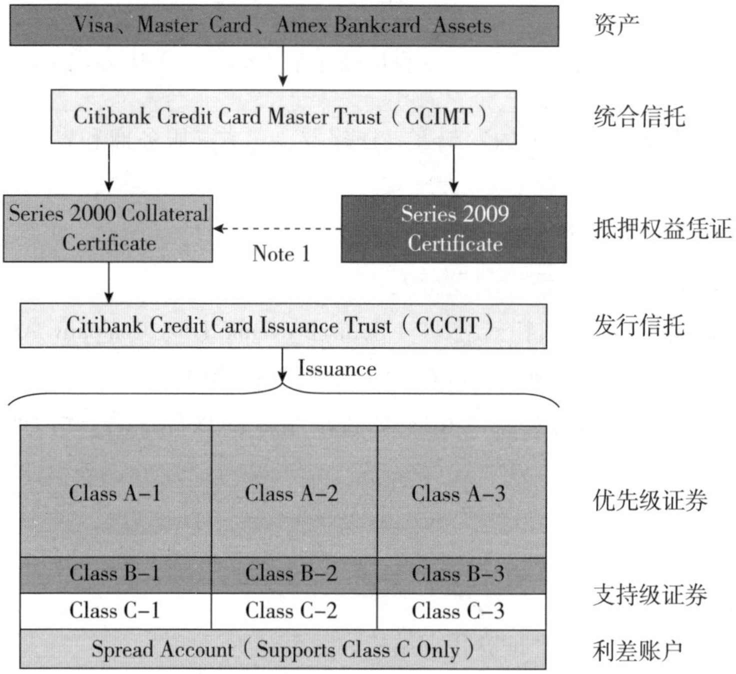

图 5.6　花旗银行信用卡资产证券化结构

资料来源：花旗银行

月 1 日特别发行了一个抵押权益凭证——2009 号抵押权益凭证。2009 号抵押权益凭证就是我们在前面的信用增级部分讲过的 D 档证券。花旗银行的 2000 号抵押权益凭证和卖方权益在信用和现金流的分配上是平等的，卖方权益不会因为 2000 号抵押权益凭证支持的各个系列证券的问题，而改变其对 CCIMT 下信用卡因收款的现金流的权利。但 2009 号抵押权益凭证不同，它的优先级别是低于 2000 号抵押权益凭证支持的各个系列证券。如果 2000 号抵押权益凭证所支持的系列证券出现损失，本来分配给 2009 号抵押权益凭证的现金流就会被用于填补证券的损失。2009 号抵押权益凭证的发行是花旗银行应对由金融危机引起的 2009 年信用卡证券危机的强行增信措施之一。具体背景会在后文介绍。

花旗银行的 CCCIT 是一个“分摊型”信托。CCCIT 发行的证券在现金流的分配和风险的承担上实行统一管理、统一分配的原则。虽然 CCCIT 有多个证券系列，每个系列下可能会有不同级别的证券，但是这证券系列间不是独立的。一个证券系列下的低档证券会为所有系列下比它级别高的证券提供信用支持。每个月，CCCIT 会汇集所有收到的现金流，对信托里所有证券进行统一按序按级分配，而不是先分配给每个证券系列，然后再在各个系列里按序分配。如果其中的一个证券开始进入摊还期，但是所分配到的本金现金流不够，那么其他证券系列分配到的但是没有用完的现金流就可以用来帮助这个证券的偿付。

分摊型信托为卖方机构的融资提供了更多的弹性。在独立证券系列的框架下，不同优次级的证券一般必须同时发行。没有 B 档和 C 档证券的同时发行，A 档证券不可能发行。而在分摊型信托下，发行信托可以先发行 B 档或 C 档证券，然后发行 A 档证券。只要有规定所需的信用保护，高级别的证券就可以独立发行。而且，证券的发行可以按照市场行情来制定规模、价格、利息和偿还期等，不需要其他证券投资者的许可或批准。这些弹性使得卖方和发行人能够提前准备，然后根据市场需要快速反应，利用机会进行有效的证券发行和融资。

（二）花旗银行信用卡信托的资产池

花旗银行证券信托中的资产是比较成熟的、地域比较分散的优质信用卡应收款。这些信用卡的平均授信额度在过去一直稳步上升，至 2013 年 6 月，已达到 1.5 万美元左右。而信用卡的平均应收款余额在 1 700 美元左右，平均使用率在 11% ~12%。于 2013 年 8 月，超过 95% 的账户年份在 5 年以上。这些长期信用卡账户有多年的信用和付款记录，在质量表现上一般要比新账户稳定，比较容易预测和分析。从信用卡用户的信用记录上看，57% 的用户的 FICO 信用分在 720 以上，而只有 13% 的用户信用分低于 660，所以资产池目前的总体信用水平是比较好的。

图 5.7 ~图 5.10 是花旗银行信用卡信托几个主要质量指标的历史记录。历史表明，信用卡资产的表现受经济的影响非常大。就算是像花旗银行这样成熟的证券化发行人，也曾因为经济危机而经历了资产质量严重下降而导致的信用卡证券危机。

图 5.7　花旗银行发行信托的超额利差趋势图

资料来源：花旗银行

图 5.8　花旗银行发行信托的总收益率趋势图

资料来源：花旗银行

（三）花旗银行信用卡资产证券化的信用增级

花旗银行信用卡资产证券化的信用增级包括以下方面：

图 5.9　花旗银行发行信托的净损失率趋势图

资料来源：花旗银行

图 5.10　花旗银行发行信托的本金偿还率趋势图

资料来源：花旗银行

(1) 优次级证券结构：CCCIT 发行了三个级别的多系列证券：A 档、B 档和 C 档证券。B 档和 C 档证券支持 A 档证券，C 档证券支持 B 档证券。A 档要求的最低信用支持是 18.5%，B 档要求的最低信用支持是 13.62%，C 档要求的最低信用支持是 7.12%。

（2）超额利差：花旗银行发行信托发行的所有证券都会享有超额利差的信用支持。

（3）提前分期偿还期：花旗银行发行信托的证券会因为信用卡资产池的质量问题、信托实体的性质变化或相关交易方（如卖方、发行人、服务商、托管人等）的违约或破产等合同指定的情况而进入提起分期偿还期。

（4）利差账户：根据超额利差水平，利差账户里要存入并保持一定比例的资金。表5.1所示是各个超额利差水平下利差账户的资金要求（按证券面额的比例）。

表5.1　不同超额利差水平的资金要求

利差水平	利差账户目标资金
4.01%～4.50%	1.00%
3.51%～4.00%	1.50%
2.51%～3.50%	2.50%
1.51%～2.50%	4.00%
0.01%～1.50%	6.00%
0.00%或更低	7.00%

（5）以卖方权益为形式的资产超额抵押。

（6）D档证券：如前所述，2009号抵押权益凭证为CCCIT发行的证券提供信用支持。这个凭证的面额会波动，但总体会维持在CCCIT下证券余额的7.66865%左右。

（7）资产票面折扣：在2009年3月到2011年3月的两年间，花旗银行运用资产折扣的方式为CCCIT发行的证券进行强行增信。这两年间，花旗银行以1%的折扣把信用卡应收款转让给信托来提高资产的质量指标。在现金流的分配中，和折扣相关的这部分本金收入被视作融资费用收入从而提高总的收益率和超额利差。在这25个月的困难时期，由于该资产折扣的使用，花旗银行发行信托的超额利差平均提升了2.17个百分点，得以保证超额利差在4.5%以上。随着2011年美国经济的好转和信用卡表现的提升，花旗银行发行信托的超额利差水平恢复并超过历史正常水平，花旗银行也就停止了这一强行增信工具的使用。

（四）花旗银行发行信托案例：于2013年4月29日发行的2013－A1证券

和花旗银行之前发行的多个证券系列一样，此次发行只有单一级别，即优先级（A档），面额是17.5亿美元，预期期限是两年，法定期限是4年，利率基于1个月的LIBOR，利差为0.10%，每月的24日为付息日，详见图5.11。

Citibank Credit Card Issuance Trust
Issuing Entity

$1,750,000,000 Floating Rate Class 2013-A1 Notes of April 2015
(Legal Maturity Date April 2017)
Citibank, N.A.
Sponsor and Depositor

The issuance trust will issue and sell	**Class 2013-A1 Notes**
Principal amount	$1,750,000,000
Interest rate	one-month LIBOR plus 0.10% per annum
Interest payment dates	24th day of each month, beginning June 2013
Expected principal payment date	April 24, 2015
Legal maturity date	April 24, 2017
Expected issuance date	May 6, 2013
Price to public	$1,750,000,000 (or 100.00%)
Underwriting discount	$ 3,500,000 (or 0.20%)
Proceeds to the issuance trust	$1,746,500,000 (or 99.80%)

The Class 2013-A1 notes will be paid from the issuance trust's assets consisting primarily of an interest in credit card receivables arising in a portfolio of revolving credit card accounts.

图5.11 2013－A1证券

资料来源：花旗银行

这次发行的2013－A1证券会和CCCIT已经发行的或以后要发行的其他A档、B档和C档证券一起，被统称为花旗证券系列（Citiseries），是CCCIT的负债。在2013－A1证券发行时，花旗证券系列里一共有29个子证券还没有到期，总面额达192亿美元。当时，CCCIT也正在准备发行6 500万美元的2013－B2档和8.17亿美元2013－C2档。

花旗证券系列里每个证券的级别、期限和利息是根据发行时的市场情况而定的，所以不尽相同。特别是利息，由于市场的波动，差别会很大。

2013 - A1 证券的利息很低，利差只有 0. 10%。如果根据发行日的 LIBOR 来计算，花旗证券系列中 A 档证券的平均年利息是 2. 42%，而 2013 - A1 证券的年利息只有 0. 2982%，接近历史低点，这和投资者在经济危机之后对信用卡证券的信心回归和花旗银行发行信托的质量表现是分不开的。

（五）花旗银行信用卡发行信托报告摘录

图 5. 12 和图 5. 13 所示是花旗银行信用卡发行信托 2013 年 5 月的当月信托报告摘录。

1. Portfolio Yield for the Collateral Certificate	净收益率		13.56%
Yield Component	总收益率		16.56%
Credit Loss Component	损失部分		3.00%
2. New Purchase Rate	购买率		24.67%
3. Total Payment Rate	总偿付率		23.74%
4. Principal Payment Rate	本金付款率		22.68%
5. Aggregate Amount of Receivables in the Trust	基础资产情况		
Principal Receivables Beginning of Due Period		$	36,010,753,552
Principal Receivables Average		$	35,696,416,562
Principal Receivables Lump Sum Addition/(Removal) ...		$	0
Principal Receivables End of Due Period		$	35,939,497,403
Finance Charge Receivables - End of Due Period		$	421,705,638
6. Delinquencies	迟付和违约		
Current		$	34,808,377,437
5-34 days delinquent		$	582,378,994
35-64 days delinquent		$	184,778,179
65-94 days delinquent		$	159,701,698
95-124 days delinquent		$	141,934,389
125-154 days delinquent		$	119,396,635
155-184 days delinquent		$	111,240,020

图 5. 12　当月基础资产信息披露

资料来源：花旗银行

Class/ Tranche 证券	Outstanding Dollar Principal Amount 余额	Deposit to Interest Funding Account 利息账户存入	Interest Funding Sub-Account Balance 利息账户余额	Interest Payment On Payment Date 利息分配偿付
Class 2002-A4	603,850,000.00	233,055.91	0.00	233,055.91
Class 2003-A10	500,000,000.00	174,956.25	0.00	11,875,000.02
Class 2003-A7	650,000,000.00	263,461.25	11,239,583.35	0.00
Class 2003-C4	0.00	1,250,000.00	0.00	7,500,000.00
Class 2004-A8	750,000,000.00	224,427.08	0.00	18,375,000.00
Class 2005-A1	338,581,344.17	90,890.28	90,890.28	0.00
Class 2005-A2	875,000,000.00	236,364.24	10,609,374.99	0.00
Class 2005-A5	200,000,000.00	51,873.33	0.00	4,549,999.98
Class 2005-A9	500,000,000.00	141,351.39	2,125,000.00	0.00
Class 2005-C1	75,000,000.00	343,750.00	1,031,250.00	0.00
Class 2005-C2	175,000,000.00	100,254.00	0.00	100,254.00
Class 2006-A3	750,000,000.00	3,312,500.00	9,937,500.00	0.00
Class 2006-A7	1,000,000,000.00	4,463,858.33	0.00	888,038.89
Class 2006-A8	1,000,000,000.00	4,171,666.67	554,925.00	0.00
Class 2007-A11	1,143,500,000.00	737,722.67	0.00	737,722.67
Class 2007-A3	665,000,000.00	300,402.67	0.00	20,448,750.00
Class 2007-A4	15,000,000.00	7,288.87	0.00	20,762.25
Class 2007-A8	1,750,000,000.00	8,239,583.33	24,718,749.99	0.00
Class 2007-A9	500,000,000.00	292,002.78	0.00	292,002.78
Class 2008-A1	900,000,000.00	4,012,500.00	16,050,000.00	0.00
Class 2008-A2	1,850,000,000.00	2,213,882.67	0.00	2,213,882.67
Class 2008-A6	1,150,000,000.00	1,384,606.39	0.00	1,384,606.39
Class 2008-A7	450,000,000.00	609,615.00	0.00	609,615.00
Class 2009-A4	650,000,000.00	2,654,166.67	0.00	15,925,000.02
Class 2012-A1	500,000,000.00	229,166.67	458,333.34	0.00
Class 2012-B2	600,000,000.00	319,403.33	0.00	319,403.33
Class 2012-C2	0.00	357,688.33	0.00	357,688.33
Class 2013-A1	1,750,000,000.00	762,817.71	0.00	762,817.71
Class 2013-B1	457,000,000.00	208,254.90	0.00	208,254.90
Class 2013-B2	65,000,000.00	48,681.84	0.00	48,681.84
Class 2013-C1	429,000,000.00	324,791.13	0.00	324,791.13
Class 2013-C2	817,000,000.00	912,140.78	0.00	912,140.78
Total	21,108,931,344.17	38,673,124.47	76,815,606.95	88,087,468.60

图 5.13　当月证券余额和现金流分配

资料来源：花旗银行

二、Advanta 公司的信用卡资产证券化和破产

Advanta 公司成立于 1951 年，最初的生意是给教师们提供个人贷款。20 世纪 70 年代以前，Advanta 的业务一直非常简单，只给教师提供固定利息的贷款，没有自己的银行，也不从事抵押贷款和其他融资业务。但到了 90 年代，Advanta 已经快速扩张成一个拥有 250 亿美元资产的公司，并且拥有当时

美国第六大信用卡业务。之后，公司董事会和管理层出售了大部分其他业务，开始专攻其擅长的小企业信用市场。Advanta 旗下的 AdvantaBank 总部在犹他州，在美国其他地区没有任何银行分行，但通过网上银行、电话、电信和邮递系统，至 2007 年年底，Advanta 的网上银行和信用卡业务已遍布全美，成为美国小企业信用卡业务的重要代表，发放的信用额度有 136 亿美元，管理的资产超过 63 亿美元。Advanta 的专项业务战略从 90 年代中期至 2007 年一直非常成功，2006 年和 2007 年的年利润都超过 1 亿美元。对一个账面总资产只有 20 亿美元的公司来说，这个回报率是非常高的。

Advanta 公司本身的信用级别并不高，在 2009 年出事之前，穆迪对它的高级非担保债务的评级是 Ba3，低于投资级，所以 Advanta 公司利用常规贷款或债券的融资成本很高。虽然 Advanta 也通过网上银行吸收了不少银行存款，但公司最大的融资渠道是其信用卡资产的证券化。2007 年年底，Advanta 管理的 63 亿美元资产中，53 亿美元已通过证券化方式出售，公司账上只留有 9 亿多美元贷款资产。Advanta 通过 Advanta Business Card Master Trust 把它发放给小企业主和商务专业人士的信用卡应收款打包成信用评级比自己高的证券（一般 A 档为 Aaa 级，B 档为 A2 级，C 档为 Baa2 级）出售给投资者，融资成本一直很低。信用卡资产的证券化是 Advanta 在 2004 ~ 2007 年业务量和利润突飞猛进的助推器。

Advanta 的双重“专攻”策略是它成功的秘诀，但也是它最终覆灭的原因。Advanta 的单线业务集中在小企业的商业信用卡贷款上。这些小企业一般雇员不超过 10 人，年销售额低于 300 万美元，对经济的敏感性非常高，信用风险要比中大型企业高很多。而发放给这类小企业的商业信用卡都是无抵押的周转信用贷款，信用额度比一般消费者信用卡要高。所以，在业务快速增长的同时，Advanta 的风险也在不断增加和集中。虽然证券化看似分散或出售了不少风险，但公司所保留的卖方权益、低档证券和 IO 资产中所潜藏的风险是非常高的。而在融资方面，Advanta 管理层对证券化的过度自信和依赖，也使得其融资渠道过分单一，没有及时建立风险预警机制和安排后备融资方案。

随着 2007 年经济危机的爆发和蔓延，美国经济直线下滑的影响很快波及全美的中小企业。2008 年，Advanta 公司的小企业信用卡贷款冲销率和迟付率飞速上升。2008 年年底的贷款冲销率和迟付率已超过 2007 年的两倍，分别达到 11.1% 和 9.4%。随着资本市场的全面败退，融资已越来越难，证券化的融资成本和条件要求急剧增加。Advanta 在 2008 年 5 月和 6 月份发行了两个信用卡优先级证券（评级为 AAA），但都因为无人购买，只能自己投资，留在了账面上。

2008 年 9 月 22 日，穆迪宣布要将 Advanta 信用卡信托下 30 个证券系列归入观察和可能降级。这一宣布几乎包含所有该信托发行的证券，总面额达 43 亿美元。穆迪同时宣布可能要把 Advanta 公司本身的信用级别降低。2009 年，Advanta 信用卡信托的状况继续恶化，所有相关证券的价格直线下降，投资者进入恐慌状态。2009 年 2 月 19 日，Advanta 的信用卡信托发行的 25 个证券系列被穆迪降级。2009 年 3 月的坏账冲销率已经高达 17.3%，而且持续攀升。

2009 年 5 月 11 日，Advanta 公司宣布，由于基础资产的信用表现持续恶化，Advanta 的信用卡信托预计会在 2009 年 6 月 10 日进入提前分期偿还期。而且，如果信用卡信托进入提前分期偿还期，Advanta 会关闭信托内所有信用卡的继续使用权。Advanta 公司同时还宣布，愿意以票面 65% ~75% 的价格收购其信托发行的优先级证券。这些宣布立即引起轩然大波，招致持卡人、投资者和银行监管部门（FDIC）等多方的集体攻击。虽然信用卡资产证券化史上也有过为数不多的提前分期偿还期情况，但都没有真正导致证券损失。然而，投资者预感到这一次提前分期偿还可能比史上要严重很多，因为 Advanta 信用卡信托的超额利差下降得太快，从 2005 年的 9.5% 下降至负数，而且可能是负 10% 或更多。

穆迪随即于 2009 年 5 月 15 日宣布再次降低 Advanta 信用卡信托的 23 个证券系列的信用级别，大部分 A 档证券被降为 Ba2 级，B 档证券被降为 Ca 级，C 档和 D 档证券都被降为 C 级。2009 年 5 月下旬，Advanta 公司宣布把 100 万个小企业信用卡账户的当月信用卡账单的结算日提前至 6 月 1 日，并且将于 6 月 1 日退出信用卡业务。

Advanta 公司关于提前结算和关闭账户的决定显然是出于无奈的决定，因为如果信用卡信托进入提前分期偿还期，几乎信托里所有的信用卡收款现金流都将被用于信用卡证券的还款，而Advanta公司此时已经没有多少资金再为信用卡持有者垫款了。但是，公司管理层和董事会显然低估了仓促关闭全部信用卡账户的负面效应，而且对提前分期偿还期的后果没有合理的认识和准备。如果一个信用卡借款人知道不可能再从信用卡公司借到款，他们是不会轻易还款的，这必将导致坏账的猛增。

同时，Advanta以折扣价收购其信托发行的优先级证券的意图招致很多批评。2009年6月，银行监管部门拒绝了Advanta公司试图以大折扣价收购优先级证券来增强资产负债表的计划。2009年7月初，银行监管部门（FDIC）下令，不允许Advanta公司旗下的银行继续接受由政府担保的存款，并要求其返还3 500万美元给受害消费者。

2009年7月20日，Advanta公司公布的数据显示，它的信用卡资产违约率已经高达前所未闻的56.95%，停止信用卡使用的负面效应立竿见影。公司第二季度的亏损高达3.3亿美元。虽然在随后的两个月里，Advanta公司的信用卡坏账冲销率回落至22%～24%，但随着业务的暂停和提前分期偿还期导致的融资渠道关闭，公司已经无力回天，只能于2009年11月8日申请破产保护。2010年3月19日，美国犹他州监管部门接手了Advanta公司旗下的Advanta银行，由FDIC担任接管者来处理资产。Advanta公司也随之正式覆灭。

Advanta信用卡信托下的优先级证券其实并没有出现违约状况。在Advanta公司被接管时，优先级证券大概还有50%的信用增级水平，以当时的资产质量情况，低档的证券足以吸收预计的损失。虽然穆迪等评级机构后来也回调了这些证券的（包括一些低档证券）的信用级别，但对Advanta公司来说已没有任何意义。

Advanta信用卡信托的失败，给监管方、投资人、银行和利用信用卡资产证券化融资的财务机构提供了宝贵的经验和教训。其实在信用卡资产证券化跌入谷底的2009年，美国有多个信用卡信托的形势也非常严峻，如果不是发起人的主动参与和适时的强行增信手段，都有可能进入提前分期偿还期。信用卡资产证券化中提前分期偿还期的设计是对投资者的保护，这在 Advanta 信用卡信托案中得到了充分的体现。如果没有提前分期偿还期，Advanta 信用卡信托的优先级证券可能就会蒙受损失。而从发起人来看，提前分期偿还期是信用卡资产证券化必须考虑的一种风险。发起人必须把这个风险放入公司的风险管理、资本预算、压力测试和后备融资计划等一系列经营管理活动中，以避免类似 Advanta 公司的失败。

第五节
中国信用卡资产证券化的潜在应用、现状和挑战

前面介绍的信用卡资产证券化的原理、模式和技术不仅可以用于信用卡应收款，也可以用来实现对其他循环类贷款资产的证券化，如汽车分销商贷款、房屋净值信用额、商业应收款和我国近来兴起的互联网小贷或信用额度贷款等。这些都是目前中国需要拓展融资渠道的领域，应用前景很好。不同国家的证券化在形式上可能会因为地区性投资偏好、资产特点或法律法规的不同而有所差异，但原理是一样的。国外信用卡资产证券化的经验和教训，很值得中国的银行、金融机构和相关放贷人参考和借鉴。信用卡资产证券化模式已经成为美国各大信用卡银行和汽车金融公司最重要的融资渠道和盈利加速工具，但在中国却还没有真正开始。这种状况的原因是多方面的，不仅有技术上的原因，也有法律监管方面的原因，还和中国金融市场对该类证券的需求状况有直接的联系。

一、中国信用卡资产证券化的应用与现状

根据前瞻产业研究院 2013 年发布的《2013～2017 年中国信用卡市场调研与投资预测分析报告》显示，截至 2013 年上半年，我国信用卡授信总额达到了 3.98 万亿元，期末应偿信贷总额为 1.53 万亿元，信用卡授信使用率达到

了38.50%，高于美国的信用卡授信使用率。这说明了我国现有信用卡用户对信用卡的依赖性是非常高的。随着信用卡的进一步普及和产品的丰富，中国的信用卡市场在未来几年内还将高速增长。所以从总量上讲，中国信用卡市场已经具备了证券化的规模要求，潜力无穷。

（一）中信银行的信用卡资产证券化理财产品

中国的银行和投资机构近年来也在信用卡资产证券化上进行探索和尝试。中信银行于2013年8月份将其信用卡分期付款形成的基础资产纳入理财产品投资范围，成为第一个尝试信用卡资产“证券化”的银行机构。但是，受到目前国内资产证券化政策及银行自身能力的制约，中信银行的这笔交易与真正意义上的信用卡资产证券化还有一定差距：基础资产只限于新增分期付款部分，产品是单一的3年期理财产品，规模只有3 000万元，没有证券化中常用的风险隔离、分级分档和信用增级等核心要素。但是，作为革命性的第一枪，其意义不容忽视。

（二）平安银行的信用卡资产证券化

平安银行作为第二家筹备信用卡资产证券化产品的银行，其信用卡资产证券化产品目前正处于设计阶段。据了解，平安银行未来发行的产品优先级规模暂定为9.98亿元，次级规模暂定为0.52亿元，其中优先级分9个层次，期限包括1年期内除了8个月、10个月、11个月外所有的整月期限，收益率范围在7%~7.5%；次级的期限为12个月。据称，这次发行的基础资产是平安银行信用卡资产中的分期付款和消费贷款，比中信银行的资产范围更广一点。同时，平安银行的这个证券发行还将用到分级分档和增信机制，这是中国信用卡资产证券化探索路上的突破。对于这个证券化尝试真正的结构、设计和运作以及市场的反应，我们拭目以待。

（三）阿里巴巴的类信用卡资产证券化

2013年中国证券化最大的突破是阿里巴巴的“类信用卡”证券化的成

功。2013 年 7 月 26 日，阿里巴巴的小额贷款资产证券化产品（东证资管－阿里巴巴 1 号专项资产管理计划）正式开始发售。2013 年 9 月 18 日，东证资管－阿里巴巴 1 号和 2 号专项资产管理计划正式在深交所挂牌上市。"东证资管－阿里巴巴"不仅是首只公开发行的券商信贷资产证券化产品，也是首只小额贷款资产证券化产品。阿里巴巴这个非银行机构，以其大胆创新精神，在中国证券化发展史上立下了一个里程碑。

东证资管－阿里巴巴专项资产管理计划的基础资产是阿里巴巴的小额无抵押信贷资产，由东方证券担任计划管理人和推广机构，由兴业银行担任托管人。

东证资管－阿里巴巴专项资产管理计划在模式和结构上已经非常接近典型的信用卡资产证券化。首先，在资产的转移和购买上，东证资管－阿里巴巴专项资产管理计划采取了信用卡资产证券化中的循环购买和风险隔离的方式；而在发行模式上，东证资管－阿里巴巴专项资产管理计划采取了统一结构、一次审批、分次发行的模式。这是信用卡资产证券化中一次设立和分次发行模式的体现。其次，东证资管－阿里巴巴专项资产管理计划在证券分档和定价上也是证券化中按风险分级定价的应用。据悉，"东证资管－阿里巴巴"专项资产管理计划共分为 10 期，每期发行额度为 2 亿～5 亿元。每期产品都进行二级分级，其中优先级和次优级为公开募集，次级则由阿里金融自己认购。资料显示，阿里巴巴 1 号成立规模为 5 亿元，到期日为 2014 年 10 月 28 日。其中优先级的评级为 AAA，规模为 3.75 亿元（75%），预期年化收益率为 6.2%；次优级没有评级，规模为 7 500 万元（15%），预期年化收益率为 11%；次级规模为 5 000 万元（10%），没有评级。

东证资管－阿里巴巴专项资产管理计划的成功发行为阿里巴巴旗下的小贷公司打开了一个重要的融资渠道，也为中国证券化设立了一个很好的榜样。由于小贷公司没有吸纳存款的能力，在证券化之前只能向金融机构贷款，资金来源非常不畅通，不仅融资效率低、费用高，而且杠杆很短，只有 50%，这在很大程度上限制了其业务的发展。现在，通过东证资管－阿里巴巴专项资产管理计划这个证券化渠道来融资，阿里巴巴可以转移信用风险并获得更多的资金来支持其小贷业务和最终的实体微小企业，融资率高达90%，而且融资成本比向金融机构贷款低。当然，阿里巴巴的成功有其特殊性，比如它有强大的互联网平台（如淘宝、天猫等）支持和旗下小贷公司已经建立起来的庞大小微企业贷款人关系网，这在规模和运作上都给其证券化提供了有利条件。但是，这个特殊性并不能掩盖阿里巴巴这个证券化成功案例对中国各路证券化开拓者的启示和冲击。从理论上来讲，阿里巴巴似乎不应该是中国最早的券商信贷资产证券化和信用卡资产证券化发起人，但是阿里巴巴做到了。这从另一个侧面证明了资产证券化所需的重要条件：大胆创新。

二、中国信用卡资产证券化的挑战

中国信用卡资产证券化在过去确实存在很多障碍因素，包括规模限制、技术处理、法律监管、会计税收等方面。但是，随着市场规模的扩大，国家政策的放开和开拓者们的不断学习尝试，这些负面因素已经明显淡化。运用信用卡资产证券化来拓宽融资渠道，改善资本结构和提高盈利能力是中国商业银行提高竞争力的必然趋势。特别是《巴塞尔资本协议Ⅲ》资本要求的实施后，商业银行将会面临更多来自资本率方面的压力，证券化可能是银行用来缓解这一压力的有力工具。从投资者角度讲，如果产品设计得当，信用卡证券是一种稳定、安全和富有弹性的投资产品，会为投资者的资产组合增添多样性。但是，证券化是一个系统工程，中国的商业银行在信用卡资产证券化的道路上还将面临更多的挑战。

第一，由于信用卡资产的无抵押、循环和期限不定的特点，信用卡资产证券化的结构和程序要比其他资产证券化复杂，对技术的要求比较高。很多商业银行在专业人才方面仍有很大的局限性，没有一个有竞争力和创新能力的团队来策划、实施和维持信用卡资产证券化。

第二，中国的商业银行在自身的运营水平上还有待提高。信用卡资产证券化不只是单笔交易，而是一个包含循环购买、多次发行的长期过程。这其中涉及持续的资产转让、服务、收款、跟踪、风控、报告等运作管理。商业银行作为发起人、卖方和服务商，需要一个成熟完善的系统来保证证券化的可持续性，这其中包括信息系统、产品研发、流程控制、风险管理和信用监测等多方面的能力。

第三，信用卡的风险定价和投资者的预期还有一定差距，这使得信用卡资产证券化作为一种融资渠道在成本上没有太大优势。这是一个贷款利息定价和证券产品定价两方面的互动问题。在中国目前的商业银行业务中，信用卡业务的风险不算高，利润也不算高。中国信用卡业务现在主要是针对一些信用比较好、质量比较高的客户群体，还没有渗透到高风险高收益的群体。虽然信用卡的授信使用率很高，但目前这部分客户的全额还款率也比较高，所以没有把信用卡的使用真正转化为融资利息收入，所以信用卡业务的总收益率不是太高。然而，中国目前的投资者群体对证券化产品的收益率要求是比较高的。市面上各类理财产品的高收益哄抬了投资大众对证券的收益率要求。虽然优质的信用卡证券的风险很低，但是由于其收益率也很低，对投资者的吸引力可能不够。在信用卡资产收益率一定的情况下，不管如何设计证券化结构，证券的总体收益率不可能高过基础资产，除非银行愿意贴钱做证券化。为了克服这个挑战，商业银行今后应该从两方面努力：首先，不断进行产品创新，深化市场，实现规模，同时提高定价技术，在风险可控的情况下提升资产的收益率；其次，深入了解投资者偏好和需求，在证券化的设计和定价上有针对性地改进和创新，以实现融资成本的最优化。

第六章

住房抵押贷款证券化

前面我们介绍过，资产证券化产品可以分为房产抵押贷款证券化（MBS）和非房产资产证券化（ABS）两大系。房产抵押贷款的证券化已有超过40年的历史，市场活跃，规模庞大，仅美国的存量规模就超过8万亿美元。

房产是所有资产中规模最大的，所以对其的融资（即房产抵押贷款）也自然是所有贷款类型（国债和公共债务除外）中规模最大的一类。以美国为例，房产抵押贷款在2013年第三季度末的规模大约在13.2万亿美元（其中近11万亿为住房贷款），是其他所有消费者贷款之和的4倍多，相当于美国2013年GDP的78%，这已经是在金融危机后信贷收缩情况下的规模。这么庞大的贷款资金从哪里来？据美联储公布的资料，这其中大约1/3是由商业银行、储贷机构和保险公司等金融机构提供（持有的部分），剩余部分则主要由美国政府及其支持的代理机构提供或通过资产证券化的方式在资本市场上进行融资获得。

美国的MBS一级市场和二级市场都已经非常成熟，产品流动性很高，远销世界各地，已成为购买房产最重要的资金来源，也是很多机构投资者投资组合中不可或缺的一个产品类别。美国的代理MBS证券是美国向国外输送美元资产的一个重要产品，海外机构（包括政府）直接投资的代理MBS证券产品在2013年6月底的余额超过6 000亿美元，这还不含海外的间接或民间投资参与。我国是美国代理MBS这一产品的最大海外投资者，2008～2013年间的净购买量如图6.1所示。

这次金融危机爆发后，MBS还成为美国政府救市计划中货币政策的传导工具。为了刺激经济，美联储分别于2008年、2010年和2012年进行了三轮“量化宽松”，即QE1、QE2和QE3，其中QE3还在进行中。量化宽松是美联

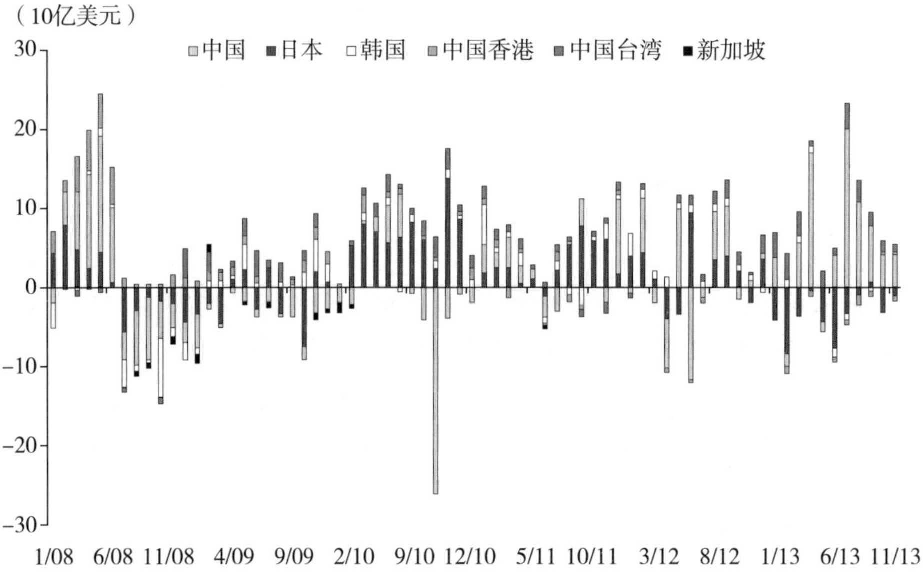

图 6.1　美国代理 MBS 亚洲投资者的净购买量

资料来源：房地美报告

储在无法继续有效利用常规的中央银行货币政策工具（主要以购买短期国债来降低短期无风险利率）的情况下采取的特殊手段，其中 QE1 中是由美联储购买总额不超过 6 000 亿美元的 MBS；而 QE3 规模更大，没有封顶，是由美联储每月购买 400 亿美元的 MBS，这一数字很快升至每月 850 亿美元。图 6.2 列示了 MBS 的收购量和市场 MBS 的发行量。关于量化宽松，我们在这里不做评判，但是这个政策的实施体现了 MBS 对美国金融市场和整体经济的重要性。

MBS 这一系列里的证券种类繁多，有很多不同的分类，还有些名称由于是习惯沿用，所以名字和具体的证券性质不一定匹配，容易混淆。我们在具体介绍 MBS 之前先把各个类别梳理一下。MBS 的分类可以按照几个不同的指标来进行：

（1）是否由美国政府的代理机构发行：代理证券（Agency MBS）和非代理证券（Non-Agency MBS）。

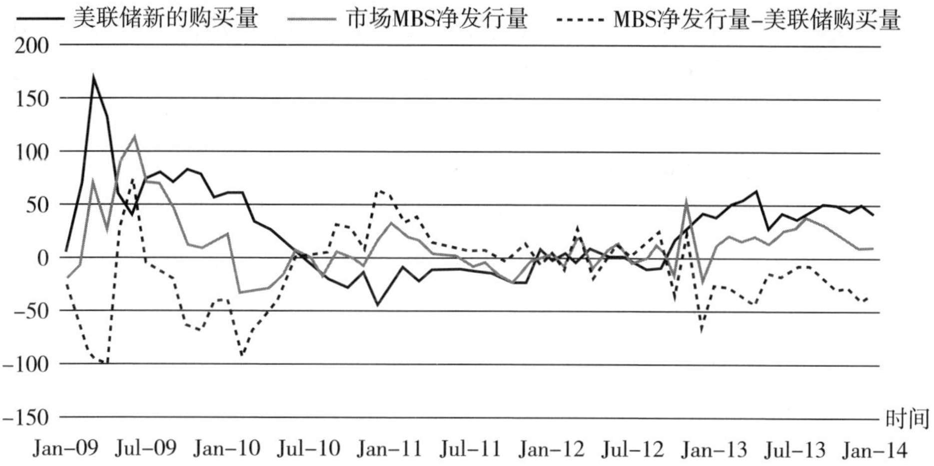

图 6.2 美联储在量化宽松中 MBS 的收购量和市场 MBS 的发行量对比

资料来源：荷兰银行

（2）住房性质：民用（RMBS）和商用（CMBS）。（注：美国多户住房归类为商用。）

（3）现金流的分配结构：转付证券（Pass-through）和偿付证券（Pay-through），其中偿付证券一般指抵押担保债券（CMO）。

（4）抵押贷款的质量：优质（Prime）、大额优质（Jumbo）、次优质（Alt - A）、次级（Subprime）、有信用伤痕（Scratch & Dent）等。

（5）贷款的抵押权类别：第一留置权（First Lien）、第二留置权（Second Lien）或更低（Junior Lien）。

（6）还有一些更细的分类标准，比如按照发行人（交易中特殊目的实体）的性质、房产的可移动性、贷款的付款条款、贷款的利率设计、贷款的期限等，我们在此不一一罗列。

以上这些分类标准结合在一起可以把 MBS 分成很多小类，比如主要以第一留置权的大额优质民用住房抵押贷款为基础资产的交易就称为 Jumbo RMBS。

习惯上，行业内一般首先把 MBS 分成代理证券和非代理证券两大类，然后各自继续细分。由于代理证券中商用（Multi-family）的比例比较小（5%左右)，所以大家一般不会详细分成 RMBS 和 CMBS 两类，而在习惯上按分配结构的不同分为代理 MBS（Pass-through 一般省略）和代理 CMO。而且，由于代理 MBS 的基础资产都符合一定的质量要求，又有政府或政府支持的机构做担保，所以也没有按贷款的信用级别继续分类。

而在非代理证券中，行业内一般首先按住房性质分为 RMBS 和 CMBS，然后各自按贷款的质量继续分类。在 RMBS 中，由第一留置权贷款支持的一般被称为“RMBS”，其中可以按照基础资产中贷款的质量水平分为：Jumbo RMBS、Alt-A RMBS、Subprime RMBS 等；而以非第一留置权或房屋权益贷款为基础资产的则统称为房屋权益抵押贷款资产支持证券，即“Home Equity ABS”（这是 MBS 中的“ABS”，和我们之前讲的 ABS 大系不一样），其中又可以分为：HELOC、Junior Lien、Scratch & Dent 等。值得注意的是，习惯上，Subprime RMBS 一般被归类为 Home Equity ABS 而非 RMBS。还有一小类以移动住房贷款（Manufactured Home）为基础资产的 MBS 也常常被归类为 RMBS 中（如果基础资产质量不好，会被归类为 Home Equity ABS）。

本章主要介绍以民用住房抵押贷款为基础资产的 MBS，即广义的 RMBS。代理 CMBS 和代理 RMBS 类似，我们不分开介绍。在第七章中，我们会专门介绍非代理 CMBS。

第一节
住房抵押贷款证券化的基础资产

住房抵押贷款是以房屋作为抵押的贷款，在我国也称为按揭贷款。该类贷款中，借款人以房屋所有权或留置权作为其债务偿还的担保，借款的目的一般是为购房提供融资。本节介绍的主要是美国的住房抵押贷款。

在美国的 50 个州中，抵押贷款在法律上存在产权（Title）转移和留置权（Lien）转移两种情形。在规定“产权转移”的州中，住房抵押贷款意味着该住房的产权由借款人处真实转移至贷款人处。当借款人还清贷款时，该住房抵押被撤销，产权回归借款人。而在规定“留置权转移”的州中，抵押贷款给予贷款人的仅仅是对被抵押住房的留置权，即贷款人在借款人违约的情况下可以对房产进行止赎和变卖，并以所得的资金来偿还所欠的债务。

抵押贷款分住房抵押贷款和商业房产抵押贷款。住房抵押贷款可以按房产的单元数量分为单户（Single-family）、2～4户（Two-to-four-family）和多户共用（Multi-family）房产等类型。美国RMBS的基础资产主要是以1～4户房产为抵押的贷款。由于美国的多户共用房一般是整层或整栋出售，再由投资者按单元出租给不同的租户，属商业投资性质，所以在习惯上被划入商业房地产的范畴。

美国住房抵押贷款的办理和发放涉及许多冗长的法律文件，需要明确贷款金额、借款人的还贷义务、对住房物理结构和所占土地的描述及借款人对该房屋拥有所有权，还会对房屋维修、贷款保险（防范借款人在贷款还清之前丧失继续还贷能力）、房屋财产损失保险（防范火灾、水灾等风险，有时也包括地震）及支付财产税和房屋损失险保费等做出详细规定。另外，贷款条款对年利率（固定或浮动利率）、分期付款期限、到期日等以明确。

一、住房抵押贷款的种类

美国的住房抵押贷款种类繁多，以下我们介绍一些比较典型的类别：

（一）固定利率抵押贷款

固定利率（Fixed Rate）抵押贷款是抵押贷款中的传统种类，一般是分期付款，期限通常为30年（也有10年、15年和20年期的固定利率贷款），月还款额保持固定不变（等额还款），因此有时也被特指为等额固定利率抵押贷款。

固定利率抵押贷款每月的还款金额保持固定不变，其包含了利息和本金两个部分。尽管每月还本付息的总额在整个还款期内保持固定，但两个部分的构成比例却始终在变化。在还款初期，月还款额主要以支付利息为主，后期则主要以支付本金为主。这种每月还款额不变，本金偿付比例逐渐提高的还款模式也常被称作摊还（Amortization）。在抵押贷款初始金额一定的条件下，固定利率抵押贷款的月还款额的多少取决于抵押贷款利率：利率越高，月还款额越高。

（二）浮动利率抵押贷款

固定利率虽然很稳定，但是对借款人来说也有在利率上“被套牢”的风险。20 世纪 80 年代初，美国的通货膨胀情况严重，导致利率暴涨，固定利率抵押贷款的利率几乎超过 20%。在这么高的利率情况下，借款人签订长期的固定利率抵押贷款，无疑会把自己套进沉重的还款负担中。在这个时候，浮动利率抵押贷款（ARM）就显示了其优势。浮动利率抵押贷款的特点是利率可根据市场利率水平进行定期调节，不会被锁在高点，因此受到购房者的欢迎。

从贷款人的角度看，在通货膨胀比较严重的环境中，它们不愿发放 30 年期固定利率抵押贷款。发放固定利率贷款会拉长商业银行或储贷机构的资产方期限，在利率持续上升的环境中，会导致严重的资产负债期限错配以及资产的单边减值。而浮动利率贷款在利率增长的环境下则比较诱人，由于资产和负债利率都浮动，银行可以减少资产和负债的利率错配问题，而且可以对利率进行灵活的设计来满足客户的需求。

从借款的人角度来看，虽然存在每月付款的不确定性，但是浮动利率贷款的起始利率一般比固定利率贷款低，特别是有时候还有非常吸引人的“优惠初始利率”，即在浮动利率抵押贷款的初始时期，贷款人常把贷款利率设得比当时的市场利率低，导致贷款初期的还款额少于固定利率贷款，降低了购房者申领贷款的难度和短期还款压力，吸引更多的潜在购房者。因此，浮动利率抵押贷款在高利率和高房价环境中比固定利率抵押贷款更具吸引力。浮动利率抵押贷款的还款期限通常也是 30 年，一般以季度、半年或年为间隔来对利率进行调整。

在利率设计上，浮动利率一般是在基准利率的基础上加一个利差，这个利差通常是由贷款的风险和贷款时的市场利差水平决定。浮动利率贷款的基准利率可以是3个月、6个月或12个月期的短期国库券利率，也可以是LIBOR，或是根据贷款人的资金成本指数（COFI）。出于保护借款人的目的，大多数浮动利率贷款都设置了每次利率调整的上限（比如每次上调不超过2%）和贷款期间内的利率调整总幅度的上限（比如总调整不可以超过5%）。

（三）混合浮动利率抵押贷款

混合浮动利率抵押贷款（Hybrid ARM）结合了固定利率和浮动利率抵押贷款的特点。该类贷款在最初一段时间内（比如3年、5年或7年）利率固定不变，但在一定期限之后变成了浮动利率抵押贷款。例如，有一种非常普遍的"5－1"型混合抵押贷款，如名称所示，该贷款在最初的5年是固定利率抵押贷款，但从第6年年初开始，又变成了利率一年一调整的浮动利率抵押贷款。

（四）渐进偿还式抵押贷款

在20世纪80年代初，美国住房价格飙升，利率也不断攀高，令许多潜在购房者无法承受。为了使这些人买得起住房，市场上出现了渐进偿还式抵押贷款（Graduated-Payment Mortgage，简称GPM）。该类贷款的还款期一般也是30年，但在贷款初期（一般1年）的月还款额比较低，还款压力小于同等的传统固定利率抵押贷款。从第2年至渐进偿还期结束，还款金额以一个事先设定的速率逐步上升。渐进偿还期结束之后，该类贷款的月还款金额将保持不变。比较常见的一种渐进偿还式抵押贷款中，渐进偿还速率为7.5%，渐进偿还期为5年。

由于渐进偿还式抵押贷款首年的月还款额非常低，有时甚至不足以偿还贷款的利息，这将导致利息的资本化，即本金不仅没减少，反而有所增加。这种本金不降反升的情况被称作"负摊还"（Negative Amortization）。负摊还贷款的一个极端的例子就是在美国盛行过的反向抵押贷款（Reverse Mortgage），该类贷款不但不要求借款人按月偿付，而且每月还贴钱给借款人，但是每月的利息和“反向本金”都会资本化，增加贷款的本金余额。

（五）气球型抵押贷款

气球型抵押贷款（Bolloon Mortgage）的特点是摊还期限和贷款期限不一样，摊还期限决定每月的付款额，而贷款期限决定最后的还款期。气球型抵押贷款一般也有30年的摊还期限，但通常会在5年、7年或10年到期并一次性偿还剩余本金。由于最后的还款金额突然膨胀，故喻为“气球型”。气球型抵押贷款适合那些经常迁居的购房者，他们不打算在一个地方居住很长时间，所以无须获得30年期的融资，但他们又需要按30年期的期限摊还贷款以减小每月的还款压力。

（六）选择浮动利率抵押贷款

选择浮动利率抵押贷款（Option ARM）的期限一般也是30年，利率是浮动的（除了初始阶段），但是在贷款开始时会给借款人几个不同的付款选项：最低付款额、仅付利息、摊还期限。选择浮动利率抵押贷款相当于在混合浮动利率抵押贷款的基础上，又给了借款人在付款最低额和摊还期限上更多的选择。选择浮动利率抵押贷款一般都会给贷款人提供很有吸引力的“优惠初始利率”，所以第一年的利率通常很低（如1%）。很多时候，如果借款人选择的付款选项中每月的付款低于利息，未付的利息部分也会资本化，从而出现负摊还的情况。

选择浮动利率抵押贷款的进一步演化是固定利率的选择抵押贷款，区别是利率设计的不同。

（七）二次抵押贷款

二次抵押贷款（Second Lien Mortgage）指借款人在房产已经有一个抵押贷款的情况下再次用房产作为抵押进行的贷款。二次抵押贷款的条款和一般的固定或浮动利率抵押贷款类似，但在留置权设置方面，二次抵押贷款对房产留置权的权力要低于第一留置权抵押贷款（First Lien Mortgage）。

第一抵押贷款和二次抵押贷款的区别，主要体现在借款人出现违约的情况下。如果借款人无力偿还二次抵押贷款，二次抵押贷款的贷款人（即第二抵押权人）如果要进行止赎或变卖抵押房产，就必须获得第一抵押权人的同意。或者，第二抵押权人可以选择先向第一抵押权人清偿借款人的第一抵押债务，然后对抵押房产进行处理。

二次抵押贷款的发放对象，是那些已经拥有相当高比例房屋权益（房屋权益是房屋的市场价值与该房屋所担保的抵押贷款未清偿余额之间的差额）的借款人，他们想利用所拥有的房屋权益为其他的花销进行融资。由于二次抵押贷款拥有的是第二级留置权，所承担的违约和损失的风险很高。与第一抵押贷款相比，二次抵押贷款有利率较高、摊还期限较短、贷款金额较小等特点。

（八）房屋权益贷款

房屋权益贷款（Home Equity Loan）就是以房产的权益（净值）为抵押的贷款，一般可以分为关闭型贷款和开放型贷款两种。房屋权益贷款中的关闭型贷款主要是指前面讲到的二次抵押贷款，这种贷款和传统贷款一样，有明确的期限和还款计划。房屋权益贷款中的开放型贷款主要是指房屋权益信用额度（HELOC），即贷款人授予借款人在一定期限内使用一个信用额度，这一点和信用卡比较相似，只是额度较大。HELOC 借款人可以在授信期限内随时提取资金（只要最高借款额不超过指定的信用额度）或偿还已借的额度，而且每月最低付款额很低，有时候只需偿付利息。二次抵押贷款一般为固定利率，而房屋权益贷款通常是浮动利率。

在 20 世纪 90 年代之前，房屋权益贷款基本是二次抵押贷款，每年发放规模较小。而《1986 年税收改革法案》（Tax Reform Act of 1986）在美国实施之后，房屋权益贷款开始增长。该法案不再允许将非住房抵押贷款的利息从应税收入中扣除，为了继续享有住房抵押贷款的利息税前扣除优势，房屋所有者开始通过房屋权益贷款替代其他消费性贷款来借钱。

20 世纪 90 年代开始，美国房价的持续增长（见图 6.3），在 1990 ~ 2007

年间涨幅超过125%。房价的上涨使得房屋的权益（净值）不断扩大，给房屋权益贷款提供了更多的抵押空间，所以房屋权益贷款越来越受欢迎。同时，激烈的竞争和市场压力也迫使贷款人不断拓展房屋权益贷款的空间，放松了贷款的标准来迎合借款人的需要。

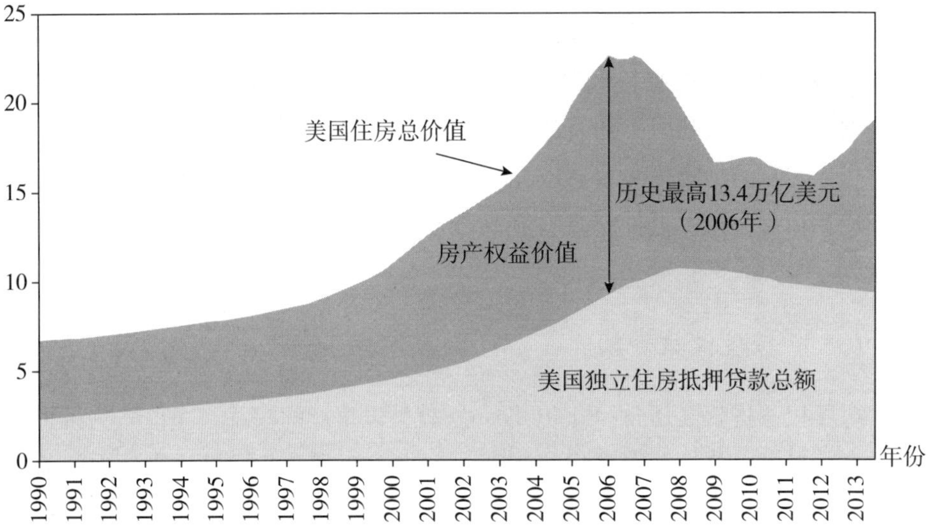

图6.3 美国房价、房贷和房屋权益价值

资料来源：房地美报告

二、住房抵押贷款的发放

住房抵押贷款一般金额比较大，对于大多数人而言，通常是最大的也是最重要的一笔个人融资交易。对银行来讲，住房抵押贷款也是最大的针对个人的贷款类型。贷款人在发放抵押贷款时，通常会考虑四个问题：贷款额度、借款人的收入水平、借款人的信用记录和抵押房产的价值。这些也是决定一个贷款的质量和信用档次的最主要因素。除了以上四项外，贷款人发行贷款时还会考虑很多其他因素，比如贷款目的、房产类型、房产购买目的、地质灾难因素、地区经济状况等，我们在这里不一一讲解。

（一）贷款额度和按揭比例

在一笔典型的抵押贷款中，贷款人不会全额偿付房屋的购买款，而是根据多个因素确定一个贷款额度，这个额度仅为房屋售价的一部分，比如目前美国常用的是80%。房屋售价和贷款额之差被称作首付，由借款人支付。贷款与房价之比称作贷款价值比例（LTV，或称按揭比例）。假设贷款人按房屋购买价的80%发放贷款，那么按揭比例就是80%。按揭比例的高低反映了购房者的负债水平以及贷款的风险，高按揭比例的贷款有较高的违约风险。在目前的美国市场上，按揭比例超过80%的贷款被视为风险较高的贷款，一般需要有抵押贷款保险（由商业保险机构或政府机构提供）。对于无力承担首付款的中低收入购房者，按揭比例可能高达98%。

（二）收入和支出比例

贷款人在衡量贷款额度时会考虑借款人的年收入，以确保借款人不会承受过重的债务负担，以致无法每月按时还款。贷款人在发放抵押贷款时通常会计算两个比率：房屋支出比例（Housing Ratio）和债务比例（Debt Ratio）。

房屋支出比例也被称作前端比例（Front end Ratio），它是每月房屋贷款还本付息、物业税和物业保险费之和（P. I. T. I. ）与借款人月收入（一般税前）的比例。

债务比例也被称作后端比例（Back end Ratio），是每月房屋贷款还本付息、物业税和物业保险费，加其他的消费债务（如信用卡或汽车贷款还本付息）与借款人月收入之比，有时也被翻译为贷款收入比例。

总的来说，如果借款人的房屋支出比例和债务比例不超过一定的指标（比如28%和36%），贷款人即会向其发放贷款。例如，某住房抵押贷款每月的P. I. T. I. 为2 000元，借款人每月的总收入为8 000元。再假设借款人每月需偿还800元的信用卡和汽车贷款。其房屋支出比例为25%（2 000/8 000），债务比例为35%［（2 000 + 800）/8 000］，两个比例均在指导范围之内，借款人符合这一指标的要求。

值得注意的是，对借款人的月收入水平的检查是一个很重要的步骤。贷款人一般会要求借款人提供相关的文件来证明其收入的真实性。按照借款人是否能够提供文件和文件的充分性，贷款人可以决定是否授予贷款和贷款的利率水平（能提供完整证明文件的利率较低）。相应地，贷款常常可以按全部文件、部分文件和没有文件证明来归类。

（三）信用记录

在美国，借款人的信用记录非常重要，因为它反映了借款人对金融债务的处理方式，在一定程度上决定了借款人的金融“价值”。信用记录通常包括信用卡、水电煤账单和其他债务的偿还情况，也包括其他抵押贷款的偿还历史。

目前美国的信用评分体系经常将借款人评估为 A、B、C 和 D 四个等级。A 级借款人的信用风险最低，D 级则最高。尽管对信用质量的标准没有明确定义，但作为行业惯例，通常用借款人的信用历史和债务收入比对其进行衡量。例如，一个没有破产记录、信用卡或其他分期付款没有出现过拖欠记录、债务收入比不超过 36% 的借款人，可以被归为“A”级借款人。那些之前有过破产记录、经常有拖欠行为、债务收入比过高的借款人，则被按情况划分为“B”、“C” 和 “D” 级。

近年来，发起人和信用评级机构越来越多地依据“信用评分”模型来评价借款人的信用质量。实际上，信用评级机构目前已将借款人信用质量视作与按揭比例同等重要。由 Fai，Isaac and Company 研发的 FICO 评分体系是使用最多的几种评分体系之一。该评分体系包括三个模型：BEACON、TRW/FICO 和 EMPIRICA。借款人的信用、收入、资产、负债以及雇佣情况的历史信息被量化为一个分值。从统计角度看，该分值作为一个指数，已经证明对借款人的信用风险有高度的预见性。该分值越高，借款人信用质量越高，违约风险也就越低。

该体系的分值范围在 400 ~ 800 分之间，借款人的 FICO 分值在 720 分以上属于 A 级，表示其信用良好并有较低的违约风险；而借款人的 FICO 分值低于620分的，则被归入C或D级，表示其信用不看好、违约风险较高。

（四）房产价值

由于抵押贷款以房产做担保，房产的价值会对贷款人的决策产生重要影响。作为贷款发行的一部分，贷款人会参考专业、合格的资产评估机构对房产的市价评估，来决定贷款的最大额度。

需要指出的是，对房产的市场价值的评估源于市场上“可比较性”的房产销售价格，也就是说，被评估房产的价值高低取决于临近地区最近出售的同类房产的价格。房产价值评估的准确性会受当地房地产市场的影响，在市场活跃、交易频繁的地区，价值评估较为容易和客观，一般能准确反映被评房产的市场价值；相反，在市场低迷、交易清淡的地区，对房屋价值的评估就比较困难，会受主观因素的影响。

三、抵押贷款发放的相关机构

（一）抵押贷款的发放机构

美国的住房抵押贷款主要由三类机构发放：商业银行、储贷机构和抵押贷款机构，其他的发放机构还有财务公司、信贷联盟或投资公司等。

传统上，商业银行和储贷机构是储蓄贷款人，它们通常以吸收存款作为贷款发放的主要资金来源，通过两者的利差来获得利润。抵押贷款机构属于非储蓄类贷款人，它们从商业银行获得短期融资为抵押贷款提供资金，并将新发放的抵押贷款在二级市场上出售用以偿还这些短期融资，以两者的价差赚取收益。但是，由于抵押贷款证券化的出现，很多抵押贷款发放人开始利用这一新的融资渠道来补充或替代传统的融资渠道。

在抵押贷款发放之后，储蓄贷款人既可以将其作为资产持有，也可以把它出售给投资者；而抵押贷款机构因为无法吸收存款，所以必须出售发放的贷款来换取资金。

贷款人向借款人发放贷款的交易属于一级市场交易（Primary Market），而贷款人向投资者出售贷款的交易则是二级市场交易（Secondary Market）。

（二）抵押贷款服务人

无论贷款在二级市场上出售还是由贷款人自己持有，贷款都需要获得“服务”（Servicing）。贷款服务包括很多内容，主要有：向借款人收取每月的还款金额、向借款人发送付款和过期通知、登记本金余额、管理不动产税和保险费的第三方资金保管账户、当贷款违约时止赎、没收并保管抵押房产。如果贷款已通过资产证券化出售给投资者，资产证券化交易中的服务人可能还要向投资者垫付因贷款拖欠或违约引起的现金流不足。

抵押贷款服务人可以是银行、储贷机构、抵押贷款机构或专门的资产服务机构。贷款发放人可以自己承担服务职责并收取服务费，或将资产服务权出售给其他服务人。服务人可以通过多个渠道获得收入，包括服务费（按抵押贷款余额的一个固定比例收取，比如按贷款总额的 25 ~ 50 个基点/每年）、第三方资金保管账户的利息、收到还款与向抵押贷款所有权人支付还款之间所产生的浮动利息以及延迟还款的罚息收入等。

（三）抵押贷款保险人

住房抵押贷款是一种债务，和其他个人债务一样具有信用风险。由于各种原因，如离婚、失业或意外的财务压力，借款人可能无法维持每月按时偿还贷款。如果借款人连续 3 个月无法偿还贷款（90 day delinquent），该笔贷款通常就被认定为违约（Default）。从历史记录看，抵押贷款违约与贷款的初始按揭比例（贷款价值比例）呈正相关关系，当按揭比例超过 80% 时，贷款违约的风险比较高。出于这个原因，如果抵押贷款的按揭比例超过 80%，贷款人通常要求借款人为抵押贷款购买保险。抵押贷款保险可以由联邦政府机构或抵押贷款保险公司（Mortgage Insurance Company，简称 MIC）提供。

政府的抵押贷款保险机构包括联邦住房管理局（FHA 保险）和退伍军人事务管理局（VA 担保）。联邦住房管理局（FHA 保险）主要是为了提高中低收入家庭的住房拥有水平。退伍军人事务管理局（VA 担保）是为了确保退伍军人享受到抵押贷款的福利。抵押贷款保险公司作为商业机构则是为了追求利润。

1. FHA 保险

美国联邦住房管理局（FHA）根据《1934 年国民住房法案》（National Housing Act of 1934）成立。FHA 提供的保险可覆盖全部符合条件的贷款，但对不同条件的借款人、贷款类型、贷款价值比例和贷款额度（目前以 625 500 美元为分界线）的保险收费不一样。

如果 FHA 保险的贷款出现违约，FHA 有两个选择：

- 不向贷款人支付保险金额，让贷款人没收房屋并用以拍卖来偿付贷款。
- 向贷款人支付保险金额，自己获得房屋，随后将房产拍卖以弥补损失的保险金额。

2. VA 担保

美国的《1944 年军人再调整法案》（The Servicemen's Readjustment Act of 1944）授权退伍军人事务管理局（VA）对符合条件的退伍军人提供抵押贷款担保。与 FHA 保险不同，VA 只能对一部分贷款提供担保。VA 所能担保的贷款额度不同地区都有相应的规定，目前比较多的是采用 41.7 万美元，但有些高成本的地区的限额可以达到 100 万美元以上；这些限额会按市场情况进行更新调整。

与 FHA 担保贷款不同，VA 担保不收取保险费，但会有一个一次性的出资费（Funding Fee）。与 FHA 保险相同，如果贷款出现违约，VA 也有两种选择：

- 不向贷款人支付保险金额，让贷款人没收房屋并用以拍卖来偿付贷款。
- 向贷款人支付担保金额，自己获得房屋，随后将房产拍卖以弥补损失的担保金额。

3. 抵押贷款商业保险（Private Mortgage Insurance）

未受到政府担保的抵押贷款被称作常规抵押贷款（Conventional Mortgage）。根据其按揭比例，这些贷款可以由 MIC 提供保险或者根本不参加保险。MIC 受州法律的监管并被法律限制只能经营单一业务，只能对住房抵押贷款提供信用保险。一般只有当贷款价值比例高于 80% 才需要购买贷款保险；大多数投保商业保险的抵押贷款的贷款价值比例处于 90% ~95% 之间。MIC 通常会按贷款的贷款价值比例来提供不同比例的保险额度。

和前面介绍的 FHA 和 VA 一样，如果一笔受担保的常规抵押贷款出现违约，MIC 可以直接支付保险金并获得房产或者让贷款人获得房产。

在金融危机发生以前，抵押贷款商业保险公司的资本充足率都比较高，都有很好的信用评级（大部分处于 AA 级水平）。但是，金融危机爆发之后，由于房价的暴跌和全国性的贷款违约，抵押贷款商业保险公司蒙受了巨大的损失，大部分都被降级，甚至被撤销评级或破产（见表 6.1）。降级和财务能力限制导致抵押贷款商业保险业的萎缩，使常规抵押贷款的发行受到限制，贷款市场的规模进一步向代理机构贷款倾斜。

表 6.1 美国主要抵押贷款保险公司的信用评级变化

公司名称	2006 年	2013 年
ACE Capital Mortgage Reinsurance Co.	AA	无评级
CMG Mortgage Insurance Co.	AA -	BBB -
Genworth Mortgage Insurance Corp	AA	B
MGIC Indemnity	AA	B
Mortgage Guaranty Insurance Corp（MGIC）	AA	B
PMI Mortgage Insurance Co.	AA	无评级
Radian Guaranty，Inc.	AA	B
Republic Mortgage Insurance Co.	AA	无评级
Triad Guaranty Insurance Co.	AA	无评级
United Guaranty Residential Insurance Co.	AA +	BBB +

四、住房抵押贷款的质量分类

前面讲过，在美国的贷款市场上，没有政府担保（FHA 或 VA）的住房抵押贷款统称为传统贷款。传统贷款可以分为合规贷款（Conforming Loan）和不合规贷款（Non-conforming Loan）两种。这两种贷款的发行、风险、买卖和证券化的方式截然不同。

（一）合规贷款

合规贷款是指符合美国政府的代理机构（即房利美和房地美）所颁布的规定条件的贷款。这些规定条件包括贷款额度、贷款价值比例、负债收入比例（Debt-to-income Ratio）、信用分数和历史、文件要求等。符合所有指定条件的贷款就是合规贷款，否则就是不合规贷款。房利美和房地美会定期对这些条件进行分析，并根据情况做出调整更新。以贷款额度为例，表 6.2 所示是 2000 年以来每年对各种住房户型的抵押贷款的最高贷款额度规定。这个上限每年都会根据联邦住房金融委员会的住宅价格调查结果进行调整。从表 6.2 中可以看出，在美国房价持续增长的 2000～2006 年间，最高贷款额度规定也一直在涨；但是经济危机爆发后，由于房价还没有全部恢复，这一规定的限额一直保持不变。

表 6.2　美国传统贷款的金额上限

年份	单户	两户	三户	四户	第二贷款	高价单户
2014	417 000	533 850	645 300	801 950	208 500	625 500
2013	417 000	533 850	645 300	801 950	208 500	625 500
2012	417 000	533 850	645 300	801 950	208 500	625 500
2011	417 000	533 850	645 300	801 950	208 500	625 500
2010	417 000	533 850	645 300	801 950	208 500	625 500
2009	417 000	533 850	645 300	801 950	208 500	625 500

（续表）

年份	单户	两户	三户	四户	第二贷款	高价单户
2008	417 000	533 850	645 300	801 950	208 500	625 500
2007	417 000	533 850	645 300	801 950	208 500	625 500
2006	417 000	533 850	645 300	801 950	208 500	625 500
2005	359 650	460 400	556 500	691 600	179 825	539 475
2004	333 700	427 150	516 300	641 650	166 850	500 550
2003	322 700	413 100	499 300	620 500	161 350	484 050
2002	300 700	384 900	465 200	578 150	150 350	451 050
2001	275 000	351 950	425 400	528 700	137 500	412 500
2000	252 700	323 400	390 900	485 800	126 350	379 050

合规贷款属于“标准化”产品，可以卖给美国政府代理机构用来作为发行代理证券的基础资产，所以流动性很好。

（二）不合规贷款

不合规贷款由于没有达到美国政府代理机构的“标准化”要求，一般不能进入代理证券的渠道。值得注意的是，不合规贷款不代表贷款的质量不好（虽然总体上是），只是贷款没有符合一定的标准化规定。由于无法通过政府代理机构融资，不合规贷款必须通过其他方式来解决资金来源问题，而非代理资产证券化（Non-Agency 或 Private Label MBS）曾是这一类贷款的主要融资渠道之一。

第二节
代理抵押贷款过手证券

一、抵押贷款过手证券简介

抵押贷款过手证券是最早的资产证券化模式。所谓“过手”，就是把抵押贷款池每个月产生的本金和利息现金流“过手”传递给证券的持有人（有时也称转付证券）。

和前面我们讲到的证券化过程一样，在代理抵押贷款过手证券交易中，交易的发起人将抵押贷款转让给一个特殊目的实体（SPV），SPV 以此为基础资产发行过手证券，并将证券发行收入付给发起人，作为 SPV 购买贷款的对价。在代理抵押贷款过手证券交易中，交易的发起人是受美国政府支持的代理机构。

投资人通过购买抵押贷款过手证券成为资产池受益权的所有人，也成为购房者最终的资金提供者，将资本市场的资金引入房地产市场。过去 30 年里，住房抵押贷款过手证券在为房地产交易提供融资、提高美国住房拥有率、提高居民生活水平、推动经济增长等方面发挥了重要作用。

代理证券是由美国政府支持的三大代理机构，即吉利美、房地美和房利美，来发行并担保的。图 6.4 所示是代理过手证券从 1986 年到 2012 年的年发行量。虽然 2013 年的发行量稍减，但也达到了 15 968 亿美元，占美国房产抵押证券总发行量的 81.7%。

二、吉利美抵押贷款过手证券

政府国民抵押贷款协会（GNMA，通常被称作吉利美）是美国国会根据《1968 年住房与城市发展法案》（Housing and Urban Development Act of 1968）设立的，是一家由美国政府全资拥有的企业。根据该法案，美国还设立了住房与城市发展局（Department of Housing and Urban Development，简称 HUD），吉利美是住房与城市发展局的一部分。

现代资产证券化起始于 1970 年发行的第一个抵押贷款过手证券，该证券交易由吉利美发起，基础资产是联邦政府机构（FHA 或 VA）担保的住房抵押贷款。除此之外，该过手证券的信用还有吉利美做担保，进一步提升了证券的信用等级。

由吉利美担保的过手证券通常被称为 Ginnie Maes，也被简称为 GNMA。

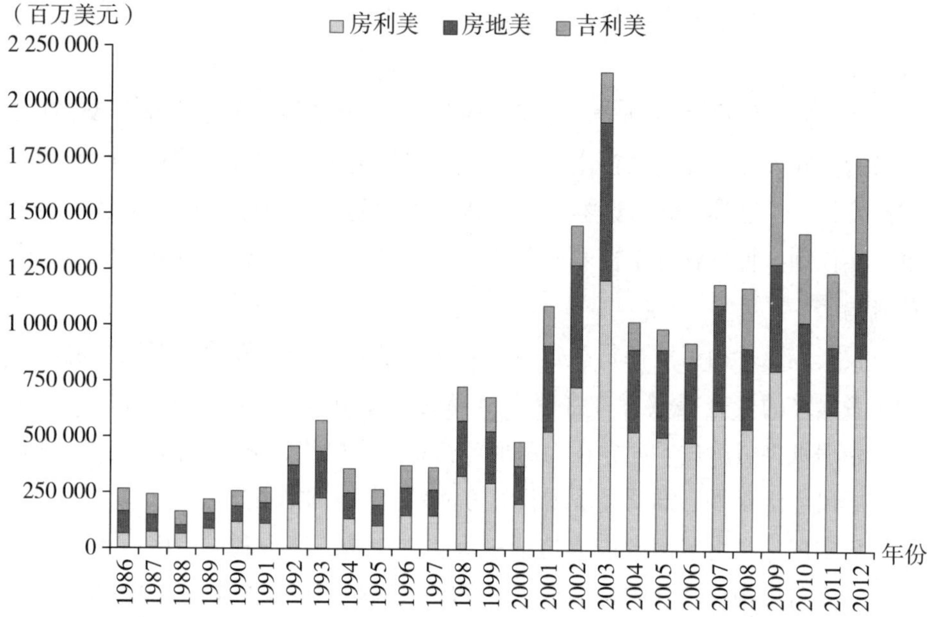

图 6.4　美国代理过手证券年发行量

资料来源：美国证券业与金融市场协会

GNMA 证券开始时主要由 30 年或 15 年单户固定利率住房抵押贷款作为支持，而且资产池中所有贷款的利率要一样。但是，随着市场条件和投资者需求的变化，GNMA 的基础资产中也允许加入固定利率渐进偿还式抵押贷款、移动房产贷款和多户房产贷款等。特别是在吉利美于 1983 年推出 Ginnie Mae II MBS 项目后，基础资产中贷款的条件更为灵活，资产池中的固定利率贷款的利率可以有一定范围内的差异，而且浮动利率贷款、大额优质贷款（Jumbo）和房屋权益贷款等一系列“非标”贷款也可以加入资产池，资产池的规模规定也有更大的弹性。2012 年年底，GNMA 存量为 1.37 万亿美元。

在金融危机发生以前，GNMA 在代理过手证券中所占的份额逐渐减少；但是在危机发生之后，其市场份额在急剧上升，其原因是 GNMA 在贷款端的 FHA 和 VA 担保，在债券端又有政府全面担保，其安全性远高于其他代理过手证券类别。特别是在危机发生后，房地美和房利美出现巨额亏损，面临破产风险，进一步体现了吉利美担保债券的优势。

三、房地美参与凭证

房地美由国会根据《1970 年紧急住房融资法案》第三篇（Title III of the Emergency Home Finance Act of 1970）——《联邦住房抵押贷款公司法案》（Federal Home Loan Mortgage Corporation Act）在 1970 年设立的。作为一个联邦注册公司，房地美最初由联邦住房贷款银行（Federal Home Loan Banks）拥有。

将近 20 年之后，《1989 年金融机构改革、恢复及促进法案》（Financial Institutions Reform，Recovery，and Enhancement Act of 1989，简称 FIRREA）将房地美转换成一家私人股权公司。但作为一家政府资助企业，房地美接受联邦政府监管。实际上有 3 家联邦政府机构对房地美负有监管职责：联邦住房企业监察办公室（Office of Federal Housing Enterprise Oversight，简称 OFHEO）监管其财务安全和稳定性，住房与城市发展局监管其住房业务开展情况，财政部负责批准其发行无担保债务和新的抵押贷款证券。

国会赋予房地美的一个主要职责是稳定住房抵押贷款二级市场，并为之提供流动性。为履行该职责，房地美以现金计划（Cash Program）从贷款人处（主要是储贷机构，亦属联邦住房贷款银行的成员）购入传统抵押贷款。为获得购买资金，房地美同时发行由其自身担保的过手证券——参与凭证（Participation Certificate，简称 PC）。

PC 最早于 1971 年发行，它与 GNMA 有着相同的经历，其发行规模在 70 年代早期也很有限。直到 1981 年 8 月房地美发起担保人计划（Guarantor Program），PC 才有了快速发展。该计划旨在帮助储贷机构重组并提高其贷款组合的流动性和可售卖性。根据该计划，储贷机构将持有的抵押贷款替换为由相同贷款支持的 PC。该计划迅速获得了成功，1982 年 PC 的年发行额高达 242 亿美元，是 1981 年的 7 倍。虽然该计划的初衷是对储贷机构提供帮助，但它迅速发展演化，逐步涵盖了所有发放常规抵押贷款的贷款人。

作为一个政府资助企业，房地美的担保并没有得到美国政府的全面信用保证，但房地美的长期债务获得了顶级信用评级机构的AAA评级（标准普尔在金融危机后对其的评级降为AA+级）。基于其企业性质和最高等级的评级，投资者将PC的信用视作等同AAA级。

房地美主要通过两个项目来发行PC：黄金计划（Gold）和浮动贷款（ARM）计划。黄金计划传统上主要以30年固定利率的传统贷款作为基础资产，后来根据市场需要也引入了40年、20年、15年固定利率贷款，在贷款形式上也逐渐包括了气球型贷款和仅付利息贷款等“非标”贷款类型。ARM计划主要是以30年浮动利率贷款作为基础资产，规模比黄金计划小很多。图6.5所示是房地美的黄金计划和ARM计划自1997年以来的年发行量。

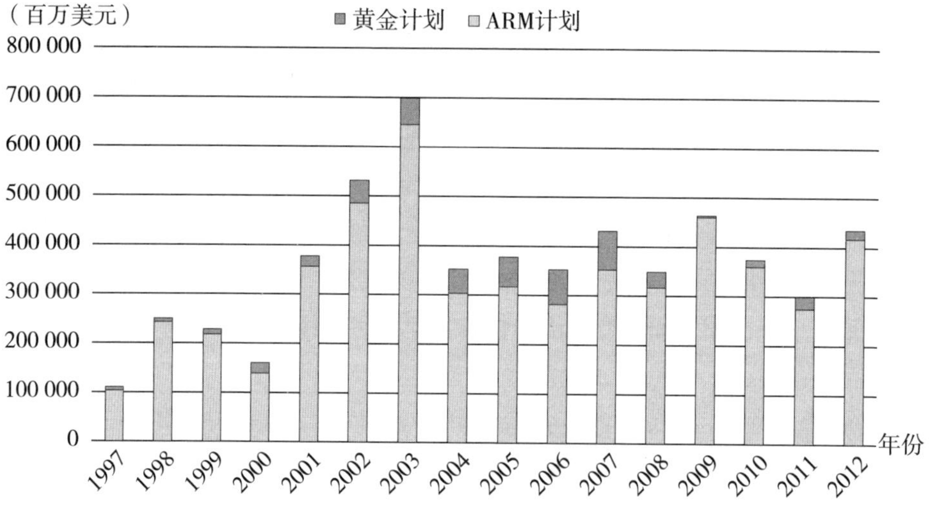

图6.5 房地美PC年发行量

资料来源：美国证券业与金融市场协会

除了以上两个计划，房地美还有一个Giant计划，主要发行单一档次的PC。这类PC允许投资者把所持的PC进行整合，用来发行更大的PC（超级PC），方便投资者的资产管理。

四、房利美抵押贷款支持证券

房利美是根据美国《1938 年国民住房法案》（National Housing Act of 1938）设立的，最初是一家联邦政府的全资公司。美国国会赋予房利美的职责是为住房抵押贷款二级市场提供流动性。该公司从资本市场上融资，用于购买抵押贷款机构发放的 FHA/VA 抵押贷款。

1954 年，房利美根据《联邦抵押贷款协会章程法案》（Federal National Mortgage Association Charter Act）被重组为一家拥有部分私人投资者的混合股权公司。房利美根据《1968 年住房与城市发展法案》进一步被分成两家公司：一家就是前面提到的吉利美，隶属于住房与城市发展局，用于购买抵押贷款机构发放的有 FHA 或 VA 担保的房产抵押贷款；另一家仍叫房利美，变成了一家私人拥有的公司。

房利美也是一家政府资助企业，与房地美适用同样的联邦监管法规。房利美也获得了评级机构的最高评级。投资者通常认为房利美担保和房地美担保拥有同样的信用水平。

尽管房利美为住房抵押贷款二级市场提供流动性有很长的历史，但直到 1981 年才开始为抵押贷款过手证券提供担保。在此之前，房利美主要通过借债购买抵押贷款的方式为抵押贷款市场提供支持，基于这个原因，房利美的总资产一直远远大于房地美。例如，房利美在 1981 年年底的总资产为 620 亿美元，相比之下房地美的资产规模只有 60 亿美元。在随后的近 30 年中，由于两家机构的抵押贷款融资和房地产活动都变得异常活跃，而且大部分资产都通过资产证券化移出表外，所以资产的规模差异不再那么大。2009 年年底，房利美和房地美在资产负债表上的总资产分别为 8 691 亿美元和 8 418 亿美元。但是，由于 2009 年年底美国新的会计政策（FAS166 和 FAS167，参考本书第九章会计讨论部分）的实施，房利美和房地美被迫把资产证券化交易中的资产合并入资产负债表，所以 2010 年的资产总额分别飙升至 3.2 万亿美元和 2.3 万亿美元，之后一直保持在这一水平。

1981 年 12 月，房利美启动房地美房利美计划对储贷机构提供支持，进入抵押贷款支持证券市场。从本质上讲，该计划的结构与房地美担保计划（Freddie Mac Guarantor Program）类似：储贷机构将抵押贷款出售给房利美，并获得由该批贷款支持并由房利美提供担保的过手证券，该证券被称作 FNMA。

由于其准政府信用担保的特点，FNMA 抵押贷款支持证券很受欢迎。如图 6.6 所示，在过去的 30 年中，FNMA 业务获得长足发展。截至 2013 年年底，证券规模达到 28 038 亿美元，占所有代理过手证券的近一半。

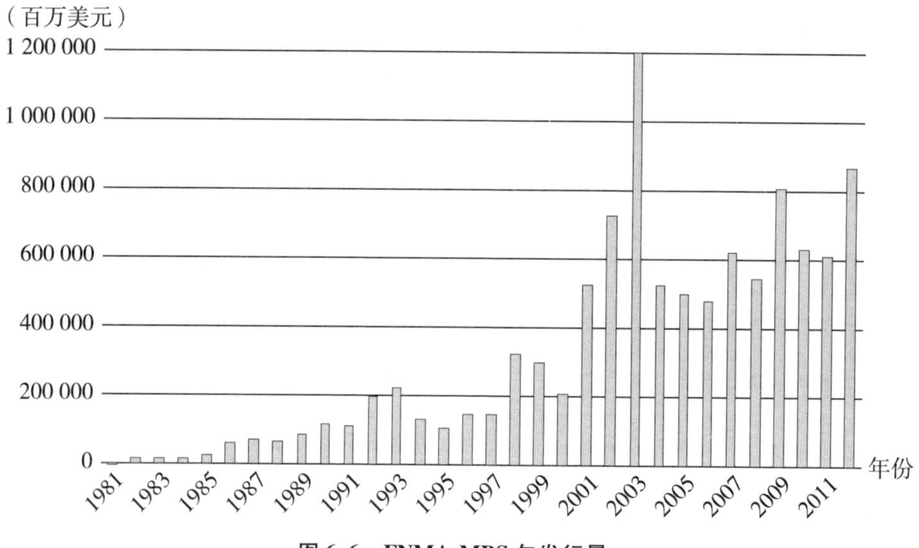

图 6.6　FNMA MBS 年发行量

资料来源：美国证券业与金融市场协会

在 2008 年的金融危机中，虽然由于债券的担保承受了损失，但是政府出于稳定金融市场的目的，对其进行了救助，进一步强化了代理证券相对于非代理证券的优势。

五、过手证券的提前偿付风险

代理过手证券是 20 世纪 80 年代资本市场产品创新的一个成功典范，至今还是资产证券化中最重要的部分。代理过手证券由于拥有美国政府直接或间接的担保，信用风险非常小，这也是其受欢迎的主要原因。但是，代理过手证券和固定收益证券一样，也有利率风险，而且，和其他高级别的国债或公司债券不同，代理过手证券还有其特有的“提前偿付风险”（Prepayment Risk），这一风险和利率风险结合在一起，使得代理过手证券的风险变得更加复杂。

代理过手证券的提前偿付风险来自贷款的提前偿付或贷款的违约（提前获得担保所得）。其中，贷款的提前偿付是代理过手证券的提前偿付风险的主要来源。贷款的提前偿付可以分为部分提前偿付和全额提前偿付，前者指的是借款人支付比贷款合同要求多的还款，后者指的是借款人在贷款到期日之前还清全部贷款余额。

在代理过手证券交易中，由于摊还的原因，即使没有出现提前偿付的情形，资产池的贷款本金余额也会随着时间推移不断减少。但是，由于部分借款人提前还贷，资产池的贷款本金回收要快于预定的摊还速度，相应地，过手证券的本金偿还也会加速，利息收入也会减少。由于贷款提前偿付的不确定性，代理过手证券的现金流预测也存在很大的不确定性。

下面用一个例子来分析提前偿付对贷款的现金流（在过手证券中也是债券的现金流）的影响：假设一个抵押贷款的初始贷款额为 10 万美元，合同期限为 30 年，固定利息，利率为 5%。如图 6.7 所示，在没有提前偿付的情况下，贷款的本金现金流为 10 万美元，加权平均回收期 19 年，利息现金流为 95 154.31 美元；如图 6.8 所示，在有提前偿付的情况下（假设提前偿付率初始为 1%，每年增加 1%，第 6 年后保持在 6% 不变，接近 100% PSA，具体计算请参考第十一章建模部分），贷款的本金现金流还是 10 万美元，加权平均回收期却降至 12 年，利息现金流为 61 138.95 美元，比没有提前偿付的情况少了 26%。如果提前偿付率升高，差异会更大。

住房抵押贷款的提前偿付原因有很多，其中主要有房产的转手和贷款的再融资，前者比较稳定，后者受市场利率影响很大。“再融资”（Refinance）是指借款人通过借新的低利率贷款来偿还旧的高利率贷款。在利率下降的环境中，贷款的再融资会显著增加；相反，当利率上升时，再融资会减少。

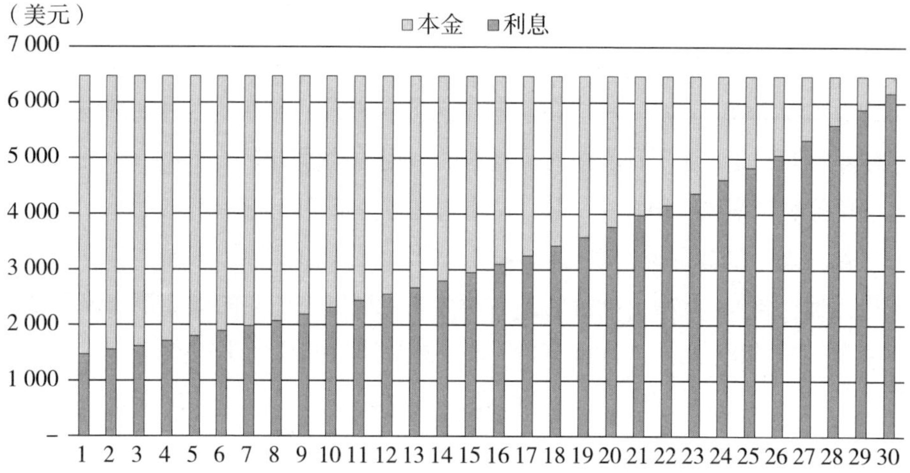

图 6.7　无提前偿付情况下的现金流

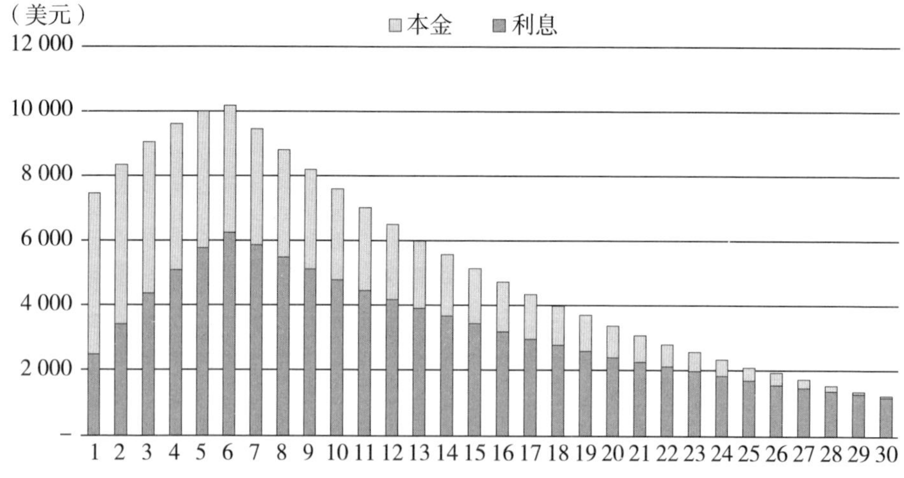

图 6.8　有提前偿付情况下的现金流

住房抵押贷款允许借款人提前偿付实际上相当于给了借款人一个贷款的“看涨期权”，即当高利率的贷款由于市场利率下降而增值时，借款人可以按原价“购回”贷款。对于代理过手证券投资者来讲，在利率下降的环境下提前获得偿付就存在再投资风险，即提前获得的现金流在低利率环境下的再投资回报率将会降低，这也就是代理过手证券的提前偿付风险。

这里我们需要指出的是，提前偿付风险和“平均寿命”（Average Life）的概念对于MBS产品非常重要。正如我们前面讲到的，抵押贷款在偿还上有两个特点：一是采取摊还的还款模式，二是可以被提前偿付。因此，与通常的国债和企业债券在到期时一次性偿还全部本金不同，MBS在到期前其本金余额会因为基础资产的按计划摊还而不断减少，此外还有相当一部分本金可能会被提前偿付。由于本金是被陆续偿还的，通常使用平均寿命而不是法定到期日来衡量抵押贷款过手证券本金的存续时间。

MBS平均寿命是指以本金金额为权重，本金存续时间的加权平均值。例如，假设某MBS的初始本金为100元，最终到期日为10年。再假设该证券的偿还情况如下：每年偿还5元的本金，最终在第10年还有55元本金的时候提前偿付完毕并到期。该证券的“预期平均寿命”则为7.75年。计算方法是将各年偿还金额与当年年数之积进行加总，然后除以初始本金总额。即：

[1（第1年）×5+2（第2年）×5+3（第3年）×5+…+
10（第10年）×55]/100=7.75年

此外，基于MBS的提前偿付风险和利率风险的特殊关系，MBS在投资分析中一般不采用传统固定收益债券的单一利差（Spread）形式，而是采用期权调整利差（OAS）。期权调整利差不仅考虑利率变化对静态现金流贴现值的影响，而且还考虑利率变化对贷款提前偿付（即贷款人的期权）和相应现金流的影响。期权调整利差的计算是基于对多种利率变化路线下的现金流模拟来进行的，并在现金流的模拟中充分考虑了证券的提前偿付风险。

六、分档过手证券的市场需求

代理过手证券在发展初期一般采用单档（Single Class）的形式。从会计和税收的角度看，发行过手证券等同于直接出售基础抵押贷款，过手证券的投资者按比例获取基础资产池每月产生的现金流；为避免对证券发行机构（SPV）征税，过手证券一般以授予人信托的结构发行。

授予人信托的特点在于服务人（通常是发起人）只能对现金流进行被动管理（Passive Management），即直接将资产池中借款人每月偿还的本金和利息（减去服务费）转付给投资者，不对现金流进行任何的中间投资和重新分配；该信托结构禁止发起人对基础资产的现金流进行主动管理（Active Management）。

尽管代理过手证券很受欢迎，但它有着与生俱来的缺陷。首先，一般房产抵押贷款的预定期限是30年，这对许多投资者来说太过漫长。更糟糕的是，我们前面讲到，过手证券有提前偿付的风险，这使得它的实际投资期限变得很不确定，而且会出现再投资的问题，所以过手证券是不固定的“固定收益证券”，这对很多投资人来说是不可接受的。

如果允许过手证券发起人对资产池的现金流进行主动管理，投资人关于证券的期限长和现金流不稳定的问题就可以得到有效控制或解决。发起人通过主动管理，可以把资产池的现金流分为不同的期限档次，并以这些现金流作为支持，发行不同期限的证券。采取这种方式，发行人能够将提前偿付风险在这些档级中进行重新分配，以满足不同期限投资人的需求。同时，发起人一旦能够对现金流进行主动管理，就能够根据不同档次现金流的预期平均寿命和期限对其分别进行定价，发行不同收益率的抵押贷款支持证券。

单一期限的过手证券不够灵活，整个交易只有一个产品，投资的风险和期限选择单一，只有一个收益率，而且是基于长期的美国国债收益。而现金流被划分成不同期限后，可以按照国债收益率曲线确定不同期限债券的收益率水平。国债收益率曲线通常保持正斜率，也就是证券的期限越短，收益率越低。因此在不同期限档级的现金流中，短期现金流支持的证券，其证券收益率较低，价格较高。通过对基础资产的现金流进行分档定价，既可以满足多样化的投资需求，也可以降低发行人的综合融资成本，即事实上提升了基础资产池抵押贷款的价值。

所以，代理证券的供方（发起人）和需方（投资人）都在期待代理证券突破单一转付证券的模式，呼唤多档分层的到来。

第三节
抵押担保债券

一、抵押担保债券简介

尽管市场对多档现金流抵押贷款过手证券有强烈的需求，但授予人信托结构在法律和会计方面的局限制约了其发展。为避开这些限制，发起人开始将过手证券作为基础资产，并以此发行抵押担保债券（Collateralized Mortgage Obligations，简称 CMO），来满足投资者对证券期限和风险的不同需求。这样的证券化交易就可以采用多档结构的形式，发起人也能够对基础担保资产的现金流进行主动管理。

房地美于 1983 年 5 月发行了首只 10 亿美元的 CMO。该产品的期限按照顺序被分为 3 个档次，加权平均寿命分别为 3.2 年（A－1 级）、8.6 年（A－2 级）和 20.4 年（A－3 级）。该产品每半年支付一次利息和本金。按照计划 A－1 级债券偿还完毕之后才会开始偿还 A－2 级债券的本金，A－2 级债券偿还完毕之后才会开始偿还 A－3 级债券的本金；拥有这种期限分档结构的证券被称为“顺序本金支付型证券”（Sequential-pay Securities）。在该 CMO 的定价日，3 年、7 年和 20 年国债收益率分别在 10.3%、10.6% 和 10.9% 左右。上述 3 个档级证券的收益率分别比相应期限的国债收益率高出 33、53 和 90 个基点。期限档次较短的债券不仅在定价时参照“低收益率”的短期基准国债，而且与国债收益率之间有着较小的利差。

CMO 的初始尝试发行获得了成功，并对抵押贷款的证券化产生了革命性的影响。事实证明，CMO 在满足投资者不同投资需求方面远胜于单档级现金流过手证券。CMO 的发行人陆续拓展至抵押贷款机构、储贷机构、房屋建造商、证券经纪人，甚至包括银行和保险公司。由于 CMO 的出现，抵押贷款过手证券的投资者群体大规模扩张。不仅银行和储贷机构等传统投资者大规模投资 CMO，一些非传统的投资者如人寿保险公司、养老基金和外国投资者也纷纷加入该产品的投资者行列。代理 CMO 的发行在其诞生 10 年后达到了近 4 000 亿美元，在 2003 年更是达到了历史记录的 6 265亿美元（见图 6.9）。

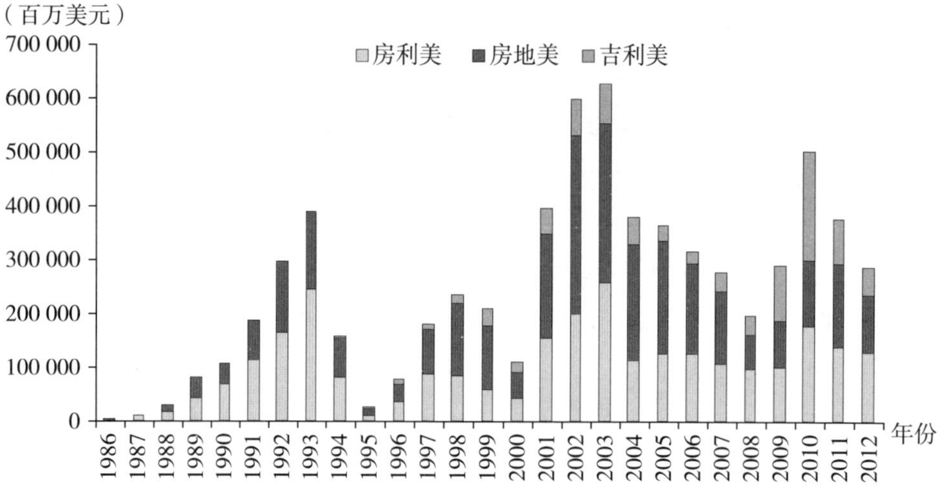

图 6.9　美国代理 CMO 年发行量

资料来源：美国证券业与金融市场协会

二、房地产抵押贷款投资通道信托

虽然 CMO 很受投资者欢迎，却对发行人带来了财务负担。由于 CMO 被看作发行人的抵押融资而非资产出售，其庞大的发行规模使得发行人的资产负债表迅速膨胀，发行人必须获得越来越多的资本金以支持 CMO 的发行。而且，CMO 的发行没有获得和信托发行一样的税收优惠处理（虽然交易所缴的税并不多）。同时，随着房地产市场从 20 世纪 80 年代的不景气中逐渐复苏，出现了对抵押贷款前所未有的强劲需求。资本市场为了继续满足对抵押贷款的巨大需求，必须发放新的 CMO。因此，市场各方参与者有强烈的动力说服美国国会对授予人信托的结构进行修改，允许多档现金流抵押贷款证券以过手证券的形式发行。

CMO 问世 3 年后，美国国会终于同意做出上述修改。美国《1986 年税收改革法案》（Tax Reform Act of 1986）允许设立房地产抵押贷款投资通道信托（Real Estate Mortgage Investment Conduit，简称 REMIC）来发行房产抵押贷款支持证券。美国联邦税务部门认可 REMIC 为非应税信托。通过选择 REMIC 的身份，发行人可以按照授予人信托的方式来发行多档现金流抵押贷款支持证券，并对基础资产的现金流进行主动管理而不必担心会增加额外的税收。

有关 REMIC 的立法进一步推动了住房抵押贷款资产证券化的发展。REMIC 证券的发行从一开始就迅速增长，很快就取代了原来的 CMO 发行模式。1990 年，仅代理 REMIC 证券的发行量就超过了 1 000 亿美元；1993 年的代理 REMIC 证券发行量更是高达 3 888 亿美元。同时，非代理 REMIC 证券也迅速发展起来。

从结构方面看，REMIC 证券和之前的 CMO 并没有明显的区别，只是发行人的形式不同而已，所以行业内按习惯仍然把 REMIC 发行的资产支持证券称为 CMO（本书在其他章节中提到的 CMO 包含 REMIC 证券）。

三、抵押担保债券类型的创新

CMO 和 REMIC 证券的出现不仅使得证券的发行规模得以迅速扩张，证券的类型也迅速多样化起来。在 CMO 的开始阶段，绝大多数交易采取了顺序本金支付型证券结构，这种结构在现金流的分割上没有很多“结构化”处理，所以发行的证券在利率风险和提前偿付风险上没有太多的变化。在 CMO 出现后的 3 年里，多档过手证券的现金流结构开始变得复杂并具有创新性。REMIC 的出现给这些证券创新提供了更好的平台。下面我们介绍几种当时流行起来的创新证券类型。

（一）计划摊还型证券

计划摊还型证券（Planned Amortization Class，简称 PAC）最早出现于

1986年，PAC的特点是当基础抵押资产的提前偿还率保持在一定范围内时，PAC只收取事先确定的本金现金流额度。如基础抵押资产的提前偿付率上升，PAC将只收取提前偿付本金中固定金额的部分；相反，如果提前偿付规模下降，PAC能够先于其他档次的证券获得预定金额的现金流。这种设计使得PAC在平均寿命和到期日方面有较大的确定性。

需要强调的是，多档现金流结构仅仅是在不同期限档次的证券之间重新分配了基础抵押资产的提前偿付风险，它既无法消除也不能降低该风险。PAC的提前偿付风险之所以被降低，完全是因为该风险通过结构设计被转移给了其他档次的证券。承受该提前偿付风险的证券被称为支持型证券；支持型证券的平均寿命对基础资产的提前偿付的敏感度非常高，因为它们是PAC提前偿付风险的“减震器”。

PAC受到的提前偿付保护是由指定的PAC区间决定的，这个区间一般由上下两个提前偿付率构成，比如100% PSA和300% PSA（关于PSA和提前偿付的计算请参考本书第十一章的建模部分）。PAC的计划摊还金额是PAC区间上下两个提前偿付率情况下现金流的低者，如果资产的提前偿付速度在PAC区间之内，而且速度保持不变，那么PAC就可以按计划得到偿付；如果提前偿付速度在PAC区间之内但不恒定，那么PAC的偿付会偏离计划，但会在一定的范围内；如果提前偿付速度在PAC区间之外，那么PAC受到的提前偿付保护就是有限的。以下我们用一个例子来说明PAC的设计，该PAC的PAC区间为100% PSA和300% PSA。

如图6.10所示，只要提前偿付速度在100% PSA和300% PSA之间，那么两条提前还款速度曲线交集部分（三区）的现金回收是固定的，这就是PAC的计划偿还额度；只要提前偿付速度保持在100% PSA和300% PSA之间，那么这个PAC的加权平均寿命就相对比较稳定。

PAC一开始就受到了投资者的热烈欢迎。尤其是保险公司，它们购买了大量的PAC，因为它们需要那些投资期限比顺序本金支付型证券更为稳定的抵押贷款支持证券。后来，在PAC的基础上又衍生出了很多子系列产品，比如目标摊还证券（Targeted Amortization Class，简称TAC）、反向TAC、PAC I、

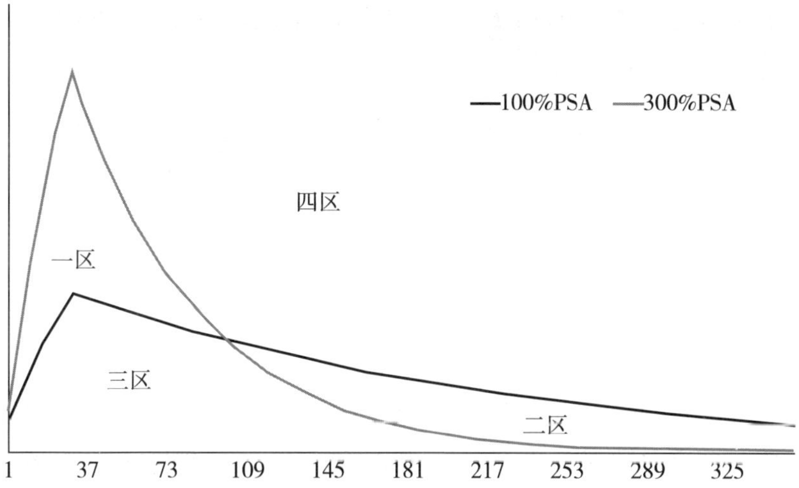

图 6.10 PAC 现金流

PAC II 等。简单来讲，TAC 实际上是单边的 PAC，用来防止付款速度过快，而反向 TAC 则相反，用来防止付款速度过慢；PAC I 和 PAC II 只是传统的 PAC 的继续划分，保护区间狭窄的 PAC，原理和 PAC 一样。

（二）浮动利率证券

浮动利率证券（Floater）就是利率随市场利率进行调整的证券。问世于 1986 年，该产品最初绑定的是 LIBOR 利率，主要用于满足那些有 LIBOR 浮动负债的商业银行和外国投资者的需求。

在开始的时候，浮动利率证券的发行没有搭配反向浮动利率证券，但是之后市场上很快出现了反向浮动利率证券在内的对称浮动利率产品。浮动利率证券所参照的指数也逐渐发展至金融机构资金成本指数（COFI）、各种固定期限国债、CD 收益率以及优质客户基准利率（Prime Rate）等。

比如资产池的加权平均回报率为固定利率，以此资产为基础资产，那么设计一个浮动利率证券，相对应也需要一个反向浮动利率证券与之对应来消除资产和负债的利率错配。比如，资产池的本金总额为 8 000 万美元，平均净利率为 9%，以此发行浮动利率证券 6 400 万美元，利率为 LIBOR +65 基点；相对应地，发行人也发行了 1 600 万美元反向浮动利率证券，利率为 42.4% -4×LIBOR，那么：

$$证券的加权平均利率 = (64/80) \times (浮动利率) + (16/80) \times (反向浮动利率) = 9\%$$

（三）纯利息型证券和纯本金型证券

一个传统的房产抵押贷款支持债券（过手证券或支持证券都可）的现金流可以分为利息和本金两部分，各自可以用来发行证券，其中利息部分支持纯利息型证券（IO），本金部分支持纯本金型证券（PO）。虽然 IO 和 PO 的首次实际发行是在 1986 年，但剥离式 MBS（STRIP）的概念在 80 年代早期就出现了。

拆分过手证券的想法源于出售服务费现金流。在一般的房产抵押贷款交易中，服务费收入大约是基础资产池总额的 40~75 个基点。因为服务费收入与资产池的规模相关，服务费现金流的价值取决于抵押贷款未清偿余额的规模。而抵押贷款的余额又受利率影响很大（利率影响提前偿付速度），所以服务费现金流对市场利率的变动非常敏感，在利率上升的环境中，抵押贷款提前偿付的速率减缓，未清偿余额存续时间更长，服务费现金流的价值更高；相反，当利率下降的时候，快速的提前偿付导致抵押贷款未清偿余额迅速减少，服务费现金流的价值也会随之降低。

IO 的现金流以及其价值和服务费现金流一样，与通常的固定收益证券的价值行为表现不同。如图 6.11 所示，IO 的价格随着利率下跌而降低，并随着利率提高而上升，所以它是防范利率上升的理想避险工具。

PO 只有本金回收，没有利息收入。如果利率下降，提前偿付增多，PO 投资人提前收回本金，证券的价值上升，这是因为 PO 档证券的初始发行价一般有很高的折扣；相反，如果利率上升，提前偿付减少，投资人现金流回收会推迟，所以 PO 证券的价格将下滑。

STRIP 市场的表现可以当作整个市场对贷款提前偿付速度预期的晴雨表。IO 和 PO 不同寻常的投资期限变化，也使得它们在固定收益中有多样化的用途。但是，STRIP 对提前偿付的极端敏感度也预示着它们的高风险。

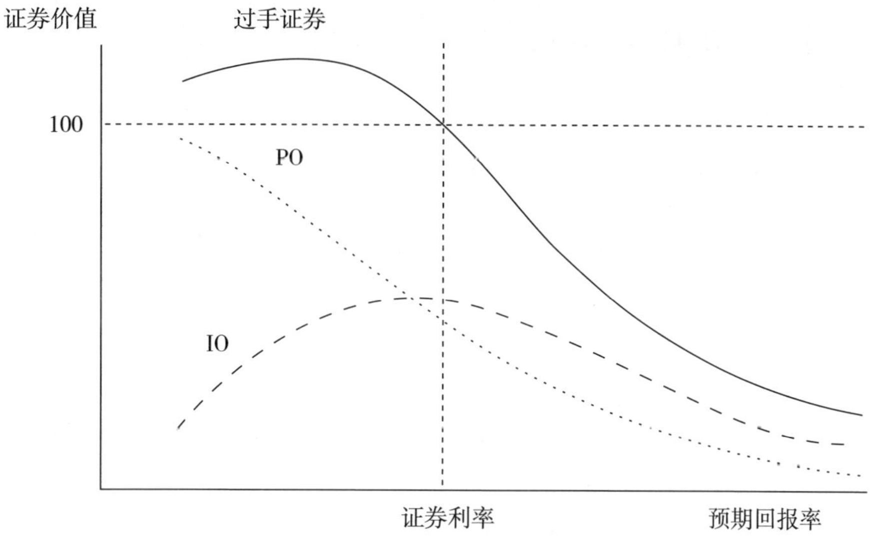

图 6.11 IO 和 PO 的设计

STRIP 产品在 20 世纪 90 年代初受到市场的极大欢迎，发行量激增，特别是在 1993 年，创下了历史新高，仅房利美的发行量就达到近 800 亿美元（见图 6.12）。

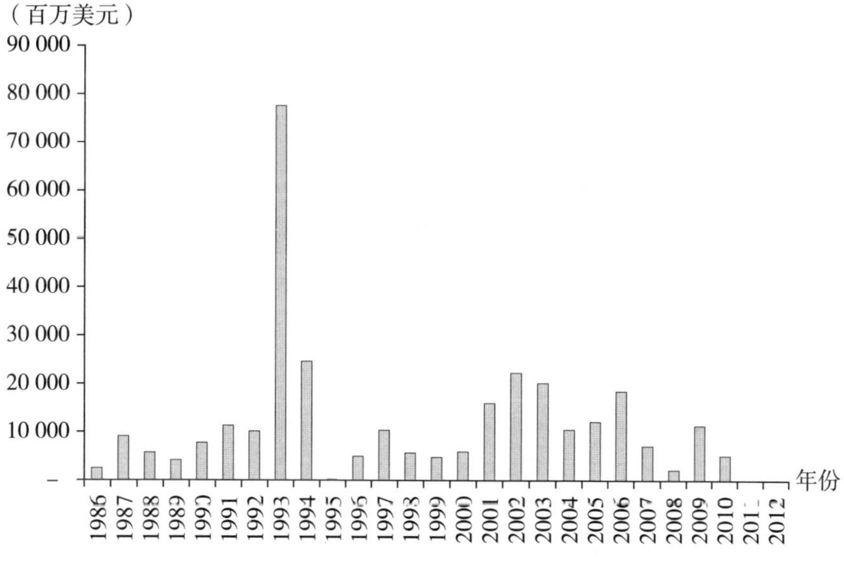

图 6.12 房利美 STRIPS 年发行量

资料来源：美国证券业与金融市场协会

（四）其他特殊设计证券

除了以上几种新型的证券外，代理机构还创立了多种其他特殊设计证券以满足不同投资者的需求。我们在这里简单罗列几个：

- Callable REMIC Classes（CRC）：这类证券是由有回购权的 REMIC 证券作为基础资产，一旦基础资产得到回购，证券就会马上付清。
- Guaranteed Maturity Class（GMC）：这类证券是有指定法定到期日的 REMIC 证券，代理证券会在法定到期日或之前获得全额偿付。
- Excess IO Strips（XSIO）：以资产服务商保留的服务费利差发行的仅付利息证券。
- Modifiable And Combinable REMIC（MACR）：该证券的投资人可以按指定的比例来换取其他 REMIC 或 MACR。
- ReREMIC：允许 REMIC 证券的投资人用 REMIC 证券作为基础资产发行 ReREMIC 证券。
- Reverse REMIC：在一定 ReREMIC 中，允许符合条件的投资人（持有同一交易的各级证券并且比例相同）将其所持的各级证券捆绑起来以换取交易中作为基础资产的 REMIC 证券。

四、REMIC 证券的发展、崩溃和复苏

REMIC 证券的快速增长得益于其产品类型的不断创新，即通过对资产的现金流进行不同的分割来发行不同期限、利率和风险特征的证券。虽然一部分证券的提前偿付风险得到了解决，但是这种分割无法降低基础资产的整体风险，只是将风险在不同档次的证券间进行重新分配。某一档证券的提前偿付风险降低，是以其他档级证券的提前偿付风险上升为代价。比如，通过创立相应的支持级证券，原本由 PAC 承受的提前偿付风险转嫁给了支持级证券，从而使 PAC 档证券获得稳定的平均寿命。同样，浮动利率证券票息的波动和

反向浮动利率证券相互抵消，如在一笔交易中浮动利率证券的比例越高，反向浮动利率证券的利率杠杆就越大。

（一）REMIC 证券市场的发展

如果 PAC 和浮动利率证券在结构设计上过于极端，就会直接导致与之对应的支持证券的提前偿付风险和利率风险上升。REMIC 证券的结构在 20 世纪 80 年代后期和 90 年代初期变得越来越极端，不断积累起来的风险被这一时期稳步下降的利率所掩盖。虽然利率下降使抵押贷款证券的提前偿付风险日益突出，但投资者认为各种 REMIC 证券不错的收益率完全能够起到补偿作用，所以对那些吸收提前偿付风险和利率风险的支持级证券，投资者对其收益率非常满意。这期间，REMIC 证券市场取得了其他固定收益证券难以企及的发展速度。1993 年，代理和非代理的 REMIC 证券发行额分别达到了前所未有的 3 888 亿美元和 1 000 亿美元。同时，PAC 和浮动利率证券的结构变得更加激进，用于对冲其风险的支持级证券的结构也变得非常复杂，只有一些不顾风险、狂热追求这些“奇异型衍生产品”的超高收益率的投资者才敢购买。

（二）REMIC 证券市场的崩溃

REMIC 证券的蓬勃发展却在 1994 年戛然而止。如图 6.13 所示，1994 年 2 月，美联储为控制通货膨胀开始提升利率的时候，利率的无情暴涨和市场的波动对奇异型 REMIC 证券造成了毁灭性的打击。

利率升高导致提前还款速度下降，PAC 支持档级证券的预期平均寿命大幅延长，支持档级证券价格下跌了将近 50%。另外，利率走高也使得反向浮动证券的票面利率跌至零。

许多通过杠杆方式大量买入这些证券的投资者纷纷破产，证券经纪人也因这些证券而遭受大量损失，开始拒绝为这些证券做市，导致奇异型 REMIC 证券的流动性迅速萎缩，价格直线下降。奇异型证券市场的崩溃波及整个 REMIC 证券市场。1994 年，代理 REMIC 证券的发行规模萎缩了近 2/3，非代理 REMIC 证券的发行也缩水了 1/3。第二年崩溃仍在继续蔓延，代理 REMIC 萎缩至只有 240

图 6.13　美国 10 年期国债的市场利率

资料来源：美联储

亿美元，甚至比非代理 REMIC 证券还要少 110 亿美元。其中，房利美 STRIP 的发行量从 1993 年的 800 亿美元跌至 1995 年的几乎为零（见图 6.12）。

（三）REMIC 证券的复苏

1996 年，REMIC 证券市场逐渐从打击中恢复过来，代理和非代理 REMIC 证券的发行额分别反弹至 650 亿和 400 亿美元。到了 1997 年，情况进一步好转，代理 REMIC 证券发行额提高了 1 倍多，超过 1 500 亿美元，非代理 REMIC 证券也达到 640 亿美元。REMIC 证券市场在 1998 年完全恢复，代理 REMIC 证券达到将近2 000亿美元，非代理 REMIC 证券更是达到了 1 350亿美元，比 1993 年的顶峰时期还多出了 350 亿美元。

REMIC 证券市场的复苏除了利率市场的原因之外（利率稳定并下滑），还有以下两个原因：

1. 投资者的需求

尽管 REMIC 证券市场出现了崩溃，但投资者对具备结构化现金流的抵押贷款证券仍存有强烈需求。投资者的需求是推动资产证券化市场发展最主要的动力来源。

投资者已经习惯了设计精巧的多档过手证券，比起普通的单一档现金流证券，会更偏爱 REMIC 证券，只要价格合适，他们就会对这类证券产生有效需求。例如，在市场崩溃之前，市场上有相当数量的浮动利率证券投资者，出于对冲浮动负债考虑，愿意选择购买浮动利率证券；银行和储贷机构出于监管和会计方面的原因，需要投资那些平均寿命较为确定、能与其负债基本匹配的 PAC；保险公司一向购买中长期的 PAC，而养老金则追求那些最长期限的资产，如 PO。为满足这些需求，市场上必须提供浮动利率证券、PAC 和 PO。由于这些需求的存在，REMIC 证券市场的复苏有了坚实的投资者基础。

2. 住房抵押贷款融资需求

尽管美国婴儿潮人群的住房需求在 90 年代中期开始减弱，但住房市场的整体需求在整个 90 年代后半期仍然旺盛。新建房屋和二手住房交易仍然需要大规模的抵押贷款融资，美国与住房相关的贷款发放规模（包括再融资）在 1996 年和 1997 年分别达到了 7 800 亿美元和 8 300 亿美元。这样大规模的抵押贷款必须借助 REMIC 证券市场来进行有效融资。

从 20 世纪 90 年代恢复至今，REMIC 一直是房产抵押贷款证券化（代理和非代理）中运用最多的发行主体形式。

第四节
非代理房产抵押贷款证券化

在前面的贷款分类讨论中，我们讲到如果住房抵押贷款没有美国政府的担保，也不符合美国代理机构的规定，那么都会被归类为“不合规贷款”。这些不合规贷款由于不达标，不能通过美国政府的代理机构进行证券化，所以必须通过其他方式来融资。除了由商业银行等金融机构持有外，资产证券化是这些不合规贷款的最大融资渠道。

非代理房产抵押贷款证券化也称私人房产抵押贷款证券化（Private-label RMBS），我们在这里沿用行业内的习惯简称其为 RMBS。

一、RMBS 的发展

第一个 RMBS 出现在 20 世纪 70 年代末（1977 年），是由当时所罗门兄弟公司（Salomon Brothers）的一个团队协助美国银行（Bank of America）一起开发出来的。当时的 RMBS 交易市场还没有成型，一般的金融机构也不能持有该类产品。《1984 年美国抵押贷款二级市场加强法案》（Secondary Mortgage Market Enhancement Act of 1984）的通过，使得联邦注册的金融机构（包括信用联盟）可以参与 RMBS 的投资，这为 RMBS 打开了市场之门。同时，REMIC 的出现也为 RMBS 提供了发展的平台。

在刚开始的十几年间，RMBS 的结构一直比较简单，一般只有两档证券。但是，90 年代中期之后，RMBS 的发行量开始突飞猛进，产品不断创新，结构不断复杂。RMBS 在 2005 年和 2006 年到达了巅峰，年发行量都接近 1. 2 万亿美元，足以和代理 MBS 抗衡。

但是，2007 ~2008 年次贷危机的爆发把 RMBS 推向了风口浪尖，投资人仓皇逃离，各大发起人纷纷陷入财务危机，很多红极一时的市场参与者迅速倒闭或被收购，整个 RMBS 市场灰飞烟灭。2009 年，美国 RMBS 的发行总量不到 100 亿美元，和之前的万亿美元的级别比真是天上人间。

金融危机之后，RMBS 的发行也开始缓慢恢复，2013 年美国的发行量有 169 亿美元；市面上 RMBS 的存量在 2013 年年底大约还有 1. 1 万亿美元（历史高点是 2007 年的 2. 8 万亿美元），价格也有所回升。

由于市场对这类产品还心有余悸，我们不可能在短期内看到 RMBS 的反弹回归。在批判地看历史的同时，我们也不能磨灭 RMBS 中一些对现代资产证券化有推动作用的创新和理念；同时，RMBS 的失败也值得我们分析并从中吸取经验教训。

二、RMBS 的分类

在前面的介绍中我们讲到 RMBS 的分类，其中由第一留置权贷款支持的一般被称为“RMBS”，而以非第一留置权或房屋权益贷款为基础资产的则统称为房屋权益抵押贷款资产支持证券（Home Equity ABS）。

RMBS 的分类常常是按照其基础资产中贷款的质量水平来进行的。由于 RMBS 的基础资产一般都是不合规贷款，所以往往会按照“不合规的原因”来对贷款进行分类：

（1）大额优质贷款（Jumbo）：其他质量条件都符合代理机构的标准，但是贷款额度超过上限的优质贷款。

（2）次优质贷款（Alt－A）：整体信用质量不错，但是在某些标准上稍有瑕疵的贷款，比如投资用房、权益贷款、贷款比例较高、文件不全、贷款额度超标等。

（3）次级贷款（Subprime）：整体信用质量不符合标准，比如贷款人的信用记录不好、贷款收入比例过高等“硬伤”。这类贷款也常被称作 B 类或 C 类贷款。

以 Jumbo、Alt－A 和 Subprime 贷款作为基础资产进行的证券化分别被称为 Jumbo RMBS、Alt－A RMBS 和 Subprime RMBS。但是，Subprime RMBS 和以房屋权益贷款（Home Equity Loan）作为基础资产的证券化在习惯上常常一起被统称为 Home Equity ABS。

RMBS 和 Home Equity ABS 都是在 2000 年后开始爆发式增长，其中 RMBS 的年发行量在 2005 年达到巅峰的 7 260 亿美元（见图 6. 14），而 Home Equity ABS 的年发行量则在 2006 年达到了 4 838 亿美元的高峰（见图 6. 15）。

三、RMBS 的特点和设计

美国 RMBS 的结构设计要比代理 MBS/CMO 复杂，主要原因是 RMBS 基础资产的质量一般没有代理交易中的合规贷款高，而且没有美国政府的担保，

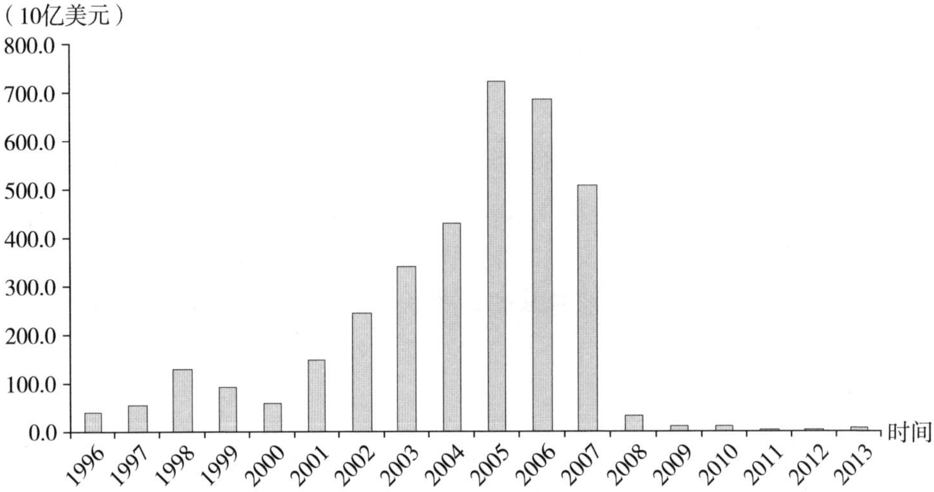

图 6.14　美国 RMBS 年发行量

资料来源：美国证券业与金融市场协会

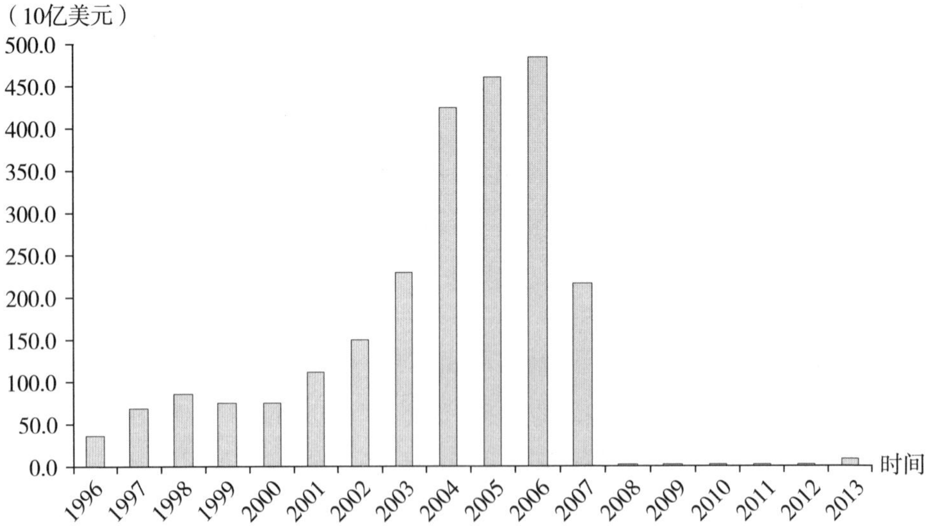

图 6.15　美国 Home Equity ABS 年发行量

资料来源：美国证券业与金融市场协会

发行的证券也没有代理机构的担保。除了利率风险和提前偿付风险外，RMBS还存在着信用风险，而且这个风险是最主要的风险。

RMBS的结构设计主要是围绕着如何来降低证券的信用风险以取得目标信用评级而展开的。RMBS的信用增级措施有多种，主要包括证券保险、优先与次级结构、超额利差和超额抵押。为了解决交易中资产池和证券之间的利率错配问题，利率有关的金融衍生工具（互换或期权）也常在RMBS交易中使用。

早期的RMBS交易（特别是Subprime RMBS）中普遍采用第三方保险来对发行的证券进行担保，主要原因是当时的投资者对RMBS和这类产品的表现还不熟悉，所以主要依靠对第三方担保人的信用来购买证券。随着历史数据的增加，投资者对RMBS产品及其基础资产的表现有了一定的了解，同时也对信用增级有了新的认识，所以开始接受RMBS交易中使用或混用不同的信用增级手段。目前，RMBS的信用增级已经基本全部依靠内部的结构设计而不是购买证券保险。

随着RMBS的不断发展，证券的分档也更加精细，证券结构中不但增加了横切，还针对资产池中的不同种类的群组进行了证券的系列竖切。图6.16显示的是RMBS证券结构在金融危机前的发展趋势（注：证券间的比例和实际不一样）。此外，在同一级别的证券区间一般还会继续分割成顺序或同比分配的不同档证券和一些特殊证券，比如IO。在金融危机之后，由于市场的奔溃和投资者信心的低落，新发行的RMBS交易的证券结构有所简化。

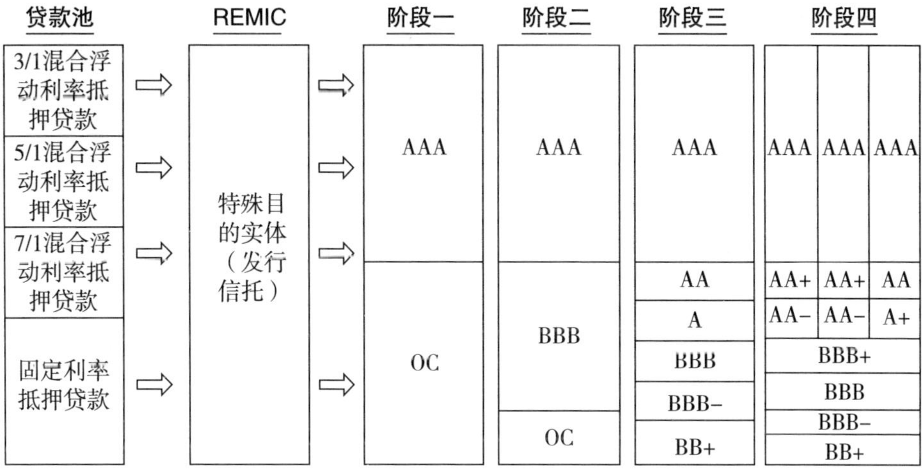

图6.16 RMBS的交易设计

由于我们会在第十一章的现金流建模部分具体分析一个 RMBS（Subprime）的证券结构、信用增级方式和现金流的分配设计，我们不在本章做重复讲解。表 6.3 列示的是一个 2006 年的 RMBS 交易的真实结构和一个月的现金流分配报告。

四、次贷危机中的 RMBS

（一）次贷危机

美国的住房抵押贷款是无追索权贷款，即贷款人在借款人违约的情况下除了可以对作为抵押物的房产进行止赎处理外，没有权利动用借款人的其他个人资产。因此，抵押房产的价值对于贷款，特别是借款人本身信用条件较差的次级贷款的表现至关重要。信用不佳的借款人要获得贷款，只有依靠增值的房产，而贷款行为导致的需求又刺激房价的上涨。如图 6.17 所示，美国的住房价格和住房贷款从 1990 年开始一直互相推波助澜，共同攀升，并在

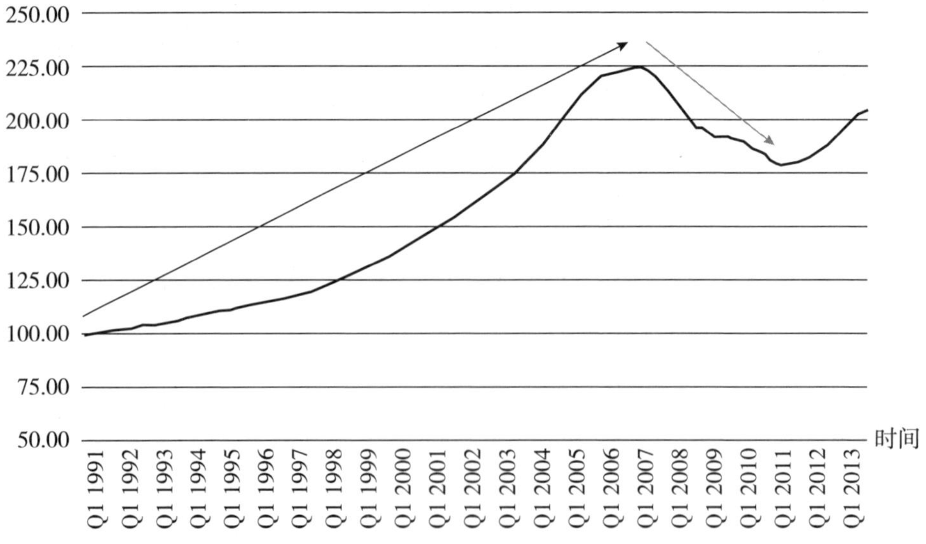

图 6.17　美国房价综合指数

资料来源：FHFA

表 6.3 **RMBS 实际案例和月分配报告**

（单位：美元）

档级	档级特点	利率类型	初始余额	过手率（%）	支付本金金额	支付利息金额	总支付金额	当期实现损失	期末本金余额
1A1	Senior	Fix－30/360	37 397 180.30	5.250000	130 645.47	194 776.98	325 422.45	0.00	37 266 534.83
1A2	Senior	Fix－30/360	17 629 410.00	5.250000	0.00	910819.84	91 819.84	0.00	17 629 410.00
1A3	Senior	Vae－30/360	48 341 334.50	5.920000	1 492 230.67	238 483.92	1 730 714.59	0.00	46 849 103.82
1A4	Senior	Fix－30/360	10 000 000.00	6.250000	0.00	52 083.33	52 083.33	0.00	10 000 000.00
1A5	Senior	Fix－30/360	16 294 138.78	6.250000	1 907 709.19	84 865.31	1 992 574.49	0.00	14 386 429.60
1A6	Senior	Fix－30/360	1 781 000.00	6.2500000	0.00	9 276.04	9 276.04	0.00	1 781 000.00
1A7	Senior	Fix－30/360	3 190 000.00	6.2500000	0.00	16 614.58	16 614.58	0.00	3 190 000.00
1A8	Senior	Fix－30/360	3 965 000.00	6.2500000	0.00	20 651.04	20 651.04	0.00	3 965 000.00
1A9	Senior	Fix－30/360	3 450 000.00	5.7500000	0.00	16 531.25	16 531.25	0.00	3 450 000.00
1A10	Senior	Fix－30/360	2 725 000.00	6.500000	0.00	14 760.42	14 760.42	0.00	2 725 000.00
1A11	Senior	Fix－30/360	1 725 000.00	7.000000	0.00	10 062.50	10 062.50	0.00	1 725 000.00
1A12	Senior	Fix－30/360	143 096 746.73	6.250000	4 461 858.64	745 295.56	5 207 154.20	0.00	138 634 888.09
1A13	Senior	Fix－30/360	1 000 000.00	6.000000	0.00	5 000.00	5 000.00	0.00	1 000 000.00
1A14	Senior	Fix－30/360	3 995 000.006	6.250000	0.00	20 807.29	20 807.29	0.00	3 995 000.00
1A15	Senior	Fix－30/360	3 837 000.00	6.250000	0.00	19 984.38	19 984.38	0.00	3 837 000.00
1A16	Senior	Fix－30/360	2 168 000.00	6.250000	0.00	11 291.67	11 291.67	0.00	2 168 000.00
1A17	Strip IO	Var－30/360	48 341 334.50	0.330000	0.00	13 293.87	13 293.87	0.00	46 849 103.82
1A18	Senior	Fix－30/360	20 000 000.00	6.250000	0.00	104 166.67	104 166.67	0.00	20 000 000.00

（续表）

档级	档级特点	利率类型	初始余额	过手率（%）	支付本金金额	支付利息金额	总支付金额	当期实现损失	期末本金余额
1A19	Senior	Fix – 30/360	60 177 000. 00	6. 250000	0. 00	313 421. 88	313 421. 88	0. 00	60 177 000. 00
1A20	Senior	Fix – 30/360	22 186 650. 0	6. 250000	447 450. 00	115 555. 47	563 005. 47	0. 00	21 739 200. 00
1A21	Senior	Fix – 30/360	1 500 000. 00	6. 250000	0. 00	7 812. 50	7 812. 50	0. 00	1 500 000. 00
1A22	Senior	Fix – 30/360	47 698 915. 58	6. 250000	1 487 286. 21	248 431. 85	1 735 718. 07	0. 00	46 211 629. 36
1A23	Senior	Fix – 30/360	1 574 064. 21	6. 250000	49 080. 45	8 198. 25	57 278. 70	0. 00	1 524 983. 77
1A24	Senior	Fix – 30/360	20 444 990. 19	6. 250000	57 934. 89	106 484. 32	164 419. 22	0. 00	20 387 055. 29
1A25	Senior	Fix – 30/360	10 463 808. 58	6. 250000	0. 00	0. 00	0. 00	0. 00	10 518 307. 59
1A26	Senior	Fix – 30/360	659 691. 23	6. 250000	0. 00	0. 00	0. 00	0. 00	663 127. 12
X	Strip IO	Var – 30/360	427 284 353. 04	0. 352024	0. 00	125 345. 21	125 345. 21	0. 00	417 868 951. 05
PO	Strip PO	Var – 30/360	1 944 836. 82	0. 000000	4 756. 90	0. 00	6 756. 90	0. 00	1 938 079. 92
AR	Senior	Fix – 30/360	0. 00	6. 250000	0. 00	0. 04	0. 04	0. 00	0. 00
M	Mezzanine	Fix – 30/360	11 985 993. 88	6. 250000	7 130. 06	62 427. 05	69 557. 11	0. 00	11 978 863. 82
B1	Junior	Fix – 30/360	3 126 781. 01	6. 250000	1 860. 02	16 285. 32	18 145. 33	0. 00	3 124 921. 00
B2	Junior	Fix – 30/360	1 563 390. 51	6. 250000	930. 01	8 142. 66	9 072. 67	0. 00	1 562 460. 50
B3	Junior	Fix – 30/360	1 042 260. 34	6. 240000	620. 01	5 428. 44	6. 048. 44	0. 00	1 041 640. 33
B4	Junior	Fix – 30/360	781 698. 25	6. 240000	465. 00	4 071. 33	4 536. 33	0. 00	781 230. 25
B5	Junior	Fix – 30/360	782 213. 56	6. 250000	465. 31	4 074. 03	4 539. 34	0. 00	781 748. 25
Totals			506 527 101. 47		10 052 422. 83	2 695 443. 00	12 747 865. 82	0. 00	496 532 613. 54

资料来源：纽约银行

2006～2007年间都达到了历史纪录。然而，房地产泡沫和信用泡沫不可能无休止地膨胀。2007年，事情出现了转机，美国的房价开始有所回落，贷款也开始出现问题，泡沫停止增长，“次贷危机”慢慢拉开了帷幕。由于“次贷”已经通过证券化的形式进入金融体系的各个角落并和实体经济纠缠在一起，这一危机很快发展成金融危机和世界范围内的经济危机。

到底什么是“次贷”？我们常常听说的次贷危机中的“次贷”刚开始主要指的是次级住房抵押贷款（Subprime Mortgage），但是后来很快扩散到用于发行Home Equity ABS的所有贷款，包括Subprime贷款和Home Equity中的各类贷款。之后，由于Jumbo和Alt－A贷款也出现了严重问题，所以人们把整个Jumbo和Alt－A贷款也包括了进来。同时，次贷问题在其他贷款类型中（商业、信用卡、汽车、学生贷款等）也很快蔓延开来。

回看历史数据，把整个2005～2007年间发行的RMBS证券化交易都划为次贷交易也不无道理。图6.18所示是2000～2007年间发行的Jumbo、Alt－A和Subprime三类贷款按发行年份统计的累计违约率和累计损失率情况（截至2013年年底）。从图中可以看出，2000年和2003年发行的贷款的质量表现都可以，但是2005年，2006年和2007年发行的贷款就呈现截然不同的表现。三种不同贷款的比较中，Jumbo贷款的整体表现还算可以，任何年份的累计违约率都没有超过14%，累计损失率控制在7%以下，但是这个损失率也是金融危机前历史平均水平的好几倍。2006年以后发行的Subprime类贷款累计违约率则直逼50%，累计损失率也都接近或超过30%。Alt－A类贷款的表现稍好，但和Jumbo贷款还有差距。

（二）损失和降级

次贷危机开始之后，房价开始下跌，贷款的迟付和违约率飙升，预计损失非常严重，这些变化很快对RMBS的表现产生了直接的影响。由于很多ABS担保债务证券（ABS CDO）是利用RMBS作为基础资产或参考资产（在合成CDO中）的，比如2006年和2007年发行的ABS CDO的基础资产中超过70%是RMBS产品，所以RMBS的表现恶化马上对这些CDO产生了毁灭性的

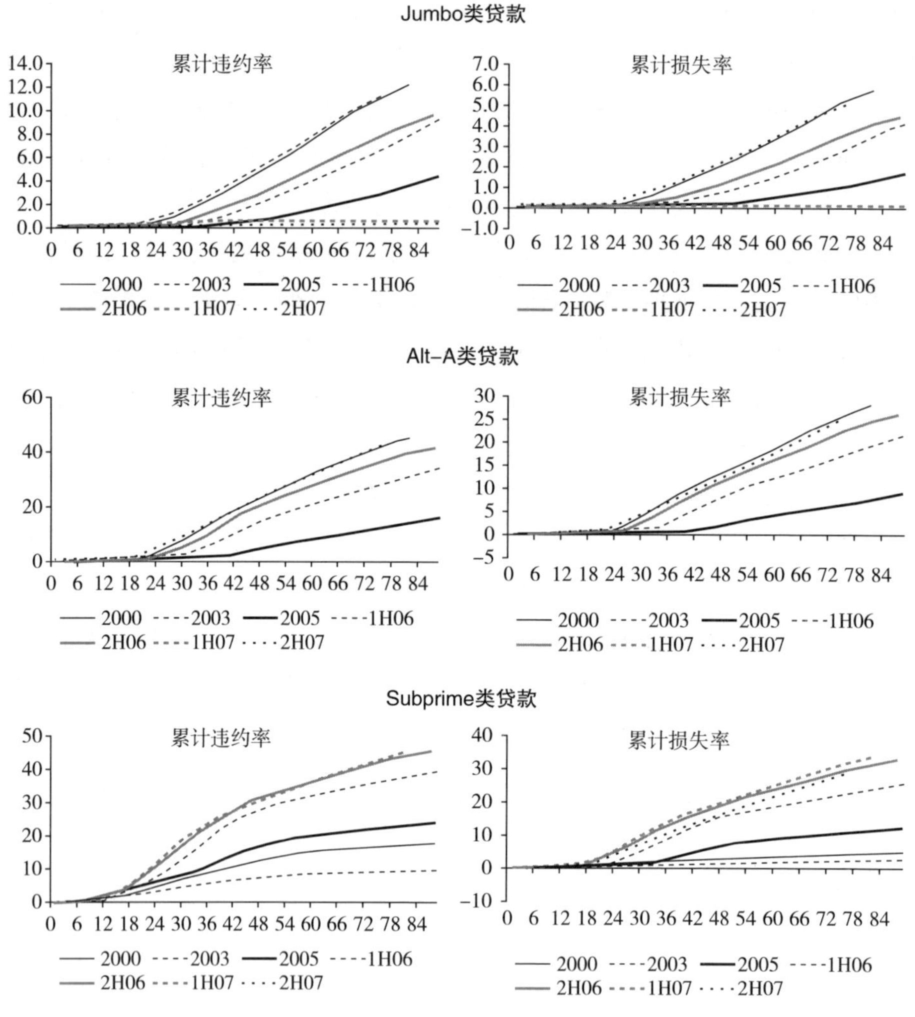

图 6.18　美国不合规贷款的信用表现

资料来源：巴克莱银行研究

打击。2007 年 6 月，贝尔斯登旗下的两个次贷 CDO 对冲基金爆出问题，并于 7 月宣布破产，次贷危机全面拉开。

紧接着，各大信用评级机构纷纷对各类贷款的违约和损失率重新进行评估，几乎推翻了所有以前乐观的损失假设，并发布了多轮针对 RMBS 的大规模降级。

除了发布降级之外，标准普尔还宣布2008年1月开始停止对Home Equity ABS证券进行评级。2010年1月，穆迪宣布对2005~2007年发行的Subprime RMBS的违约和损失率的最新预测。该预测比其2009年宣布的预测更差，也导致穆迪把5 698个Subprime RMBS中的证券归入可能降级，证券总余额达5 840亿美元。穆迪预计，2005年、2006年和2007年发行的Subprime RMBS的累计损失率将分别达到18.7%，38.4%和48.1%。鉴于次级房贷的表现持续恶化，穆迪假设这些交易的逾期到违约转化率（Roll Rate）高达95%，这在金融危机前是闻所未闻的，而损失严重度（违约中不能收回的部分）也高达70%。

除了Subprime类之外，Home Equity ABS中的另外两个主要的基础资产类型，即二次抵押贷款和房屋权益信用贷款的累计损失和预计总损失不断攀升，Jumbo类和Alt-A类等“优质”贷款的累计损失率和预期总损失也升至2005年前平均水平的5~10倍（见表6.4）。

表6.4　标准普尔对不合规贷款的累计损失和预期损失的统计预测（2013年6月）

年份	累计发生的损失				预计的总损失			
	次级	二次抵押	权益信用	优质级	次级	二次抵押	权益信用	优质级
2005年前	4.3%	10.6%	6.4%	0.4%	6.3%	11.8%	6.8%	1.0%
2005年	12.8%	13.8%	13.2%	2.6%	18.8%	17.5%	19.5%	5.0%
2006年	27.4%	24.7%	33.8%	5.1%	39.5%	32.5%	42.8%	9.0%
2007年	30.8%	31.4%	18.4%	6.0%	49.0%	45.0%	42.0%	10.0%

资料来源：标准普尔

经过多轮的降级，预计超过90%的原始评级为AAA级的RMBS证券被降为“垃圾证券”（投资级以下），而这些交易中的支持证券大部分都损失殆尽。图6.19是美国的RMBS（含Home Equity ABS）在2013年年底的信用级别分类，这是在信用评级机构在危机之后对有些证券做了升级后的分类；即便这样，AAA级的证券仅占其中的3%，而88%是“垃圾证券”。

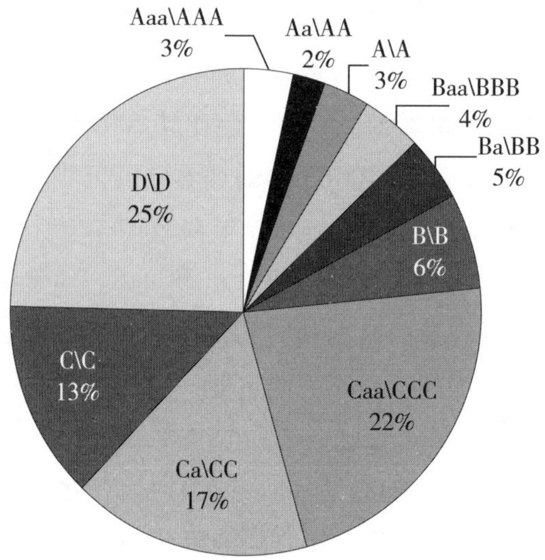

图 6.19　美国 RMBS 的信用级别分类（2013 年年底，共 1.1 万亿美元）

资料来源：美国证券业与金融市场协会

（三）RMBS 价格沦陷

违约增加和信用降级使得投资者纷纷抛售 RMBS 证券，RMBS 证券的价格一泻千里。其实，许多投资者在危机刚开始阶段还无法判断这些证券的表现，只是由于杠杆和追加保证金的压力或者是有些机构投资者在信用级别上的投资限制而被迫出售证券。但是，这些抛售也增加了市场的恐慌，导致价格的进一步下跌，形成恶性循环。

2006 年 1 月，Markit 公司建立了 ABX 指数，用来跟踪 Home Equity ABS 的信用保险的市场价格。ABX 指数共分五个信用级别的分指数：AAA、AA、A、BBB 和 BBB -，每个级别指数中选用 20 个该评级的 Home Equity ABS 的交易，以这些交易的平均信用保险价格来计算指数的值。ABX 指数还按照发行时间来分别跟踪：每 6 个月，Markit 公司会从最近发行的最大的 Home Equity ABS 交易中选出 20 个典型交易，用来建立该发行时间段内交易的 ABX 指数（选择中会进行分散性考虑，以免单一发起人和服务商的过度集中）。比如，ABX. BBB 06 -2 就是指 2006 年下半年发行的信用评级为 BBB 级的 Home

Equity ABS 证券的平均违约保险价格。ABX 指数可以用来衡量市场对 Home Equity ABS 的风险预期、回报率预期和价格走向。

次贷危机开始之后，所有 RMBS 和 Home Equity ABS 的风险飙升，价格暴跌，各 ABX 指数一路沿瀑布而下。图 6.20 所示是 ABX06 -2 各级别指数在经济危机中的表现：2007 年年初，各级证券的信用价格都在 90% 以上，但是两年后，AAA 级的价格只有 30%，其他级别更是跌到了 10% 以下，隐含的市场回报率预期以几千基点来计量。

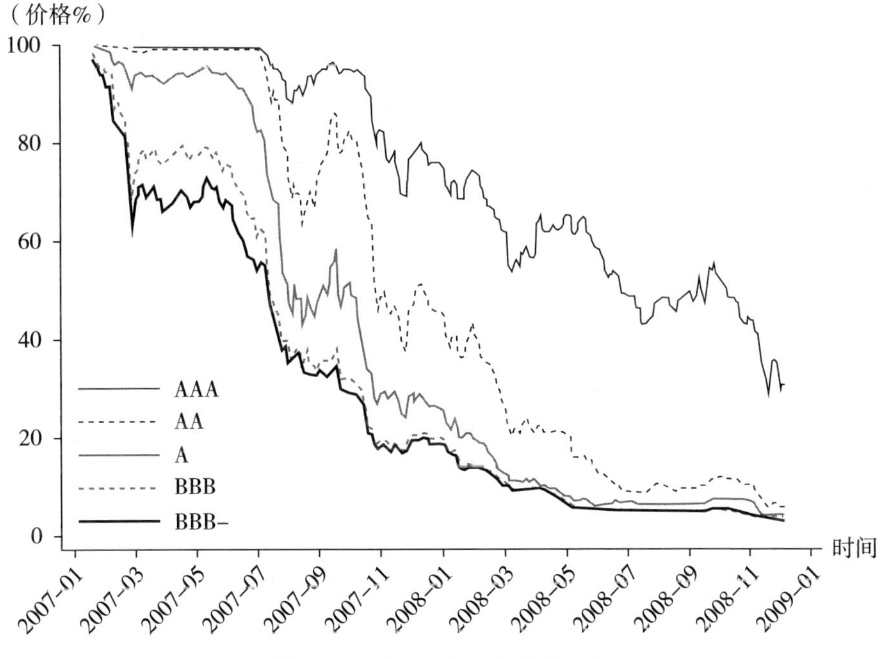

图 6.20　ABX 06 -2 的价格走势

资料来源：Markit

危机之后，ABX 指数有所回升，但对很多投资者来说，这已经太迟了。

（四）RMBS 的评级和降级

相对于其他证券化产品的表现，RMBS 产品在这次金融危机中受到的打击最大，其本质原因还是信用评级机构和投资者对 RMBS 基础资产的风险没有足够的认识（或不愿承认）。从信用评级的角度看，和其他证券化产品一样，一个 RMBS 产品的信用评级取决于两个数据的比较关系：（1）证券拥有的信用支持，（2）基础资产的损失预期。其中，如果知道第二项，那么第一项就可以通过交易的设计来满足评级的需要。因此，对基础资产的损失预测是 RMBS 信用评级的关键。损失预测往往是根据历史损失记录来进行的，假设历史可以重复；但是美国在经济危机前 20 年间房地产和抵押贷款的表现是否可持续或会重复，是个很大的问号。

尽管评级机构会在损失预测中加入压力测试元素来进行抗压分析，但这也是基于历史表现的拓展。由于证券的设计是根据评级当时损失预期而制定的，一旦实际的损失超过原先的预期很多，再精美的证券设计也无济于事了。

当时还有另外一种对证券信用风险的测算方法也很流行，即“信用级别转移法”（Rating Migration）。该方法利用以往的同类证券的降级统计概率来推算证券的降级风险。这类方法其实犯了同样的错误，即假设历史会重演。而且，这个方法还假设目前的评级标准和历史评级标准是一样的，这显然也是一个伪命题。危机前的历史数据显示，RMBS 的降级风险很低。表 6.5 列示了标准普尔统计的 1978 ~ 2006 年各级别 RMBS 的平均年信用级别变动率。从表 6.5 中可以看出，各级别 RMBS 每年的降级率很低，特别是 AAA 级证券，99.9% 维持了原有评级，只有 0.1% 被降级，而且仅仅被降到 AA 级。变动率最高的 B 级证券的降级概率也只有 2.1%。基于这样的历史统计数据，使用信用级别转移法显然不可能分析出证券的真正信用风险程度。

表 6.5　RMBS 信用评级单年的变动率（1978 ~ 2006 年）

加权平均一年内的信用评级变动（%）										
从/到	AAA	AA	A	BBB	BB	B	ND	D	稳定	降级
AAA	99.9	0.1	—	—	—	—	—	—	99.9	0.1
AA	8.4	90.2	1.2	0.1	0.1	—	—	—	98.6	1.4
A	3.5	9.8	85.7	0.7	0.2	—	0.1	—	99.0	1.0
BBB	0.7	5.3	7.9	85.3	0.4	0.2	0.2	—	99.2	0.8
BB	0.1	0.3	3.6	8.2	86.1	0.6	0.8	0.4	98.3	1.7
B	—	0.1	0.1	2.0	5.3	90.4	1.2	1.0	97.9	2.1

由于本章后面会具体介绍一个 Home Equity ABS（Subprime RMBS）交易，我们在这里以一个 Jumbo RMBS 交易来分析 RMBS 的评级变化——FHASI2005 - AR4。

FHASI2005 - AR4 是第一地平线银行（First Horizon）下的第一地平线住房贷款公司在 2005 年发起的一系列浮动利率 Jumbo RMBS 中的一个。该交易的基础资产是 4.26 亿美元不同种类的浮动利率住房抵押贷款；交易一共发行了四组优先档证券，每组对应一个资产群组。比如，2A 对应的就是资产池中的第二个群组——5/1 Hybrid ARM；该群组中的资产主要是 5 年固定，随后每年调整利率的 30 年期 Jumbo 贷款；这些贷款的借款人的平均信用分数为 736 分（属优质借款人），当时的平均贷款价值比例为 74%（低于一般的 80%），但是其中 80% 的贷款有长达 10 年的仅付利息期间，而且加州的地域集中度很高（38%）。

在发行时，该交易的各档优先级证券拥有来自支持证券（B1 - B6）的共同支持，信用支持为资产总额的 4%，穆迪认为 4% 的信用支持足以吸收资产池中贷款可能产生的违约和损失，所以给予所有优先级证券 AAA 级的信用评级。

但是，由于资产池在金融危机后表现恶化，这些优先级证券被多次降级，所有支持证券全部损失殆尽。表 6.6 所示是该交易至 2013 年 5 月的资产表现，图 6.22 是该交易各档证券于 2014 年 2 月还拥有的信用支持比例。由于该交易的累计损失率已经接近原始的 4% 信用支持，各优先级证券拥有的信用支持所剩无几，而资产池中还有超过 7% 的贷款处于 60 天以上的逾期状态，预示着资产的损失还将继续。以 2A1 档证券为例，从图 6.21 中可以看出，目前所剩的信用支持仅为 0.552%，所以目前标准普尔给予该证券的评级为 CC 级。

（五）危机处理

经济危机中，美国政府出台了一系列补救政策，试图挽救美国的房市和 RMBS 市场，但是由于这场危机规模太大，涉及的利益方太多，很多措施没有得到有效实施，实施的也没有起到真正的作用。危机之后，美国抵押贷款的证券化又全面回到了政府代理机构一统天下的时代，新的 RMBS 发行只是汪洋大海中的一两个浪花。

表 6.6　第一地平线银行 2005 年 Jumbo RMBS 和近期资产表现（2013 年 5 月）

（单位：10 亿美元）

Jumbo Deal	初始金额	目前金额	60D + Del%	%Cum Loss	WA ^CLTU	WA FICO	%Low& NoDoc
1　FHASI 2005 – AR1	$253	$52	6.43	1.38	71	736	10
2　FHASI 2005 – AR2	$282	$69	11.57	1.80	76	727	9
3　FHASI 2005 – AR3	$315	$86	9.41	2.40	82	734	7
4　FHASI 2005 – AR4	**$426**	**$137**	**7.28**	**3.59**	**86**	**737**	**24**
5　FHASI 2005 – AR5	$216	$64	8.41	3.80	88	735	21
6　FHASI 2005 – AR6	$305	$100	11.49	4.90	88	730	19
7　FHASI 2005 – 1	$228	$44	6.72	0.58	72	736	11
8　FHASI 2005 – 2	$285	$45	5.21	0.48	70	738	20
9　FHASI 2005 – 3	$230	$52	6.96	0.64	72	733	12
10　FHASI 2005 – 4	$286	$46	11.46	1.07	71	733	16
11　FHASI 2005 – 5	$366	$91	10.51	2.11	78	739	15
12　FHASI 2005 – 6	$247	$59	5.00	1.78	79	735	15
13　FHASI 2005 – 7	$210	$60	9.59	3.40	81	736	17
14　FHASI 2005 – 8	$311	$77	11.27	2.78	85	735	9
2005	**$3 963**	**$981**	**8.90**	**2.27**	**80**	**35**	**15**

资料来源：第一地平线银行

但是，目前市场上还有危机前发行的超过 1 万亿美元的 RMBS 在不同的投资者手中，这些证券还将在今后数年中继续被讨论、分析和交易。很多当年发行设计这些证券的银行家（卖方）在危机中又成为证券的买方，并已经从中获得了巨额利润。

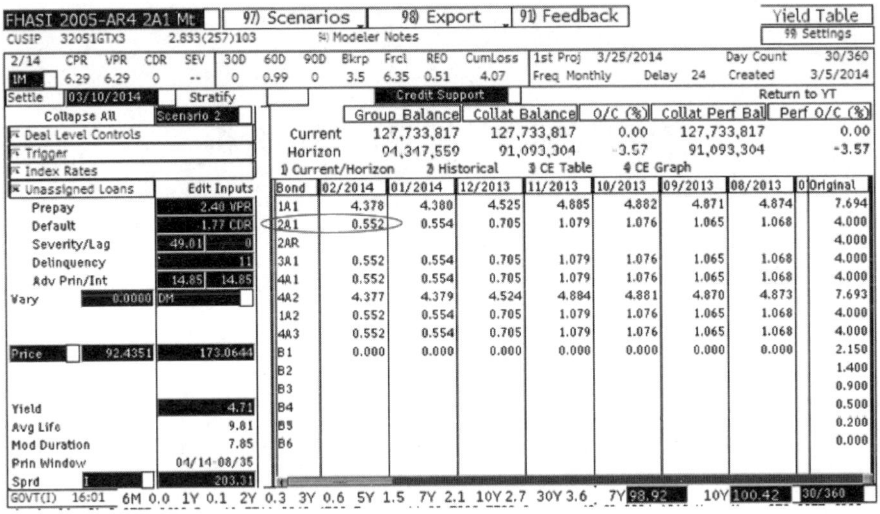

图 6.21　FHASI 2005－AR4 中各档证券的信用支持（2014 年 2 月）

资料来源：彭博

虽然 RMBS 本身实现了风险隔离，即证券的投资人无法向发起人追索，但是违背商业道德的证券操作还是可以被追究的。经济危机之后，政府、机构和个人对 RMBS 交易参与方的追讨一直没有停止过，这其中包括对发起人、服务商、信用评级、财务顾问和承销商（主要是投资银行）等的各项法律诉讼（见图 6.22）。

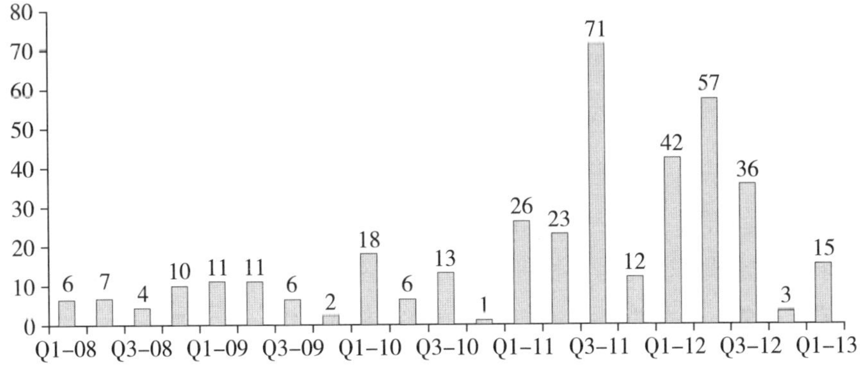

图 6.22　美国关于 RMBS 的法律诉讼案件（截至 2013 年第一季度）

资料来源：美国银行美林证券研究

第五节

住房抵押贷款证券化案例分析

一、美国案例——CWABS 2007 -1

CWABS 2007 -1 是当时美国最大的住房抵押贷款银行——全国财务公司（Countrywide Financial）于 2007 年发起的一系列 Home Equity ABS 中的第一个。2005 ~2007 年是全国财务公司的鼎盛时期，它拥有美国最庞大的住房贷款运作系统，每年的房贷金额达到 5 000 亿美元，并且为 1.4 万亿美元的住房贷款提供服务。除了出售合规贷款给美国代理机构外，全国财务公司还拥有好几个平台来从事非合规住房抵押贷款的证券化。该公司有多个“存入方”子公司（CWALT Inc.、CWABS Inc.、CWMBS Inc. 和 CWHEQ Inc.）来吸纳总公司发放的贷款，然后再出售给特殊目的信托来发行 CWALT、CWABS、CWMBS 和 CWHEQ 等不同系列的 RMBS 产品。CWABS 2007 -1 是 CWABS 系列中的一个交易，属于典型的 Subprime RMBS。

由于这个交易和我们将在第十一章第二节的现金流建模中用到的 CWABS 2007 -11 同属于一个系列，关于这类交易的现金流分配和信用增级等结构设计请读者参考第十一章第二节，我们不在这里重复介绍。

（一）基础资产

该交易的基础资产是固定或浮动利率的住房抵押贷款，其资产池被划分为两个不同的群组：第一个群组的贷款由具有第一留置权且单笔贷款额度符合要求的固定或浮动的房产抵押贷款组成；第二个群组除了部分贷款额度不符合要求之外，其他特征与第一个资产群组相同。

在交易完成日，资产池中两个群组的资产情况如表 6.7 所示。

表 6.7　CWABS 2007－1 基础资产情况

指标	第一群组	第二群组
本金总额（美元）	549 909 353	1 060 675 054
加权平均贷款利率	8.10%	8.03%
贷款利率范围	4.875%～13.000%	4.750%～14.000%
平均贷款额度（美元）	182 633	230 632
贷款额度范围（美元）	40 835～642 000	2 208～999 999
加权平均贷款价值比例	79.47%	81.54%
加权平均信用分数	596 分	618 分
加权平均初始贷款期限	393 个月	379 个月
加权平均剩余贷款期限	393 个月	379 个月
加权平均最大贷款利率	15.05%	15.07%
加权平均最小贷款利率	8.16%	8.18%
有完整文件的比例	62.23%	55.40%
集中度超过 10%的地区		
加利福尼亚州	16.26%	28.46%
佛罗里达州	10.69%	13.73%

从表 6.7 中可以看出，该交易基础资产的平均贷款价值比例在 80% 上下；借款人的信用质量比较差，平均信用分数只有 596 分和 618 分，属于次级水平；同时，贷款的发行质量也不高，两个群组的完整文件比例都不高；但是，高风险的同时，贷款的平均利率也相对比较高。

在本交易中，第一群组和第二群组中的资产分别用于支持两个不同的优先级证券系列。

（二）交易方和证券结构

本次交易的贷款发放人和交易发起人为全国财务公司旗下的全国财务住房贷款公司，资产的服务人为全国财务公司旗下的住房贷款服务公司。该交易的资产实行两步转手来实现交易的风险隔离：首先由全国财务住房贷款公司转让资产给由全国财务公司成立但保持独立的“存入方”CWABS Inc.，然后由 CWABS Inc. 出售资产给发行人 CWABS 2007－1 信托用以发行证券。

CWABS 2007－1 交易中的各档级证券的信息如表 6.8 所示。该交易中第一资产群组中的资产现金流优先用于支持 1－A 证券，第二资产群组的现金流优先用于支持 2－A－1、2－A－2、2－A－3、2－A－4 四档证券。第一和第二资产群组的现金流在完成 A 档证券的本金支付后，剩余现金流将会被合并，用于支付 M 档级或更低级别的证券。

表 6.8　CWABS 2007－1 的证券和初始评级

级别	金额（美元）	在回购选择日前	在回购选择日后	群组	初始评级
发行的证券					
1－A	540 940 000	LIBOR＋0.140%	LIBOR＋0.280%	1	Aaa
2－A－1	455 775 000	LIBOR＋0.050%	LIBOR＋0.100%	2	Aaa
2－A－2	145 076 000	LIBOR＋0.100%	LIBOR＋0.200%	2	Aaa
2－A－3	320 823 000	LIBOR＋0.140%	LIBOR＋0.280%	2	Aaa
2－A－4	128 386 000	LIBOR＋0.230%	LIBOR＋0.460%	2	Aaa
M－1	76 000 000	LIBOR＋0.230%	LIBOR＋0.345%	1，2	Aa1
M－2	69 000 000	LIBOR＋0.270%	LIBOR＋0.405%	1，2	Aa2
M－3	40 000 000	LIBOR＋0.300%	LIBOR＋0.450%	1，2	Aa3
M－4	38 000 000	LIBOR＋0.370%	LIBOR＋0.555%	1，2	A1
M－5	35 000 000	LIBOR＋0.380%	LIBOR＋0.570%	1，2	A2
M－6	31 000 000	LIBOR＋0.450%	LIBOR＋0.675%	1，2	A3
M－7	26 000 000	LIBOR＋0.900%	LIBOR＋1.350%	1，2	Baa1
M－8	15 000 000	LIBOR＋1.700%	LIBOR＋2.550%	1，2	Baa2
M－9	21 000 000	LIBOR＋1.750%	LIBOR＋2.625%	1，2	Baa3
未发行的证券					
B	23 000 000	LIBOR＋1.750%	LIBOR＋2.625%	1，2	Ba1
P	100	N/A	N/A	1，2	N/R
C	N/A	N/A	N/A	1，2	N/R

（三）交易的信用评级

该交易中证券的初始评级主要根据资产池的信用质量、在结构上的信用增级和第三方贷款保险，即由两家保险公司（United Guaranty Mortgage Indemnity Company 和 Mortgage Guaranty Insurance Corporation）为基础资产池的贷款提供的信用保险。在发行的信用评级中，穆迪预测该交易资产池的预计损失率在 4.20% ~4.70% 之间；而交易中优先级证券拥有的来自支持证券的信用支持达到 19%，所以穆迪给予所有优先级证券 AAA 级的信用评级，中间层级证券也获得了 BBB 级以上评级。

前面我们提到，信用评级机构对抵押贷款的损失预测很大程度上依赖历史信息。在交易发行时，美国的房地产市场还比较坚挺，同类型贷款的历史损失表现也比较低，而且资产池中的贷款还有两家信用级别很好的保险公司做担保，所以穆迪和投资者对该交易的资产损失预期比较低。

但是，这个交易的脆弱很快随着次贷危机的爆发而暴露。美国房价的大幅下跌很快导致该交易的贷款价值比例快速上升，导致很多贷款价值高于房价（负净值）；同时，信用质量较差的借款人在经济危机中一般首先受到冲击，纷纷出现财务问题，这些都导致次级贷款的大规模违约，违约贷款的损失率也随房价的下跌而上升。另外，两家为该交易资产池中的贷款提供保险的公司在危机中也出现大规模亏损，导致自身信用评级下调，其担保能力被严重削弱。

在交易表现的恶化和市场的压力下，穆迪公司于 2008 年、2009 年和 2010 年对该交易做了四次降级（见图 6.23）。其中，第三次是根据 2009 年穆迪发布的对 RMBS 的新的损失预测，由于损失预期大幅升高，穆迪直接把该交易的优先级证券从 A2 级直接降至 Caa2 级。我们前面提到，穆迪在 2010 年又对 RMBS 的损失预测进行了更新；穆迪在 2010 年的这次预测报告中对 2007 年发行的 Subprime RMBS 的损失率估计是 48.1%，比 2009 年的预测又高了很多。CWABS 2007 -1 的优先级证券拥有的 19% 的信用支持在这个新的损失率之下形同虚设，所以证券的级别被穆迪再降一级，到了 Ca 级（整体）。

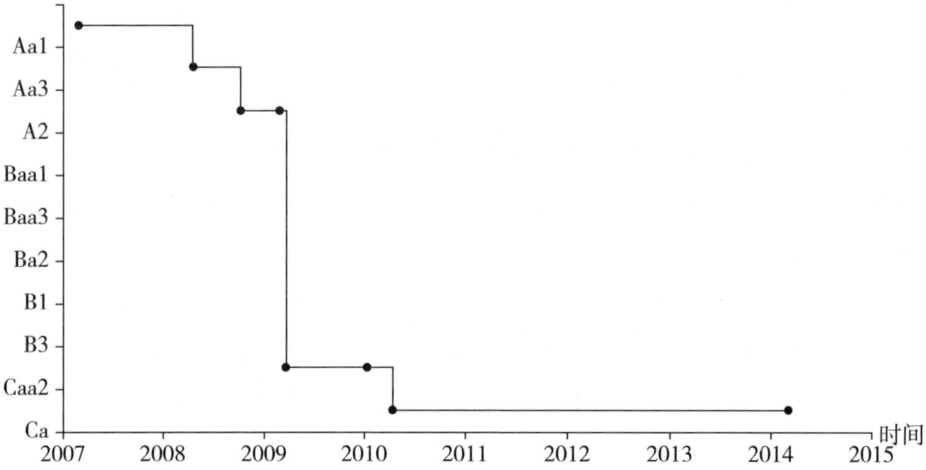

图 6.23　CWABS 2007 -1 信用评级历史记录（穆迪）

资料来源：穆迪

表 6.9 所示是 CWABS 2007 -1 中各个证券在金融危机前后的信用评级对比。所有的优先级都已经是“垃圾级”，支持级证券都已经处于违约状态，损失殆尽。

表 6.9　CWABS 2007 -1 评级变化

级别	初始金额（美元）	初始评级（穆迪）	目前评级（穆迪）	目前评级（标普）
1 - A	540 940 000	Aaa	Caa3	CCC
2 - A - 2	145 076 000	Aaa	Caa1	CCC
2 - A - 3	320 823 000	Aaa	Ca	CCC
2 - A - 4	128 386 000	Aaa	C	D
M - 1	76 000 000	Aa1	C	D
M - 2	69 000 000	Aa2	C	D
M - 3	40 000 000	Aa3	C	D
M - 4	38 000 000	A1	C	D
M - 5	35 000 000	A2	C	D
M - 6	31 000 000	A3	C	D
M - 7	26 000 000	Baa1	C	D
M - 8	15 000 000	Baa2	NR	D
M - 9	21 000 000	Baa3	NR	D

这个交易的评级变化再次反映了金融危机前信用评级方法的不足。信用评级机构的评级操作具有顺经济周期的特点，而 RMBS 的历史比较短，一直处于经济危机前的这一个大的房产周期的上升阶段，所以关于周期的数据是不完整的。同时，当房价处于上涨通道中，评级机构通过趋势和历史数据对 RMBS 资产池的违约可能性和损失率进行预测，势必忽略资产的真实风险。

（四）全国财务公司的覆灭

全国财务公司曾被《财富周刊》誉为“23000% 股票”，因为该公司的股票在 1982 ~ 2003 年间涨了 23000%，投资回报率超过红极一时的沃尔玛和股神巴菲特的伯克希尔·哈撒韦（Berkshire Hathaway）投资公司。2003 ~ 2006 年更是全国财务公司的大时代，千亿级的放贷量和万亿级的服务资产使得它成为美国银行业的明星，而资产证券化正是它飞速膨胀的助推器。

从表 6.10 中可以看出，全国财务公司的收入从 2002 年的 43 亿美元增长到 2006 年的 114 亿美元，4 年内涨了近 2.7 倍。这其中与资产证券化直接相关的收入就是“贷款和证券销售利润”和“贷款服务费净收入”，占公司总收入的 60% 以上，可见其重要性。贷款和证券销售利润中最主要的是全国财务公司把贷款通过资产证券化出售或者卖给代理机构进行证券化所得的“转手”利润，而贷款服务费净收入则是它为证券化的贷款提供服务所收取的服务费。全国财务公司在其 2006 年的年报中披露，它保留的对证券化的贷款的服务权的市值高达 162 亿美元。

表 6.10　全国财务公司 2002 ~ 2006 年销售收入分类　（单位：百万美元）

收入项目	2006 年	2005 年	2004 年	2003 年	2002 年
贷款和证券销售利润	5 682	4 862	4 842	5 887	3 471
净利息收入	2 689	2 238	1 966	1 359	766
贷款服务费净收入	1 301	1 493	466	（463）	（866）
保险收入	1 171	954	783	733	562
其他收入	575	470	511	462	359
总销售收入	**11 417**	**10 017**	**8 567**	**7 979**	**4 292**

全国财务公司的崛起是资产证券化在盘活资产、提高效益方面的成功典范。但是，在建立其高效运转的资产证券化机器的同时，全国财务公司却忽略了银行最重要的一项工作——风险的管理和控制。虽然管理层也曾试图发展存取款业务来拓展融资渠道，但是资产证券化的暴利和低成本融资使得全国财务公司在辉煌时期无心把工作重心放在其他融资渠道的拓展上。全国财务公司的成功是建在资产证券化之上，但是它对证券化的过度依赖也成为它失败的原因。

2007 年次贷危机的爆发打碎了 RMBS 市场的盛世之梦，全国财务公司最重要的融资渠道被一下子切断，而此时公司手里还持有至少几百亿美元的贷款等待证券化。资产证券化这个机器停止了运转，全国财务公司也就没有了退路。2008 年，全国财务公司在财务困难的情况下被美国银行兼并。而这个烫手山芋后来成为美国银行一百多年的发展历史上最可悲的收购噩梦。

二、中国案例——建元 2005 -1 个人住房抵押贷款证券化项目

在亚洲，许多国家和地区在东南亚金融危机之后也开始发展 MBS 市场。澳大利亚和日本是亚洲目前发行 MBS 最活跃的国家。日本于 1997 年发行了第一批代理 MBS，即通过日本政府支持的代理机构日本住房金融代理（Japan Housing Finance Agency）来购买符合条件的贷款后进行证券化，并将证券出售给投资者。韩国于 1999 年成立了一家私营公司韩国住房抵押贷款公司（Korean Mortgage Corporation）来开发韩国的 MBS 市场；2004 年，由于韩国短期贷款和房市投机过热，韩国政府重组了韩国住房抵押贷款公司并把它转化为一家国有企业——韩国住房金融公司（Korea Housing Finance Corp），来稳定市场并推动长期贷款和 MBS 的发展。很明显，日本和韩国这两个国家都借鉴了美国的 MBS 发展模式，试图通过政府代理机构来推动 MBS 的发展。

我国香港于 1997 年成立香港按揭证券有限公司（Hong Kong Mortgage Corporation Limited），旨在推动香港 MBS 市场的发展。香港按揭证券有限公司在 2001 年年底设立了破产隔离的特殊目的实体 Bauhinia MBS Limited，并制定了

30 亿美元的按揭证券化计划；该实体在 2002 年发行了 20 亿港元的类 MBS，并且后来也有陆续的发行。

我国大陆的 MBS 市场起步较晚，在 2005 年 3 月《信贷资产证券化试点管理办法》出台之后才开始 MBS 的试点。自 2005 年资产证券化业务试点以来，我国仅由中国建设银行分别于 2005 年 12 月和 2007 年 12 月在全国银行间债券市场发行过两期 RMBS，规模分别为 30.2 亿元和 41.6 亿元。

长远来看，我国进一步引进、推动和运用 MBS 是一个必然的趋势。但是，在短期内，我们可能还要考虑到我国目前房地产市场的情况和国家的政策需要来进行选择性的试点和尝试，而非全面推行。虽然我国已发行的这两个 RMBS 在结构和规模上无法和同时期美国 RMBS 的交易相比，但是它们的成功表现却从另一个方面证实：一个证券化交易的成功依赖于基础资产的表现，复杂的结构设计并不能破除风险，有时候简单才是真。

下面我们来分析一下中国的第一单 RMBS：建元 2005－1。

（一）建元 2005－1 证券化项目的发行

2005 年 2 月，中国建设银行的资产证券化方案获得批准，成为国内首家获准进行个人住房抵押贷款证券化的银行。2005 年 12 月 15 日，中国首个个人住房抵押贷款证券化产品"建元 2005－1 个人住房抵押贷款资产支持证券"（简称建元 2005－1）正式发行，进入全国银行间债券市场交易流通。

中信信托投资公司受建设银行委托以建设银行发放的住房贷款为基础资产来发行证券。中信信托发行的"建元 2005－1"交易总规模为 30.16683138 亿元，其中公开发行的优先级资产支持证券为 29.261825 亿元。建元 2005－1 中采用的主要信用增级方式是超额抵押和优先与次级结构，该交易中的证券共分为四档：优先 A 档、优先 B 档、优先 C 档和次级档，其中前三档分别获得中诚信国际评级公司 AAA、A 和 BBB 级的评级，次级资产支持证券为非评级非公开发行证券，由建行直接持有。

如表 6.11 所示，建元 2005－1 中的优先级证券的利率均为"基准利率＋利差"的浮动利率，基准利率采用中国外汇交易中心公布的 7 日回购加权平均利率，优先级 A、B、C 档的利差分别是 1.1%、1.7%、2.8%。在利率设计中，考虑到资产池和证券间的利率错配风险，交易对三档优先级证券的利率均设了上限，即证券利率必须低于资产池的加权平均贷款利率的一定水平。

表 6.11　建元 2005－1 证券档级

证券	评级	发行量（亿元）	预计加权平均回收期	利率
A 级	AAA	26.7	3.15 年	（基准利率＋1.10%）与（资产池加权平均利率－1.19%）之低值
B 级	A	2.04	9.24 年	（基准利率＋1.70%）与（资产池加权平均利率－0.6%）之低值
C 级	BBB	0.53	9.3 年	（基准利率＋2.80%）与（资产池加权平均利率－0.3%）之低值
次级	无	0.91	无	无

建元 2005－1 的初始起算日为 2005 年 11 月 10 日，交割日为 2005 年 12 月 19 日，法定最终到期日为 2037 年 11 月 26 日。法定到期日离发行起算日有 32 年，充分考虑了交易的“尾巴”风险。

该交易的证券偿付方式是按月偿付利息，按级别顺序分配本金。资产池中基础资产的本息现金流将首先用于支付优先级 A、B、C 档证券的利息，剩余的现金按顺序支付 A 档本金、B 档本金、C 档本金。由于该交易中没有设计一定情况下要求信用支持比例的递减，所以各档次的证券的本金偿付完全按照级别高低顺序进行，这是一种非常谨慎的安排。

（二）建元 2005－1 证券化项目的跟踪评级

如表 6.12 所示，截至 2013 年 8 月，建元 2005－1 项目 A 级证券已经全部清偿完毕，B 级证券也得到了很多本金偿付，这大大增加了剩余 B 级和 C 级证券的信用支持。由于信用支持的增加，B 级和 C 级证券全部被升至 AAA 级。由于建元 2005－1 中没有设计信用支持比例的递减，只要资产池的表现保持稳定，随着优先档证券的偿付，次优先档证券的信用支持比例将逐步提高，风险也会越低，所以信用升级是自然的结果。

表 6.12　截至 2013 年 8 月建元 2005 - 1 证券化项目本金余额与评级

	A 级	B 级	C 级	次级
初始本金额（元）	2 669 764 500	203 626 100	52 791 900	90 500 638
期初本金额（元）	-	156 120 131	52 791 900	90 500 638
余额比例（元）	-	76.67	100.00	100.00
初始评级	AAA	A	BBB	NR
当期评级	AAA	AAA	AAA	NR

建元 2005 - 1 的升级和 CWABS 2007 - 1 的降级形成了鲜明的对照。我国在 RMBS 的开发和试点阶段，建元 2005 - 1 这样的谨慎结构设计是有道理的。随着市场的发展和投资者对 RMBS 产品的了解，我们可以引进和使用更多的结构化设计理念来优化产品结构，降低融资成本，同时满足投资者的需求。

第七章

商业房产抵押贷款证券化

第一节
商业房产抵押贷款证券化的发展

商业房产抵押贷款虽然规模比住房抵押贷款小，但其总量也是非常可观的。2013 年第三季度末，美国商业房产抵押贷款额约为 3. 14 万亿美元，占总房产抵押贷款余额的 25% 左右。和住房抵押贷款一样，商业房产抵押贷款的证券化在美国也分为代理和非代理两部分，其中代理交易是指通过美国政府支持的三个“代理机构”，即吉利美（Ginnie Mae）、房利美（Fannie Mae）和房地美（Freddie Mac），来发行的交易。代理商业房产抵押贷款的证券化主要以符合条件的多家庭住房抵押贷款（Multi-family Mortgage）为基础资产，操作和一般的代理住房抵押贷款的证券化类似，目前美国市场上这类证券余额大约在 3 050 亿美元左右（2013 年年底）。本章所讨论的是非代理商业房产抵押贷款证券化，其操作与代理交易完全不同，基础资产的种类也更多。2013 年年底，美国市场上的非代理商业房产抵押贷款证券化（以下简称商业房产抵押贷款证券化，CMBS）产品的余额为 6 247 亿美元左右，其中大部分是在经济危机前发行的。

1983 年，美国诚实互惠人寿保险公司（Fidelity Mutual）通过所罗门兄弟公司将价值 6 000 万美元的商业房产抵押贷款以证券的方式（评级为 AAA）出售给另外三家人寿保险公司，标志着商业房产抵押贷款证券化的诞生。虽然其他几家美国保险公司也随后进行了几个商业房产抵押贷款证券化交易，但是商业房产抵押贷款的证券化在诞生后的十几年间一直在低谷徘徊，没有真正登上资本市场的大舞台，更无法和当时已经如火如荼的住房抵押贷款的证券化相比。

在1996年以前，商业房产抵押贷款的投资人类别非常有限，主要是传统的商业银行和保险公司，发行量非常小。这种相对于住房抵押贷款证券化的滞后，首先与商业房产抵押贷款的特点是分不开的。商业房产抵押贷款的大面额、非标准、统计难和风险集中等特色，使得其对证券化的技术要求比较高。而在20世纪90年代初的经济危机前，商业房产抵押贷款的投资回报率比较高，商业银行和保险公司在放贷的压力和蓬勃的贷款市场条件下，也没有很大利益驱动去推进证券化。

20世纪80年代末至90年代初，美国房地产价格的崩溃引发了房产抵押贷款的严重损失，导致著名的储蓄银行危机。在这次危机中，美国3 000多家储蓄银行中倒闭了747家，损失惨重。美国政府的资产管理公司——重组信托公司（Resolution Trust Corporation）——负责关闭这些储蓄银行并处理它们账面留下的近4 000亿美元的资产，这其中很大一部分是商业房产抵押贷款。重组信托公司当时面临很多政治压力，需要在短时间内变卖这些资产。但是，在当时的市场条件和销售渠道下，这是一件非常艰巨而复杂的任务，重组信托公司必须在吸引投资者方面进行尝试和创新。同时，资本市场方面在90年代初也开始意识到美国商业房产可能已经触底，市场价格比实际价值低太多，所以开始寻求投资商业房产的机会。这供需双方的互相吸引，推动了美国商业房产抵押贷款证券化的产生和发展。

同时，这一次危机也刺激了商业银行和保险公司对商业房产抵押贷款的成本和风险进行重新审视，并开始寻求新的融资方式和风险分散渠道。特别是在90年代“基于风险的资本要求”（Risk-based Capital Requirements）推出之后，商业银行和保险公司意识到持有商业房产抵押贷款的资本成本很高，流动性很低，风险也往往会因为房产类型和区域的集中而过高。在基于风险的资本要求下，商业房产抵押贷款被视为高风险资产，比高质量的证券所需的资本高很多。如果能把账面上的商业房产抵押贷款转化成证券，可以提高资本充足率，降低资本成本。商业房产抵押贷款证券化的出现和发展恰好迎合了这个需求。

2000年以后，美国商业房产抵押贷款证券化高速发展，非代理机构证券发行量从2000年的不到500亿美元飙升到2007年的2 300亿美元，占当年新

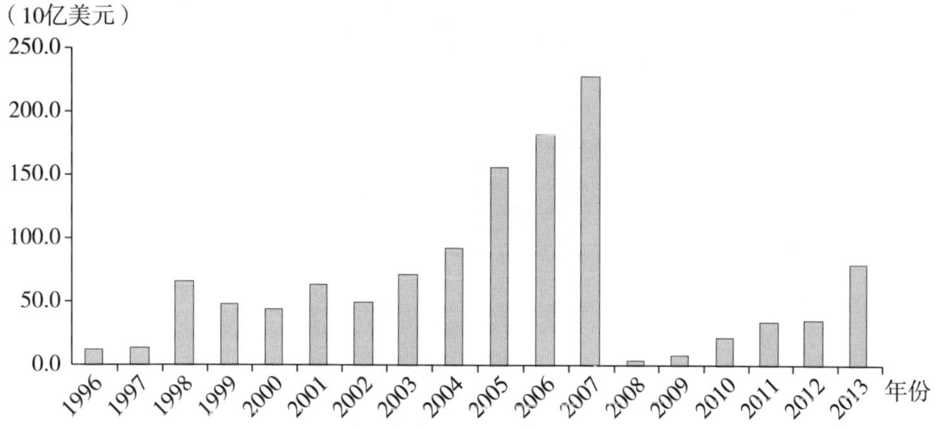

图 7.1　美国非代理机构商业房产抵押贷款证券化发行量

资料来源：美国证券业与金融市场协会

发行的商业房产抵押贷款总额的45%。但是，在这一轮飞速增长中，商业房产抵押贷款的贷款发放标准也被一降再降，平均的贷款价值比例（LTV）从2002年的100%涨至2007年的接近125%，仅付利息证券（IO）的比例也从10%左右升至接近90%。而这些低标准的贷款，大部分以证券化的形式被转化成了证券。这些都为2007年美国商业房产抵押贷款的沦陷埋下了祸根。

2007年经济危机爆发后，对经济非常敏感的商业房地产的盈利和价值急速下滑，一时引起了投资者恐慌，纷纷抛售商业房产抵押贷款证券。曾经被评为AAA级的超优级的商业房产抵押贷款证券的市场利差（在LIBOR基准上），从50个基点在2009年飙升至前所未见的1 600个基点。2008年第三季度到2010年第三季度的两年间，商业房产抵押贷款证券的发行市场完全冻结，发行量几乎为零。

随着美国经济的缓慢复苏，商业房产抵押贷款的证券化也重新开始。经济危机后，随着监管和风险管理的强化，商业房产抵押贷款的放贷标准得到严格控制，新发行的贷款质量普遍提高，这为证券化慢慢拾回市场和投资者信心做好了准备。虽然这几年的发行量无法与经济危机前相比，但年增长速度很快，2013年的发行量为800亿美元，是2012年的2.2倍。从2013年年底的信用级别分析来看，商业房产抵押贷款证券化产品的表现相比其他非代理资产证券化产品的要好，在AAA级的结构化金融产品中占比最大（见图7.2）。

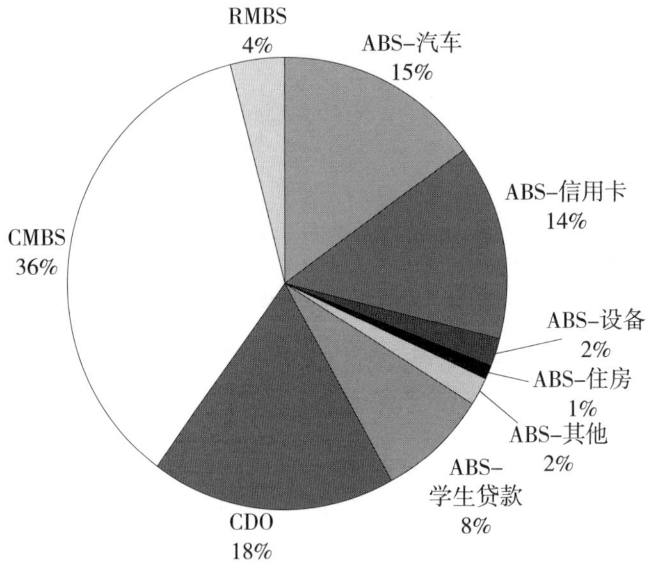

图7.2 美国AAA级结构金融产品金额比例分布（2013年年底AAA级总额8 056亿美元）

虽然曾经有些交易被滥用，但商业房产抵押贷款证券化作为相关发起人的一个重要的融资渠道和风险分散工具是不可忽视的；从投资的角度来讲，它也为其他非银行和非保险业的投资者提供了参与投资商业房产贷款的渠道。

第二节
商业房产抵押贷款证券化的基础资产

一、基础资产的特点

美国商业房产抵押贷款主要是以有收入的商业不动产作为抵押的贷款，一般无追诉权，固定利息，期限为7～10年。按照贷款的融资渠道和发放目的，美国商业房产抵押贷款可以分为投资贷款（Portfolio Loan）和管道贷款（Conduit Loan）：前者是商业银行和保险公司发放并准备长期持有的贷款，后者是为了合并出售给特殊目的管道用来发行商业房产抵押贷款证券的贷款。管道贷款一般比自留贷款利息要低，但付款弹性也比较低，一般都有比较严格的提前付款条约。

相对于住房抵押贷款，商业房产抵押贷款有以下特点：

（一）抵押房产种类多样

商业房产抵押贷款的抵押房产种类很多。按照不动产的种类，商业房产抵押贷款可以分为办公楼、公寓、购物中心、酒店、工业用房和多用途房产等贷款类型。

（二）贷款额度较大

商业房产抵押贷款的贷款额范围很广，根据项目的大小，可以小到几万美元，大到几亿美元。但总体上，由于商业项目一般比私人住宅项目的投资规模大，相应的商业房产抵押贷款额度要比住房抵押贷款大很多。

（三）气球型付款

美国的商业房产抵押贷款一般是气球型贷款，分期付款期一般是 20 ~ 30 年，到期日却一般在 10 年内或更短。这种贷款允许借款人在贷款期内以小额分期付款的方式付款，但是在最后的到期日偿还一笔大额本金。气球型贷款的好处是减小了借款人在还款期内的还款压力，以便有足够的时间和资金来经营和维护房产项目。同时，借款人也可以有足够的时间来寻求再次融资。但是，对投资者来讲，这种付款方式的潜在风险也很大。如果抵押房产的盈利和价值降低，借款人可能在到期日无法再次融资，从而可能引起贷款违约。

在经济危机前，仅付利息证券（IO）也一度流行，在 2007 年占当年新商业抵押贷款的近 90%。仅付利息证券是气球型贷款的一种极端形式，它允许借款人在一定期限内（有的甚至是整个贷款期内）只需支付利息，不用偿还本金，但是在最后的到期日偿还所有本金。

（四）以房产收入为基础

住房抵押贷款的还款主要来自借款人，所以其基础是借款人的收入水平和信用。而商业房产抵押贷款的还款来源一般是用于抵押房产的收入而不是借款人，其基础是商业房产的效益和价值。商业房产抵押贷款，特别是用于证券化的商业房产抵押贷款，一般没有对贷款人的追索权。所以，商业房产抵押贷款的信用质量主要是由抵押房产的质量决定的。

（五）非标准合同

商业房产抵押贷款合同涉及的关于抵押物、借款人和相关法律法规的内容比较多，条款也比较复杂。针对每个抵押房产和借款人的不同情况，商业房产抵押贷款的合同内容一般都有所不同，所以合同很多是非标准化的，并且可能含有特殊条款。

（六）提前偿付处罚条款

对于投资者来讲，除了信用风险外，贷款的另一个风险是提前偿付风险。如果借款人根据市场情况（比如利率下降）在贷款到期日前进行战略性再融资，提前还款，那么投资者就会面临再投资的风险，而此时的市场情况往往对再投资不利。为了规避这种风险，商业房产抵押贷款都会有一定形式的提前偿付处罚条款。提前偿付处罚条款一般有以下几种形式：

1. 禁止提前偿付期（锁定期）

禁止提前偿付期是指借款人在合同开始的最初一段期间内（如2~3年）不得提前还贷。这是最严厉的赎回保护形式。

2. 收益保证金

如果借款人提前还款，就必须向贷款人支付一定的罚金以保证贷款人的收益率和借款人按合同规定还贷的情况等同。这个罚金一般是贷款按合同规定的剩余现金流的现值和本金提前偿付额的差值。

3. 废止条款

废止条款和收益保证金有类似之处，目的都是使贷款人获得的收益率和借款人按合同规定还贷的情况等同。但是，和收益保证金的操作不同，废止条款中借款人不是将罚金付给贷款人，而是用高质量的证券（如美国国库券）来替换原合同中的抵押资产，并以这些证券的现金流来继续按原合同偿付贷款。

4. 提前偿付罚金

提前偿付罚金是最简单直接的提前偿付处罚条款。一般按照提前偿还的贷款额和一个百分比来决定，这个百分比会随着贷款年份的增长而降低。

从提前偿付风险角度来讲，商业房产抵押贷款由于有以上提前偿付处罚条款的使用，风险远低于住房抵押贷款。美国在 2007 经济危机后出台了一系列银行贷款和消费者保护相关的法律法规，限制了提前偿付罚金在住房抵押贷款中的使用。而商业房产抵押贷款在这方面没有受到太大影响，所以提前偿付风险相对很低。

对资产池的构建来说，由于商业房产抵押贷款和住房抵押贷款的不同特点，证券化中相应的资产池也会有很大的不同。图 7.3 所示是我们对商业房产抵押贷款证券化和住房抵押贷款证券化的资产池特点的比较。

住房抵押贷款证券化（RMBS）	商业房产抵押贷款证券化（CMBS）
贷款抵押物的种类和性质单一	贷款抵押物的种类和性质多样
贷款个数很大，一般以千或万计，单个贷款所占比例很低	贷款个数不多，一般15~300个，且一部分贷款的金额在资产池中占很大比例（前15个大额贷款占资产池总额的50%或更多）
单个贷款的违约或坏账不会对交易的表现产生太大影响	单个贷款的违约可能会对某级别的证券产生重大影响（包括损失）
贷款的文件比较单一，标准化程度很高	每个借款人和贷款文件都可能有特性，标准化程度不高
资产表现一般可以根据资产池的整体指标和历史统计数据来评估和预测	由于抵押物和贷款人的特性及历史记录有限，不适合基于历史统计数据的分析方式

图 7.3　CMBS 和 RMBS 资产池的特点比较

由于商业房产抵押贷款证券化中基础资产的特殊性，使用针对一般住房抵押贷款证券化的基础资产分析程序和方法对其分析和评测不是很有效，所以必须采取更加细致的方法。

二、全面的基础资产分析

在商业房产抵押贷款证券化的资产分析中，发行人、信用评级机构和投资者更多是运用单个贷款的基础分析和资产池的多样性分析相结合的方法。

（一）单个贷款的基础分析

对商业房产抵押贷款证券化资产池的分析，首先是从对单个贷款的分析开始的。单个贷款的基础分析主要包括3个方面的评估：

（1）房产的财务状况和偿债能力。

（2）房产的价值和风险。

（3）贷款人的信用质量（历史行为、经营水平和财务状况）。

在对商业房产抵押贷款证券化中，由于贷款的转让一般都是非追诉的，所以贷款人本身的信用质量不是最主要考虑的因素。决定贷款表现和风险的是房产的盈利水平和价值。以下是商业房产分析中最重要的3个指标：

（1）不动产的价值（V）。

（2）贷款价值比例（LTV）。

（3）收入贷款倍数（DSCR）。

商业房产的价值是由其盈利水平和市场收益预期决定的。盈利水平一般以净现金流（NCF）来衡量，而市场收益预期一般以资本化率（CAP）来表现。不动产的价值（V）=净现金流（NCF）/资本化率（CAP）。

贷款价值比例是贷款额和不动产价值的比例，用来衡量资产借贷的杠杆长短。这个指标一般用来预测违约情况下贷款损失的严重程度（Loss Severity）。

收入贷款倍数是净现金流除以房产的贷款支付比例，用来衡量房产所产生的现金流是否足够用于正常的还贷。收入贷款倍数在很大程度上决定了违约的可能性（Frequency of Loss）。这个比例如果持续小于100%，就说明房产的现金流收入将无法满足还贷所需的支出，必然会导致违约。

在以上三个指标的计算和预测中，净现金流（NCF）和资本化率（CAP）是最重要的两个变量。

净现金流的计算如下：

	总可能收入
−	闲置准备
=	实际总收入
−	营业费用
−	管理费用
−	维修费
−	其他费用
=	净营业收入
−	资本支出和准备
=	净现金流

以前有些分析会用净营业收入（NOI）而不是净现金流来衡量房产的盈利水平和价值，这在商业房产的分析中不够全面。商业房产的长期成功运作对资本的投入和准备要求非常高，不考虑资本支出的净营业收入不能反映长期的盈利和现金流水平。所以现在流行的分析都会使用净现金流来反映可持续的商业房产的现金流水平。

资本化率的现值可以根据当前同类房产的市场价值和净现金流水平得出。资木化率受经济周期、利率环境和资本市场变化影响很人。

在具体的分析和预测中，这两个变量不一定，也不应该是当前的值。由于商业房产的表现受经济周期的影响非常大，在分析净现金流和资本化率的时候必须考虑到目前市场在整个经济周期中的位置，然后相应地对目前房产的表现和市场的收益率要求加以调整，以得出可持续的指标。

（二）资产池的多样性分析

正因为前面所述的商业房产抵押贷款的特性问题，如何在资产池层面进行多样性组合来分散风险，是商业房产抵押贷款证券化的一个课题。商业房产抵押贷款池的风险分散一般会考虑以下 4 个方面：

（1）房产类别。每类房产都有自己独特的运作模式、市场导向和风险特征，对不同经济指标的敏感度也有很大差异。通过房产类别的多样化，可以中和某一特定类别资产的表现对资产池的影响。这种多样化可以通过持有一个由多个不同类别的房产为抵押的贷款，或是购买以不同房产为抵押的多个贷款来实现。

（2）地域位置。由于不同地区在经济、文化、法律、税收和人口等方面的差异，不同地区的房产表现也会有差异。通过把不同地区的房产贷款组合在一起，可以降低因为某一特定地区出现的房产问题对总资产池的影响。

（3）经济关联。资产池中地域的多样化虽然可以中和不同地区经济差异的影响，但是有时不一定能真正实现经济影响的分散。有时，不同地区的经济可能有很强的相关性，比如美国有很多城市虽然不在同一个州，但是经济上依赖的是同一个行业（如旅游、能源、农业等）。资产池中拥有这些不同城市的房产贷款从地域上来讲是很多样化的，但实际的风险并没有得到分散。所以，在资产组合的分析中，不仅要考虑地域，还要分析不同地域间的共性（如支持产业）和经济相关性，来达到经济上的多样化。

（4）贷款面额。贷款面额的分散在商业房产抵押贷款证券化中非常重要。商业房产抵押贷款证券化可能是所有资产证券化中资产额度最不分散的。由于商业房产抵押贷款的面额很大，单个贷款所占的比例都不小，资产池中很可能出现一个贷款占总贷款额的很大比例的情况。在这种情况下，前面所讨论的在房产类别、地域位置和经济关联方面的风险分散，其实意义就不大了。比如，如果资产池中有 100 个贷款，但是有 1 个贷款占资产总额的 50%。就算其余 99 个贷款在各方面的多样性都做到最优，这个资产池的风险分散度还是很低。

除了对房产的多样化分析外，对贷款条款和贷款人的多样性分析也十分重要。比如，特殊贷款的比例（如仅付利息证券、交叉抵押贷款、A/B 贷款）、贷款按年份区分的比重、不同利息形式的比例（固定和浮动）、同一贷款人占资产池的比重等指标，都会影响资产池的质量水平和风险度。

第三节
商业房产抵押贷款证券化的结构和特点

一、商业房产抵押贷款证券化的结构

随着投资人需求的变化和融资人对低成本的不断追求，商业房产抵押贷款证券化的证券结构也在一直演变和优化。特别是在证券的分档分级上，CMBS交易的分档不断趋于精细。以超优级的AAA证券为例，证券的分档从2000年的两个档次增加到2007年的超过6个不同的档次，证券的花样也在不断创新。

图7.4所示是三个不同年份的商业房产抵押贷款证券化的典型证券结构。

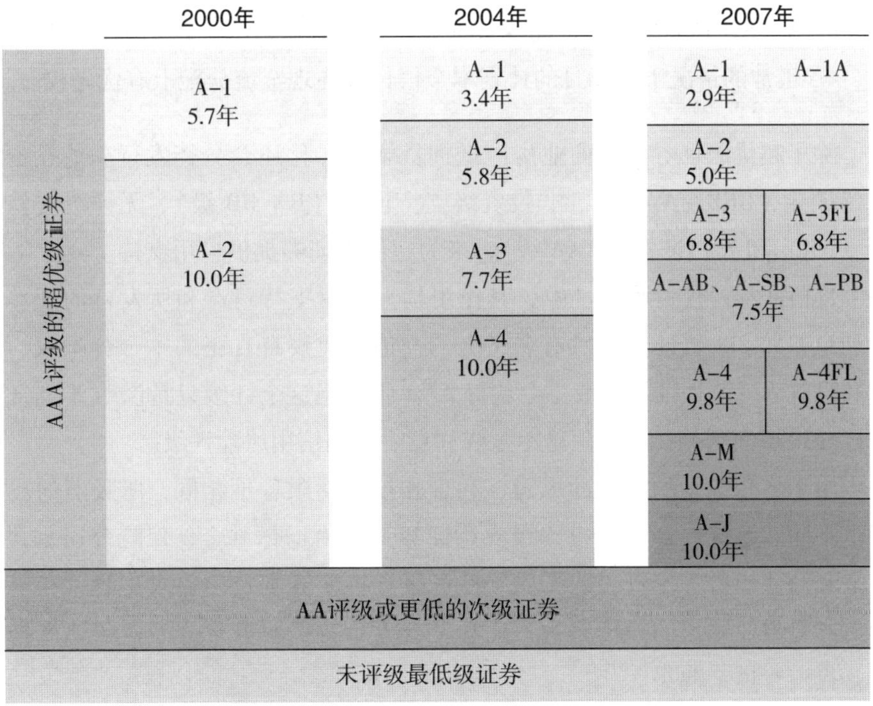

图7.4　不同年份的CMBS的结构

在2004年以后流行的分档中，出现了如A－M、A－J、A－1A、A－3FL、A－AB这样的特殊AAA级证券，以满足不同投资人的投资偏好。其中：

- A－M是中超优级证券，评级也是AAA级，但优先级上低于中超优级，属超优级的支持证券，自身的信用支持一般是20%左右，低于超优级的30%。
- A－J是次超优级证券，评级也是AAA级，但优先级上低于超优级和中超优级证券，信用支持一般低于15%。
- A－1A是针对基础资产中公寓型贷款的超优级证券，是从总资产池中剥离出单独一块作为支持资产的一个证券分系列，主要卖给房地美和房利美。
- A－3FL是浮动利息的超优级证券，利息是浮动的，一般以LIBOR为基准。
- A－AB是分期付款的超优级证券，按计划每月有一定的本金分摊，在正常的情况下其每月的计划本金偿付额在现金流分配上有优先权。

除了超优级证券外，商业房产抵押贷款证券化还会分档发行一些投资级支持证券（BBB－AA级）、非投资级支持证券（B－BB级）、无评级支持证券（NR）和X档证券（AAA级），来为超优级证券提供信用支持。

X档证券是仅付利息证券，其作用是来吸收支持资产和所发行的证券间的利息差异。X档证券虽然有名义上的面值，但没有真正的本金分配权，只有利息收入。X档证券一般也会获得AAA级，但这个评级只是说明X档证券有权获得超额利差，但不是对本金或利息收入的信用风险评级。

由于各个级别的证券的风险、利息和投资期限各不相同，所吸引的投资者也不同。超优级证券和投资级支持证券一般由退休基金、保险公司、共同基金和商业银行等投资者购买，非投资级支持证券则是由追求高收益和对商业房产有专业知识的投资银行、证券发行人、特殊服务商或专业的地产抵押贷款投资管道来购买。

表7.1所示是2006年摩根大通银行发行的JPMCC 2006－LDP6的证券结

构，这是比较典型的美国商业房产抵押贷款证券化的证券结构。

表 7.1　JPMCC 2006 – LDP6 的证券结构

证券级别	票面	信用评级	信用支持	平均年限	利息	本金回收期	优先级/档位
A1	59.9	Aaa	30	3.01	5.16	1 – 58	超优级
A2	155.9	Aaa	30	4.9	5.379	59 – 61	超优级
A3B	55.7	Aaa	30	7.14	5.559	81 – 96	超优级
A3FL	100	Aaa	30	6.71	L + 16	81 – 81	浮动超优级
A4	819.3	Aaa	30	9.85	5.475	110 – 120	超优级
ASB	103.7	Aaa	30	7.08	5.49	58 – 110	分期付款超优级
A1A	205	Aaa	30	8.28	5.471	1 – 120	公寓房超优极
AM	214.2	Aaa	20	9.96	5.525	120 – 120	中超优圾
AJ	163.3	Aaa	12.38	9.96	5.565	120 – 120	次超优级
B	48.2	Aa2	10.13	10.02	5.702	> 120	
C	18.7	Aa3	9.25	10.04	5.722	> 120	
D	34.8	A2	7.63	10.04	5.775	> 120	
E	21.4	A3	6.63	10.04	5.775	> 120	次优级
F	29.5	Baa1	5.25	10.04	5.775	> 120	
G	21.4	Baa2	4.25	10.04	5.775	> 120	
H	21.4	Baa3	3.25	10.04	5.775	> 120	
J	10.7	Ba1	2.75	10.04	5.155	> 120	
K	10.7	Ba2	2.25	10.04	5.155	> 120	
L	5.4	Ba3	2	10.04	5.155	> 120	
H	5.4	B1	1.75	10.04	5.155	> 120	次级（B 档）
N	5.4	B2	1.5	10.04	5.155	> 120	
P	8	B3	1.13	10.11	5.155	> 120	
NR	24.1	NR	0	12.53	5.155	> 120	
X1(Comp)	2 142.1*	Aaa	N/A	8.58	0.04		仅付利息
X2(PAC)	2 096.7*	Aaa	N/A	5.53	0.255		

* 名义面值。

资料来源：彭博

二、商业房产抵押贷款证券化的信用增级

美国商业房产抵押贷款证券化的主要信用增级是优先与次级的证券结构和顺次偿付的现金流分配设计，即由低级别的证券为高级别的证券提供信用支持。

商业房产抵押贷款证券化一般都采用简单的优次级按顺序分配的结构，所有资产本金现金流都是先用来偿付最高级别的证券，只有当高级别的证券全部得到偿付后，低级别证券才可以分到本金。这种简单的结构是最好的降低高级别证券信用风险的方式，也就成为商业房产抵押贷款证券化最主要的信用增级方式。

商业房产抵押贷款证券化中，资产池中的优质商业房产抵押贷款最容易获得再融资的机会，而先于质量差的贷款提前偿还退出。随着优质贷款的提前偿付，证券化资产池的整体信用质量会降低。同时，资产的多样性也会随着资产的减少而降低，风险也随之升高。简单的按序偿付可以帮助高级别证券减少这方面的负面影响。在按序偿付下，即使总的资产池规模会减小，风险会增加，但优先得到本金分配的高级别证券的余额也在减少，来自低级别证券的信用支持比例会不断升高，所以风险得到了中和。

在优次级按顺序分配的结构下，提前偿付风险的分配是由高级别证券向低级别证券依次递减，而信用风险的分配则是由低级别证券向高级别证券依次递减。由于商业房产抵押贷款的提前偿付保护，证券的提前偿付风险很低，所以主要风险是信用风险。

图 7.5 所示是商业房产抵押贷款证券化中一般情况下的本金偿还次序。由于 A－1A 与资产池中的公寓类资产直接关联，它跟其他优级证券在分配上属于平行。而 A－AB 分期付款证券，虽然它的总体本金偿还次序在 A－3 之后，但是它的分期付款部分优先级最高，优先于 A－1、A－2 和 A－3。

当资产池的质量出现严重问题时，上述次序也会发生变化。当证券结构中的次优级和次优级以下的证券全部损失完时，所有优级证券（A－1 到 A－

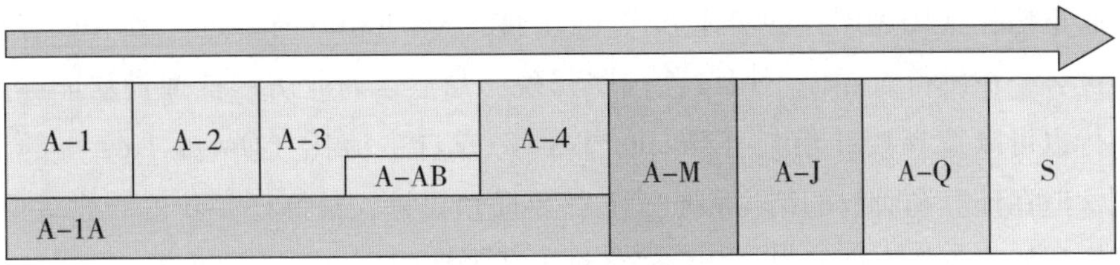

图 7.5　本金的偿还次序

4，含 A－AB）的现金流分配次序将设为同一等级。

图 7.6 所示是商业房产抵押贷款证券化中的损失承担次序。如果按照超优级、中超优级和次超优级的信用支持比例为 30%、20% 和 14% 来计算的话，只有当资产池的损失达到 30% 时，超优级证券才有可能出现损失；而当资产池的损失达到 14% 时，次超优级证券就可能出现损失。

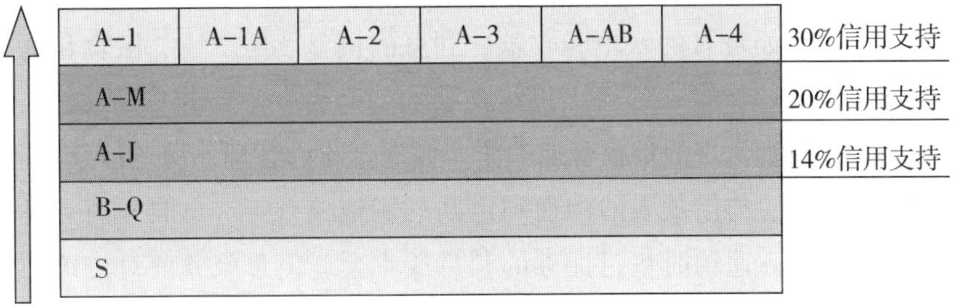

图 7.6　损失的分摊次序

三、法律结构和交易主体的特点

商业房产贷款证券化在结构上和其他资产证券化（MBS 和 ABS）很类似，主要体现在发行信托和卖方的风险隔离、借款人和发行人的风险隔离两方面。

在商业房产抵押贷款证券化交易中，一般会有两个同时进行的买卖：（1）由贷款人（卖方）把贷款出售给一个与贷款人关联的储贷方，（2）储贷方把贷款卖给由储贷方按照资产组合服务合同而成立的一个信托（发行人）。商业房产抵押贷款证券化中的发行人信托，大多数会选择房地产抵押贷款投资通道信托（REMIC）的实体形式。我们在介绍 RMBS 时讲过，REMIC 有税收优势，在发行人层面不用缴美国联邦税。当然，商业房产抵押贷款证券的发行也可以选择授让信托（Grantor Trust）或自主信托（Owner Trust）的形式，但在证券和股权的结构和形式上都要谨慎设计，最好还要获得法律意见，不然信托很可能会被征税，从而降低证券化的回报率。

商业房产抵押贷款证券化还有几个交易结构上的注意点：

（一）服务商

商业房产抵押贷款证券化中一般至少有两个服务商：总服务商和特殊服务商。有的证券化中还会有副服务商（分包服务商或贷款主服务商），一般是贷款发放人，在资产转让给发行人后继续保留其对贷款的服务权。

副服务商一般负责直接与借款人联系，向总服务商承包一部分与贷款管理相关的事务，如每月的账单和收款、利息的调整、房产税、保险和基本的贷款情况报告等。

总服务商负责常规的贷款管理工作，如现金流的管理、房产信息的收集、经营状况的监管、与借款人的沟通和定期的实地检查等。总服务商有时还会按合同要求在贷款违约时垫付证券的利息或本金。但总服务商对协议的修改权力有限，只能根据服务合同对贷款协议做小的改动。这些改动不会对证券投资人的权益产生太大的影响。一旦贷款出现违约，贷款的管理和服务事务就会马上交由特殊服务商。

特殊服务商在贷款违约后接管贷款，有很大的决策权。它可以根据服务条款对违约的贷款进行很大的改动以实现贷款现值的最大化。这些改动或决策包括贷款的延期、重组和止赎等。比如，特殊服务商一般可以决定是否给借款人延长贷款期限（一般 2 ~ 3 年），还有权推迟或减免部分或全部借款人应该按期支付的本息。在一定情况下，特殊服务商还可以决定是否接受抵押物的增加或更换。商业抵押贷款的坏账处理时机对贷款的损失程度的影响非常大，特殊服务商的这些特权就是为了减少或避免因为在不恰当的时间强行止赎（查封）或在市场低点变卖资产所带来的不必要的损失。

（二）控制级（指导权所有者）

在商业房产抵押贷款证券化中，持有证券结构底层支持证券常被称为“指导权所有者”或是“控制级”。这些投资者一般购买评级是BB/B和没有评级的证券，所以有时也被称为“B证券购买者”。控制级是证券结构的最底层，如果资产出现损失，首先会被用来吸收损失。所以，贷款信用问题的处理对控制级有最直接影响。作为第一损失承担者，控制级往往被赋予对资产坏账损失处理的决策权。很多情况下，控制级可以对特殊服务商的贷款处理提供指导。在信用评级机构认同的情况下，控制级有权辞退特殊服务商和指定替代服务商。

（三）流动性机制

商业房产抵押贷款证券化中会建立一定形式的流动性机制，一般是以服务商或托管人垫付、第三方流动性提供者，或流动性储备基金等形式。在资产的现金流不足以支付证券的利息或抵押房产需要资金来维护保值等情况下，流动性机制就会被用来垫付这些资金短缺。但是，在流动性机制设计中，一个需要注意的问题是过度垫付。因为服务费和流动性垫付在现金流的分配中享有最高次序，如果垫付过多，就可能造成在某一个月用垫付款来支付低级别证券利息后，下一个月因为优先偿还垫付款而没有资金来支付高级别证券的情况。为了规避这一风险，商业房产抵押贷款证券化中往往会设立一个评估减值机制：当贷款出现违约时，先根据资产评估值测算出可能的损失，针对这部分损失来限制垫付的额度，以保证今后有足够的现金流来偿还垫付额和偿付证券本息，从而避免因过度垫付造成的高级证券信用支持的减少的情况。

四、信用评级

商业房产抵押贷款证券化中每个证券的信用级别都是由资产池的质量和证券的信用支持决定的。在同一个信用级别下，资产的质量越高，所需的信用支持就可以越少。

从风险的角度讲，抵押贷款的风险主要是提前偿付风险和信用（违约）风险。前面提到，商业房产抵押贷款的提前偿付风险相对很低，对证券化后的证券的影响不是很大。信用风险是商业房产抵押贷款证券化中最主要考虑的风险，也是信用评级中最重要的分析对象。

商业房产抵押贷款证券化的评级必须综合一般证券化的分析和对单个资产的信用分析。在一般的证券化中，如住房抵押贷款证券化，信用评级可以利用历史数据和统计工具对基础资产的质量和表现进行判断和预测，由此得出损失的可能性和损失的严重程度。但是，对于商业房产抵押贷款证券化，由于前述的基础资产的特点和历史记录的有限，仅靠在资产池层面的统计分析是不够的。

商业房产抵押贷款证券的信用评级包括两方面的分析：（1）商业地产和贷款的分析，（2）证券化的结构分析。商业地产的分析主要是对资产池中的每个贷款及其抵押资产进行详细的分析，评估资产的质量并测算出预期损失和现金流；而证券化的结构分析则是对证券的结构、信用增级、损失可能（包括损失的概率、时间和严重程度）和交易的结构与法律风险等方面的评估。

商业地产和贷款的分析包含对房产、贷款和资产池三个层面的分析。这是决定商业房产抵押贷款证券化所需的信用支持量和信用评级的基础。图 7.7 是商业房产抵押贷款证券化信用评级的主要分析步骤。

商业地产的分析中，评级机构会根据每个贷款的抵押房产的年份、建筑质量、地段、市场和出租情况等指标进行评分。这类评分一般是 1 ~ 5，分数越低，地产质量越好，相应的风险就越低。对资产的评测中，评级机构会收集和分析以下多类文件：

- 房产的财务报告和预算（一般 3 年财务报告和 1 年预算报告）。
- 房产的租赁报告。
- 房产的资产评估报告。

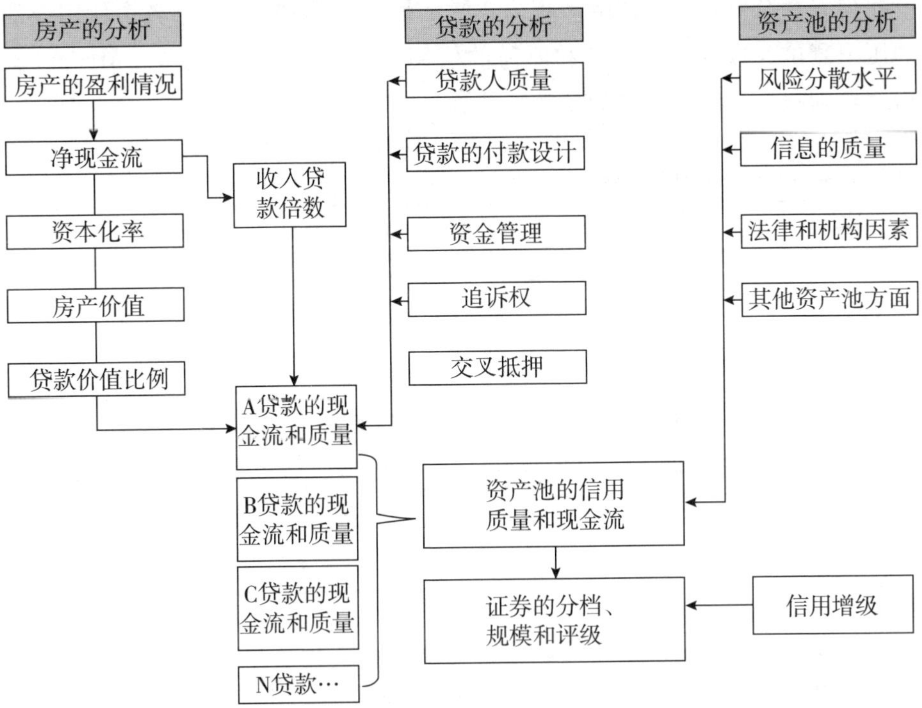

图 7.7 CBMS 信用评级的分析步骤

- 房产的工程报告。
- 地震报告和保险。
- 大风和洪水保险。

从计算上来讲，商业房产抵押贷款的信用风险大小主要是由两个因素决定的：(1) 贷款违约的可能性（概率），主要由贷款的收入贷款倍数决定；(2) 违约情况下损失的严重程度，主要由贷款价值比例决定。如前所述，收入贷款倍数指标是由预计净现金流（NCF）和贷款支付（Debt Serving）决定的，而贷款价值比例指标则是根据贷款面额、预计净现金流和资本化率（CAP）计算得来。由于贷款面额和贷款支付是可知的，所以信用评级机构的重点工作就是对资产的可持续净现金流和资本化率进行分析。这些分析包括对各项指标进行情景模拟和压力测试，来估测各种情景下资产净损失及其对证券的影响。表 7.2 所示是一个 CMBS 交易中各个信用级别的压力测试参数、损失预期和所需的信用支持的样本。从表 7.2 中可以看出，级别越高，压力测试的参数越苛刻。

表 7.2 各信用级别的分析数据

信用评级	规模（百万美元）	违约可能性	损失严重度	净损失	所需信用支持
AAA/Aaa	70.00	60.0%	50.0%	30.0%	30.0%
AAA/Aa2	5.00	50.0%	50.0%	25.0%	25.0%
AAA/A2	5.00	50.0%	40.0%	20.0%	20.0%
BBB/Baa2	5.00	39.0%	38.5%	15.0%	15.0%
BB/Ba2	6.00	30.0%	30.0%	9.0%	9.0%
B/B2	5.00	20.0%	20.0%	4.0%	4.0%
NR	4.00				第一损失

在信用评级的分析中，除了对每个贷款的信用进行分析外，还要分析资产池的多样性（贷款类型是否多样或同一贷款的支持资产是否多样），以判断整个资产池的风险和现金流的稳定性和可预测性。这其中包括对每个房产类别的比例、主要区域的集中度、大额资产所占的比例、贷款年份的分布、特殊贷款的比例（浮动利息、交叉抵押、主次贷款）等方面的分析和研究。

第四节
美国商业房产抵押贷款证券化案例分析

高盛抵押贷款证券 2007 - GG10（GS 2007 - GG10）是金融危机前一个典型的美国商业房产抵押贷款证券化例子，其设计和构架反映了美国商业房产抵押贷款证券化鼎盛时期的特点。

一、交易的证券结构

2007 年 6 月，高盛抵押贷款证券信托发行了总额为 75.63 亿美元的商业房产抵押贷款证券，交易名为 2007 – GG10，其中超优级证券为 52.94 亿美元，最低信用支持 30%；中和次超优级证券为 12.76 亿美元，最低信用支持 13.13%；投资级支持证券为 7.09 亿美元，最低信用支持 3.75%；非投资级支持证券为 1.42 亿美元，最低信用支持 1.88%；无评级支持证券为 1.42 亿美元；X 仅付利息证券名义面额为 75.63 亿美元。详见表 7.3。

表 7.3　GS 2007 – GG10 证券结构

证券级别	发行票面（美元）	信用评级	信用支持	优先级/档位
A – 1	75 000 000	Aaa	30.00%	超优级
A – 2	725 300 000	Aaa	30.00%	超优级
A – 3	246 609 000	Aaa	30.00%	超优级
A – AB	72 000 000	Aaa	30.00%	分期付款超优级
A – 4	3 661 032 000	Aaa	30.00%	超优级
A – 1A	514 000 000	Aaa	30.00%	公寓房超优级
A – M	756 277 000	Aaa	20.00%	中超优级
A – J	519 941 000	Aaa	13.13%	次超优级
B	75 628 000	Aa1	12.13%	
C	94 535 000	Aa2	10.88%	
D	56 720 000	Aa3	10.13%	
E	56 721 000	A1	9.38%	
F	75 628 000	A2	8.38%	
G	75 628 000	A3	7.38%	次优级
H	103 988 000	Baa1	6.00%	
J	94 534 000	Baa2	4.75%	
K	75 628 000	Baa3	3.75%	

（续表）

证券级别	发行票面（美元）	信用评级	信用支持	优先级/档位
L	37 814 000	Ba1	3.25%	
M	18 907 000	Ba2	3.00%	
N	28 360 000	Ba3	2.63%	
O	18 907 000	B1	2.38%	次级（B档）
P	18 907 000	B2	2.13%	
Q	18 907 000	B3	1.88%	
S	141 802 702	NR	0.00%	
X*	7 562 773 702	Aaa	N/A	仅付利息

*名义面值。

资料来源：彭博

GS 2007 - GG10 几个主要参与主体为：

- 卖方：RBS 格林威治资本、高盛抵押贷款公司、雷曼兄弟、美联银行。
- 总服务商：美联银行（富国银行收购美联银行后成为总服务商）。
- 特殊服务商：CWC 资本资产管理公司（CWCapital Asset Management LLC）。
- 受托管理人：富国银行。
- B 档购买人：CWC 资本（CWCapital）。
- 承销商：RBS 格林威治资本、高盛。

二、基础资产

GS 2007 - GG10 的基础资产是 203 个商业房产抵押贷款。这些贷款的抵押物包括在美国各地的 355 处商业房产。在证券发行时，这个资产池的平均收入贷款倍数为 1.14，贷款价值比例为 123.8%。这个贷款价值比例很高，一旦发生违约，损失严重度将会很高，这在后来的交易表现中体现了出来。

证券发行时资产池的状况如下：

- 房产的类型比较多样，但办公楼的集中度很高，占资产池的64.8%；购物中心其次，占10.2%。详见表7.4。

表7.4 房产类型一览

类型	比例	收入贷款倍数	市场资本率	初始贷款价值比例	最终贷款价值比例
办公楼	64.8	1.07	8.87	129.1	128.6
购物中心	10.2	1.26	8.93	117.6	115.1
酒店	8.7	1.42	11.6	119.3	113.4
公寓	7.0	1.00	8.3	125.7	122.6
工业	1.4	1.26	9.25	110.3	104.1
仓储	1.3	1.46	10	109.4	105.6
电影院	1.2	1.12	10.25	119.6	109.8
多功能	1.0	1.06	8.25	128.3	128.3
其他	4.5	1.35	8.52	112.9	111.4
综合/平均	**100**	**1.14**	**9.09**	**125.5**	**123.8**

- 房产分布在美国38个州和华盛顿区，有5个州占的比例超过5%，其中以加利福尼亚州集中度最高，为28.3%。
- 贷款都是在证券发行前的12个月内发行的，主要由格林威治资本（57.7%）和高盛抵押贷款公司（31.0%）发行或购买而来。
- 仅付利息证券占96.6%，其中80.4%的仅付利息期为贷款期，16.2%的仅付利息期在1~7年。
- 贷款的集中度：最大的5个贷款占资产池的29.5%，最大的10个贷款占41.1%。前十大贷款都是有破产隔离的特殊目的实体的贷款人，其中3个（15.1%）有交叉担保和交叉违约条款。

- 发起人的集中度：最大的贷款发起人占资产池的39.6%，最大的10个贷款发起人占51.1%。其中最大的发起人是麦格理地产公司（Maguire Properties Inc.），发起的贷款占资产池的18.2%。
- 28个贷款（19.8%）的抵押房产同时还有额外的借款（次级贷款）。这些次级贷款一般以A/B借款、夹层借款、第二房产抵押贷款或优先级股票等形式，对高级贷款的利益有一定的影响。

虽然GS 2007 - GG10下的房产质量比较高，但从风险集中角度讲，基础资产有多个指标过高，风险的分散度不够，如办公楼资产比例高、地域集中度高、贷款人和发起人集中度高、仅付利息证券比例高和次贷资产比例高等。

三、金融危机和交易问题

随着2007年金融危机的爆发，美国住宅房地产迅速崩盘，商业房地产也紧随其后，商业房产抵押贷款证券的表现也一落千丈，GS 2007 - GG10也不例外。随着经济的萎缩，商业房产的价格下降，入住率下降，GS 2007 - GG10资产池的贷款价值比例持续升高，收入贷款率不断下降，资产池中的不少抵押房产开始出现问题。

从2007年10月到2013年6月，原资产池中的22个贷款发生违约并被清算，平均损失率为39%，导致1.96亿美元的损失。累计实现的净损失在2013年8月达到2.04亿美元。

在该交易剩下的贷款中，31个贷款已经因为迟付而被特殊服务商CWC资本资产管理公司接管，总额达13.48亿美元，占资产池的20%。根据2013年7月的资产报告，这些特殊服务资产大部分已经被止赎或正在进行中，预计的损失将超过6.5亿美元。

这些特殊服务资产中最大的一个资产来自原资产池中的第三大贷款（前十大贷款中贷款价值比例最高的贷款，见表7.5）：加州二号大厦（Two California Plaza)，贷款余额达 4.68 亿美元。这个坐落于加州洛杉矶市中心的 52 层办公楼有 1 329 810 平方英尺的使用面积，但是由于入住率的持续降低而无力还款，在 2010 年年底被特殊服务商 CWC 资本资产管理公司接管，并于 2012 年 10 月通过止赎销售而占有。该大楼在 2012 年年底的出租率为 73%，但是随着其第二大租客普华永道会计公司（占 12%）在 2013 年 5 月合同到期而搬出，该大楼的出租率已降为 61%，见表 7.6。

表 7.5　资产池中前十大贷款

房产名	类型	比例	收入贷款倍数	市场资本率	初始贷款价值比例	最终贷款价值比例
Shorenstein Portland Portfolio	办公楼	9.1	1.2	9.2	132.3	132.3
Wells Fargo Tower	办公楼	7.2	1.0	8.5	132.8	132.8
Two California Plaza（加州二号）	办公楼	6.1	1.0	8.5	134.8	134.8
TIAA RexCorp New Jersey Portfolio	办公楼	3.5	1.1	9.3	125.1	125.1
400 Atlantic Street	办公楼	3.5	1.3	9.0	121.0	121.0
2 Herald Square	地	2.5	1.4	7.5	110.3	110.3
TIAA RexCorp Plaza	办公楼	2.4	1.0	8.8	127.9	127.9
InTown Suites Portfolio	酒店	2.4	1.4	12.0	120.9	112.7
550 South Hope Street	办公楼	2.2	0.9	8.8	128.4	128.4
Harbor Point Apartments	公寓	2.1	0.9	8.3	128.9	123.7
平均值	—	41.1	1.1	8.9	128.5	127.8

在其余还没有违约的支持资产中，45 个贷款已经由于房产的经营状况不佳被总服务商列入重点观察名单，总额达 28.67 亿美元，占剩余资产池的 42.3%。这其中包括了资产池中的第一、第二和第四大贷款（收入贷款倍数在 0.9 ~ 1.05 之间，贷款价值比例都超过 125%）。

表 7.6　加州二号大厦的住户情况

主要租户	信用评级	面积（平方英尺）	比例	每平方租金	租约到期日
Deloitte & Touche（德勤）	无评级	342 094	25.7	15.25	2015.3
PricewaterhouseCoopers（普华）	**无评级**	**160 784**	**12.1**	**17.71**	**2013.5**
Aames Financial Corp.（阿梅斯）	无评级	151 561	11.4	22.59	2012.3
Mayer Brown Rowe（美鄂）	无评级	81 411	6.1	20.62	2017.3
Merrill Lynch（美林）	AA -	65 605	4.9	18.25	2013.6

GS 2007 - GG10 交易下抵押房产表现的持续恶化引发资产池的严重损失，导致证券的损失和一系列的证券降级：

- 2009 年 2 月，由于资产池的表现恶化，穆迪降级了 GS 2007 - GG10 的 16 个证券。
- 2009 年 11 月，由于资产池中最大的发起人麦格理地产公司的问题，穆迪把 GS 2007 - GG10 的 17 个证券降了级。
- 2009 年 12 月，穆迪又把 GS 2007 - GG10 的另两个证券降了级。
- 2010 年 10 月，穆迪把 GS 2007 - GG10 的 11 个证券降了级。
- 2012 年 6 月，穆迪把 GS 2007 - GG10 的 5 个证券降了级。
- 2013 年 6 月，穆迪把 GS 2007 - GG10 的 3 个证券降了级。

截至 2013 年 10 月，GS 2007 - GG10 中除了 A - 1、A - 2、A - 3 和 A - AB保留了最初的 Aaa/AAA 评级外，其他证券都已经被降级或损失殆尽。其中，中超优级证券（A - M）和次超优级证券（A - J）都被降为非投资级；而大部分还未被冲销的支持证券已经被降为最低的违约级（C/D 级）。

表 7.7 列示了 GS 2007 - GG10 交易中各级证券的信用级别的变动情况。

按 CWC 资本资产管理公司的资产处理计划，上述 31 个特殊服务资产中

表 7.7　GS 2007 – GG10 各级证券信用级别变动情况

证券级别	发行票面（美元）	2013.10 票面（美元）	初始评级	2013.10 评级
A – 1	75 000 000	—	Aaa	Aaa
A – 2	725 300 000	306 544 355	Aaa	Aaa
A – 3	246 609 000	246 609 000	Aaa	Aaa
A – AB	72 000 000	55 428 354	Aaa	Aaa
A – 4	3 661 032 000	3 661 032 000	Aaa	A3
A – 1A	514 000 000	446 790 579	Aaa	A3
A – M	756 277 000	756 277 000	Aaa	Ba3
A – J	519 941 000	519 941 000	Aaa	Caa1
B	75 628 000	75 628 000	Aa1	Caa2
C	94 535 000	94 535 000	Aa2	Caa3
D	56 720 000	56 720 000	Aa3	Ca
E	56 721 000	56 721 000	A1	C
F	75 628 000	75 628 000	A2	C
G	75 628 000	75 628 000	A3	C
H	103 988 000	103 988 000	Baa1	C
J	94 534 000	94 534 000	Baa2	C
K	75 628 000	75 628 000	Baa3	C
L	37 814 000	37 814 000	Ba1	C
M	18 907 000	2 191 278	Ba2	C
N	28 360 000	—	Ba3	
O	18 907 000	—	B1	
P	18 907 000	—	B2	
Q	18 907 000	—	B3	
S	141 802 702	—	NR	
X*	7 562 773 702	—	Aaa	Ba3

* 名义面值。

的18个房产（总额11.32亿美元，包括加州二号大厦）将会被拍卖。一旦拍卖完成，销售实现的损失将会由最低级的证券承担，从而可能冲销全部目前评级为违约级（C/D级）的证券。

四、证券结构对高级证券的保护

虽然GS 2007 - GG10的资产池已发生了严重损失（超过2亿美元），而且预计的总损失将超过9.6亿美元（占原资产池的12.7%），但是最高级别的4个超优级证券（A-1、A-2、A-3、A-AB）还是保持了AAA的评级；A-1A和A-4也还在投资级，这和商业房产抵押贷款证券化中采用优次级证券结构和简单的按顺序分配设计是分不开的。

截至2013年10月，GS 2007 - GG10中的A-1已全部得到偿付，A-2也偿付了大部分，A-AB的分期付款按时得到了偿付，A-1-A也得到了对应于公寓资产的本金分配；而支持证券中的N~S级已全部损失，大部分M级也已损失。

在剩余的证券中，原超优级证券（A-4和更高级别）享有的信用支持还有30%，和证券发行时的水平一样；A-M和A-J的信用支持分别为19%和11%，比证券发行时略低。但是，由于基础资产的预期质量水平比证券发行时差很多，A-4、A-1A、A-M和A-J的预期信用风险比发行时高很多，所以都被评级机构降了级。

表7.8显示的是GS 2007 - GG10交易中各级证券的偿付和损失情况（截至2013年10月）。

表7.8 GS 2007 - GG10各级证券偿付和损失情况 （单位：美元）

证券级别	利息种类	原发行额	余额（2013.10）	付款或损失	分配次序
A-1	固定利息	75 000 000	0	75 000 000	
A-2	固定利息	725 300 000	306 544 355	418 755 645	

（续表）

证券级别	利息种类	原发行额	余额（2013.10）	付款或损失	分配次序
A－3	浮动利息	246 609 000	246 609 000	0	
A－AB	浮动利息	72 000 000	55 428 354	16 571 646	
A－4	浮动利息	3 661 032 000	3 661 032 000	0	
A－1－A	浮动利息	514 000 000	446 790 579	67 209 421	
A－M	浮动利息	756 277 000	756 277 000	0	
A－J	浮动利息	519 941 000	519 941 000	0	本金付款
B	浮动利息	75 628 000	75 628 000	0	
C	浮动利息	94 535 000	94 535 000	0	
D	浮动利息	56 720 000	56 720 000	0	
E	浮动利息	56 721 000	56 721 000	0	
F	浮动利息	75 628 000	75 628 000	0	
G	浮动利息	75 628 000	75 628 000	0	
H	浮动利息	103 988 000	103 988 000	0	
J	浮动利息	94 534 000	94 534 000	0	损失分担
K	浮动利息	75 628 000	75 628 000	0	
L	固定利息	37 814 000	37 814 000	0	
M	固定利息	18 907 000	2 191 278	16 715 722	
N	固定利息	28 630 000	0	28 630 000	
O	固定利息	18 907 000	0	18 907 000	
P	固定利息	18 907 000	0	18 907 000	
Q	固定利息	18 907 000	0	18 907 000	
S	固定利息	141 803 000	0	141 803 000	
X	浮动利息	0	0	0	

GS 2007－GG10 的例子证明了商业房产抵押贷款证券化的证券结构设计的合理性和对信用风险化解的重要性。同时，这个案例更证明了基础资产分析的重要性：如果对基础资产的质量表现没有合理的预测，证券结构的设计也就失去了意义。

第五节
中国商业房产抵押贷款证券化的现状、挑战和案例分析

一、现状和挑战

中国在商业房产抵押贷款证券化方面虽然已经具备了一定的条件，但同时还面临着多方面的挑战。

首先，从供应上来讲，中国的商业房地产近年来发展迅猛，贷款的规模在数量上已经可以满足建立 CMBS 市场的要求。但是，我国的商业房产抵押贷款在“质量”和流动性上还有待提高。如前所述，根据美国证券化的历史经验来看，商业房产抵押贷款的证券化一般要比住房抵押贷款或消费者类贷款的证券化有所滞后，其中的一个原因是商业房产抵押贷款的大面额、非标准、统计难和风险集中等特点，这些特点使得其对证券化的技术（如增信和资产管理）要求比较高。而非标准和统计难这些特点，在中国商业房产抵押贷款上更为突出。我国的银行或信贷机构给房地产开发商以及物业经营商提供贷款时，在发放标准、合同订立、合约条款和信用评级等方面都存在着很大的差异，总体上还没有达到证券化对基础资产在统一性和标准化上的要求。

同时，我国商业房产抵押贷款的二级市场还没有达到很好的水平，流动性不够，限制了发起人的多样化、资产池构建的效率和资产池的多样性。

从融资需求的角度来讲，商业房产抵押贷款的证券化有着潜在的优势。以美国的经验来看，在一定的市场条件下，CMBS 与其他融资方式相比，具有融资成本低、流动性强、产品多元化、对发起人无追索权、增强盈利和表外

融资等优点。目前中国的商业房产融资渠道还比较单一，直接发行债券的条件比较苛刻。虽然近年来房地产企业尝试不同的方式来拓宽融资渠道，但目前主要的资金来源还是传统的银行贷款。而目前我国商业银行在贷款发行和持有上受政策的影响非常大，在政策收紧和银根紧缩的环境下，银行面临多方面的压力，所以商业地产公司的融资难度将进一步加大。商业房产抵押贷款的证券化可以帮助商业银行建立新的运行模式，实现从投资贷款（Rortfolio Loan）向管道贷款（CMBS Loan）的转换。这种模式可以帮助商业银行摆脱束缚，在降低自身信用风险、缓解资本金压力的情况下，为证券投资者和商业地产公司搭建起一个桥梁，实现资金的对接。当然，商业房产抵押贷款的证券化也需要政策和法规的支持才可以进行和发展。在政府需要利用收紧银根来对整体经济进行调整和控制，但又不想打压或伤害到商业地产的发展的情况下，有针对性地对商业房产抵押贷款的证券化进行扶持，无疑是一个很有效的措施。

从美国的经验也可以看出，商业房产抵押贷款的证券化也是处理银行不良资产的有效工具。美国商业房产抵押贷款证券化的发展最先是由美国政府处理银行不良资产而真正开始的。和其他贷款类型相比，商业房产抵押贷款的不良率比较高，这在中国也是如此。随着中国经济的转型和房地产市场的降温，商业房地产相关的不良资产有可能增加，而我国目前处理大规模不良资产的渠道还是比较有限。商业房产抵押贷款的证券化无疑可以为银行不良资产的处理提供一个有效的出路。

从投资者角度来看，中国投资者对 CMBS 这种固定收益类证券的需求是很有潜力的。目前中国投资市场上的产品还是不够丰富，投资者参与商业地产投资的渠道很有限。从国外的经验来看，CMBS 的购买者主要是一些养老基金、人寿保险、共同基金和对冲基金等机构投资者，它们需要购买 CMBS 这类风险相对较低、收益稳定、期限较长的产品。机构投资者还可以通过购买 CMBS 间接参与对商业房地产的投资，提高投资组合的多样性。CMBS 的发展无疑会丰富中国投资者的投资选择，帮助解决投资者的流动性过剩问题。但是，中国投资者对这个新产品的接受也会经历一个较长的过程。由于 CMBS

是一个相对新而且复杂的产品，中国的投资者可能会因为无法理解和评估其风险而保持观望态度，这也可能是中国第一个 CMBS 产品是以美元在海外发行的原因。

中国发展商业房产抵押贷款证券化的最大障碍可能是政策和法律法规环境：

- 资产证券化是建立在风险可以量化的基础之上的，对资产的信息要求非常高。而我国目前的信息披露制度还不够健全，透明度不是很高，资产和交易信息的可靠性还有待提高。尤其在地产开发项目上，存在很多未披露的隐患，投资风险普遍较大，不利于证券化的实施和操作。
- 商业房产抵押贷款的违约率比较高，所以其证券化交易需要有明确的权利和义务保障以及有效的破产清算程序。由于我国涉及产权、抵押、担保、破产和债权人权益等方面的法律法规还处于不断完善和发展阶段，很可能发生变化，不利于投资者对风险进行量化和评估。特别是在破产清算方面，我国虽然已经有比较完整的法律框架，但是具体的破产清算的处理和实施很“多样化”，还没有建立一个规范、标准和有效的体系，而这恰恰是证券化所需要的。有专家提出，中国需要一部企业的破产法来建立市场信心和推动资产证券化的进程，这个说法是不无道理的。
- 我国的税收制度也可能是制约资产证券化的一个原因。怎样避免双重纳税，交易的印花税、相关的红利税和所得税将怎样处理，都将对资产证券化进程产生影响，而这些税务问题还没有一个明确的答案。
- 国家的宏观经济政策也可能是商业房产抵押贷款证券化的一个抑制因素。目前，在大政策上，国家还在对房地产贷款进行调控，以对房地产市场进行降温。如果大力推行 CMBS，相当于一边压缩房地产贷款一边鼓励地产商筹集资金，在政策上可能造成误解和错觉。
- 中国利用外资来推进商业房产抵押贷款的证券化，也存在着法律法规的问题。目前中国有关外资投资中国房地产的政策在不断变化，这可能会影响外资进行房地产交易的有效性，收入的汇出也可能会受外汇政策的影响。同时，我国货币政策的变化也是外国投资者所关心或担心的。

- 此外，对于商业银行来讲，银行监管部门对资本金要求的政策变化也可能会对证券化产生负面影响。在金融危机之后，国际上纷纷出台严格的政策对资产证券化进行规范，比如提高资产证券化发起人的信用风险自留要求和《巴塞尔资本协议Ⅲ》中提出的对证券化产品更高的资本要求。如果我国银行监管部门也依法炮制这种趋势，无疑会打击商业银行进行商业房产抵押贷款证券化的积极性。

从国际发展经验来看，商业房产抵押贷款的证券化将会对我国房地产企业的融资、银行的风险管理、资本市场的效率和金融体系的完善，有积极的推动作用。但是，商业房产抵押贷款的证券化在我国的发展不可能一蹴而就，目前面临的多个挑战也需要时间和经验的积累才可能得到解决。政府和监管部门需要制定明确的法律法规对资产证券化进行扶持和引导，银行、保险公司、资产管理人、评级机构、服务商等潜在交易方需要积极配合，勇于创新和尝试，来为商业房产抵押贷款的证券化提供一个有效和健康的环境。

二、中国 CMBS 第一例

中国商业房产抵押贷款证券化的第一例发生在 2006 年——在开曼群岛成立的特殊目的公司朝代资产有限公司［DAHL-Dynasty Assets（Holdings）Limited］以在中国的 9 处商业房地产项目的贷款为基础资产发行了 1.45 亿美元浮动利率证券（“朝代资产 2006－1”）。该交易以国内资产在海外融资这种“曲线救国”的方式开辟了中国房地产企业和银行利用 CMBS 进行合作融资的一个新渠道。当时，国内的银行和证券机构还处在对 CMBS 的学习和研究阶段，而在海外有过丰富的证券化经验的麦格理银行和花旗银行捷足先登，打响了中国 CMBS 的第一枪。虽然这第一只 CMBS 的发行被业内解读为麦格理银行和万达集团在香港进行REIT上市的计划失败后的第二选择，但其对中国商业房产抵押贷款证券化的意义还是不可忽视的。可惜的是，中国商业房产抵押贷款证券化在这个交易之后由于种种原因继续保持沉默，在今后的一段时间内，我们也很可能看不到该交易的复制。尽管如此，我们还是觉得这个交易中的很多设计特点值得后来者借鉴和参考。

（一）交易参与主体

朝代资产2006－1交易的主要参与主体如下：

发行人：朝代资产有限公司［DAHL-Dynasty Assets（Holdings）Limited］
借款人：朝代地产有限公司［DPIHL-Dynasty Property Investment（Holdings）Limited，一家在百慕大注册的特殊目的公司］
发行安排人一：花旗环球金融亚洲（Citigroup Global Markets Asia Limited）
发行安排人二：麦格理银行（Macquarie Bank Limited）
资金管理人：麦格理弘峰管理有限公司（Macquarie Topest Management Limited）
物业管理人：万达集团的资产管理子公司
发起人一：麦格理银行
发起人二：花旗国际（Citicorp International Limited）
受托人：花旗信托（Citicorp Trustee Company Ltd）
管理代理：花旗国际
付款代理：花旗银行伦敦分行［Citibank，N. A.（London Branch）］
流动性提供：花旗银行提供80%，麦格理提供20%
货币互换：花旗银行提供80%，麦格理提供20%
管理代理人：仲量联行上海和北京分公司（Jones Lang LaSalle）

各交易主体间的关系结构如图7.8所示。该交易采用了双层结构的CMBS模式，持有物业项目的公司做到了与负责筹资的公司分离，以规避法律风险和相关的担保束缚。

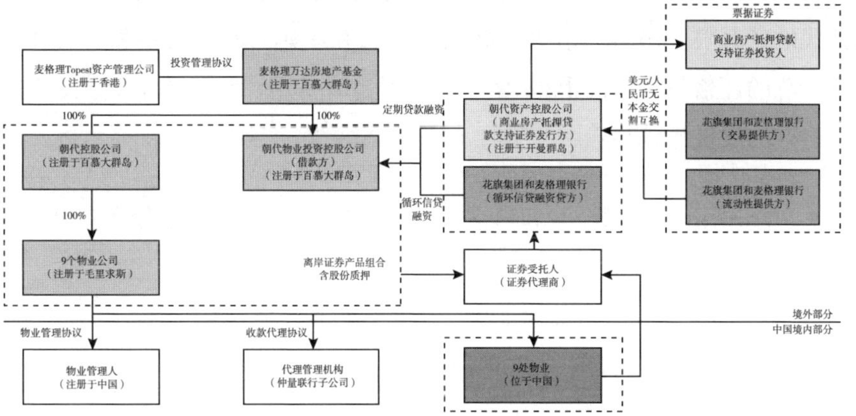

图 7.8　交易的参与方及相关结构

资料来源：穆迪

（二）证券

朝代资产 2006 –1 交易发行的证券是 2006 –1 系列浮动利率证券，面额为 1.45 亿美元，利率的基准为 3 个月的 LIBOR，2012 年到期。在预期到期日前，利息按季度支付，之后按月支付。本金则是在预期到期日一次性付清。该证券获得的信用评级为 A2（穆迪）/ A –（标准普尔）。

作为中国的第一只 CMBS 证券，能获得 A2/A – 的评级还是不错的。据相关评级机构的介绍，主要是考虑到了以下因素：用于贷款抵押的房地产项目的质量、每个房地产项目的出租率以及承租人的质量、相对较低的负债率等。

值得注意的是，该证券的预定期限为 2.75 年，最终法定期限为 5.75 年，“尾巴期”长达 3 年。这样设置是考虑到基础资产中贷款违约的情况下，如果发行人预定期限后未能提出偿还方案，资产管理人和证券信托人需要通过对抵押资产的回收和拍卖来收回资金，设定 3 年缓冲期有利于保护投资人利益。

（三）基础资产

朝代资产 2006 –1 的基础资产为朝代地产有限公司借的一笔商业房产抵

押贷款，面额为1.45亿美元，贷款类型为到期一次付清。这笔贷款的抵押物为朝代地产有限公司向万达集团购买的分布在中国各地的九处购物中心地产项目，总的评估价为人民币38亿元。根据当时信用评级机构的评论，这9处商业房产的质量比较高：

- 由在国内有丰富经验和口碑的万达集团开发，合理地分布在9个不同城市。
- 都坐落于这些城市的商业中心附近，地理位置比较优越。
- 都是在交易发行前的3年内付诸使用，房产的设计、布局和条件比较好。
- 出租率很高：2006年6月的加权平均出租率高达98%，其中7个全部租出。
- 有较长的平均剩余租约期限：所有商业广场加权平均租期为11年，远高于中国商业房产3~5年的平均水平。
- 这些商业房产项目的承租人均为国际著名零售企业，如沃尔玛、百盛、百安居等，也有国美电器等国内知名零售商，它们贡献了总收入的58%以上。

为了消除海外投资者对中国法律法规在商业房产抵押贷款产权抵押和破产方面的顾虑，该交易在涉及资金偿付环节安排了全面的抵押担保机制，如借款人DPIHL的偿还义务履行由11个主体（包括DHCL、MWREF和9个PHC公司）做担保，其中9家PHC公司以持有的抵押物业做担保，DHCL以持有的PHC公司股权做质押，MWREF也提供部分担保。之所以由多家关联主体做担保，是为了保证担保效力的万无一失。比如，假如毛里求斯当局判定PHC公司担保无效，DHCL的担保可以在英美法体系中发挥作用。该交易还设立了证券信托人，按照规定，产品销售结束后，至少有8家购物中心的抵押权（它们的价值占总资产价值的96.7%）登记在证券信托人名下，为便于它为投资人主张权益。

（四）资产的管理人和交易对手

朝代资产 2006－1 的资金管理人为具有丰富专业知识与经验的麦格理弘峰管理有限公司，该公司由麦格理房地产亚洲公司与万达集团全资子公司弘峰投资公司合资成立，双方分别占股 49% 和 51%。这个合资组合可以利用麦格理集团在资金管理方面的国际经验，也可以充分利用万达集团在中国本地市场上的经验和优势。

朝代资产 2006－1 的物业管理人为万达旗下的资产管理子公司。由于万达集团在房地产市场上的丰富经验和资产管理上的良好口碑，这个组合无疑为该交易加了分。

朝代资产 2006－1 的流动性信用额度提供方为花旗银行香港分行（80%）和麦格理（20%）。其中，花旗银行香港分行的总部信用评级当时为 Aa1/Prime－1/A－，信用度比较高。同时，该交易的货币互换合约的对手也是花旗银行（80%）和麦格理（20%）。

（五）交易结构特点和增信机制

鉴于海外投资者对中国相关法律环境、政策环境和房地产市场的担忧，该交易中加入了很多对投资人有利的增信机制和结构设计。

首先，朝代资产 2006－1 的基础资产的贷款价值比例比当时美国的同类 CMBS 交易低很多。根据第三方评估机构的评估值，该交易的总贷款价值比例为 31%。穆迪在评级时对抵押资产的价值进行了压力调整，调整之后的总贷款价值比例为 49%。

朝代资产 2006－1 的收入贷款倍数也比当时美国同类的交易高。该交易发行时，资产池的收入贷款倍数预计在 2.3 左右，这比前面介绍的 GS 2007－GG10 交易的 1.1 高了 1 倍多。朝代资产 2006－1 交易中还设计了收入贷款倍数准备金机制，如果交易的收入贷款倍数低于 2，交易的剩余利差现金流会被截流以建立特殊现金储备账户（账户的余额上限为 6 个月债务偿付支出和日常运营费用）。穆迪在评级时对计算的压力测试收入贷款倍数为 1.67，远高于美国平均水平。

为了解决现金流在时间上的错配而可能引起的流动性问题，朝代资产2006－1中还设计了流动资金紧急支持机制：在发行人因意外情况（比如由于外汇管制的变化、租金收入的无法汇出或者主要租户的租约到期而短期中断等流动性问题）不能偿付债务时，花旗银行和麦格理将会为交易提供1 320万美元的流动性信用额，以帮助发行人支付证券1年的债务和费用。

为了解决以美元为单位的浮动利率证券和以人民币为单位的租金收入资产的错配问题，该交易利用了货币互换安排来降低交易的汇率风险。花旗银行和麦格理将把人民币为单位的租金收益通过交叉货币互换（Non-Deliverable Cross-Currency Swap）转化成浮动的美元为单位的收益来与证券的利息支出匹配。

此外，如前面提到，该交易的“尾巴期”长达3年，这给了资产管理人和受托人比较充裕的时间来处理违约的基础资产，以实现经济利益的最大化。

由于万达和麦格理这次海外发行是中国第一个CMBS的尝试，投资人和评级机构对该交易的条件还是偏于苛刻，发行人不得不提供各种优厚的保护机制来讨好投资者，所以融资的效率没有相同时期美国和欧洲的同类型交易高。但是，在当时的中国资本市场条件下，万达和麦格理的这个CMBS交易无疑是成功的。虽然这个交易被业内认为是不大可能被复制的，但该交易中的一些交易机构设计、证券发行特点和增信机制还是值得我们学习和借鉴。同时，这个交易的“中国制造，海外发行”的模式也值得我国资产证券化工作者参考。

第八章
银行贷款证券化

第一节
银行贷款证券化简介

一、银行贷款证券化的发展

银行贷款的证券化是资产证券化中另一个重要的分支，其主要形式是担保贷款证券（CLO）。从证券化的分类上来讲，CLO是担保债务证券（CDO）的一种，主要是以银行贷款作为基础资产。这里所指的银行贷款是狭义上的银行贷款，主要包括银行或金融投资公司发行的风险较高的非房产类商业贷款，如杠杆贷款、联合贷款和非投资级商业或工业企业贷款。在美国过去的十几年间，CLO一直是银行贷款最主要的融资渠道，平均每年所吸收的贷款额超过新发行贷款的50%，详见图8.1。

20世纪80年代，随着房地产抵押贷款证券化的普及和证券化技术的进步，证券化开始进入银行债券和贷款领域。80年代末，市场上开始出现了担保债券证券和担保贷款证券，即CBO和CLO。但是，由于80年代末至90年代初美国的经济危机和储蓄银行危机，CLO在1996年之前并没有形成规模。

90年代的危机之后，投资者的信心恢复，银行贷款市场的扩大和银行对资本金和收益的追求给了CLO真正发展的机会。CLO给交易各参与方提供了多种获利机会：

- 发行人可以利用CLO实现多种目的：实现贷款资产和证券债务间的利差；把资产挪到表外，转移风险，提高资本金率；丰富融资渠道，降

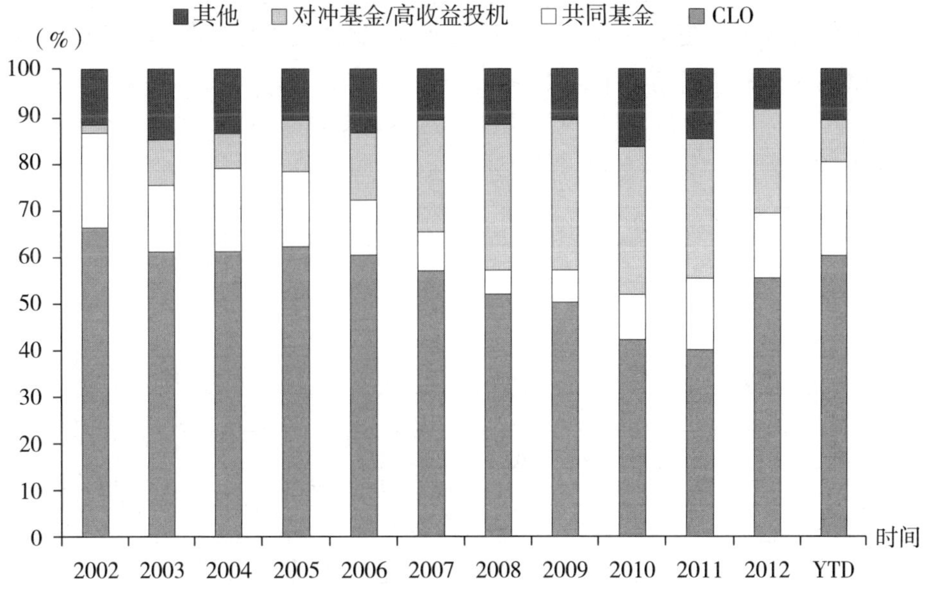

图 8.1　美国银行贷款融资渠道比例

注：YTD 指 2013 年第一季度末。

资料来源：S&P Capital IQ LCD

低融资成本；保留高收益的股权来提高资本收益率。

- 资产管理人可以通过 CLO 来：增加资产管理规模，充分利用服务设施，实现规模效应；创造稳定的管理费和奖励分红；通过部分股权投资，用杠杆参与分享盈利空间。
- 对投资者来说，和其他证券化产品一样，CLO 提供了不同风险和回报组合的投资机会；和其他传统投资产品相比，CLO 的投资回报率更高；投资者可以通过购买高级别证券来“安全”地参与相对高风险、高收益的商业贷款投资。而且，他们有机会选择自己信赖的资产管理人来进行投资。

从 1996 年开始，CLO 市场迅速成长，除了美国，欧洲和日本的市场也同时发展起来。2005 年，CLO 全球余额总量达到 2 000 亿美元，成为银行杠杆和联合贷款最重要的融资渠道。2006 年和 2007 年更是 CLO 突飞猛进的阶段，全球 CLO 余额总量超过 4 000 亿美元，仅美国 CLO 的发行量在 2007 年就达到历史最高的 928 亿美元。详见图 8.2。

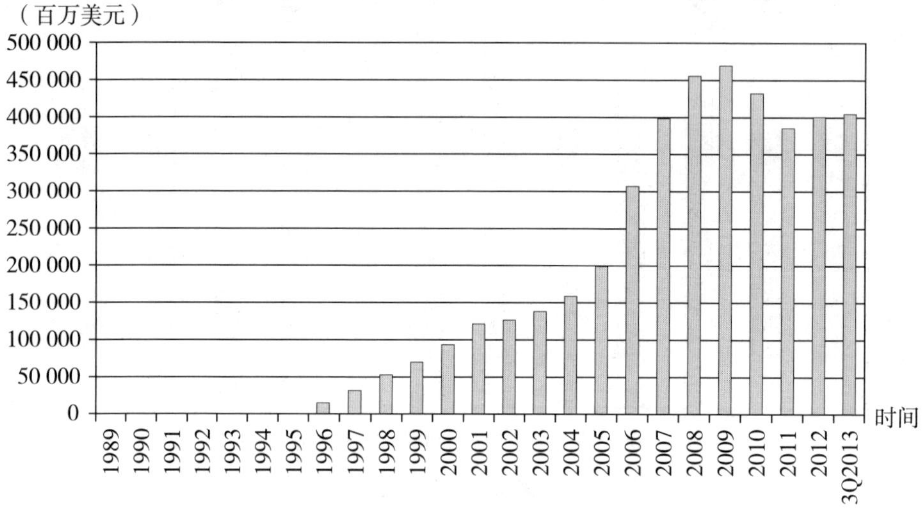

图 8.2　全球 CLO 总余额

资料来源：美国证券业及金融市场协会

二、危机和恢复

和其他资产证券化一样，CLO 在 2007 年开始的次贷危机和经济大萧条中也遭受了重大打击。贷款违约的增加和其他证券化产品的暴跌引发了 CLO 的抛售，证券评级机构也开始纷纷对 CLO 进行降级，进一步增加了投资者的恐慌。后来的数据证明，CLO 的质量远没有投资者和证券评级机构预计的那么差，信用表现远远好于其他各类资产证券化产品，危机爆发了 3 年之后，证券评级机构又纷纷升级了大部分当年被降级的 CLO，证券价值终于回归合理。但在经济危机中，作为 CDO 的一种，投资者对 CLO 谈虎色变。在风声鹤唳的 2009 年，CLO 市场由于恐慌而进入冰封期，AAA 级证券的市场收益利差从低于 30 个基点飞涨至高于 600 个基点，BBB 级证券的利差更是从 250 个基点飙升至骇人听闻的 2 200 个基点。

2007 年金融危机后，CLO 的投资者和资产管理人结构有了新的变化，私募基金和对冲基金看到了 CLO 投资回报的潜力，更多地参与发行和投资 CLO；同时，资产管理人的整合和购并也在加速以实现规模效应，这些都给 CLO 市场注入了新的活力。随着美国的监管、法规和会计处理的变革，CLO 投资者和资产管理人的结构将继续变化。详见图 8.3。

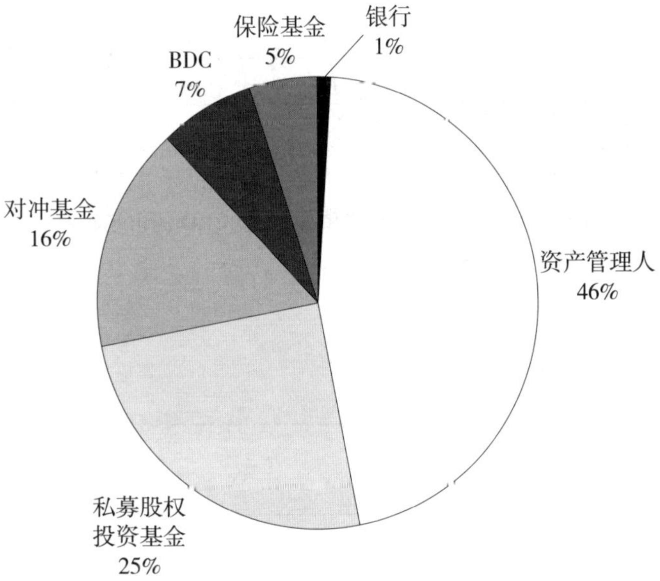

图 8.3　2007 年经济危机后 CLO 管理人的市场份额

资料来源：巴克莱银行

从 2012 年开始，借着超低的利率环境，CLO 市场开始强力反弹，AAA 级证券的市场收益利差回到 150 个基点以下，发行量迅速回升。美国 2012 年 CLO 的发行量达到 550 亿美元，2013 年前 10 个月的发行量已超过 575 亿美元。详见图 8.4。

同时，CLO 的平均交易发行规模也开始回到金融危机前的水平，平均每单交易在 5.5 亿美元左右。详见图 8.5。

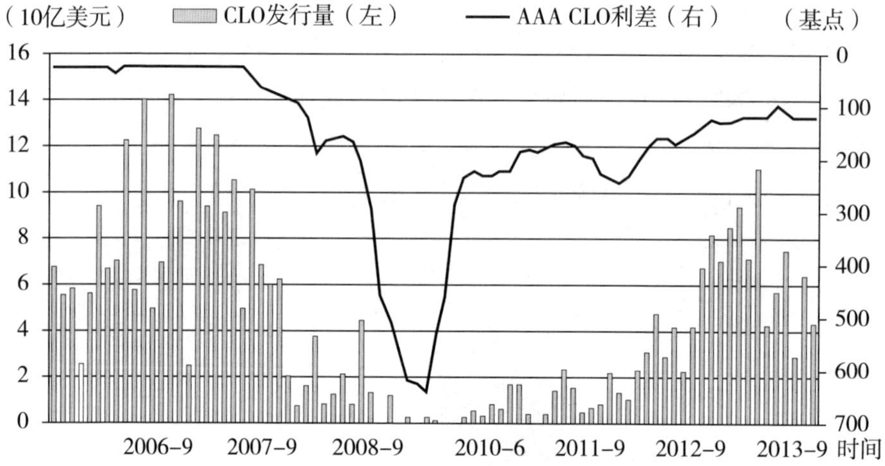

图 8.4　CLO 每月发行量和 AAA 级 CLO 的市场利差

资料来源：美国银行——美林证券

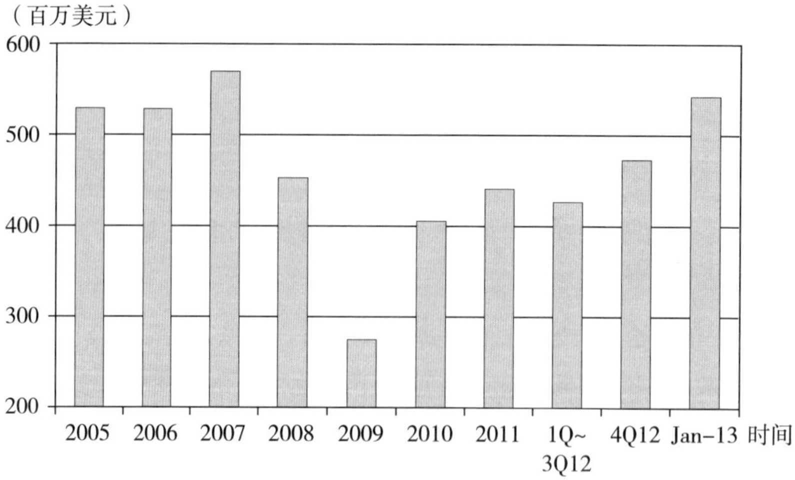

图 8.5　CLO 交易平均发行规模

资料来源：标准普尔

三、CLO 的分类

从发行人角度，CLO 的发行一般有两个目的：（1）资本市场套利，（2）风险或资本金的释放。前者称为套利 CLO，后者称为资产负债表 CLO。套利 CLO 主要是为了实现银行贷款在二级市场的价格和以此发行的证券的价格间的差异，这在结构上主要表现为评级较差的资产的高收益率和评级较高的负债的低成本之间的利差。在套利 CLO 交易中，资产管理人一般从公开市场上购买收益率较高的资产，并以此发行评级较高的证券，而自己保留风险最高的股权来赚取利差。而在资产负债表 CLO 中，交易的发起人是资产的原始持有人（即贷款的发行人）。发起人出于减少资本金要求、增加放贷能力、降低融资成本、分散融资渠道或管理信用风险等目的，把贷款转让给 CLO 发行人，以证券的形式把资产的大部分转移出自己的资产负债表，同时保留一定的股权来增加资本回报率。

从交易设计上来区别，CLO 一般可以分为三大类：现金流 CLO、合成 CLO 和市价 CLO。

现金流 CLO 是通过特殊目的实体来购买银行贷款，并以此作为基础资产来发行不同档次证券的交易。基础资产所产生的现金流会被用来按一定次序支付给不同档次证券的投资人。

合成 CLO 是利用衍生金融工具来达到和现金流 CLO 一样的证券架构和资产风险，但交易中不需要真正购买和转让银行贷款或其他基础资产。简单来讲，合成 CLO 也是通过特殊目的实体发行不同档次的证券，但同时不是买入资产，而是卖出以一定信用资产为参考的信用保护（互换）合同；证券出售的所得和信用保护合同的收入是交易的“基础资产”，这个合成的“基础资产”在扣除信用保护合同的损失偿付后会被用来按一定次序偿还给不同档次证券的投资人。

市价 CLO 和现金流 CLO 类似，也是通过载体发行证券并以所得的资金来购买基础资产。不同的是，市价 CLO 载体发行的证券面额的依据不是基础资产的面额，而是基础资产中各类资产按一定的抵押折扣率折算后的价值。证券发行后，资产管理人会根据基础资产的市场价值的变化进行资产买卖和证券偿付，来维持证券面值和基础资产市值间的折算关系。

根据目前中国银行贷款证券化的实际情况，本章主要介绍应用潜力比较大的现金流 CLO。而在现金流 CLO 中，有不少交易的基础资产除了银行贷款外，还会有非银行贷款、信用卡应收款 ABS、资产抵押证券和 CLO 等。把其他低级别的 CLO 或资产抵押证券加入基础资产来发行 CLO 的交易也被称为"CLO 平方"（这是在金融危机中备受指责的"CDO 平方"的一种）。这种结构牵连多层交易，基础资产复杂，风险很难估算，其副作用在 2007 年的经济危机中体现无疑，所以也不在此介绍。以下所讨论的 CLO 都是以银行贷款为基础资产的现金流 CLO。

第二节
银行贷款证券化的基础资产

一、CLO 基础资产的特点

CLO 的基础资产主要是银行发行的风险较高的非房产类商业贷款，期限一般为 5 ~ 8 年，利率一般是浮动的。这类贷款主要包括杠杆贷款、联合贷款和非投资级的商业或工业企业抵押贷款。和其他证券化中所用的资产相比，CLO 所用的银行贷款有自身的特点：

（一）高风险贷款

美国 CLO 所用的银行贷款大部分是杠杆很高的非投资级贷款（BBB 级及以下），平均的信用评级一般在 B1/B +。这类资产的风险比较高，流动性比较差。除了优先级抵押贷款外，一般的 CLO 中还允许加入一定比例的高风险或特殊贷款，比如 CCC 级贷款、非优先级贷款、破产贷款、参与贷款、过桥贷款和条件宽松贷款等。特别是条件宽松贷款，一般 CLO 给予的上限比例都很高（目前是50% ~70%，虽然大部分资产管理人不会用足这个上限）。一般的银行贷款合同都会要求借款人在贷款期内满足一定的财务状况条件。贷款人可以根据借款人定期提供的财务信息进行财务状况测试和经营表现评估，来监督借款人的表现。这些条款在一定程度上会促使借款人注重对自身信用的维持和保护。而条件宽松贷款的贷款协议中没有对借款人的财务状况的约束条款，由于没有定期监督和表现测试，在借款人出现问题时，贷款人无法及时了解情况并采取措施（如重组贷款）来降低损失的程度。因此，条件宽松贷款比一般的贷款风险高很多。

（二）涉及的行业多样

银行贷款的借款人是商业和工业企业或其投资人，种类繁多，涉及各个行业。不同行业的借款人和担保资产在经营上各不相同，对经济的敏感度也有很大差异，所以贷款的质量也会呈现不同的表现。正因为如此，对银行贷款的分析一般首先会看其所属行业，如电信、电子、影视、交通、运输、食品、医疗、制药、钢铁、零售、工业设备等。

（三）贷款条款差别很大

银行贷款的条款比较灵活多变，可以根据借款人和担保物的情况量身定制，所以贷款间在条款上差别很大。不同的银行贷款有不同的抵押担保、偿付模式、付款频率和时点、利息类型、利息基准和调整、贷款期限等。

（四）很多联合参与

很多大的银行贷款的贷款人不是一个银行，而是一个由多个银行或投资公司组成的联合体，属联合贷款（或财团贷款）。联合贷款一般由一个主要银行牵头发起和承销，其他银行参与购买一定的份额。由于联合贷款的贷款结构和法律关系比较复杂，其出售或转让过程和方式要比单独的贷款复杂。

（五）非标准合同

银行贷款合同涉及的关于借款人、担保物和相关法律法规的内容比较多，条款也比较复杂。针对每个借款人的情况、行业类别和借款用途的特点，银行贷款的合同内容可能都有所不同，所以合同很多是非标准化的，并且可能含有特殊条款。

（六）流动性差

杠杆贷款等非投资级银行贷款的市场没有房产抵押贷款等标准化贷款产品的市场那么大，参与者有限，流动性不高。低流动性会给证券化交易的资产筹备、再投资和资产转让等关键操作带来压力和风险；特别是当资产池中的资产出现问题需要出售时，流动性差会增加损失程度和现金流的回收速度。

（七）贷款重组多

在银行贷款交易中，如果借款人的偿债能力出现问题，贷款人或投资人一般会根据借款人的情况进行贷款重组来减少损失。

二、CLO 基础资产的分析

基于银行贷款的以上特点，一般的资产证券化中使用的基础资产分析程序和方法不是很有效。和商业房产抵押贷款证券化类似，银行贷款证券化的资产分析中，发行人、信用评级机构和投资人更多是运用单个贷款基础分析和资产池的多样性分析相结合的方法。

（一）单个贷款基础分析

在 CLO 交易中，发行人一般都会提供经过第三方独立核实的贷款的条款和状况；单个贷款基础分析主要是对资产池中的每个贷款的条款和质量状况进行分析，以估测其收入、风险和信用质量。在基础分析中，一般需要收集和研究以下信息：

- 贷款余额。
- 利息和收入。
- 借款人的信用评级或资产的风险级别。
- 贷款期限和还款计划。
- 贷款在借款人资本结构中的位置（优先级）。
- 交叉抵押条款。
- 抵押物或担保的介绍。
- 抵押物的价值（如果是评估值，评估的方法和日期）。
- 利息和期限调整的选择权。
- 其他特殊选择权（如赎回、转化等）或条款。

通过对这些信息的分析，可以了解每个贷款的状况、质量、风险和预期表现（包括预期现金流）。

（二）资产池的多样性分析

资产池的多样性分析则是看资产池中贷款的整体质量和风险。除了单个资产的信用水平外，资产池的多样性分析还要看资产之间的相关性、风险集中度和整体的现金流预期（包括数量和时间）。多样性分析一般会看资产池的整体信用级别、总还款计划、借款人的集中度、资产的行业集中度和地域或管辖区集中度等。

由于CLO交易中的资产池的贷款数量不多（一般低于300），每个资产的表现都可能对资产池的总体信用表现产生影响。如果借款人过于集中，会降低资产池中借款人的样本数量，从而使单个借款人对资产池的影响过大，不利于风险的分散。历史经验也表明，在同一行业内的借款人在特定经济条件下的表现有很强的相关性，特别是在经济下滑的时候。通过行业分散，可以降低资产池对特定经济条件的风险系数。经济和法律法规的地域性，也会使不同地区的借款人在同一时期呈现不同的表现。通过地域分散，可以降低资产池对特定地区的风险系数。

以下是CLO资产池分析中几个常用的指标和方法：

- 资产的信用评级分布。
- 借款人数量和借款人平均、最高和最低所占的比例。
- 资产的行业分布。
- 资产的地域分布。
- 资产的期限分布。
- 资产的收益率（利差）分布。

本章后面会讲到，由于CLO交易中贷款筹备期、再投资期和统和信托模式的使用，CLO的资产池一般是开放和变化的。为了保证资产池的总体质量和多样性，信用评级机构都会建议发行人对资产池的各项指标设立最高值。在资产池构建和调整时，发起人或资产管理人银行贷款的选择和替换一般需要考虑以下各项指标，以确保这些值不会超过设立的最高值：

- 除了优先级抵押贷款、现金和高级别投资产品外的资产所占的比例。
- 次优先级贷款、优先级非抵押贷款和银行抵押债券所占的比例。
- 最大借款人和前五位最大贷款人所占的比例。
- CCC + 评级以下所占的比例。
- 付款频率低于每季度所占的比例。
- 固定利息资产的比例。
- 破产贷款所占的比例。
- 延迟提款或循环借款所占的比例。
- 参与贷款所占的比例。
- 第三方信贷所占的比例。
- 国外贷款的比例和单个国家或地区的比例。
- 平均行业比例和最大及第二大行业所占的比例。
- 信用证所占的比例。

- 过桥贷款所占的比例。
- 中小型企业贷款所占的比例。
- 条件宽松贷款所占的比例。
- 利息递增或利息递减贷款所占的比例。
- 租赁、仅付利息证券、无利息债券、结构金融证券、期限长于证券期限的贷款等所占的比例。

以上这些指标会在CLO交易的过程中不断变化，需要进行定期观察和分析。所以，CLO的资产分析不是停止于证券的发行，而是一个动态和长期的过程。

正是由于银行贷款的特点和资产池的变化模式，CLO交易从贷款购买和发放到资产池的构建和维护过程中，都可能存在逆向选择题。为了降低借贷双方、贷款买卖双方、投资人和资产管理人等之间的信息不对称问题带来的风险，基础资产的选择标准设计、对资产池的跟踪观察和分析，以及证券交易结构的设计都至关重要。

第三节
银行贷款证券化的结构和特点

一、CLO的交易结构

CLO的基本交易结构和其他证券化类似，先由卖方（发起人）发放或购买贷款组合，然后转让给一个破产风险隔离的特殊目的实体（发行人）；发行人以此作为基础资产发行不同级别的证券，并出售给对风险和回报率有不同偏好的投资人。如图8.6所示。

但是，由于银行贷款资产的特点，CLO和传统的资产证券化相比，有几个重要的不同点：

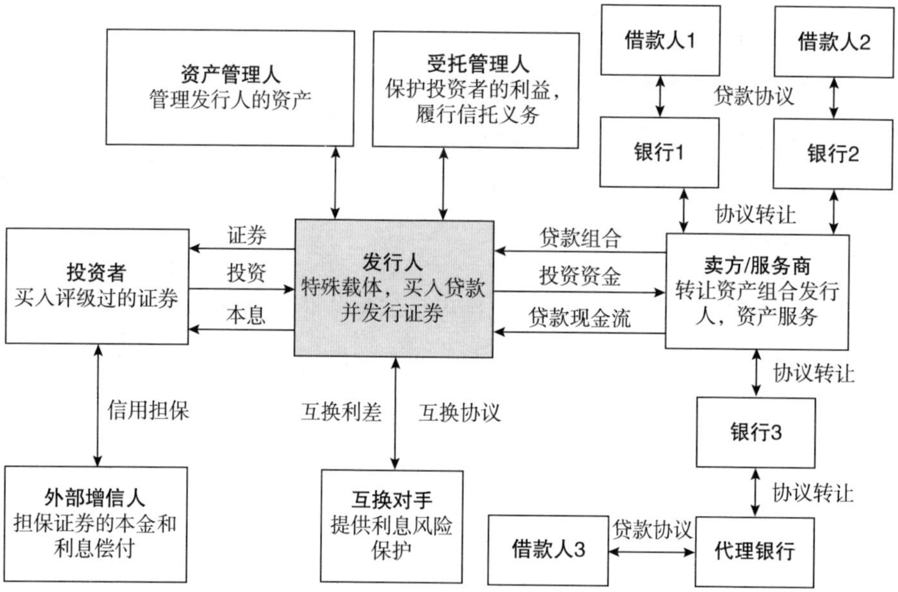

图 8.6　CLO 的交易结构

（一）开放变化的资产池

CLO 交易中资产池不是静态封闭的，而是开放变化的，这是由 CLO 结构中“再投资期”的设计决定的。一般的资产支持证券化都是封闭式被动管理的投资载体，而 CLO 一般是主动管理的投资载体。所谓封闭式被动管理，就是基础资产在发行时确定后，不会有所改变，基础资产产生的现金流直接用于证券的偿付。但是，和信用卡应收款类似，银行贷款的期限不是很长，一般为 5 ~7 年，短的只有 1 ~2 年，所以静态的银行贷款资产池的总体期限不会很长，不易直接用来支持中长期的证券。为了解决资产期限和证券期限的错配问题，和信用卡证券化一样，CLO 证券化中也运用了再投资和循环购买资产的方式。资产池所产生的本金现金流在循环期（再投资期）内将会用于购买新的资产而不是直接偿付证券。所以，在再投资期内，资产池的贷款组成、结构和质量都可能会变化。有些 CLO 还会和信用卡证券化一样，使用统和信托来发行多系列证券以降低发行成本。在这种情况下，资产池会更开放和富有变化。

（二）资产管理人的使用

CLO 交易结构中的最重要的特点是资产管理人的使用。CLO 交易一般都授权资产管理人对基础资产进行积极管理。资产池中资产的选择和替换都是由资产管理人来决定的。资产管理人还负责再投资期间的资产买卖，来实现增值收入和降低损失，并且需在交易所限定的范围内对资产池的质量结构进行维持或调整。为了能够及时抓住市场机会并对信用事件做出快速反应，资产管理人在资产的处理和资产池的结构改变上被赋予非常大的权力。所以资产管理人的经验和能力对 CLO 交易的表现至关重要，是 CLO 交易中最重要的因素。

基于资产管理人的重要作用，给资产管理人的管理费设计也是相当重要的，需要考虑到成本、优先级和激励作用等多个方面。CLO 交易中资产管理人的管理费一般有三个组成部分：（1）优先级资产管理费，（2）次级资产管理费，（3）奖励管理费。优先级资产管理费和次级资产管理费都是根据管理的资产规模按一定的比例提取，不同的只是在现金流分配中的优先次序。而奖励管理费则是一种利润分成，一般只有当股权投资人的累计年收益率达到一定水平以上，才可以把股权人的所得按一定比例（如 20%）分给资产管理人。

而受托管理人在 CLO 交易中的作用和在其他证券化结构中类似，都是为了保护投资者的权益和履行信托事务。资产池中的各个资产都会被分别放入受托管理人控制的账户内。资产产生的现金流会由受托管理人收集并按照协议规定分配给投资人和股权持有人。受托管理人会按照资产管理人的指令买卖资产。

有些 CLO 交易中还指定特别股权顾问来保护一部分初始证券投资人的利益。这部分初始证券投资人在证券发行时会购买大部分股权凭证和信用评级最低的证券。根据协议，特别股权顾问对资产管理人的交易行为有一定的约束和监督作用。

（三）贷款筹备期

CLO交易初始阶段往往会设有一个贷款筹备期（Ramp-up Period），一般3~6个月。在CLO交易开始时，证券已经发行，但资产池中的贷款资产可能还没有全部到位；资产管理人会在这个贷款筹备期内继续购买贷款来完成资产池的构建。这个设计是基于银行贷款市场的流动性考虑。贷款筹备期的设计可以减少CLO前期的准备时间（主要是贷款组合的积累），同时给资产管理人更多的时间和机会来购买目标资产，以保证质量并实现资产池的多样化。

（四）风险分散度低

CLO资产池的风险分散度不高。传统的资产支持证券化的资产池中的贷款数量都是以千或万计，而CLO资产池中的贷款数量一般在300个以内，集中度比较高。由于样本量的有限，每一个贷款的表现可能对资产池的整体表现有不小的影响，风险不易分散。从统计角度讲，传统的资产支持证券化中使用的数据统计工具不一定适合用来分析CLO资产池。

（五）信用评级波动性大

CLO中证券的信用评级波动性比传统的资产支持证券大。传统的资产支持证券的评级一般是根据资产池已发生的质量表现而变化，只有当资产的违约或实际损失增加时，证券才会被降级。而在CLO中，证券的表现和评级更容易受其他多种因素影响，比如资产的评级变迁、资产管理人的资产买卖行为、违约的时间和严重度以及违约资产的损失回收度等。有时虽然资产池还没有出现损失，但是评级机构可能会根据资产池中资产的信用评级变迁而把CLO放入观察档或直接降级。这种信用评级的波动在2007年的经济危机中体现无疑：虽然实际损失很低，但CLO在2009年被大幅降级，2/3的AAA级证券被降级，而这些被降级的证券在2011年后大部分被升级为AAA证券，见图8.7。由此可见CLO信用评级的波动性。

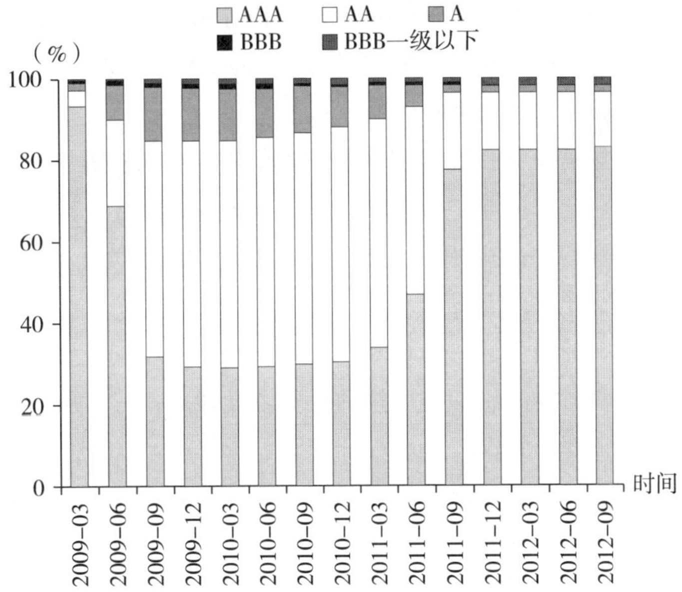

图 8.7　未到期的 CLO 中各信用级别的比例

资料来源：LSTA

二、CLO 的结构设计

（一）证券结构

CLO 的基本证券结构是简单的分档和优次级证券组合结构，低级别的证券为高级别的证券提供信用支持；证券的档次可以分为优先级、次优先级、中间级、次级和股权（或称支持证券）等，信用风险依次升高，预期回报率也递增。

CLO 证券结构中除股权外，一般都会有信用评级，其中优先级（A 档）一般为 AAA 级，次优先级（B 档）一般为 AA 级，中间级（C 档和 D 档）一般为投资级（BBB 级或以上），次级（E 档和更低档）一般为非投资级（BBB 级以下）。这些有信用评级的证券，一般都是基于 LIBOR 的浮动利率证券；其中，中间级和次级证券的利息一般是可累计递延的。

为了满足一些投资者的偏好，有些 CLO 证券结构中还会发行一些特殊档的证券，比如信用额度证券（Delayed-draw Note）、组合证券（Z 档证券）、保本证券（P 档证券）和优先级股权等。

信用额度证券是投资者授予 CLO 一定的信用额度以供需要时提取，在交易发行时一般不会全部提取。已提取的部分是证券的面值（按该级别证券利息付息），未提取的部分为未用信用额度，按一定的信用额度利息付费。信用额度证券给 CLO 发行人在融资上提供一定的弹性。

组合证券是一种结合了一般 CLO 和交易股权两种不同投资的证券。这是为一部分既想投资债券又想参与股权的投资者设计的，其实质是购买一部分有评级的证券和一部分股权。

保本证券是为了满足一部分投资者在一定的期间内保本的目的。这种证券一般结合了 CLO 股权投资和无息美国国债。虽然 CLO 股权投资的投资回报率不可知，但是无息美国国债的到期偿付或出售可以保证该保本证券在一定期间内本金得到全额偿付。

有的 CLO 交易中还会把股权部分继续分割成高级优先股权和一般股权来分开出售。

虽然 CLO 的基本结构多年来没有多少变化，但是 CLO 的证券组合比例结构在不断演变，特别是 2007 年的经济危机后，迫于监管、评级和投资者的要求，CLO 的证券结构比例发生了变化，更趋谨慎。经济危机前发行的 CLO 交易常被称作 CLO 1.0，而经济危机后发行的则是 CLO 2.0。图 8.8 所示是 2007 年和 2012 年两个时期典型 CLO 证券结构的比较。除了利息升高之外，CLO 2.0 对信用支持的要求更严格。同样是 AAA 级证券，CLO 1.0 中所需信用支持在 27% 左右，而在 CLO 2.0 中则需 37% 左右的信用支持。这个结构比例的变化也是 CLO 总融资成本升高的一个重要因素。

（二）CLO 现金流的分配

由于 CLO 中有再投资期和赎回锁定期的设计，超优级证券的提前偿付的风险很低，所以主要风险是信用风险。CLO 通过分档分级发行证券来重新分

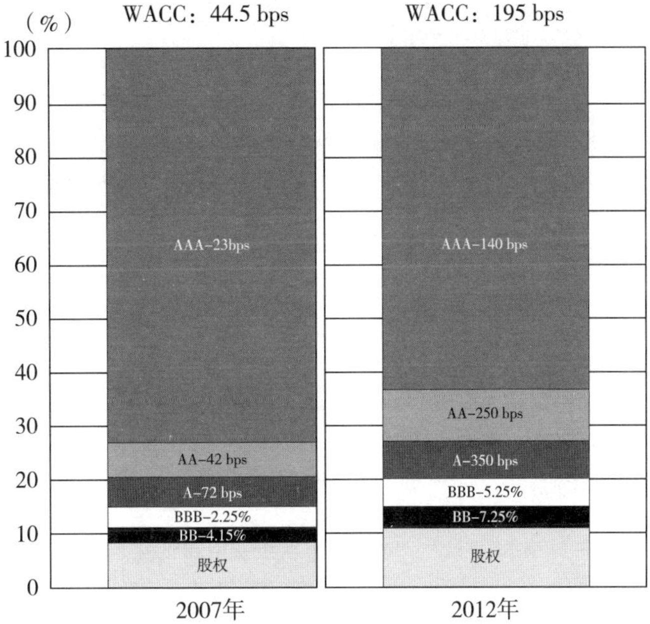

图 8.8　2007 年和 2012 年 CLO 证券结构的比较

资料来源：花旗银行和 LSTA

配资产的信用风险和收益，证券的级别越高，信用风险越低，但利息和预期回报率也越低。

CLO 一般也是采用简单的优次级按顺序分配的结构，所有的现金流都是先用来偿付高级别的费用、利息和本金，只有当高级别的证券偿付需求得到满足后，低级别证券才可以得到分配。而损失的分配次序则相反，由低级别证券向高级别证券进阶。这种简单的顺次结构（见图 8.9）也是 CLO 最主要的信用增级方式。

在正常的情况下，资产池产生的现金流会按利息和本金分开进行分配。利息现金流的分配规则一般如下：

- 在满足各项交易规定的测试时，利息现金流会用来按次序偿付各种费用，对冲合同支出和证券的利息，多余的利差分配给股权投资人。

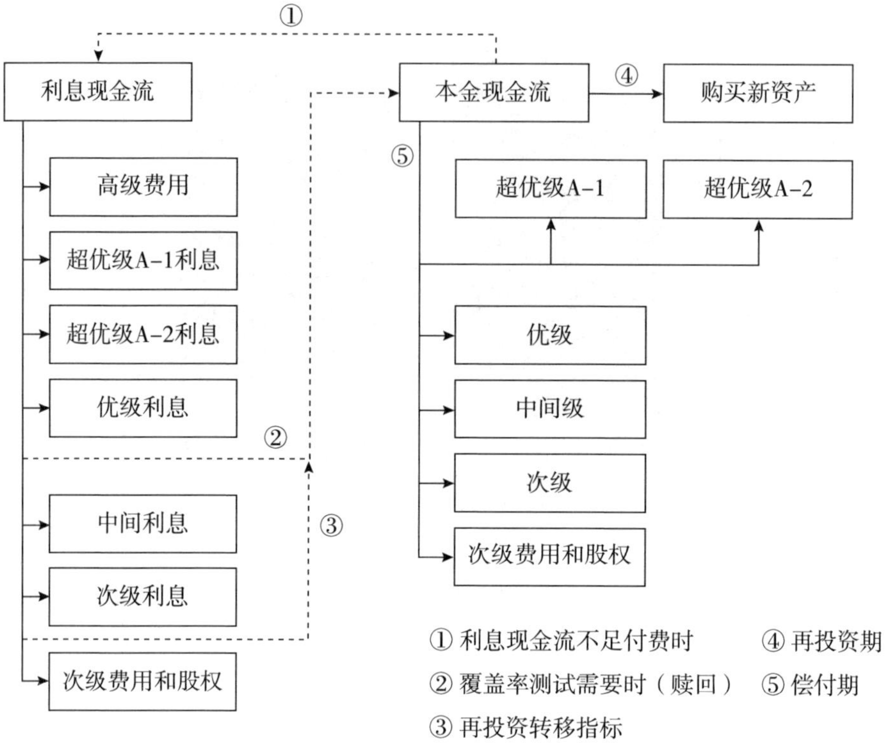

图 8.9　CLO 现金流的一般分配次序

- 如果某一级的证券没有通过覆盖率测试，那么利息现金流在付完该级证券的利息后不会用于下一级证券的利息偿付，而是会被“转移”出来按次序对各级证券进行提前赎回，直到满足覆盖率测试要求。
- 在再投资期内，如果交易没有满足规定的再投资转移指标，一部分多余的利差在支付次级费用和股权前会被“转移”出来作为本金现金流，用以购买新资产。

本金现金流的分配规则一般如下：

- 在再投资期内，如果各项交易规定的测试都达标，本金现金流会先用来按次序偿付由于利息现金流不足而没有付完的各种费用、对冲合同支出和证券的利息。剩余的部分会用于购买新的资产。

- 在再投资期内，如果某一级的证券没有通过覆盖率测试，那么本金现金流在付完该级证券的未付完利息后不会用于下一级证券的利息偿付或购买新的资产，而是会被“转移”出来按次序对各级证券进行提前赎回，直到满足覆盖率测试要求。
- 在再投资期后，本金现金流会先用来按次序偿付由于利息现金流不足而没有付完的各种费用、对冲合同支出和证券的利息。剩余的部分会用于按次序偿付各级证券。

但是，在 CLO 交易出现违约加速、赎回或证券到期的情况下，现金流的分配次序就会马上改变。在这些情况下，资产池产生的现金流不再分成利息和本金进行分开分配，而是集中在一起进行统一分配；现金流的分配严格按照证券和费用的级别和优先次序进行。具体现金流的分配规则一般如图 8. 10 所示。

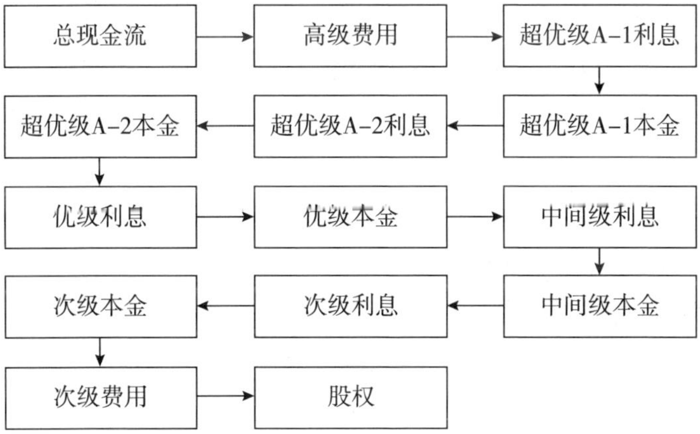

图 8. 10　CLO 现金流的加速/赎回/到期偿付次序

（三）CLO 的信用增级

CLO 的信用增级一般有如下方式：

1. 证券分档的信用支持

CLO交易中最重要的信用增信方式是证券的分级分档，由股权凭证和低级别证券为高级别证券提供信用支持。资产池的损失首先由低级别证券吸收，只有当低级别的证券全部损失完后，高级别的证券才会出现损失。这种信用支持的程度主要由超额抵押率（OC）来衡量，一般表现为资产池的资产面值和有信用评级的证券面额的比例。一个证券享有的OC越高，用来支持该证券的低级别证券就越多。CLO交易一般都会要求OC测试来观察交易的OC是否保持在最低要求以上。如果OC测试结果失败（OC低于最低要求），就可能引发现金流的分配变化，加速证券的偿还以避免或减少损失。

2. 超额利差

超额利差是指基础资产的利息收入在扣除投资者利息支出、服务费和相关费用之后的盈余收入。这个盈余收入一般属于股权投资人。但是，当资产的现金流不足以支付证券的利息和本金时，超额利差可以被用来填补空缺，增加流动性或吸收损失。在有些CLO中，超额利差在一定条件下还可以用来购买抵押资产或建立储备账户，给证券提供信用支持。超额利差的水平体现了交易的总体盈利水平。CLO一般是通过利息覆盖率（IC）来观察这个水平的。IC测试就是计算资产池利息收入和有信用评级的证券的利息支出加高级费用的比例。如果IC低于CLO交易规定的最低标准（即超额利差水平下降），也会引发现金流的分配变化，加速证券的偿还。

3. 现金抵押或储备账户

在早期的一些CLO交易中，现金抵押或储备账户也是常用的信用增级方式。这种储备账户的起始资金可能由发行人在证券系列发行时全部存入或先存入部分，然后由超额利差慢慢充实，直到达到目标水平。现金抵押或储备账户的资金一般投资于流动性和质量都很高的资产，在资金不足时用来偿付证券。但是由于储备账户的投资回报率很低，一般低于证券的利息，所以会引起“负持有”现象，融资效率不高，现在已不常使用。

4. 外部担保

外部担保是由信用良好的第三方（如保险公司、担保公司或母公司等）

为资产的信用或证券的偿付提供担保。在资产担保中，如果资产出现损失，发行人可以向第三方担保人索取损失赔偿。这类担保有时还可以为证券的偿付做垫资或购买违约的贷款来避免证券损失。而证券担保则是对证券偿付的直接担保。如果证券出现损失，投资者可以向第三方担保人索取损失赔偿。但是，这种信用增级的强度受限于担保人本身的信用级别。不管是资产担保还是证券担保，成本都比较高，而且愿意或者有能力提供 AAA 级担保的担保人现在也很少，所以这种方式现在也已不常使用。

和其他资产证券化一样，CLO 中还可以使用资产投资额度、第三方信用证和银行贷款额度等外部增信措施，但这些在现在的 CLO 交易中更不常用。

（四）CLO 证券的赎回

CLO 证券设计中的另一个重要机制是证券赎回。虽然其他证券化中都有证券赎回条款，但赎回在 CLO 中比较有特色，使用很频繁。

1. 强制赎回（提前偿付期）

为了保护投资者的利益，在资产出现问题的情况下，各级证券可能会在法定到期日前被强制赎回。CLO 一般会使用前文提到的 OC 测试和 IC 测试来监督评估交易的质量水平。当这些测试结果低于交易文件规定的最低标准时，资产池产生的现金流就不可以用于再投资，而是必须按级别高低用来顺次偿付证券，直到 OC 和 IC 水平达到最低要求。有的交易中，如果证券的信用评级不被确认或受损，资产管理人为了保证证券的信用级别，也可以进行强制赎回来偿付证券，提高信用支持。

2. 特别赎回

在特定的情况下，资产管理人还可以代表发行人对证券进行特别赎回。比如，在再投资期内，如果资产管理人找不到合适的资产进行投资，资产池所产生的现金流就可能会被用来提前偿付证券。

3. 锁定期和提前赎回

大部分美国的 CLO 交易允许发行人在证券发行一定时间后赎回证券或进行再融资。一般的 CLO 发行文件中都有提前赎回条款，其中会指定赎回的锁定期和赎回的条件和方式。一般赎回的锁定期为2~3年。在锁定期后，如果能获得足够的控制级或股权持有人的投票赞成，发行人可以选择偿付所有证券本息来赎回一个、多个或全部证券级别或系列。证券的赎回一般也需要按照证券的级别高低来顺次进行；而且，每个证券级别的赎回必须是一次性全部赎回，不可以只赎回某个级别的部分证券。发行人在赎回前一般需要通知证券所有人、评级机构和CLO交易的各参与方。

锁定期的设计是为了降低高级别证券的提前偿付风险，而提前赎回的设计主要是为了降低发行人的融资成本从而提高股权投资人的收益率。由于CLO交易采用顺次偿付结构，利息低的高级别证券会先付完，剩余证券的总体利息会升高，整个交易的融资成本会上升。所以，当高级别证券付完时，股权投资人就会重新评估剩余CLO的成本结构，看看提前赎回剩余证券是否对自己的有利。许多CLO 2.0交易还允许CLO发行新的证券，并以发行所得的资金来赎回以前发行的证券，这种赎回也被称作CLO的再融资。这种提前赎回一般发生在CLO的市场利差下降的时候，发行人可以用新的成本较低的证券来替代旧的成本较高的证券，从而降低CLO的总成本，使次级证券和股权投资人受益。在经济危机后，随着CLO证券结构的变化，还有一些发行人通过提前赎回全部证券并重新发行新的证券来转换资本结构，把CLO 1.0转化为CLO 2.0。

当然，提前赎回的决策并非一目了然，这其中涉及很多方面。控制级或股权投资人在决定是否进行提前赎回时会考虑多种因素，如资本成本的变化、资产的摊销计划、资产的市场价值、证券利率的变化、贷款利率的变化、CLO的结构和再投资的机会等。在2010年4月到2013年4月的3年间，美国有136个CLO交易发生提前赎回，其主要原因是美国政府宽松的量化政策带来的超低利息环境和CLO证券利差的回归。详见图8.11。

三、CLO的信用评级

信用评级要解决的问题不是保证证券的质量，而是评测一定级别的证券

图 8.11 美国不同评级的 CLO 的市场利差趋势

资料来源：巴克莱银行

在到期日或之前本金和利息全部得到偿付的可能性（或概率）。和其他证券化的信用评级一样，信用评级机构在给 CLO 评级时也会对每个交易的以下各个方面进行评估：（1）基础资产的质量，（2）法律和监管风险，（3）证券结构和现金流分配设计，（4）运作和管理风险，（5）对手的风险。但是，由于 CLO 的基础资产和交易结构的特点，信用评级机构所用的具体评级分析方法和其他证券化的评级有所不同，以下介绍一些 CLO 评级中有特色的分析：

（一）基础资产分析

前文提到，银行贷款本身是高风险和低流动性的资产。CLO 的基础资产不仅有信用风险，还有市值风险、储备风险、流动性风险、再投资风险和结构变化风险等。信用评级机构必须借助数据分析工具和历史统计结果来测算贷款的违约可能性和违约后损失的严重程度，并对各个主要风险因素做敏感度分析和压力测试。

而且，CLO 资产池在储备期和再投资期都处于变化的状态，评级机构需要对资产池进行跟踪监督和定期测试。由于 CLO 资产池中的贷款数量有限，风险的分散尤为重要。每个资产池在特定时点都会在借款人、种类、期限、区域和行业等方面有一定程度的集中度；CLO 中储备期和再投资期的设计会使资产池在不同方面的集中度不断变化，这会增加集中度风险，从而使证券更容易受某一借款人、区域或行业的经济条件的影响。评级机构一般会从多个方面来评估资产池的风险分散和质量水平，这其中包括：

- 重大或主要借款人：如对前十大借款人的贷款额、类型、行业、信用级别、历史表现等的分析。
- 行业分布：行业的分布分析、资产池目前行业分布和交易的目标行业分布之间的比较。
- 地区分布：美国（按州）、非美国、特定地区或国家（如欧洲信用危机国家）的比例。
- 信用级别分布：分析资产池中的各个贷款的信用级别分布，特别是 CCC 级以下的比例。
- 特殊贷款比例：对各类特殊或高风险贷款的比例分析，如条件宽松贷款、过桥贷款、参与贷款、信用证、非优先级贷款、固定利息贷款、破产贷款、第三方信用等。
- 贷款期限分布：资产池中贷款的期限长短和分布。
- 贷款利差分布：资产池中贷款的利差高低和分布。

除了对一些资产比例的直接分析和限制，评级机构还会把以上这些方面的分析归集为几个资产质量测试和组合风险测试，并对每个 CLO 交易的各类测试制定最低要求。如果一个 CLO 交易的某个测试没有达标，那么相应的证券的评级可能会受影响。这些测试可能包括：

- 最低利息测试：要求资产池的平均利息不小于一个最低值。
- 加权平均贷款期限测试：该测试要求资产池的加权平均到期日不晚于一个日期。
- 最高穆迪评级因素测试：要求资产池的加权平均穆迪评级因素值低于

一个最高容忍值。

- 穆迪风险分散测试：要求资产池的整体多样性分数不小于一个最低值。
- 标准普尔 COD 观察测试：要求交易中每个证券级别的损失差异值为正数。
- 最低加权平均穆迪损失回收率测试：要求资产池的加权平均穆迪损失回收率不低于一个最低值。
- 最低加权平均标准普尔损失回收率测试：要求资产池的加权平均标准普尔损失回收率不低于相应的最低损失回收率。

具体的测试规定会在本章后部的案例中介绍。

（二）交易结构分析

这部分的评级分析主要是看交易资产（资产池）和负债（证券）的平衡和负债方的结构，主要分析手段是覆盖率测试，即前文提到的超额抵押率（OC）测试和利息覆盖率（IC）测试。同时，评级机构会进行现金流测试，来测算各级证券的违约率和损失临界点。一般 CLO 交易中每个级别的证券都设有最低的 OC、IC 和最低要承受的违约率和损失度。

信用评级机构还会分析交易结构中的资产和负债的错配风险，如不同的还款付款频率带来的流动性风险和不同的利息结构带来的利息风险等。以利息风险为例，大部分 CLO 交易中资产（资产池）和负债（证券）都是以 LIBOR 为基准的浮动利息。当利率上升时，CLO 证券的利息会随 LIBOR 上升，所以证券的价值不会因基准利率的变化而贬值。同时，资产的利息收入也会随 LIBOR 上升，从而可以抵消证券利息费用增加的影响而保持差额利差的稳定。所以理论上讲，利率的变化不会对证券和股权投资人产生影响。但是，出于对低利率环境的考虑，越来越多的银行贷款设立了 LIBOR 最低值（LIBOR Floor）来保证最低利息。美国 2013 年发行的杠杆贷款中有 80% 都设有 LIBOR 最低值。然而，CLO 证券一般都是没有 LIBOR 最低值的。这就造成了资产和负债在利息结构上的不对称：当基准利率上升时，负债的利息会升高，但是如果基准利率还是低于 LIBOR 最低值，资产的利息不会升高。结果就是超额利差的减少、信用支持的减弱和股权投资人回报率的降低，由此导致证券信用风险的增加。除此之外，资产负债的不同期限、不同的 LIBOR 基准、资产池组合变化导致的利息变化等，都可以进一步增加利率风险。所以，评级机构也会对交易中存在的利率风险进行评估。

（三）重要交易参与方的分析

银行贷款的高风险和低流动性加上资产再投资的设计，使得 CLO 的表现高度依赖于资产管理人和服务商的质量和水平。资产管理人的资产池管理水平和服务商的收款能力对 CLO 的现金流有决定性的影响，也是信用评级中一个重要的考虑因素。信用评级机构会对 CLO 的资产管理人/服务商的团队、经验、信用和历史表现等进行多方面的分析和评估。信用评级机构还要考虑在交易指定的资产管理人/服务商出现问题的情况下，受托管理人的掌控水平和寻找替代资产管理人/服务商的风险。在分析替代资产管理人/服务商的风险时，信用评级机构会分析资产管理人/服务商的管理费的设计，包括管理费的数量计算和各层管理费在现金流中的优先次序。如果管理费太低或激励措施不够，那么不但会影响指定资产管理人/服务商的表现，还会增加寻找替换资产管理人/服务商的风险。

第四节
美国银行贷款证券化案例分析

考虑到对中国的商业银行进行企业贷款证券化的借鉴作用，本节选用了一个中型企业杠杆贷款证券化的案例：Knightsbridge CLO 2007 - 1（简称 KB CLO 2007 - 1）。

KB CLO 2007 - 1 是一个由德意志银行牵头发起的以中型企业杠杆贷款为基础资产的 CLO 交易。从类别上属于现金流型的资产负债表 CLO。这个交易发生在2007年年底，正好是经济危机已经开始但还没有全面爆发的时候。当时的市场已经预感到更大危机的来临，所以对产品的要求要比2007年年初苛刻许多。这在KB CLO 2007－1的信用支持和利息上都可以看出：KB CLO 2007－1中优先级证券的信用支持超过31%，高于年初平均25%的水平；KB CLO 2007－1中AAA级的利差是2007年年初相同评级的CLO的两倍。所以，KB CLO 2007－1可以说是CLO 1.0向CLO 2.0过渡的一个例子。

一、KB CLO 2007－1的主要交易方

KB CLO 2007－1的主要交易方如下：

- 发行人：Knightsbridge CLO 2007－1 Limited。
- 共同发行人：Knightsbridge CLO 2007－1 Corp.。
- 资产管理人：德意志中型资本（DB MidMarket Capital）。
- 受托管理人：汇丰银行（美国）。
- 信托管理人：德意志银行美国信托部。
- 承销商：德意志银行证券部和德意志银行伦敦分行。
- 特别股权顾问：联合资本（Allied Capital Corporation）。

发行人Knightsbridge CLO 2007－1 Limited成立于2007年4月18日，是一个在开曼群岛注册的免税有限责任公司，名义上的注册资金是1 000美元，其唯一的目的是购买或发行支持贷款和发行相关的证券。共同发行人Knightsbridge CLO 2007－1 Corp.成立于2007年4月27日，是一个在美国特拉华州注册的特殊目的公司，名义上的注册资金是10美元，其唯一的目的是和发行人共同发行投资级的证券。在这个CLO交易中，共同发行人的股权由发行人控制。

资产管理人德意志中型资本是德意志银行美国信托部下的一个分公司。这个公司是德意志银行的中型企业杠杆贷款的放贷平台，主要为息税摊销前利润小于5 000万美元的中型公司提供企业购并、杠杆买断和业务扩张相关的

融资服务。这次交易是德意志中型资本第一次担当 CLO 资产管理人。

特别股权顾问代表的是一部分初始证券投资人的利益。这部分初始证券投资人在证券发行时会购买 70% 的支持证券和所有的 E 级证券。特别股权顾问对资产管理人的交易行为有一定的约束。KB CLO 2007 -1 的资产投资协议中规定了一些特别股权顾问财务条款，如果资产管理人要购买一些不满足这些条款的资产，就必须获得特别股权顾问的同意。

二、KB CLO 2007 -1 发行的证券

KB CLO 2007 -1 发行的证券如表 8.1 所示。

表 8.1　KB CLO 2007 -1 发行的证券

证券级别	信用评级	面额（百万美元）	利息	法定到期日	信用支持
A -1	AAA/Aaa	316.3	LIBOR +0.50%	1/11/2022	35.4%
A -2	AAA/Aa1	20	LIBOR +0.85%	1/11/2022	31.3%
B	AA/Aa	30	LIBOR +1.00%	1/11/2022	25.1%
C	A/A2	35	LIBOR +2.75%	1/11/2022	18.0%
D	BBB/Baa2	22	LIBOR +5.00%	1/11/2022	13.5%
E	BB/Ba2	22	LIBOR +9.00%	1/11/2022	9.0%
支持证券	未评级	44			0.0%

KB CLO 2007 -1 发行的证券全部为浮动利率证券（以伦敦银行间的拆借利率为基准），法定到期日都是 2022 年；其中包括 5 个投资级证券（A -1、A -2、B、C、D）、1 个非投资级证券（E）和 1 个未评级的支持证券（股权）。非投资级证券（E）只有来自支持证券的 9% 的信用支持，而最高级的 A -1则有 35.4% 信用支持。

KB CLO 2007 -1 中有评级的证券每个季度付一次利息。C、D 和 E 级别的证券利息是可递延的；如果因为付款次序的先后问题而使得这些低级别证

券的利息没有按期得到偿付的话，那么这些没有被偿付的利息将会递延到下一期，利息也将滚动累计。支持证券没有指定的利息，但是有权获得交易中所有没有被吸收使用的超额利差。

三、KB CLO 2007－1 的证券赎回条款

（一）可选择赎回

赎回锁定期：3 年，从 2007 年 12 月到 2011 年 1 月。

一般赎回：赎回锁定期后，如果获得大多数支持证券的书面同意，资产管理人可以利用资产变卖所得和相关信托账户里的资金来赎回全部证券。证券的赎回必须是全部而不是部分证券。

税务赎回：在赎回锁定期中或之后，如果出现税务事件（由于税务变化而减少投资者可分得的现金流的状况），在获得大多数支持证券的书面同意或大多数因为税务事件而没有得到及时偿付的证券的书面同意的情况下，资产管理人可以利用资产变卖所得和收款来赎回全部证券。

清理赎回：如果有评级的证券的总面额降低至发行时的 10% 或更低，资产管理人可以利用资产变卖所得和相关信托账户里的资金来赎回全部证券。

再融资赎回：赎回锁定期后，在证券发行条款允许的情况下，资产管理人可以代表发行人通过借款或发行替代证券来再融资，并以所得的资金来全额偿还某一系列或全部的证券。

支持证券赎回：当有评级的证券全部付完后，如果获得大多数支持证券的书面同意，资产管理人可以利用资产变卖所得和相关信托账户里的资金来赎回全部支持证券。

（二）特别赎回

在再投资期内，如果资产管理人连续 30 个工作日内找不到合适的资产进行再投资，资产管理人可以书面形式通知受托管理人这种情况，并以信托收

款账户中的资金来提前偿付证券。

在初始投资期结束后，为了保证证券的初始信用级别得到信用评级机构的确认，资产管理人可以书面形式通知受托管理人，并以信托账户中的资金来提前偿付证券以提高信用支持。

（三）强制赎回

在初始投资期结束后，如果交易的任何一项覆盖率测试没有达标，发行人必须在相关的支付日用支付账户中的资金按次序偿付证券，直到所有覆盖率测试都达标。这个交易的覆盖率测试包括 OC 测试和 IC 测试。在初始投资期结束后，KB CLO 2007 - 1 要求各个级别证券的 OC 和 IC 都达到指定的最低比例，以避免强制赎回的执行（具体指标见后文的“KB CLO 2007 - 1 的资产要求”部分）。

四、KB CLO 2007 - 1 的现金流分配

和其他 CLO 交易一样，KB CLO 2007 - 1 的现金流也是按证券的优先级别依次分配。在贷款储备期（或初始投资期）和再投资期内，如果没有赎回和加速偿还，一般只有资产的利息现金流会被分配给各级证券，而本金现金流一般都会用于购买贷款资产。

KB CLO 2007 - 1 的贷款储备期为 180 天，再投资期为 6 年。

KB CLO 2007 - 1 资产池的利息现金流的分配次序如表 8.2 所示。

表 8.2　KB CLO 2007 - 1 利息现金流的分配次序

优先次序	偿付项目
1	税、登记费、申报费、托管和信托管理费、其他管理费用（有上限）
2	流动性储备账户和基本管理费
3	一般对冲合同付款
4	对冲合同终止付款

（续表）

优先次序	偿付项目
5	A 档证券的利息
6	B 档证券的利息
7	如果 A/B 覆盖率测试不达标，按次序偿付证券
8	C 档证券的利息和递延利息
9	如果 C 覆盖率测试不达标，按次序偿付证券
10	D 档证券的利息和递延利息
11	如果 D 覆盖率测试不达标，按次序偿付证券
12	E 档证券的利息和递延利息
13	如果 E 覆盖率测试不达标，按次序偿付证券
14	在再投资期间，购买额外的贷款以满足再投资指标（金额不超过所剩的利息的一半和 E 档证券 OC 达到 109.43% 所需的资金）
15	项目 1 和 3 中未付的款项和对冲合同及合成债券合同终止费的违约款等
16	次级管理费
17	支持证券（直到内部年收益率达到 18%）
18	20% 给奖励管理费和 80% 给支持证券

KB CLO 2007－1 资产池的本金现金流的分配次序如表 8.3 所示。

表 8.3　KB CLO 2007－1 本金现金流的分配次序

优先次序	偿付项目
1	利息现金流分配项目 1～13 中未付的部分和为满足所有覆盖率测试对项目 8、10 和 12 的付款
2	如果发生特殊赎回，按次序偿付各级证券；在再投资期内，由资产管理人用于购买资产
3	按次序偿付各级证券
4	利息现金流分配中未付的第 15 项
5	未付的次级管理费
6	支持证券（直到内部年收益率达到 18%）
7	在再投资期后，20% 给奖励管理费和 80% 给支持证券

但是，如果证券在法定到期日还没付完或者交易因为违约事件而进入加速付款期，现金流的分配结构就会改变。一旦证券进入加速偿还期，基础资产产生的本金现金流和利息现金流不再按照前述次序分开分配，而是由信托管理人汇总到一个付款账户里统一进行分配。这种情况下，总现金流的分配次序和前述的利息现金流的分配次序相似，不同的是在付完每一级证券的利息后，必须付清该级别证券的本金后才可以偿付下一级证券的利息和本金，所以是更严格的按级别顺次分配。

资产管理人的管理费在现金流分配中有不同的优先次序。和其他 CLO 交易类似，KB CLO 2007 –1 的资产管理费也分为三档：基本管理费、次级管理费和奖励管理费。其中，基本管理费和次级管理费都是按照每个付款期间期初的总资产（包括资产池中资产的面额和付款账户与贷款储备账户中的资金）的一定比例提取。在再投资期间，基本管理费和次级管理费分别为 0. 20% 和 0. 40%；而在再投资期过后，这两个管理费分别降为 0. 075% 和 0. 175%。而奖励管理费是一种和支持证券一起分红提成的奖励，其分成的比例是 20%，但是只有当支持证券的累计年收益率达到 18% 后才可以参与分享。

五、KB CLO 2007 –1 的资产要求

KB CLO 2007 –1 的资产池在证券发行时大概构建完成了 70%，剩余的 30% 需要在之后 6 个月的贷款储备期内购买完成。该交易所购买的贷款基本都是非投资级的中型企业杠杆贷款，风险很高，流动性很差；资产池的平均信用评级为 B 级。资产池中超过 90% 的资产为优先级抵押贷款，但也有一部分优先级无抵押贷款、次级贷款、非投资级债券和 CLO 等。

为了保证资产池整体的质量水平和风险分散度，KB CLO 2007 –1 的发行协议中包含了多项对资产的要求条款。发行人在购买、发放和转让资产时，必须考虑这些条款的要求，并且要定期对资产池进行测试。这些测试包括基础资产质量测试、资产组合风险测试和覆盖率测试。

（一）基础资产质量测试

KB CLO 2007－1 的基础资产质量测试包括对以下各项的测试：

（1）最低利息测试：该测试要求资产池的平均利息不小于最低要求的 7.75%。

（2）最高穆迪评级因素测试：穆迪给每个信用级别的资产指定一个风险评级因素，信用越好，因素值越低（从 Aaa = 1 到 Ca = 10 000）；该测试要求资产池的加权平均穆迪评级因素值低于一个最高容忍值，以保证资产池的整体信用质量。

（3）穆迪风险分散测试：穆迪使用多样性分数来衡量资产组合中借款人和行业的风险分散程度，这个多样性分数根据资产池中的每个贷款的面额和行业归属来计算出每个指定行业的单元值，每个单元值对应一个多样性分数。多样性分数（从 0 到 5）越高，风险越分散。资产池的整体多样性分数由各个行业的多样性分数加总而得。该测试要求资产池的整体多样性分数不小于 35。

（4）标准普尔 COD 观察测试：标准普尔 COD 观察是一个由标准普尔开发并提供给发行人和资产管理人的动态数据分析软件。这个软件可以通过对资产池中的借款人的信用级别、数量、贷款额、行业分布、贷款条款等数据的分析，估算出每个证券级别的损失差异值。该测试要求本交易中每个证券级别的损失差异值为正数。

（5）最低加权平均穆迪损失回收率测试：穆迪根据资产的种类和信用级别，给每个资产打分并指定一个预期损失回收率。该测试要求资产池的加权平均穆迪损失回收率不低于 44.75%。

（6）最低加权平均标准普尔损失回收率测试：标准普尔根据资产的种类和信用级别，给每个资产打分并指定一个预期损失回收率。标准普尔根据证券的级别和浮动利差给每个级别的证券设立了最低损失回收率。该测试要求资产池的加权平均标准普尔损失回收率不低于相应的最低损失回收率。

（7）加权平均贷款期限测试：该测试要求资产池的加权平均到期日不晚于 2018 年 1 月 11 日。

（二）资产组合风险测试

KB CLO 2007－1 的资产组合风险测试包括对以下各项的测试：

- 非美国地区的资产< =20.0%（其他各国家地区的上限不一一罗列）。
- 延迟提款或循环借款< =10.0%。
- 满足穆迪对交易对手的要求。
- 优先级抵押贷款> =90.0%。
- 次级抵押贷款< =5.0%。
- 浮动利息贷款> =97.5%，固定利息贷款 < =2.5%。
- 合成证券< =20.0%。
- 参与贷款< =10.0%。
- 递延贷款< =3.0%。
- 付款频率低于每季度的贷款< =5.0%，付款频率低于每半年的贷款=0.0%。
- 破产贷款< =7.5%，单个借款人破产贷款 < =2.0%，无穆迪跟踪评级的破产贷款 < =5.0%。
- 可转化贷款< =5.0%。
- 最大借款人< =2.0%，前 5 位最大贷款人 < =2.5%。
- 穆迪 Caa1 或更低评级贷款 < =7.5%，标准普尔 CCC＋或更低评级贷款 < =7.5%。
- 还在申请穆迪或标准普尔评级的贷款< =10.0%。
- 第三方信贷所占的比例< =10.0%。
- 评级推断资产（没有直接、正式的评级） < =10.0%。
- 折扣贷款< =7.5%。
- 付款中违约贷款（违约后又有付款） < =7.5%。
- 单个行业< =15.0%。
- 4 家评级机构行业分类中每一个 < =12.0%。

- 独家信用评级机构行业分类 < =8.0%。
- 结构金融证券< =5.0%。
- 条件宽松贷款< =5.0%。
- 合成证券和参与贷款之和< =20.0%。

(三)覆盖率测试

KB CLO 2007 -1 的覆盖率测试包括对 OC 和 IC 两项的测试。覆盖率测试主要是用来决定按正常次序本来要分配给非优先级证券和支持证券的现金流,是否要改变次序用来偿付优先级证券的利息和本金。在 KB CLO 2007 -1 中,如果交易的 OC 和 IC 不能达到表 8.4 所列示的最低指标,证券就会进入强制赎回。

表 8.4　OC 和 IC 测试最低指标

证券级别	最低 OC 要求	最低 IC 要求
A 和 B	126.50%	120.00%
C	116.60%	110.00%
D	112.12%	105.00%
E	107.78%	100.00%

六、KB CLO 2007 -1 的信用评级

在发行时,KB CLO 2007 -1 各级证券的信用支持和评级如表 8.5 所示。其中,评级需要承受的资产违约率和评级资产违约率损失临界点是标准普尔根据资产的预计质量和证券的结构测算得来。为了通过标准普尔的评级中现金流测试,评级资产违约率损失临界点必须高于评级需要承受的资产违约率。穆迪在评级中也会采用类似现金流测试。

表 8.5　各级证券的信用评级和信用支持一览

证券级别	信用评级	信用支持	该评级需要承受的资产违约率	该评级资产违约率损失临界点
A－1	AAA/Aaa	35.4%	67.40%	78.28%
A－2	AAA/Aa1	31.3%	67.40%	73.94%
B	AA/Aa	25.1%	64.38%	69.75%
C	A/A2	18.0%	61.61%	63.89%
D	BBB/Baa2	13.5%	56.33%	56.88%
E	BB/Ba2	9.0%	49.08%	49.58%

根据标准普尔对 KB CLO 2007－1 的评级报告，该交易的优势是 90% 以上的资产是优先级抵押贷款；不利因素是：在证券发行时，70% 的资产池已构建，还有 30% 要在 6 个月的贷款储备期内完成；德意志中型资本之前没有担任 CLO 资产管理人的经验，本交易是第一次；资产池以中型企业贷款为主，该类资产的二级市场有限，流动性低。当然，标准普尔也考虑到 KB CLO 2007－1 中特别赎回的设计保护和德意志银行在中型企业贷款市场上的经验和母公司的支持对这些不利因素的影响的抵消作用。

但是，随着经济危机的全面爆发和 CDO 市场的崩溃，KB CLO 2007－1 的信用评级随即受到影响。在发行后不到一年时间，标准普尔把 KB CLO 2007－1 中的全部证券放入负面观察档；2009 年 3 月，穆迪把几乎所有非最优级的 CLO 证券放入负面观察档以待决定是否降级，这次大降级行动中包括把 KB CLO 2007－1 中 C、D 和 E 级证券降级至 Baa3、Ba3 和 B3 级，同时把 A－2 和 B 纳入负面观察档。

但是穆迪很快认识到它之前对资产的损失严重度和对证券的影响太过悲观；2009 年 9 月的资产报告显示，KB CLO 2007－1 的资产池中违约资产为 1 460 万美元，只占 3.0%，而评级为 Caa1 级或更低资产占 9.5%，没有预计中差；于是，2009 年 10 月，穆迪把 KB CLO 2007－1 中降级过的 C、D 和 E 级证券升级至 Baa1、Ba1 和 B1 级，同时取消对 A－2 和 B 级证券的负面观察。但是，至

2009 年年底，标准普尔发现 KB CLO 2007 –1 中 CCC 级资产的比例已升至 13%，开始对某些级别的证券评级有影响。2010 年 3 月，标准普尔把 KB CLO 2007 –1 中的 A –2 级证券从 AAA 级降为 AA + 级。受市场条件和评级变动的影响，KB CLO 2007 –1 证券和其他 CLO 证券一样，市值大打折扣。特别是低级别证券，市场要求的回报率在 2009 年达到历史高点：KB CLO 2007 –1 中的 E 级证券和支持证券的市价在 2009 年年底的市值大约分别是票面值的 61% 和 41%。

2010 年 5 月，阿瑞斯资本公司（Ares Capital Corporation）通过购并联合资本公司（特殊股权顾问），取得了对 KB CLO 2007 –1 的控制和管理权；阿瑞斯资本公司旗下的常春藤山资产管理公司（Ivy Hill Asset Management, L. P.）成为 KB CLO 2007 –1 的资产管理人。由于阿瑞斯资本公司在 CLO 投资和资产管理中的丰富经验和历史表现，此次购并和资产管理人变更没有给 KB CLO 2007 –1 证券的评级带来影响。

至 2011 年年中，KB CLO 2007 –1 的资产表现比预期好。根据穆迪的分析，KB CLO 2007 –1 中的活动资产和资金总额为 4. 82 亿美元，已违约的面额为 2 600 万美元；平均违约概率为 28. 56%，平均损失回收率为 49. 47%；多样性分数为 41 分，高于评级要求的最低值 35 分。2011 年 6 月，穆迪把 KB CLO 2007 –1 中的 A –2、B、C、D 和 E 级证券放入观察档，以决定是否升级；2011 年 11 月，穆迪把 KB CLO 2007 –1 中的 C、D 和 E 级证券升级至 A3、Baa3 和 Ba2 级，同时确认了 A –2 和 B 级证券的评级。

2012 年，KB CLO 2007 –1 的资产表现继续得到提高，资产池中 CCC 级资产在 2012 年 3 月为 3 700 万美元，比例小于 8%。标准普尔于 2012 年 5 月确认了 KB CLO 2007 –1 中各级证券的信用评级。

七、KB CLO 2007 –1 的赎回

从 2010 年 10 月到 2013 年 10 月的 3 年间，有大约 200 个 CLO 1. 0 交易被全部付清，其中 2/3 是由股权投资人选择的提前赎回。而 KB CLO 2007 –1 就是其中一个。KB CLO 2007 –1 的赎回锁定期于 2011 年 1 月结束。阿瑞斯资本

公司并没有在赎回锁定期一结束就赎回 KB CLO 2007－1，而是于2011年年底先提前赎回 KB CLO 2007－1 的姐妹交易 KB CLO 2008－1。原因可能是 KB CLO 2008－1 的证券结构没有 KB CLO 2007－1 好，融资成本比 KB CLO 2007－1 高。但是阿瑞斯资本公司在2011年把其拥有的一部分 KB CLO 2007－1 证券卖给了旗下的 IHAM 资产公司，实现了370万美元的利润。

2013年10月25日，KB CLO 2007－1 的证券被全部提前赎回。虽然阿瑞斯资本公司并没有公开提前赎回 KB CLO 2007－1 的原因，但是2013年 CLO 市场的继续回归和银行贷款二级市场的活跃无疑给了提前赎回充分的理由。标准普尔美国杠杆贷款100指数显示（见图8.2），2013年第三季度，杠杆贷款的市场价在98%左右，比阿瑞斯资本公司低价兼并 KB CLO 2007－1 时（2010年第一季度）的市价高很多，导致资产池的升值和再投资的高成本。

图8.12　标准普尔美国杠杆贷款100指数

资料来源：标准普尔/LSTA 美国杠杆贷款100指数

同时，CLO（特别是非优先级证券）的市场收益率在降低，导致 CLO 负债价值上涨。这种情况下，阿瑞斯资本公司通过提前赎回来锁定利润，并寻求更好的融资机会是水到渠成的事。见图 8. 13。

图 8. 13　美国各级 CLO 的市场利差

资料来源：巴克莱银行证券研究部

第五节
中国银行贷款证券化的现状、潜在应用和挑战

银行贷款证券化在中国起步比较晚，至今还在试点阶段，真正意义上的 CLO 交易还没有出现。

2004 年 4 月，中国工商银行宁波市分行证券化 26. 02 亿元债权资产。中国商业银行首个资产证券化项目，第一次尝试采用资产证券化的方式处置不良贷款。

2005 年伊始，央行联合几部委成立信贷资产证券化协调领导小组，开始 CLO 试点。2005 年 3 月，国家开发银行和中国建设银行获准作为试点单位，将分别进行信贷资产证券化和住房抵押贷款证券化的试点。

2005 年 12 月 12～15 日，国家开发银行发行了国内首只 ABS——“2005 年第一期开元信贷资产支持证券”。该交易的基础抵押资产为国家开发银行发放的工商业贷款，共计 51 笔，本金余额为 41.77 亿元人民币。

但是，国际金融危机爆发导致 2008 年年底中国暂停了资产证券化交易。2012 年下半年中国的资产证券化市场重新开启，试点项目开始回归。截至 2013 年 9 月末，金融机构在银行间市场共发行了逾 900 亿元人民币的信贷资产证券化产品，发行机构涵盖中资政策性银行、国有及股份制银行、资产管理公司等。

2013 年开始，中国信贷资产证券化试点继续扩大，中国银监会明确外资法人银行可按照小规模、分批次原则，在现有信贷资产证券化试点制度框架下开展试点工作，并可以选择相关产品在银行间或交易所市场上市发行和交易。这意味着自 2005 年 CLO 试点以来，监管层开始向在华设立的逾 40 家外资法人银行打开了发行 CLO 试点产品的大门。央行之后称，试点扩大后，将引导大盘优质 CLO 产品在银行间和交易所市场跨市场发行。

监管和政策的鼓励和市场的需要，已经为中国 CLO 的发展创造了条件，但是中国 CLO 的挑战也是客观存在的：

第一，中国的商业银行在自身的运营水平上还有待提高。CLO 的过程涉及放贷、风险控制、资产转让、服务、收款、跟踪、资产买卖、坏账处理和运营报告等一系列环节，对银行在运作水平上有很高的要求。商业银行作为发起人、卖方和服务商，需要一个完善的系统和全面的团队来支持 CLO 的持续运作，其中包括信息系统、产品研发、流程控制、风险控制、信用监测、资产管理和市场分析等多方面的能力。CLO 应该是一个持续长久的过程，不以单笔交易为目的。商业银行必须在多方面努力，提高运营水平，从而长期有效地使用 CLO 来达到的融资、风险管理和提高效益的目的。

第二，我国银行贷款的二级市场还没有达到很好的水平，流动性不够。一个成熟的和可持续发展的银行贷款证券化对贷款的二级市场的成熟度和流动性有很高的要求。美国 CLO 的成功因素之一就是其成熟、活跃的贷款二级市场：发起人可以通过二级市场来购买和积累所需的基础资产，而资产管理人以借助二级市场对基础资产进行调整和优化，包括购买、出售和替代等。而目前，这种供给和退出机制在中国还不够成熟。

第三，中国的证券市场对CLO的认知还不充分，投资者对CLO产品的风险和收益分析没有把握，虽然有兴趣但还是处在观望状态。特别是由于没有足够的历史记录和交易存量，CLO产品缺乏流动性，限制了投资者的范围和兴趣。这一点上，我们只能依靠时间来慢慢积累，并通过政策支持来推动市场的建立和完善。

第四，CLO交易中的另一个挑战是信用评级。就是在美国这种信用评级已经比较完善的国家，CLO的评级也是很有挑战性的，这是由CLO中所用资产的特点决定的。我国目前在银行资产的信用评级水平上还有差距，特别是在非投资级的贷款的风险和信用评估上还不完善。CLO的评级一般包含对单个资产的评级分析、对资产组合的分析和对相关资产管理人的分析。信用的透明度、信息的质量和历史数据的有限性，将会是中国CLO评级的难点。

当然，和其他资产证券化一样，中国的法律法规和监管环境也是决定中国CLO能否健康发展的重要因素。从政策法规来看，中国有关银行贷款证券化的法律法规还不健全，具体的执行和操作还在尝试阶段，这使得市场主体行为很难明确规范，市场参与者的合法权益也难以真正得到维护。在过去的几年间，相关监管部门已经陆续推出一系列相关的规定、通知和细则及指引，这些规章制度会随着资产证券化的逐步开放而继续扩展和完善，并在实践中得到检验，从而更好地为我国的资产证券化提供支持和引导。

第九章

企业资产证券化与房地产投资信托

与本书其他章节讨论的信贷资产证券化不同，本章重点讨论的是在我国运用比较广的两种非信贷资产的证券化：企业资产证券化和房地产投资信托（REIT）。本章以我国的现行做法和案例为主。

第一节
企业资产证券化

一、什么是企业资产证券化

企业资产证券化在我国一般泛指以非信贷类资产作为基础资产进行的证券化，是企业以流动性较低的资产作为支持发行流动性较高的证券的过程。可用于企业资产证券化的资产包括很多种类，比如企业应收款、信托受益权、基础设施收益权等财产权利，或是商业物业等不动产财产。这里所指的企业可以是工商企事业单位，也可以是政府单位和部门。

企业资产证券化对企业而言有着诸多益处：首先，证券化能够提高企业整体资产的流动性；其次，证券化能够拓宽企业的融资渠道；最后，证券化能够改善企业的资本结构，降低企业的融资成本。在美国，虽然企业资产证券化推出不到30年的时间，市场规模已经有近2 500亿美元（不含REIT）。而在我国，企业资产证券化其实比信贷资产证券化起步还要早一点。我国在2005年开始的资产证券化试点中，最早的一批证券化交易主要是以企业资产证券化为主，其中首单交易是“中国联通CDMA网络租赁费收益权专项资产管理计划”。

截至2012年年底，我国已累计发行企业资产证券化产品13只，筹资总额达325.05亿元，如表9.1所示。2013年，我国企业资产证券化进一步发展，发行量大约在57亿元左右，占资产证券化发行总量的32%。

表9.1　我国已累计发行企业资产证券化产品

管理人	发行时间	专项资产管理计划名称
中金公司	2005/8/17	中国联通CDMA网络租赁费收益权专项资产管理计划
广发证券	2005/12/26	莞深高速公路收费收益权专项资产管理计划
中金公司	2006/3/24	中国网通应收款资产支持收益凭证
东方证券	2006/5/8	远东首期租赁资产支持收益专项资产管理计划
招商证券	2006/5/11	华能澜沧江水电收益专项资产管理计划
国泰君安	2006/6/22	浦东建设BT项目资产支持收益专项资产管理计划
东海证券	2006/7/13	南京城建污水处理收费资产支持收益专项资产管理计划
华泰证券	2006/8/4	南通天电销售资产支持收益专项资产管理计划
中信证券	2006/8/31	江苏吴中集团BT项目回购款专项资产管理计划
中信证券	2011/8/5	远东二期专项资产管理计划
中信证券	2012/3/20	南京公用控股污水处理收费收益权专项资产管理计划
中信证券	2012/12/4	欢乐谷主题公园入园凭证专项资产管理计划

由于我国的许多非银行类单位和部门在融资上比银行难，更需要扶持和帮助，所以企业资产证券化的发展需要相当迫切。企业资产证券化也许会成为解决我国中小企业融资难、影子银行、民间借贷和地方政府债务等一系列问题的一剂良方。可以预见，我国的企业资产证券化将会像信贷资产证券化一样，迎来重大发展时期。

二、企业资产证券化的特点

从证券化的时间线以及技术演变过程看，企业资产证券化其实是信贷资产证券化技术在其他基础资产上的推广。两者不仅有着很多共同点，更存在着一些明显的区别。相对于信贷资产证券化，企业资产证券化有其独特性。

表 9. 2 是我国信贷资产证券化与企业资产证券化的简要对比。

表 9. 2 信贷资产证券化与企业资产证券化的简要对比

	信贷资产证券化	企业资产证券化
基础资产	信贷资产	债权类、收益权类资产（财产或财产权利）
原始权益人	银行业金融机构	无特别规定
SPV	专项信托计划	专项资产管理计划
法律关系	信托关系	委托关系
管理人	信托公司	证券公司
投资者	参与银行间市场的金融机构	机构投资者或证券业协会规定的合格个人投资者
交易场所	银行间债券市场	证券交易所大宗交易平台
登记机构	中央国债登记结算有限公司	中国证券登记结算有限责任公司
监管机构	人民银行、银监会	证监会
主要监管规则	《信贷资产证券化试点管理办法》	《证券公司资产证券化业务管理规定》

从监管角度看，信贷资产证券化由人民银行与中国银监会负责管理，所发行产品目前主要是在银行间市场进行交易，基础资产为银行的信贷资产。目前我国已经有比较完善的法规支持，主要依据是《信贷资产证券化试点管理办法》。企业资产证券化由证监会负责审批发行，在交易所发行交易，主要依据为《证券公司资产证券化业务管理规定》。我国监管部门明确鼓励券商对水电气资产、路桥收费和公共基础设施、市政工程、商业物业的租赁以及企业大型设备租赁、大额应收账款、金融资产租赁五类基础资产进行资产证券化。我国在企业资产证券化上的典型案例有：浦东建设 BT 项目 ABS、民生金融租赁 ABS 和华能澜沧江水电收益 ABS。

我国目前对于金融机构的分业监管，决定了企业资产证券化在操作上与信贷资产证券化的诸多不同。这种状态一方面有利于行业和业务上的监管；但另一方面，也会降低证券化的运作效率。随着我国资产证券化的放开和发展，我们将会看到这两种不同类型的证券化的进一步整合和互补，比如投资人的限制破除和交易场所的共享等。

我国企业资产证券化和信贷资产证券化的另一重大的差别，是企业资产证券化有时无法真正实现风险隔离，因为其基础资产的产权界定和现金流权益不如信贷资产证券化明确。而且，我国企业资产证券化在发行过程中经常需要发行方隐性担保，从而造成资产不能出表，而是只能作为抵押融资处理。

三、企业资产证券化的结构流程

企业资产证券化的具体操作模式如图 9.1 所示，其中包括以下几个步骤：(1) 原始权益人（发起人）根据自身需要和监管要求选择基础资产，构建资产池；(2) 证券公司发起设立一个专项资产管理计划作为资产证券化的 SPV，并购买基础资产；(3) 专项资产管理计划向合格的投资者发行固定收益类的专项计划受益凭证来募集资金；(4) 专项计划募集所得资金专项用于购买原

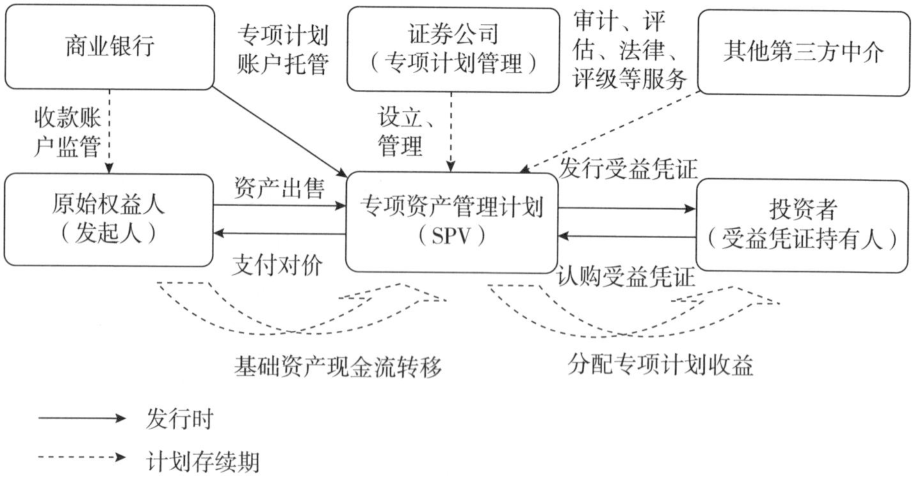

图 9.1　企业资产证券化流程

始权益人所拥有的特定基础资产；（5）专项计划以基础资产所产生的现金流入向受益凭证持有人偿付本息。

四、企业资产证券化的基础资产和真实销售问题

信贷资产证券化的基础资产是各类信贷资产，企业资产证券化的基础资产则是非银行企业所拥有的能够产生未来稳定现金流的财产或财产权利。

（一）债权类资产与收益权类资产

根据《证券公司资产证券化业务管理规定》，企业资产证券化的基础资产是指符合法律法规，权属明确，可以产生独立、可预测的现金流的特定财产权利或者财产。基础资产可以是单项财产权利或者财产，也可以是多项财产权利或者财产构成的资产组合。财产权利或者财产可以是企业应收款、信贷资产、信托受益权、基础设施收益权等财产权利，以及中国证监会认可的其他财产或财产权利。在我国已有的成功案例中，基础资产主要有两大类：债权类资产与收益权类资产。

债权类资产是企业基于已经签订并履行的合同而要求债务人在约定时间支付约定金额的合同性权利，企业如果能够根据合同约定，运用这类权利在未来取得稳定现金流，就可以将其作为基础资产进行资产证券化。已有案例中，“远东收益”中的应收租赁款、“浦建收益”与“吴中收益”中的 BT 应收款都是这类资产。这类资产在法律上具有合法的财产权利地位，在会计上可以在企业的资产负债表中被确认为资产（金融资产）。因此，对于这类基础资产的真实销售不存在法律上与会计上的障碍或不确定性。

收益权类资产是企业拥有的对未来现金流享有收益的权利，它针对的未来现金流可以是基于已经签订，但尚未履行的合同而产生的未来现金流，如“联通收益”中的未来租赁应收款，“澜电收益”与“天电收益”中的未来电力销售收入，“宁建收益”、“宁公控收益”中的未来污水处理费收入；也可以是基于企业历史经营经验而预期会收到的未来现金流收入，如“莞深收益”

中的高速公路费收入、“华侨城计划”中的主题公园门票收入。在企业资产证券化操作中，企业将这些收益权作为发行证券的支持性资产。由于这类资产的法律地位模糊，属“未来资产”，所以在会计上无法被确认，也就谈不上实现真实销售。实务中，只能采取一些变通做法，使资产证券化能够成功运行。虽然在已有案例运行过程中都没有出现大问题，但由于这类资产的固有特点，仍有可能存在证券发行失败等风险。

（二）资产的真实销售和出表问题

传统的资产证券化中的“真实销售”可以达到以下两个目的：（1）在法律上，基础资产被转让，不再作为原始权益人的财产，而成为 SPV 的财产；（2）在会计上，基础资产一般可以“出表”，实现销售确认，不再是原始权益人资产负债表中的一项资产（当然，随着金融危机后 SPV 合并会计准则的变化，这个目的现在不是很容易能够实现，详细讨论见本书第十章）。只有符合法律上的真实出售标准，基础资产才能够实现与原始权益人的风险隔离。

在我国现行法律制度下，除了少数根据已有合同并已履行相应义务而取得债权的债权类财产（租赁公司的应收租赁款、BT 项目的应收回购款等），作为基础资产的其他财产或财产权利是否可以强制执行、是否可以合法转让，都存在很大争议，特别是未来现金流的收益权在合同尚未履行（甚至合同尚未生效）之前是否能够转让，没有明确的法律依据。另外，高速公路收费权等政府特许收费权本身是不允许转让的，针对这类收费而约定一定期间内的未来现金流收益权的转让，其合法性也有模糊之处。

实务中，许多企业资产证券化项目采用“购买特定金额”（即购买不超过受益凭证预期收益金额的收益权）的方式来实现基础资产的转移，这种操作的实质是：以特定期间内企业特定项目所产生的所有现金流作为抵押，担保专项资产管理计划优先获得既定收益权，由此提高对证券持有者（投资者）的保障。因此，这种操作的结果并不是法律意义上对基础资产的真实销售。

会计上，企业资产证券化中的“未来收益权类资产”一般都不符合会计中“资产”的定义（企业过去的交易或者事项形成的、企业拥有或者控制的、预期会给企业带来经济利益的资源)，因此也就不能被确认为资产，更谈不上基础资产的真实销售和出表。

即使是债权类资产的销售，出于证券的增信需要，企业经常采取担保或反担保手段。根据《企业会计准则第23号——金融资产转移》，这类资产的转让并不能在会计上实现终止确认。在这种情况下，企业资产证券化交易在会计上将会被作为抵押融资处理：被证券化了的资产不能脱离原始权益人的资产负债表（出表)，企业在证券化交易中获得的资金需要确认为一项负债。

（三）特殊目的公司

在信贷资产证券化中，一般由信托公司成立专项信托计划作为SPV，受让基础资产，信托公司作为SPV的管理人，与证券投资者形成信托关系，在其他相关手段的配合下，这种特殊目的信托（SPT）形式可以实现基础资产的真实销售，既可以维护证券投资者的利益，也有利于基础资产原始权益人通过资产证券化实现低成本融资和改善资产负债表质量（资本结构）等目的。

但是，在企业资产证券化中，证券公司作为管理人，本身不是信托机构，不能成立专项信托计划，只能根据有关法规成立专项资产管理计划，作为类似信托计划的SPV，与基础资产的原始权益人形成委托－受托关系。

根据规定，专项资产管理计划附属于证券公司，不受原始权益人控制，独立于受托人、托管人等各方参与机构的固有财产及其管理的其他财产，表面上具有类似于信托制度的法律效果，但本质上，并不适用于《信托法》中所定义的信托关系。因此，这类SPV的法律地位并不明确，合法性存在争议。

由于我国企业资产证券化在SPV安排上的特殊性，作为SPV的专项资产管理计划并不具有明确的合法身份，即使原始权益人将基础资产真实销售出去，从法律上看，专项资产管理计划附属于证券公司，基础资产也是出售给证券公司。因此，在这种情况下，如果证券公司破产，专项资产管理计划作为券商的一部分，将难以继续运作。即使可以根据法规，专项资产管理计划与证券公司的固有财产隔离开来，不作为破产财产，由另一家证券公司接管，也会对证券投资者的利益造成损害。

五、企业资产证券化的案例和应用

为了更好地说明企业资产证券化的交易特点和流程，接下来分析一下两个典型的案例：浦东建设 BT 资产证券化项目和华能澜沧江水电收益专项资产管理计划。同时，这一部分最后简单探讨了互联网金融和资产证券化的结合。

（一）浦东建设 BT 资产证券化项目

浦东建设 BT 项目资产支持收益专项资产管理计划的原始资产权益人为上海浦兴投资发展有限公司和无锡普惠投资发展有限公司。入池 BT 项目应收款有 13 笔，主要是归属于原始权益人的 BT 项目承诺回购款。该笔交易募集资金规模为 4.25 亿元人民币，项目由上海浦东发展银行提供不可撤销的连带责任担保。该专项计划的信用评级为 AAA 级。该项目交易结构如图 9.2 所示。

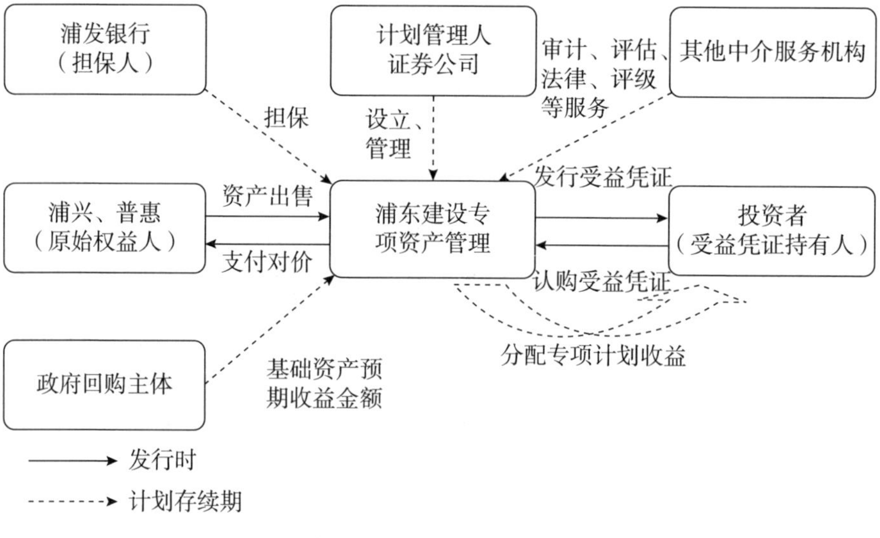

图 9.2　浦东建设 BT 资产证券化项目交易结构

本交易同时采用了内部增级和外部增级：

（1）优先与次级结构：本交易采用了优先与次级结构，优先级受益凭证价值4.1亿元，约占全部受益凭证价值的96.5%；次级受益凭证价值1 500万元，约占3.5%，由原始权益人持有。

（2）银行担保：上海浦东发展银行为该交易提供无条件的不可撤销的保证担保，保证优先级受益凭证持有人的本息能够按时偿还。

本交易的主要特点和意义是：

（1）BT合同债权转让的法律效力易于明确，基础资产与原始权益人风险隔离实现程度较高；原始权益人转让基础资产实现会计出表，达到盘活存量资产、改善资产流动性的目的。

（2）浦东建设BT项目ABS是我国企业资产证券化业务中首只以BT项目回购款债权作为基础资产的证券化产品，也是市政基础设施建设行业借助资产证券化工具获得融资的第一次成功尝试。

（3）浦东建设BT项目的资产证券化也为基础设施开发建设企业开拓出一条新的滚动开发运营模式，即通过证券化存量资产（BT应收款）快速变现用于下一轮建设开发，从而缩短获利周期，缓解现金压力，优化负责结构，从根本上改变了基础设施建设行业长期单纯依靠“企业投资建设，政府分期回购”的传统模式。

案例引申

这里需要特别指出的是，企业资产证券化在上述案例中只解决了项目建设完成后的退出问题，但是随着我国城市化进程的推进，建设期的资本金需求是建设企业急需解决的问题。一般情况下，国家对基础设施建设项目自由资本金要求的比例为35%或以上，其余部分则可通过债务融资筹集。

为了减少项目建设期资本金要求的压力，企业可以通过基础设施股权投资基金作为表外工具获得项目建设期所需的资本金；在建设完成后，企业可以通过资产证券化模式实现退出。基础设施建设企业可以通过建设和退出两个金融平台进行互动，支持主营业务的发展。

以下简单归纳目前市场上两种常见的基础设施股权投资基金的运作模式：

(1) 模式一：利用有经验的资产管理平台与资金提供方共同出资，设立城市发展基金管理公司，受托管理城市发展基金。通过基金管理公司对接保险资金、境外资金等低成本资金发起设立城市发展基金，作为股东对基础设施项目公司进行投资。详见图9.3。

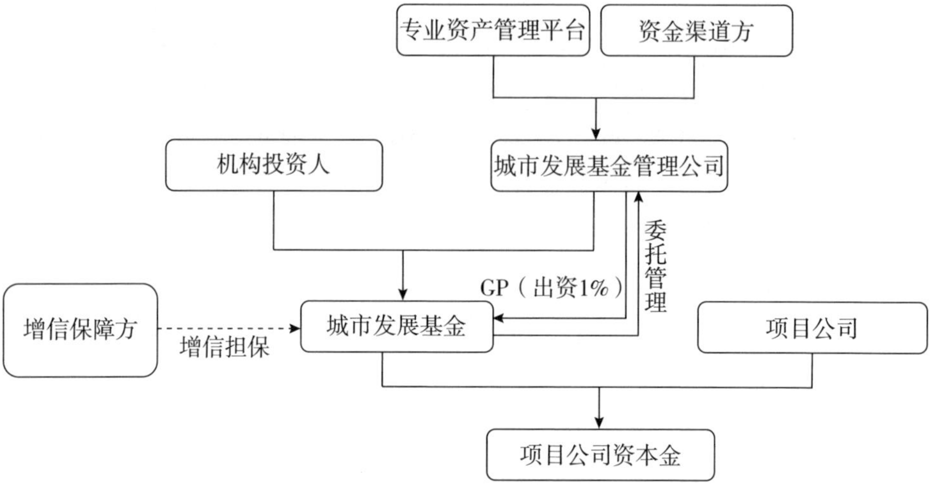

图9.3 基础设施股权投资基金模式一

(2) 模式二：利用专业资产管理平台与提供资金渠道的机构共同出资，设立城市发展基金管理公司，受托管理城市发展基金。通过基金管理公司对接保险资金、境外资金等低成本资金作为优先级LP，再由项目建设方或其他机构投资人作为劣后级LP共同出资发起设立城市发展基金，而后作为股东对基础设施项目公司进行投资。详见图9.4。

(二) 华能澜沧江水电收益专项资产管理计划

该项目的原始权益人是云南华能澜沧江水电有限公司，该公司以其漫湾发电厂5年内的水电销售收入做支持发行了规模20亿元的“澜电收益凭证”。大公国际给予该项目的优先级受益凭证AAA的信用评级。该交易的结构如图9.5所示。

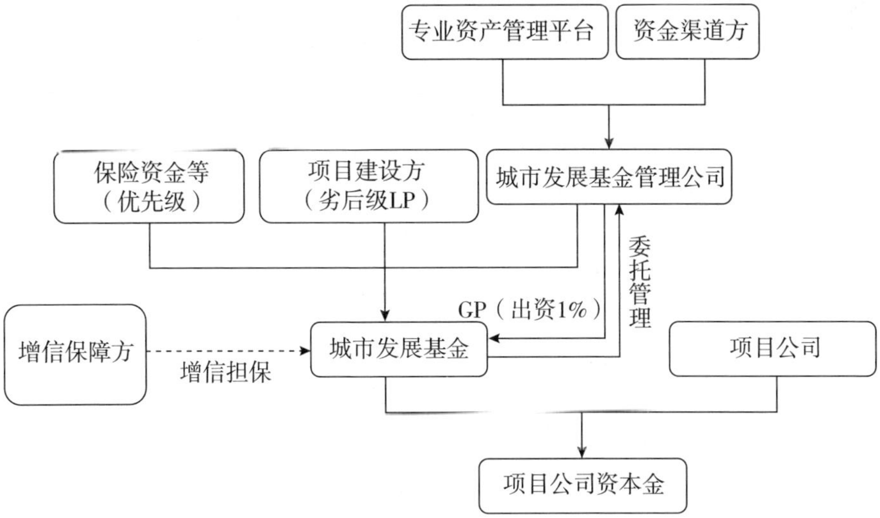

图 9.4　基础设施股权投资基金模式二

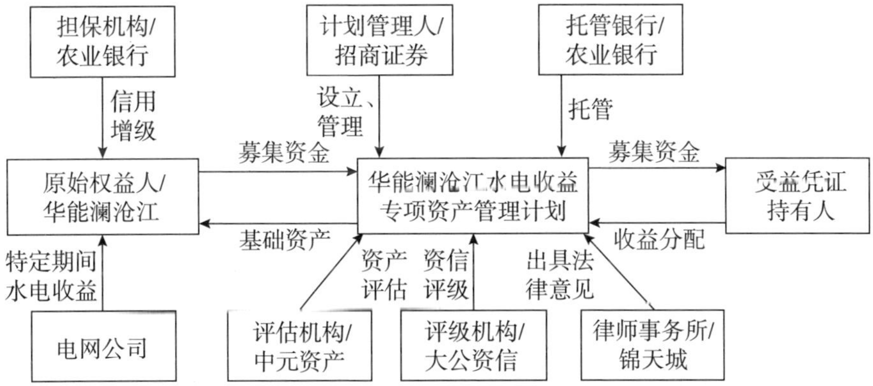

图 9.5　华能澜沧江水电收益专项资产管理计划交易结构

本次交易的特点包括固定利率与浮动利率相结合和内外部信用增级方式相结合的设计：

（1）该交易优先级受益凭证有 3 年、4 年和 5 年期三种，其中 3 年期和 4 年期受益凭证为固定利率，利率分别为 3.57% 和 3.77%，5 年期受益凭证为浮动利率，利率确定方式为基准利率加 180 个基点，基准利率为 7 天回购加权利率。

（2）该交易内部增级采用优先与次级结构，优先受益凭证规模为19.8亿元，次级规模为0.2亿元。农业银行为该交易提供了无条件不可撤销的连带责任担保。一旦电厂因经营效益恶化而无法及时偿还投资者的本息时，农业银行将有责任为投资者弥补这部分损失。

华能澜沧江水电收益专项资产管理计划是国内首个水电收益企业资产证券化产品，固定和浮动利率相结合的设计给了投资者购买不同利率风险的选择，有效降低了发起人的融资成本。同时，不同期限的证券设计也满足了不同投资人对期限的不同偏好。更重要的是，电厂这类基础设施的稳定性使得交易现金流的预测简单直观，给投资者带来收益的稳定和可预见性。

但是此次资产证券化并没有改变资产的所有权，华能澜沧江水电公司与招商证券实质上是委托关系，并未实现真实出售。该交易能否按时偿还受益凭证持有人的本息，主要依赖于原始受益人的经营能力。同时，为了减少资产转让有关的潜在税务责任，如重复征税等，发起人向第三方担保人提供反担保，以"确保"没有会计上的资产转让发生，这种安排必然是一种表内处理，无法实现基础资产的表外融资。由于资产仍在原始权益人的表内，而且还必须确认新的负债（即发行的证券），企业没能达到精简资产负债表的目的，财务杠杆升高，资本结构变差（负债增加，股权没变）。

（三）互联网金融与资产证券化结合

互联网金融是借助于互联网和通信技术实现资金融通、支付和信息中介等业务的新兴金融模式，既不同于商业银行间接融资，也不同于资本市场直接融资的融资模式。互联网金融中一个重要形式就是网络信贷和投资，其中以"人人贷"（P2P）和"众筹融资"尤为火热，是对传统存贷款和证券业务的补充。中国网络信贷和投资的爆发有其客观原因，和其他发达国家的金融市场相比，我国中小企业和个人的融资难度大、渠道窄；同时，我国的个人投资者的投资选择少，产品有限。这两者在互联网的撮合下一拍即合，实现了借款人和投资者的对接。

互联网的分享、公开、透明等理念，让资金在各个主体之间的游走非常直接和自由，这其实也是资产证券化的精髓之一。但是，“自由”的互联网在投资和风险管理的专业性上还是受到个体投资者水平的限制，规模也会有瓶颈，这和散户投资者撑不起整个证券市场的道理是一样的。而资产证券化则可以帮助互联网金融实现进一步突破和升级。

接下来我们利用资产证券化在 P2P 业务模式中的应用，来说明互联网金融与资产证券化结合的潜力。

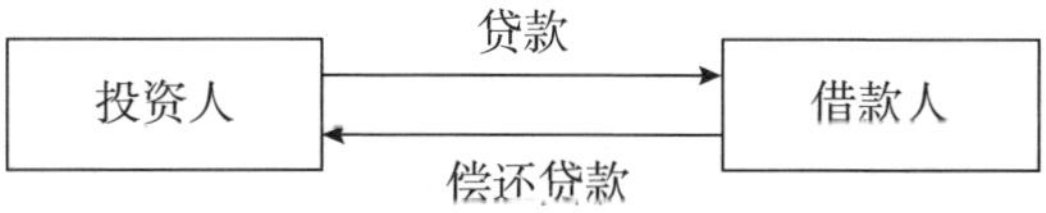

图 9.6　现有的 P2P 模式

现有的 P2P 模式（见图 9.6）虽然实现了直接融资，但是互联网只是作为信息分享和中介撮合的平台，没有后续的专业服务，如果贷款出现违约问题，其解决功能有限。另外，在 P2P 中，投资人和借款人一一对应，借款人的个体风险集中度高，实现不了规模效应。这个模式也制约了机构投资人的进入来参与普惠金融市场，限制了互联网金融的规模。

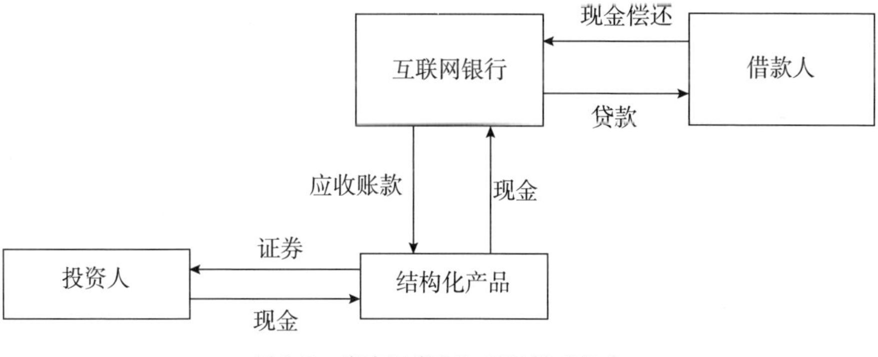

图 9.7　资产证券化和 P2P 模式结合

如图 9.7 所示，资产证券化和 P2P 模式结合之后，互联网平台仍旧提供信息的撮合作用，贷款人通过互联网找到借款人。但是与目前的 P2P 模式不同，资金提供方为互联网银行，而非由投资人直接提供。其后互联网银行把应收账款打包发行资产证券化结构化产品，出售给投资人。

这种模式与投资人和借款人直接对接的模式相比，投资的总体信用风险得到了分散，而且投资产品可以利用资产证券化的弹性设计来实现多样化，满足不同投资人的偏好，对接机构投资人进入普惠金融领域。而且，由于贷款由互联网银行发放，在规模上允许实现低成本的标准化和专业化，保证质量和监管，并可以为资产提供后续的专业服务。此外，目前的互联网信贷一般都是短期和小额贷款，在投资的频率上过快，对投资人来说是“快钱”投资，无法满足很多人长期投资的需求。资产证券化中的统合信托和滚动支持的发行模式（见本书第五章信用卡资产证券化的讨论）可以帮助互联网金融实现“短贷”支持“长投”，从而满足长期投资者的需求。资产证券化可以为互联网金融打造一个更广、更坚实的平台。

第二节
房地产投资信托

房地产投资信托（Real Estate Investment Trusts，简称 REIT）是房地产资产证券化的一种，它将众多分散的资金集于一体，并通过专家经营、专业化管理的方式，专门从事房地产领域的开发、买卖、租赁、管理等活动。

2013 年 3 月，证监会公布了《证券公司资产证券化业务管理规定》，其中在第二章第八条规定：“基础资产可以是单项财产权利或者财产，也可以是多项财产权利或者财产构成的资产组合……财产权利或者财产，可以是企业应收款、信贷资产、信托受益权、基础设施收益权等财产权利，商业物业等不动产财产。”由此，商业物业的证券化纳入证券公司资产证券化业务框架之中。

实际上，在此之前的 2008 年 12 月《国务院 9 项金融措施促发展》、《国务院办公厅关于当前金融促进经济发展的若干意见》和 2010 年 6 月七部委《关于加快发展公共租赁住房的指导意见》中都明确提出，要探索房地产信托投资基金，拓展企业融资渠道。而在市场方面，2011 年以来诺安、鹏华、嘉实、融通、广发成立了多只以国外 REIT 为投资标的的 QDII 基金。上述探索从不同角度为我国房地产投资信托基金的发展提供了宝贵经验，但是时至今日 REIT 在我国仍处于起步阶段，后续发展仍有待市场和监管环境的改善。

一、REIT 发展的海外经验

1961 年，第一家 REIT 进入美国市场，但其内在理念早在 19 世纪中叶就已出现在波士顿设立的商业信托中。REIT 在发达国家广受投资者的欢迎，2013 年 4 月全球 REIT 市值总额共计 11 295 亿美元，其中美国是世界上最大的 REIT 市场，拥有 213 只 REIT，基金总额达到 7 031 亿美元。除了美国，澳大利亚、日本、新加坡也是 REIT 市场较发达的国家。详见图 9. 8。

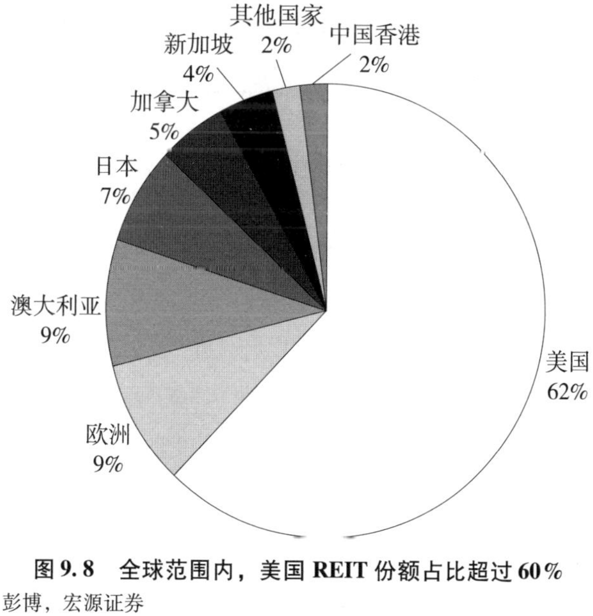

图 9. 8　全球范围内，美国 REIT 份额占比超过 60%

资料来源：彭博，宏源证券

RETI 市场规模巨大，为了切实保证这种融资方式不被滥用，60 年代以来美国立法机构针对 REIT 的发起设立及相关运作做了严格的规定（见表 9.3）。

表 9.3 美国《税收改革法》对 REIT 的限制性要求

限制性政策类型	具体限制内容
组织形式	由董事会或者基金托管人管理，并以美国纳税法人公司形式纳税
股权结构	股东人数在 100 人以上，最近半个会计年度内前五大个人股东所持股份不超过股份总额的 50%
资产构成	75% 以上的 REIT 资产需以房地产资产、现金及现金等价物、政府债券构成；非上述资产的 REIT 资产中同一发行人的证券不得占总资产的 5% 以上，并不得超过该类资产余额的 10% 以上
收入	95% 以上的收入需来自股息、利息、租金或资产出售；75% 以上的收入需来自租金、抵押贷款担保债券产生的利息、资产出售及投资其他 REIT 所得收入；持有 6 个月以内的证券与 4 年以内的房地产出售收入，不得超过总收入的 30%
红利分配	90% 以上的应纳税收入需用于分配，上年超额分配部分可用于抵扣本年应分配股利

资料来源：宏源证券

需要说明的是，REIT 按照盈利模式可以细分为权益型、抵押型和混合型：（1）权益型 REIT 主要投资并运营地产项目，业务范围包括房地产开发、租赁、物业管理等，收入来源包括租金收入和房地产买卖价差。从细分行业来看，权益型 REIT 投资的标的不仅包括工业、办公、零售、住宅等传统行业，还包括医疗、仓储甚至监狱这样的特殊行业。对于商业地产商而言，引入权益型 REIT 可以使开发者完成开发后将地产资产变现，加快资金周转，而物业则可由 REIT 专业的经营团队管理；REIT 投资者则可以从项目中获得长期稳定的现金流。（2）抵押型 REIT 并不直接拥有房地产物业，而是在不动产抵押的条件下，通过直接向房地产物业拥有者发放抵押贷款，或者购买不动产抵押贷款、CMBS，取得不动产抵押贷款债权以获取收益。换句话说，抵押型

REIT 或直接给房地产开发提供资金，或通过活跃商业地产贷款二级市场为商业地产提供资金支持。（3）混合型 REIT 则结合了权益型和抵押型两种 REIT 的特点，既参与物业直接投资开发，又通过从事抵押贷款投资而获取收益。三种 REIT 在运作模式、收益来源、投资风险方面有显著差异（表 9.4）。

表 9.4　三种不同类别 REIT 的比较

REIT 类型	运作模式	收益来源	投资风险
权益型	投资并运营地产项目，持有物业股权，组合投资，专业化管理	租金、服务费用收入，地产升值	收益稳定性弱，风险更高
抵押型	向地产商直接发放抵押贷款或向银行购买抵押贷款债权及 CMBS	利息收入，CMBS 价值变动	正常情况下收益更稳定，风险更低
混合型	购买物业股权并运营，直接发放抵押贷款，购买抵押贷款债权及 CMBS	权益型和抵押型 REIT 的结合	风险适中

资料来源：宏源证券

对于投资者来说，权益型 REIT 给予他们投资商业地产的渠道，不仅能够享受租金收益，还能享受商业地产升值收益，因此逐渐成为美国 REIT 市场的主流方式。2012 年年底，美国共有 5 444 亿美元余额的权益型 REIT，而抵押型 REIT 只有 590 亿美元，平均每只基金的规模也不到权益型的一半；混合型 REIT 则更少，几乎可以忽略。

在海外的房地产市场上，REIT 经常与私募（PE）地产基金如影相随。亚洲最大的跨国房地产公司凯德集团（CapitaLand）就是一个很好的例子。2000 年 11 月，在共同股东淡马锡的推动下，新加坡两大地产集团百腾置地和星展置地合并为凯德集团。彼时新公司多数投资物业仍处于开发培育阶段，租金回报率很低，高位的负债率更使新公司面临巨大的财务风险。在此背景下，为了满足不同类型投资人的偏好，凯德集团将投资物业按发展阶段分为培育期和成熟期。培育期物业的风险比开发物业高，相应资本升值的潜在回报空间大，适合私募投资人的需求；而成熟期物业的收益率在7%～10%，分红稳定，更适合REIT投资人的需求。自此，凯德集团确立了轻资产战略：由PE培育和发展物业，成熟后输送给REIT，REIT为PE提供退出渠道，彼此间相互支持。专业化地产经营、私募地产基金和房地产投资信托基金三者的结合(见图9.9)，是凯德集团贯穿整个房地产价值链的独门秘籍，使得其在商业地产领域傲视群雄。截至目前，凯德集团管理的总资产约3 100亿元，旗下共管理18只私募地产基金和6只房地产投资信托基金。

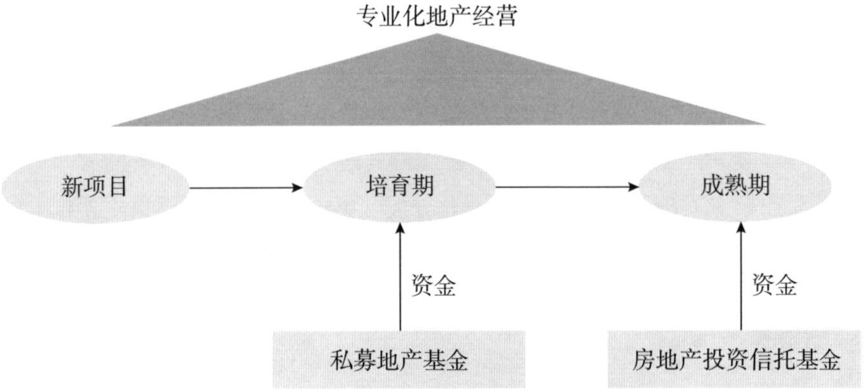

图9.9　凯德集团PE+REIT金融价值链

资料来源：宏源证券

二、我国REIT发展的现状与挑战

尽管国外REIT发展得如火如荼，但是由于各种限制，目前我国还没有真正意义上的REIT，只是出现了不少和REIT有较高相似度的“类REIT”，包括国内房地产企业发起的封闭基金、产权回报式投资合同、房地产信托等。

以扬子基金为代表的我国境内房地产公司发起的封闭基金，多以公司形式，通过设立资产管理公司、投资公司等组织形式，进行房地产方面的投融资业务。如中国不动产PCO基金主营收购尾楼、尾房等不良资产，精瑞基金关注一级土地开发，首创地产基金主要业务为投资开发项目。这些封闭基金与国际主流 REIT 相比有诸多不同，如多为私募形式，不能在公开市场交易，且投资者一般仅为发起公司，资本规模小，投资无法实现多样化，容易变成单个项目的开发商。

产权回报式投资合同的操作方法是，房地产公司以房地产买卖合同为依据，出售带有租金收入回报承诺保证的单位物业，合同中购买者产权和经营权分离，在第三方连带责任担保的前提下，承诺一定期限后开发商回购物业。与标准的 REIT 相比，产权回报式投资合同多为私募、无法公开交易、合同年限到期后就终止，通过房地产公司回购来实现投资者的退出。

第三种“类 REIT”是房地产信托。众所周知，房地产信托近几年在我国发展迅速。2010 年第一季度，我国房地产信托余额为 2 351 亿元，到 2011 年年末，该类信托余额已达 6 882 亿元。2012 年，我国开始加强房地产市场的调控，银监会对房地产信托业务的限制使得其余额基本稳定在 6 800 亿元左右。

法国欧尚天津第一店资金信托（简称欧尚信托）是与权益型 REIT 较为接近的一款房地产权益信托产品。该产品在 2003 年 12 月推出，信托合同不超过 200 份，募集资金不超过 1 亿元，年收益率为 6%，产品期限 3 年。通过成立信托计划，北京国际信托投资公司将投资者的资金用于购买法国欧尚天津店的物业产权，再将其出租给欧尚，将物业产生的租金收入作为对投资者稳定的回报。合同到期后，北京国投可针对该物业发行下一个信托计划或者处置该物业用于归还投资者的本金；同时，开发商还承诺可以原物业价格上浮 10% 的价格回购信托计划内的物业。详见图 9. 10。

虽然欧尚信托与真正的 REIT 还有不小差距，但欧尚信托以股权投资方式收购物业，以物业出租方式获取稳定的现金流用于回报投资者，并帮助原物业拥有者实现资产变现，已经表明其具有权益型 REIT 运作的核心特征。

“类 REIT”的出现，一方面意味着市场对真正 REIT 推出的强烈呼唤，另一方面也意味着我国现在推出 REIT 存在一些实质性困难。针对市场的呼声，在金融领域，监管部门推出了一些尝试性的规定和办法，其中包括：

（1）银监会于 2004 年 10 月发布《信托投资公司房地产信托业务管理暂

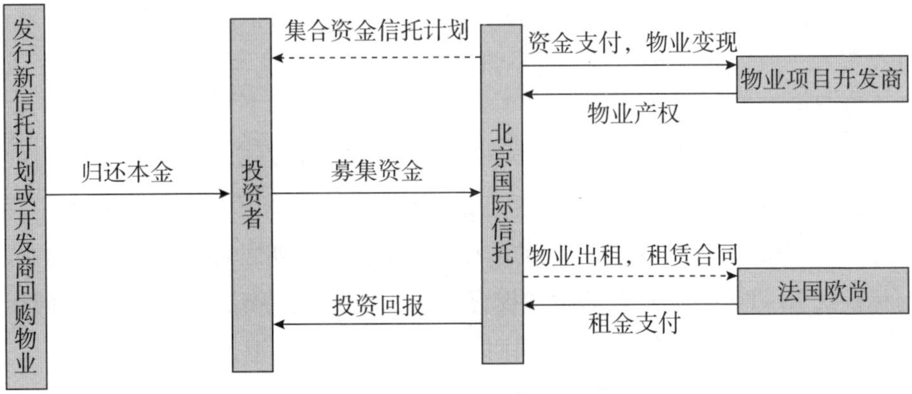

图 9.10　欧尚信托运作示意图

资料来源：公开信息，宏源证券

行办法》征求意见稿，房地产信托为资金信托，运用方式为土地收购及土地前期开发、整理；投资于不动产经营企业进行商业楼房及住房开发、建造；购买土地商业楼房或住宅并予以出租以及住房抵押贷款等，中国版 REIT 雏形初步显现。

（2）人民银行于 2009 年 11 月印发《银行间债券市场房地产信托受益券发行管理办法》征求意见稿，此次央行版 REIT 为固定收益产品，优先级通过由受托信托公司在银行间市场发行受益权的方式转让，次级由委托方，即房地产企业自己全部持有。并且规定保障性住房和普通商品住房项目次级受益权比例不低于 20%，其他项目不低于 30%。

（3）证监会于 2013 年 3 月发布《证券公司资产证券化业务管理规定》，将商业物业等财产和财产权利纳入证券公司资产证券化业务的常规框架中。

我们需要破除以下四点障碍才能真正推动 REIT 的大发展：

第一，税收障碍。美国 REIT 的兴起与其税收政策有很大的关系。在美国，REIT 无须缴纳公司税，而 REIT 投资的房地产也属于免税资产。而我国没有 REIT 的相关税制安排，在 REIT 方案的重组过程中，因物业交易将产生相当多的交易税费，且由于 REIT 主要涉及物业的出租，房地产税的缴纳也将不可避免。另外，在现行规定下 REIT 投资者还需要纳所得税。税收方面的这些障碍将使得 REIT 失去其在海外发展的税收优势，降低其对投资者的吸引力。如果不能解决税收问题，将不利于 REIT 在我国的蓬勃发展。

第二，地产项目产权障碍。国内很多房地产项目即使在竣工后都未获得产权证，不能满足 REIT 对房地产项目必须具备完整业权的要求。另外，现在中国的地产项目多为产权出售，将整个物业大产权分割成小产权出售给业主，这样就增加了产权整合的难度，使得某些具备经济效益的房地产项目无法通过 REIT 上市融资。

第三，筹资规模受限。国外的 REIT 是为广大投资者提供的投资房地产市场的投资方式，而在我国目前没有相关立法，若只能私募，则筹集资金的能力有限。信托公司发行的类 REIT，也受到信托相关法律“接受委托人的资金信托合同不得超过 200 份（含 200 份），每份合同金额不得低于人民币 5 万元（含 5 万元）”的制约。而 REIT 的目的在于专业投资于房地产，需要大规模地集合资金，而小的 REIT 则由于房地产项目对资金的高需求分散风险的能力有限，从而投资风险会比较大。

第四，复合型人才缺乏。REIT 跨越房地产市场和资本市场，需要既懂得金融投资，又熟悉房地产的开发和投资运作，还要有一定的法律知识的人才。这样的复合型人才在我国并不多，需要经验的积累和跨业的培养。传统的基金管理人员往往较擅长单一投资领域，但应对 REIT 大规模房地产运作的要求并非易事。

三、中国香港越秀 REIT 案例分析

2003 年 REIT 在香港地区开始出现，但是当时监管规定不允许香港 REIT 投资于全球其他地区房地产，因此发展缓慢。2005 年 6 月，香港证监会正式发布《房地产信托投资基金守则》修订的相关总结，撤销香港房地产投资信托基金（REIT）投资海外房地产的限制，香港 REIT 才开始迅速发展。2005 年 12 月 21 日，越秀 REIT 在香港联交所上市，成为首只在香港上市的以内地物业经营为主业的房地产投资信托基金。此后，2006 年 7 月限制外资买房的

《关于规范房地产市场外资准入和管理的意见》（117 号文）出台，内地房地产公司无法再以 REIT 形式上市。

越秀 REIT 是一权益型 REIT，其资产来自在香港上市的广州上市公司越秀投资。该 REIT 在上市时的资产包括：白马大厦单位、财富广场单位、城建大厦单位、维多利广场单位，皆为越秀投资的优质资产。越秀 REIT 为这些资产向越秀投资支付了 33 亿港元现金，越秀投资则实现了 20 亿元的账面收益，而且仍然拥有越秀 REIT 31% 的股权。通过成立越秀 REIT，越秀投资获得了急需的现金，资产负债率从 71% 下降到了 64%，有力改善了高负债的不利局面。更重要的是，越秀 REIT 的成立相当于使越秀投资获得了一条及时变现物业的低风险通道，并且因其在 REIT 中持有股份仍可以享受一部分所售物业的租金收益，以及 REIT 投资的其他物业的收入和资产增值。

越秀 REIT 运作如图 9. 11 所示。

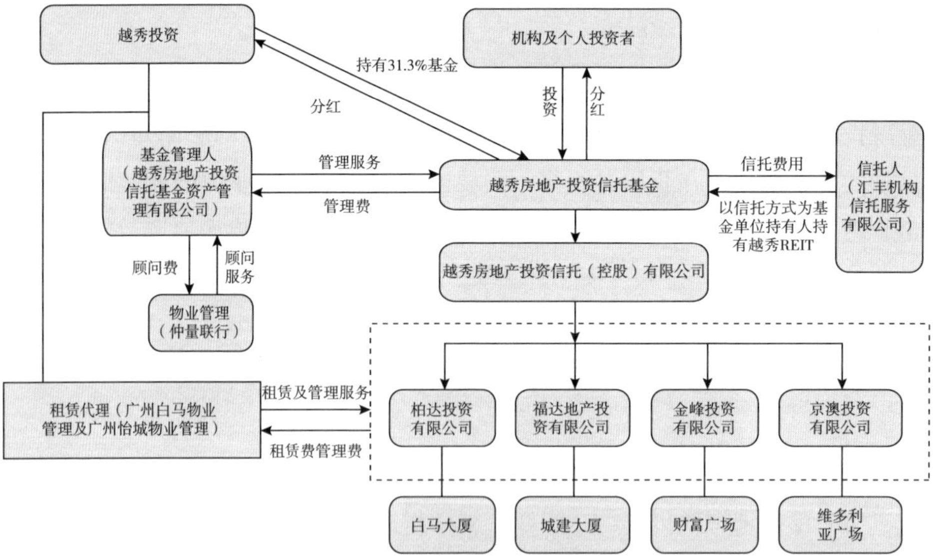

图 9. 11　越秀 REIT 运作全流程

资料来源：宏源证券

第十章

资产证券化相关的法律法规和会计问题

资产证券化是一个系统工程，其健康发展除了对金融技术和市场条件的要求外，还需要法律、法规和监管的支持和引导。从资产证券化的发展史来看，法律法规的演变给证券化创造了条件，并推动了产品创新和交易结构的演化；而新的证券化产品和设计，又反过来推动了立法和监管的不断完善。

资产证券化是一把双刃剑，潜力无穷，如果运用得好，可以起到降低融资成本、分散风险、丰富投资产品、提高市场效率和优化经济结构等多重作用。但是，2007 年开始的次贷危机和随之而来的全球经济危机也告诉我们，如果运用不当，这把剑的危害不可限量。很多人在这次金融危机之后对资产证券化产生了怀疑，并把原因归咎于证券化本身，其实这种观点是不对的。这次金融危机的真正原因是信用的过度和法律、法规和监管的滞后或不作为。2000～2007 年是资产证券化的“黄金时代”，这段时期内证券化在各类资产上全面开花，产品不断丰富，规模不断扩大，结构日趋复杂；信用风险通过这些复杂的证券化结构被“安全”地转嫁并高价卖出，引发了全面的信用滥用和授信过度；而这几年间的法律法规和监管却没有与时俱进，及时进行监督、干涉和引导，在有的方面甚至起到推波助澜的作用。特别是在证券化结合了衍生金融工具以后，过度的信用通过证券化错综复杂的交易链扩散到了当时监管无法控制的范围。这种步调不一致给了相关利益集团恶性投机和滥用金融工具的机会，从而危害到交易方、资本市场甚至整个实体经济。

中国的资产证券化起步比较晚，没有直接经历美国和欧洲一样的证券化惨剧，从这一点上讲我国这方面的落后其实是个好事。晚起步的优势是我们可以从其他国家的资产证券化的发展中吸取经验和教训，扬长避短，少走弯路。从国外资产证券化的发展来看，资产证券化的成功有三个必要条件：一是“硬技术”，即金融技术和理念；二是市场，即供需双方的需求；三是“软环境”，即法律法规和监管。在我国资产证券化的学习和试点中，“硬技术”是直观易学的一项，本书的许多章节已经介绍了美国各类资产证券化的不少技术问题，这些技术看似复杂，但稍加时日，都可以攻克，所以不是我国资产证券化的难点。而在市场这一块，中国目前的市场规模、融资需求和投资者对证券产品的追求，已经为资产证券化的发展做好了准备。我国资产证券化中真正的重点和难点是“软环境”的构建，资产证券化法律法规和监管机制的建立和完善，是中国证券化路上必须跨过的一道坎。

说资产证券化的重点是“软环境”，是因为“软环境”在一定程度上决定了证券化的方向、可行性、技术要求和市场规模。在中国证券化正处在起步和基础建设阶段的今天，软环境的建设尤为重要。证券化的可行性和有效性是建立在一定的法律法规框架下的，其相关所需要采用的技术也会随着法律法规的变化而变化，市场的规模和质量也受法律法规的直接影响。证券化作为一种金融工具，首先应该以优化资源配置和增强国民经济为目的。资产证券化的政策和法律，要服从于这个目的并通过具体法律法规细则的制定和实施来保证证券化的方向。

说建立“软环境”难，是因为资产证券化是一个变化的工程，其使用的技术和市场的条件会不断变化，而且涉及的资产种类繁多，领域广泛，交易链中又有多方参与，所以相应的法律法规必须细致到位并且要具有前瞻性，兼顾到可能的变化。而且，“软环境”不像“硬技术”一样可以照搬照抄，直接从国外引进。每个国家的法律环境、经济情况和资本市场的状态都不一样，相应法律法规的制定和导向必然不同，所以必须量身定制来满足本国的需要。

中国资产证券化的试点和逐渐放开，对证券化软环境的建设和完善是非常有必要的。试点项目可以用来测试软环境的有效性，并对具体的法律法规提出要求；监管也可以通过试点中发现的问题来不断完善软环境的建设。同时，其他国家的相关法律法规和监管制度对中国也很有借鉴意义，虽然不能照搬，但是我们可以根据自身的特点和需要来进行有选择的学习和借用。美国作为世界上最大的资产证券化市场，证券化历史悠久，相关的法律法规相当完备，监管水平也是世界领先；特别是在最近的金融危机后，美国政府出台了一系列新的法规和补救方案来完善其软环境，值得中国资产证券化监管和从业人员学习和探讨。

本章重点讨论资产证券化法律法规的要点和美国资产证券化的法规和监管的新趋势，并详细分析资产证券化的相关会计处理。

第一节 资产证券化相关的法律法规

资产证券化是一个参与主体众多、涉及领域广泛、专业要求很高的工程。这个工程不仅需要金融技术和人才，更需要有与之相匹配的法律法规和监管来对其进行引导、规范和保障。

一、资产证券化相关的法律法规

资产证券化的法律规范和监管涉及多个方面，我们从以下三个角度来分析：

（一）资产证券化的参与主体

资产证券化的参与主体包含：发起人、特殊目的实体、信用增级机构、信用评级机构、资产服务商、资产管理人、投资人、受托人、投资银行、承销商、会计师、律师等。每个参与主体在交易中都有自身的利益驱使，在交易中的权利、义务和地位都不一样。资产证券化的法律法规需要对各个参与主体及其行为进行规范，保障其应有的权利但又要避免利益冲突和权力滥用。这方面的法律法规涉及很多方面，有些可以参照其他法律法规，如公司法、银行法、证券法、破产法、产权保护法、消费者权益保护法、担保法等；但有的又属于资产证券化所特有的，必须明确制定和规范。

对证券化参与主体条件和行为上的监管限制，往往会对证券化产生直接影响。比如，对于银行发起人，资本充足率的要求是银行监管法规中一个重要的方面，也是银行进行证券化交易时考虑的一个重要因素。以美国为例，从20世纪70年代开始，银行监管部门开始建立资本充足率机制，之后慢慢完善资本要求，至1992年全面推行《巴塞尔资本协议》，即以风险加权资产来决定资本要求。在这期间，为了减少资本压力，美国的银行开始进行金融创新，寻求新的方式来管理资产负债表，而资产证券化正好满足这一要求。通过把资产从资产负债表上移出，证券化可以帮助银行减少风险资产从而提升资本充足率或降低资本要求，所以自然成为银行提高资本效率的有力工具。资本的监管变化在一定程度上推动了美国资产证券化的兴起和繁荣。

对投资人的产品选择限制和监管，是另一个推动资产证券化的法律法规因素。美国对各种投资人所能参与的投资产品有比较明确和严格的规定，特别是某些机构投资者如退休基金、保险公司、商业银行等。比如，美国的《雇员退休收入保障法案》（ERISA）对美国的退休基金的投资有严格限制：退休基金不可以参与很多高风险的项目或行业，不能购买无评级或非投资级的债券等。该法案对资产支持证券没有特别限制，资产证券化可以把一些退休基金本来不能购买的资产打包成有良好信用评级的资产支持证券。通过购买高级别的资产支持证券，退休基金可以变相地参与本来不能参与的产品或项目。这些机构投资者的参与，无疑是资产证券化得以发展的另一个重要原因。

但是，对资产证券化在银行资本监管上和对机构投资者在证券化的投资上的宽松，也使得银行和其他这些机构投资者在最近的金融危机中蒙受重大损失。危机之后，各国的监管和立法机构开始重新审视有关资产证券化各个参与主体的法律法规。美国的各监管部门出台了一系列补救或改进议案来严格规范资产证券化参与主体。比如，监管部门提议对资产证券化交易发起人的资产风险保留比例设定较高的最低标准，以确保发起人和投资人的利益一致。而在资本要求上，国际清算银行于2010年9月12日推出了《巴塞尔资本协议Ⅲ》。在资本计量方面，《巴塞尔资本协议Ⅲ》提高了资产证券化中再证券化产品的风险权重，要求银行对有外部评级的资产证券化的风险进行更为审慎的信用评估。比如，级别为AAA级到AA级证券化证券的风险权重是20%，但是相同级别的再证券化的风险权重则为40%。同时，《巴塞尔资本协议Ⅲ》的资本要求中规定，高评级（AAA级）的资产支持证券也要遵守7%的加权风险资产比率要求。这些改变无疑会增加银行进行资产证券化或持有资产支持证券的成本，从而变相地限制证券化的发行和投资。是否采纳《巴塞尔资本协议Ⅲ》和如何执行该协议，是各国银行监管机构要做的决定，这个决定无疑会对各国的资产证券化的融资成本和产品吸引力产生直接影响。

（二）资产证券化的税收

税收是资产证券化中一个重要的考虑因素，对交易的融资成本有直接影响，往往决定了一个证券化交易的可行性和有效性。在证券化的发展史上，税收政策的变化也是推动证券化在交易流程、载体设计和证券结构上不断创新和优化的动力之一。资产证券化的税务政策和法规涉及发起人、特殊目的实体和投资人等多方的税收问题。

1. 资产转让税收

由于资产在不同参与主体间的转让，在资产证券化过程中存在多个可能重复征税的环节。特别是针对发起人的资产转让，国际上常常根据资产转移的方式决定纳税义务的发生，这些转移方式包括真实销售、担保融资和信托。中国资产证券化在资产转移上除了所得税，还必须考虑营业税、印花税和预提税等税收问题。一般营业税和印花税的收取比较简单直观，如果没有特定的法规赦免，难以规避，所以会提高资产证券化的成本；有时就算可以通过某种形式避开，但在规避之后会导致交易灵活性和效率的降低。比如，如果要规避营业税，就必须将证券化交易设计为担保融资，但这样就不能实现真实销售或实现破产隔离，并可能导致证券的信用评级受影响。

2. 特殊目的实体税收

资产证券化的核心交易主体是特殊目的实体，对其的税收规定必须明确。由于特殊目的实体是一个独立的经济实体，所以存在是否需要缴纳所得税的问题。特殊目的实体的形式可以是信托、公司、合伙或特殊免税实体等，但不同的形式在税收上会有不同的处理。一般情况下，如果把特殊目的实体设为纳税主体（如公司），那么必然会增加证券化的成本；但是为了避税而采取一定的载体模式（如信托），该载体又有可能在交易行为上受到限制。为了实现破产隔离机制和避免双重征税，资产证券化中特殊目的实体目前大都选择信托形式。

通过对特殊目的实体的税收政策的制定和改变，国家可以利用税务权力来推动、引导或抑制证券化的发展和走向。在这一点上，美国资产证券化史上特殊目的实体及其税收规定的演变值得我们参考。

美国的资产证券化之初主要是以政府支持的住房抵押贷款证券化为主，政府信用型企业在这类证券化过程中扮演着重要的角色并享有特殊的税收优惠。后来，美国私人公司在证券化中以信托模式组建的 SPV 得到了广泛使用，并成为美国资产证券化中普遍运用的一种结构。信托型 SPV（授予人信托或所有人信托）以合伙的身份纳税，虽然交易活动受到一定限制，但可以达到合法规避所得税的目的。由于资产证券化带来的经济效益，美国政府承认了资产证券化发起人建立 SPV 时采用的税收状态的合法性，并创造和批准新的证券化载体形式来鼓励证券化的使用。美国《1986 年税收改革法》中确立了不动产抵押贷款投资载体（REMIC）这一新的载体。REMIC 不仅可以避免双重征收所得税，而且给予发行人发行多档证券的灵活性。1993 年，美国议会通过了《小企业工作保护法案》，批准了金融资产证券化投资信托（FASIT）这种应用更广泛的载体，把避免双重征税扩展到非不动产抵押贷款的证券化。以上这些对特殊目的实体的税收法规，推动了美国资产证券化的发展。虽然 FASIT 由于在安然事件中被滥用而于 2004 年被废止，但其对资产证券化的推动作用是不可磨灭的。

3. 投资人税收

投资人的税收规定也对证券化有直接影响。对资产证券化投资人和相关产品的税收政策会直接影响投资人的收益率，从而影响证券的吸引力和投资人的范围。

以美国为例，资产证券化中主要有转递结构（Pass-through Structure）和转付结构（Pay-through Structure）两种基本结构。通常转递结构主要以受益权证的形式出现，代表对证券化资产不可分割的所有者权益，属股权类证券；而转付证券主要以债券的形式出现，代表对证券化资产的一项债权，属债权类证券。美国税法中对股权类和债权类证券在税收处理上是不同的，这两种结构证券对不同投资人的吸引力也就不一样。有时，就算是投资同一类资产支持证券，不同投资人也会因为本身适用的税收规定不同而产生不同的税后收益。所以，税收规定可以影响投资人的投资决策和证券化的证券结构设计。

此外，不同国家对非居民投资者投资本国资产支持证券的税收规定也是不一样的，不同的税收政策会决定资产证券化对外资的吸引力。对于中国资产证券化，除了所得税的考虑之外，中国在投资人交易环节所征收的印花税和所得税预提也是外国投资人需要考虑的税收成本。如果考虑到人民币国际化和中国金融产品走向世界的大背景，我国相关部门可以在外国投资者参与中国资产证券化产品的发行和投资等环节中的税收处理上进行相应的调整，来配合整体金融政策的推行。

总之，税收政策会对资产证券化的成本和效益产生直接影响，所以是控制证券化发展的一个有效工具。目前，我国直接规定资产证券化相关税收政策的文件只有2006年财政部和国家税务总局签发的《关于信贷资产证券化有关税收政策问题的通知》。该通知规定对信贷证券化资产转移过程中所签订的各类合同暂免征收印花税，对信托项目收益中分配给机构投资者的部分在信托环节暂不征收企业所得税。但是，发起机构在资产转移环节仍有所得税义务。在营业税方面，对证券转让、服务机构报酬以及机构投资者取得的收益均没有优惠。同时，中国尚没有针对企业资产证券化和资产支持票据等非信贷资产证券化的详细税务规定。由于我国的证券化正处在起步阶段，还需要引导和支持，政府可从整体效益和长远利益出发，在完善税务制度的同时有选择地提供税收优惠来进一步降低资产证券化的成本，提高证券化的效率和投资吸引力。特别是在某些急需扶持的地区、项目或资产类型上，政府可以考虑有选择地给予资产证券化发起人、交易主体和投资人一定的税收优惠，来引导证券化的健康发展。

（三）资产证券化的会计

会计的作用是记录经济活动过程和明确经济活动的责任，并以此来为经济管理提供数据资料，体现其反映、监督和参与经营决策的职能。在不同的会计制度和准则下，对同一经济活动的会计计量和核算方法也会有所不同。在反映经济活动的同时，会计制度的制定和准则的变化也会对经济活动本身产生影响。资产证券化的会计制度和准则也是如此。资产证券化包含了一系列复杂的经济行为，如何从会计上对资产证券化的各个方面进行计量、核算和反映无疑是一个复杂的课题。对资产证券化的会计规范在一定程度上会影响证券化的交易设计和结构，推动证券化的创新。资产证券化相关的会计中对资产转让、特殊目的实体的合并，以及交易后资产负债、留存权益、证券投资等方面的会计处理规定，也是资产证券化中各交易主体（特别是发行人和投资人）必须考虑的重要因素。

在最近的金融危机中，会计也是一个备受争议的话题。美国有不少专家和政客指责会计准则是这次危机的催化剂或导火线。第一，在危机爆发前，由于美国会计准则对资产证券化表外处理的宽松，发行人轻易就能把资产“出售”给第三方，在提前实现利润的同时又把风险隐藏起来，从而粉饰了真实的盈利和风险水平。同时，资产证券化的销售会计处理方法对发起人具有非常明显的利益刺激，易诱使发起人弱化资产的风险管理意识，进一步滋生大量低质量的资产池，用于证券化交易，为金融危机埋下种子。第二，从2006 年开始，美国开始实施第 157 号美国会计准则，要求金融产品在会计上按照“公允价值”进行计量。在危机开始后，这个准则受到了一些银行家、金融业人士和国会议员的集体攻击。这些人认为，在市场大跌和市场定价功能缺失的情况下，该准则会导致金融机构对资产（特别是资产支持证券）过度减值，造成亏损和资本充足率下降，进而促使金融机构加大资产抛售力度，从而使市场陷入交易价格下跌—资产减值—核减资本金—资产抛售—价格进一步下跌的死循环之中，从而加重金融危机。2008 年，60 名国会议员联名写信给美国证券交易委员会（SEC），要求暂停使用公允价值计量；之后，美国参众两院表决通过稳定经济救援法案，其中确认了SEC暂停使用公允价值计量的权力。

在巨大的政治和企业压力下，SEC针对特定市场情况下采用公允价值的会计处理方式发布了一个指导意见。这个指导意见虽然没有暂停公允价值的使用，但是允许企业在一定情况下通过内部定价（包括合理的主观判断）来确定其资产的公允价值。美国财务会计准则委员会（FASB）也紧跟着发布了FAS157-3号公告，对“非活跃”市场下金融资产公允价值的确定提供进一步指导。与此同时，欧洲议会和欧盟成员国政府也决定修改欧盟的会计准则中按市值计量资产的规定，以缓解金融危机对金融机构的冲击。国际会计准则理事会（IASB）也发布公告，对IAS39和IFRS7进行修改，允许金融机构在特定情况下不采用公允价值来计量某些非衍生金融资产。这些会计准则方面的调整和补救措施，无疑给了当时拥有大量资产支持证券的金融机构一点喘息的机会。不管这些对会计准则的争议和补救是否合理，会计准则和制度对资产证券化和资产支持证券投资的影响是毋庸置疑的。

经济危机之后，美国财务会计准则委员会和国际会计准则理事会都开始重新审视资产证券化的相关会计准则。美国财务会计准则委员会于2009年6月发布了《财务会计准则第166号公告——金融资产的转让》（简称FAS 166）和《财务会计准则第167号公告——可变利益实体的合并》（简称FAS 167），对资产证券化中的资产转让和载体的合并提出了新的规则。2011年5月，国际会计准则理事会发布了新的《国际财务报告准则第10号——合并财务报表》（简称IFRS 10）和《国际财务报告准则第12号——涉入其他主体的披露》（简称IFRS 12），制定了针对所有主体的以控制为基础的单一合并模型和新的信息披露要求。这些新的会计准则，都要求对表内或表外的资产证券化交易进行更多的披露。在关于资产证券化载体（特殊目的实体或可变利益实体）的合并方面，国际财务报告准则（IFRS）和美国公认会计原则（GAAP）在基本原则上更趋一致，都使用类似的控制模型，合并的基础比较统一。在这些新的会计准则下，大多数资产证券化的交易载体（特殊目的实体）将会被发起人合并而回归资产负债表；相应地，大部分转让的资产将不被作为出售，而是作为抵押融资处理。这在一定程度上消除了资产证券化的转移资产出表、降低资本要求和提高股权收益率等功能，无疑对资产证券化的发展有抑制作用。

我国于2005年开始进行信贷资产证券化试点，目前仍处于起步和探索阶段，而对资产证券化发展有重要影响的资产证券化会计研究也同样处于起步和探索阶段，相关法规和准则的构建还不完善。我国财政部先后出台了《信贷资产证券化试点会计处理规定》和《企业会计准则第23号——金融资产转移》、《国务院关于推进资本市场改革开放和稳定发展的若干意见》等相关法规。这些法规主要参照了变革前的国际会计准则中的规定和理念，但还没有细化和具体化，而且主要是针对信贷资产证券化这一类型。随着我国资产证券化试点的深化和市场的扩大，我们需要跟踪和参考国外成熟的会计处理方法及其演变，并结合自身的实际情况和要求，对我国相关的会计法规进行增补、改革和完善，从而为资产证券化的健康发展服务。

我们会在后面的章节具体介绍中国、美国和国际会计准则中关于资产证券化的会计处理，以供读者参考。

二、中国资产证券化的法律法规

2004年之前，虽然欧美市场的资产证券化已经如火如荼，但在中国还仅限于讨论或观望，这里面有市场条件的因素，更有监管和法律法规的原因。部分亚洲市场在通过了相关的法律法规之后，资产证券化具备了先决条件，已经开始实践和推广；但中国市场还没有起步，相关的法律法规基础设施还没有到位。2004年1月31日，国务院发布了《关于推进资本市场改革开放和稳定发展的若干意见》，明确要积极探索并开发资产证券化产品，吹响了中国资产证券化黎明前的号角。2004年4月4日，国务院发布了《关于2005年深化经济体制改革的意见》，明确要加大对商业银行负债匹配的监管力度，推进信贷资产证券化试点。2005年3月，在国务院发起金融改革后，信贷资产证券化试点工作组成立，多家部委参与了相关的工作。该工作组的任务是为我国资产证券化的法律和监管问题找到综合的解决方案。此后，为支持和推动资产证券化试点和全面发展，各相关部门陆续出台了一系列资产证券化相关的法律法规和指导意见：

- 2005 年 4 月 20 日，人民银行与银监会联合发布了《信贷资产证券化试点管理办法》，为金融机构的信贷资产证券化试点奠定了基础。该办法的内容包括利用特殊目的信托的结构、合格机构与资产、监管部门、交易平台、主要参与方的权利与义务、信息披露要求等。
- 2005 年 5 月 16 日，财政部颁布《信贷资产证券化试点会计处理规定》；同日，建设部颁布《关于个人住房抵押贷款证券化涉及的抵押权变更登记有关问题的试行通知》，简化了试点项目有关的抵押权变更登记手续，从而提高了完成该手续所需成本与时间的可预见性。
- 2005 年 6 月 13 日，中国人民银行公告 2005 年第 14 号发布《资产支持证券信息披露规则》，就受托机构在资产支持证券发行前和发行后信息披露内容、时间等提出了要求。
- 2005 年 6 月 15 日，中国人民银行公告 2005 年第 15 号发布《关于就资产支持证券在银行间债券市场的登记、托管、交易和结算等有关事项的公告》，就资产支持证券在银行间债券市场的登记、托管、交易和结算等有关事项做出了规定，其中对证券的发行额也提出了要求。
- 2005 年 8 月 1 日，经央行批复，全国银行间同业拆借中心发布《资产支持证券交易操作规则》，就同业拆借中心对资产支持证券交易提供报价、交易、行情和信息服务等内容做出了相关规定。
- 2005 年 11 月 7 日，银监会颁布《金融机构信贷资产证券化试点监督管理办法》，明确了信贷资产证券化的监督机构为银监会，并详细规定了试点交易的主要步骤和参与各方的资格标准。
- 2006 年 2 月 20 日，财政部和国家税务总局发布《关于信贷资产证券化有关税收政策问题的通知》，规定了相关交易各方应缴纳的印花税、营业税、所得税。

- 2006年5月14日，证监会发布了《中国证券监督管理委员会关于证券投资基金投资资产支持证券有关事项的通知》，对投资基金和基金管理人在投资资产支持证券中的行为做出了具体的要求和规定，特别是对投资基金所能持有的资产支持证券在该基金资产和证券化交易中的比例做出了明确的比例限制。
- 2006年8月15日，银监会发布了《关于信托投资公司开展集合资金信托业务创新试点有关问题的通知》。根据该通知，资产支持的信托受益凭证（或准证券化）可以由集合资金信托发行。该信托与根据《信贷资产证券化试点管理办法》设立的特殊目的信托不同，可以按照该通知以更快的速度成立，但该信托向信托受益凭证持有人发行的受益凭证不得在银行间债券市场上交易。
- 2007年8月21日，中国人民银行发布了《关于信贷资产证券化基础资产池的信息披露有关事项的公告》，对受托机构、发起机构、信用评级机构或其他证券化服务机构在信贷资产证券化中对基础资产池的信息披露提出了具体要求。
- 2008年2月4日，银监会发布了《中国银监会办公厅关于进一步加强信贷资产证券化业务管理工作的通知》，要求各银行在资产证券化的各个方面加强质量监控、信息披露和风险管理。
- 2009年5月21日，证监会发布了《关于通报证券公司企业资产证券化业务试点情况的函》及其附件《证券公司企业资产证券化业务试点指引（试行）》（以下简称“试点指引”），该试点指引对证券公司以专项资产管理计划为特殊目的实体进行资产证券化的行为进行了定义和指导。
- 2012年5月17日，中国人民银行、银监会、财政部联合发布了《中国人民银行、中国银行业监督管理委员会、财政部关于进一步扩大信贷资产证券化试点有关事项的通知》，正式重启由于全球金融危机而暂停的信贷资产证券化。该通知对信贷资产证券化的基础资产、机构准入、风险自留、信用评级、资本计提、会计处理、信息披露、投资者要求和中介服务等方面做出了指导性规定。通知中要求发起机构至少应当持有该单全部资产支持证券发行规模 5% 的最低档次资产支持证券，同时提出资产支持证券投资者应建立内部信用评级体系，加强对投资风险自主判断，减少对外部评级的依赖。

- 2012 年 10 月 18 日，证监会发布了《证券公司客户资产管理业务管理办法》、《证券公司定向资产管理业务实施细则》和《证券公司集合资产管理业务实施细则》。
- 2013 年 2 月 26 日，证监会发布了《证券公司资产证券化业务管理规定（征求意见稿）》，标志着证券公司资产证券化业务即将由试点业务转为常规业务。与 2009 年颁布的《证券公司企业资产证券化业务试点指引（试行）》相比，该征求意见稿大大拓宽了证券公司资产证券化的业务空间；明确把专项计划资产定性为信托财产；在基础资产的范围方面，极大突破了之前仅限于“企业”的限制，几乎涵盖了目前所有可能的基础资产；降低了资产证券化业务的准入门槛，放宽了证券公司的业务限制；放宽了交易上市条件，强化了资产支持证券的流动性；取消管理人投资专项计划的限制性要求；简化了审核程序，不再要求证券公司办理企业资产证券化业务应先经过证券交易所论证。此外，该征求意见稿还明确公开了发行资产支持证券的条件，放宽了非公开发行资产支持证券的投资者资格，拓展了适用主体（适用主体几乎包括所有金融机构）。
- 2013 年 6 月 1 日，修订后的《证券投资基金法》正式施行。2013 年 6 月 28 日，中国证监会通报修订了《证券公司客户资产管理业务管理办法》和《证券公司集合资产管理业务实施细则》，以贯彻实施新的《基金法》。该通报修改了原办法和细则与新《基金法》相冲突的条款，调整了证券公司资产管理计划的监管要求，还对证券公司专项资产管理计划融资方提出原则性要求。修订后的“管理办法”及“集合细则”规范的证券公司资产管理计划将不再有大集合、小集合的划分。同时，"限额特定资产管理计划"也统一调整为"集合资产管理计划"。

- 2013 年 7 月 5 日，国务院办公厅发布《关于金融支持经济结构调整和转型升级的指导意见》，明确要逐步推进信贷资产证券化常规发展，盘活资金，支持小微企业发展和经济结构调整。
- 2013 年 8 月 8 日，国务院办公厅发布《关于金融支持小微企业发展的实施意见》，明确要逐步推进信贷资产证券化常规发展，引导金融机构将盘活的资金用于小微企业贷款。
- 2013 年 8 月 27 日，保监会发布《关于支持经济结构调整和转型升级的指导意见》，支持保险参与信贷资产证券化。

2013 年 8 月 28 日，国务院总理李克强主持召开国务院常务会议，研究部署促进健康服务业发展，决定进一步扩大信贷资产证券化试点。会议指出，统筹稳增长、调结构、促改革，金融支持有着重要作用。进一步扩大信贷资产证券化试点，是落实金融支持经济结构调整和转型升级决策部署的具体措施，也是发展多层次资本市场的改革举措，可以有效优化金融资源配置、盘活存量资金，更好支持实体经济发展。会议确定，要在严格控制风险的基础上，循序渐进、稳步推进试点工作。会议强调要充分发挥金融监管协调机制作用，完善相关法律法规，统一产品标准和监管规则，加强证券化业务各环节的审慎监管，及时消除各类风险隐患。

2013 年 9 月 30 日，中国人民银行和银监会邀请主要商业银行及部分中介机构召开了信贷资产证券化工作会议，确定本轮信贷资产证券化试点规模为 3 000亿元，加上之前剩余的 1 000 亿元额度，未来我国信贷资产支持证券将在4 000亿额度范围内滚动发行。

2013 年 12 月 21 日，中国人民银行和银监会联合发布关于规范信贷资产证券化发起机构风险自留比例的〔2013〕21 号文件，该文件对商业银行作为发起机构在保留和持有资产支持证券的比例上进行了明确的规定。

2014 年 1 月 7 日，中国人民银行、科学技术部、中国银行业监督管理委员会等发布《关于大力推进体制机制创新扎实做好科技金融服务的意见》，鼓励符合条件的小额贷款公司、金融租赁公司，通过开展资产证券化、发行债券等方式融资。

在本书出版之际，相关部门可能还在继续响应中央的号召，紧锣密鼓地审视、调整和制定法律法规来推动和引导中国资产证券化的发展。虽然以上法律法规和指导意见的发布已经为中国的资产证券化搭起了基本的法律框架，但是我们也看到其中有很多细节还不够完善，有效性和可操作性有待验证；而且，目前已出台的法律法规的应用范围还比较窄，主要集中在信贷资产的证券化上。同时，目前中国证券化市场的监管还没有统一，信贷资产证券化、企业资产证券化和定向资金管理计划等是在不同部门的监管之下，目前适用的规定也不一样。同时，执法的有效性、产权转让的操作和破产隔离的界限等突出的法律问题，也是我国资产证券化目前面临的挑战。当然，这些问题的解决不是一蹴而就的，希望可以在我国资产证券化的试点和推行中进一步完善现有的相关法律制度，明确资产证券化过程中一系列政策和法律问题，逐渐建立起一套全面的、系统的法律法规体系，同时以有效的执法操作和程序来建立市场信心，为中国资产证券化铺路。

三、美国资产证券化的法律法规

美国的法律体系比较健全，在资产证券化之前就有以《证券法》为基础的系统的证券市场法律法规体系。在资产证券化的发展过程中，美国政府和相关监管机构又相继出台了《抵押证券税收法案》、《证券投资者保护法》、《证券法房地产投资信托法》、《金融资产证券化投资信托法》和《金融机构改革复兴和强化法案》等一系列有针对性的法律法规，并对旧有的规章不断地进行修订，为资产证券化的发展提供了必要规范和推动。

但是，就是在美国这样一个法律法规比较完备和成熟的市场，金融危机的爆发也暴露出其多方面的不足和漏洞。特别是在资产证券化监管方面，美国法律和监管的发展完全跟不上市场的变化，产品的创新和投机者的贪欲膨胀速度。这种滞后使得监管当局无法对金融危机进行有效的准备、控制和干预。这场危机暴露了美国法律法规中的诸多漏洞和监管部门对资产证券化多方面风险的忽视和不作为，这些风险主要体现在证券化产品资本计提不足、表外资产的隐含风险、信用评级的随意、系统性风险考虑不足、证券化中的信息不对称和道德与行业操守风险等方面。

金融危机爆发后，美国政府、监管机构、学术界和行业参与者纷纷对这场危机进行了审视、反思和激烈的讨论，并提出众多改革意见和补救措施。这些改革意见和措施有的已经写入法律法规，有的还在研究探讨阶段。针对美国资产证券化，监管当局已经出台了一系列政策、法律、法规和指导意见，来对资产证券化市场进行整顿和规范。

（一）资产证券化会计处理方式

美国财务会计标准委员会于 2009 年发布了新的会计准则 FAS166 和 FAS167。这两个会计准则对证券化中的特殊目的实体的合并问题和资产转让的确认问题重新进行了规定，增加了证券化资产剥离和收入确认的难度。根据这些新的准则，美国大部分的资产证券化交易将回归发行人的资产负债表；同时，有关资产证券化交易的信息披露要求也更加精细和苛刻。

（二）资产证券化交易的报告和披露

为了加强资产证券化交易的透明度，SEC 拟修改美国多个证券法规（Regulation AB、Rule 144A、Regulation C、Regulation D 和 Regulation S-K 等）中的重要条款，并准备推出 Regulation AB II。Regulation AB II 对资产证券化交易的报告和披露进行了强化：

- 推出了新的资产支持证券发行人登记表，增加了新的登记许可要求，包括要求出示现金流充足的证明等。
- 要求信用卡资产证券化交易披露资产群的信息，而其他资产证券化则需要披露详细的资产信息。

- 提议了一个新的现金流瀑布模式（还在讨论中）。
- 要求依据 Rule 144A 和 Regulation D 发行的结构金融产品也符合 Regulation AB 的披露要求（更详细的报告）。

（三）资产证券化发起人的信用风险自留要求

资产证券化的“风险隔离”本质使银行将贷款出售后便可将风险完全转移，在这一过程中存在道德风险和逆向选择，这也是次贷危机的根本原因之一。经济危机后，美国监管当局对于资产证券化的“发起－销售”模式进行了检讨，要求发起人的利益与投资人保持一致，对发起人提出了信用风险自留的要求。《多德－弗兰克法案》要求资产证券化的发行人保留 5% 的基础资产的信用风险。监管当局提议了 5 种保留方式：（1）垂直保留：每个级别的证券都保留 5%；（2）平行保留——最低级别：以最低级别形式保留 5% 的发行证券；（3）平行保留——现金流储备：以现金流储备形式保留整个资产池的 5%；（4）“L”型风险自留，即将上述（1）和（2）或（3）两种方案的结合；（5）代表性的样本。该法案同时规定发行人不得对自留风险部分进行转让或对冲操作，而且股权证券的现金流回报不可以快于债权证券的现金流分配。但该要求对一些符合条件的资产证券化交易进行了豁免，以避免对一些健康成熟的资产证券化交易的过度干涉。风险自留的提高可能会减少发行人的融资杠杆，从而降低资产证券化的融资效率。

（四）利益冲突限制和防范

SEC 根据《证券法》和《多德－弗兰克法案》，提议了多项避免资产证券化中利益冲突的规定，其中包括：

- 禁止资产证券化的参与者（发行人、承销商、销售代理、初始购买方或发起人及这些参与方的关联方）参与和投资人有重大利益冲突的交易。
- 对为了降低风险而进行的风险对冲行为，流动性承诺行为以及调整市场供求行为进行了豁免。

（五）沃尔克法则

沃尔克法则是由美联储前主席、现任美国总统经济复苏顾问委员会主席保罗·沃尔克提出的，其核心是禁止银行从事自营性质的投资业务，以及禁止银行拥有、投资或发起对冲基金和私募基金。沃尔克法则被很多支持者认为能够有效限制银行的业务规模和范围，降低银行系统性风险，防止“大而不倒”的道德风险再度发生。由于该法则以空前强硬的态度对待银行自营性质的投资业务，曾被视为此次美国金融监管法案中最有影响的改革内容之一。沃尔克法则限制了银行利用自身资本进行自营交易；禁止银行拥有或资助对私募基金和对冲基金的投资，让银行在传统借贷业务与高杠杆、对冲、私募等高风险投资活动之间划出明确界线。

对资产证券化来讲，沃尔克法则中定义的私募基金和对冲基金投资可能涵盖了一部分资产支持证券的投资，如 CDO 和 CLO。这就限制了银行参与、发起、交易或投资这部分资产证券化。而目前持有这些资产支持证券的银行将被迫抛售证券，实现损失。美国一些持有 CDO 的中小型银行对此提出了强烈抗议和豁免请求。美国银行协会在沃尔克法则推出两个星期后就在华盛顿的联邦法院提出取消部分沃尔克法则的请求，声称美国的 275 家小银行将会蒙受 6 亿美元的损失，从而影响对消费者和企业的贷款。但监管当局似乎不为所动，表示要驳回这些银行的请求。事态发展我们拭目以待。

（六）弗兰克化“修改”

《多德－弗兰克法案》第 939F 条要求 SEC 对信用评级机构收费的替代途径进行一项调查，并且不排除为资产证券化交易随机指定信用评级机构。如果 SEC 找不到一个合适的信用评级付费方式来代替现有的“发起人付费”方式，信用评级委员会可以随机为资产证券化交易指定一个信用评级机构。这种随机指定的方式可以减少发起人对信用评级机构的压力，从而增加信用评级的独立性和公正性。

根据 SEC 在 2012 年年底公布的报告，SEC 正在考虑以下 3 个主要选择：

（1）由 SEC 建立一个通过信用评级委员会核查信用评级机构的流程，信用评级委员会可以随机指定合格的信用评级机构。

（2）所有信用评级机构都有权限查看资产证券化交易的资产和结构信息，没有被雇佣的信用评级机构也可以对交易发表评级意见。

（3）各种替代“发起人付费”的信用评级收费方式。

（七）信用评级标准化

《多德 - 弗兰克法案》第 939H 条要求 SEC 进行一项调查，评估以下各项的可行性和必要性：

- 对信用评级机构在评级中所用的术语进行标准化，以统一评级用词。
- 对压力测试中的市场条件假设进行标准化，以统一评估所用的基础。
- 在统一的市场条件假设下，建立信用评级、违约和损失估计之间的对应关系。
- 对不同资产类别证券化交易中的术语进行标准化。

（八）加强声明与保证

SEC 根据《多德 - 弗兰克法案》第 943 条，要求资产证券化的交易各方增加声明与保证中的披露：

- 要求发行人在 ABS - 15G 表中披露所有资产证券化信托中的已执行或未执行的由于违反交易合同中的声明与保证条款而进行的资产回购或替代。
- 要求发行人披露过去 3 年在同类型资产证券化中的资产回购行为。
- 要求发行人在 10 - D 表中披露相关期限内的资产回购行为。
- 要求信用评级机构在评级报告中描述目标交易的声明与保证条款和实施机制，以及该交易的这些条款和机制和类似资产证券化交易的不同之处。

（九）发行人的审核报告和与承销例外

SEC 根据《多德－弗兰克法案》第 945 条和《证券法》第 7 条，要求资产证券化的发行人进行以下披露：

- 要求公开发行的资产支持证券发行人对证券化交易中的资产进行审核，以合理确保资产池的重要信息的准确性。
- 在资产支持证券的发行书中披露以上审核的性质、发现和结论。
- 在资产支持证券的发行书中对资产池中没有按照所披露的承销标准或评估标准发放的资产，进行定性和定量的描述和披露。

（十）第三方审核报告

SEC 根据《多德－弗兰克法案》第 932 条和《交易法》第 15 条，要求公开发行的有信用评级的资产支持证券的发行人或承销商，在证券发行的 5 个工作日前在 ABS－15G 表中披露第三方审核报告中的发现和结论。

（十一）资产证券化相关的银行资本要求

美国资产支持证券的资本处理方法是参照《巴塞尔资本协议》框架制定的。危机后，《巴塞尔资本协议Ⅲ》在资本计量方面，提高了再证券化资产的风险权重，要求银行对有外部评级的资产证券化风险暴露进行更为审慎的信用评估；对再证券化产品的风险权重应比证券化产品提高至少 1 倍；同时，要求高评级的资产支持证券也要遵守 7% 的风险权重的加权风险资产比率要求。

2012 年 6 月，美联储发布了最后的《基于风险的资本要求指导意见：市场风险》，并要求 2013 年开始正式实施。该指导意见要求各联邦监管机构在制定规定时取消使用信用评级的要求，而应使用其他合理的信用评判标准。同月，美联储委员会、FDIC 和 OCC 共同提议了 3 个《巴塞尔资本协议Ⅲ》

中的法规建议通知：（1）要求银行使用和《巴塞尔资本协议Ⅲ》中建议的更严格的资本定义、资本留存和反周期超额资本区间等一致的标准，来满足最低资本要求；（2）要求银行使用和《巴塞尔资本协议Ⅲ》中建议的标准方法来建立资产风险权重，并根据《多德－弗兰克法案》第939A条规定的信用评级替代来进行计算；（3）要求系统性重要银行使用和《巴塞尔资本协议Ⅲ》中建议的高级方法来建立资产风险权重，并根据《多德－弗兰克法案》第939A条规定的信用评级替代来进行计算。这些新的规定对资产支持证券（特别是再证券化产品）的资本要求比较高，在一定程度上会增加资产证券化的融资成本和资本运作效率。

各银行监管部门还要求银行必须对自身的资产证券化风险敞口有充分的了解；每个季度，银行必须进行高质量的尽职调查，并记录调查过程和结果。

（十二）资产证券化相关的银行流动性要求

美国的银行监管部门同时正在根据《巴塞尔资本协议Ⅲ》中的流动性要求，制定相关的流动性指标和测试，来监督银行资产的流动性。《巴塞尔资本协议Ⅲ》提出了加强流动性管理和降低银行体系流动性风险的要求，并引入了流动性监管指标，包括流动性覆盖率和净稳定资产比率等概念，且提出运用其他辅助监测工具，包括合同期限错配、融资集中度、可用的无变现障碍资产和与市场有关的监测工具等。《巴塞尔资本协议Ⅲ》的流动性改革要求，是为了保证银行有足够的高质量的流动资产来承受并度过一定期限的重大压力经济环境。根据美联储、FDIC和OCC的流动性制度提议，美国资产超过500亿美元的银行都必须达到一定的流动性覆盖率指标。该提案要求银行持有足够的高质量的流动资产以满足流动性极端压力情境下30天的流动性需要。提案把银行的高质量流动资产按流动性高低分为3个等级，每个等级都有相对应的流动性比例折扣，并以此来计算总的高质量的流动资产额。由于一部分“高风险”的资产支持证券（比如CDO和CLO）不在该提案的高质量流动资产范围内，银行对这些资产证券化的参与和投资必然会受到牵制。该项提案的实施将会对资产证券化的产品结构和投资人结构产生影响。

（十三）对资产证券化信用评级的改革

在美国，全国认可的信用评级机构是指出具的信用评级被SEC认可，可以被其他金融机构用于监管目的的信用评级机构。全国认可的信用评级机构的信用评级可以用于多种监管目的，如债券的发行、现金市场基金投资的许可、保险公司的准备金计提和公共基金公司的投资许可等。信用评级机构在2000~2008年的次级贷款泡沫和随后的金融危机中扮演了重要的角色。

1984年，美国联邦政府通过了《抵押贷款二级市场加强法案》（SMMEA），来推动私有（非代理）抵押贷款支持证券的发展，目的是增加该类资产支持证券的市场和流动性。该法案宣布拥有全国认可的信用评级机构出具的AA级的私有抵押贷款支持证券，对银行、金融机构（含保险公司）和劳工部监管的公共基金来讲，等同于美国国库券或联邦政府债券的合法投资。该法案无疑给信用评级机构打开了一个创收的大门，私有抵押贷款支持证券市场也如火如荼地发展起来。随着资产证券化产品的复杂程度的不断提高，一般的机构投资者（比如共同基金、大学基金和遍布全球的城镇基金等）对这类投资的理解变得很有限，它们更多是依赖这些全国认可的信用评级机构的评级来购买不熟悉的投资产品，如CDO、MBS、ABS等。而这些信用评级机构在资产证券化产品评级上的“宽松”和“不慎”，给这些依赖其评级的全球投资者们带来了灾难性的打击。

美国监管部门对信用评级的改革在经济危机爆发之前就已经开始，只是一直没有得到应有的重视。次贷危机和随之而来的全球经济危机，使得投资人和监管机构真正开始调查和反思信用评级机构的问题。危机之后，美国各监管机构纷纷出台政策和议案，从多个方面加强对信用评级机构的监管：强化对评级机构失职和违法的处理，加强评级机构信息披露，限制对信用评级机构的过度依赖。

2006年美国国会通过了《信用评级机构改革法案》，授予美国证券交易委员会对信用评级机构进行登记和监管的权力。但是，该法案第15E条款也明确禁止SEC对信用评级的实质内容和全国认可的信用评级机构的评级程序和方法进行干预管理。该法案在2007年实施后，登记的全国认可的信用评级机构开始向SEC做一部分财务报告，增加了部分公众披露，并开始保存部分历史记录。

2009年，SEC对多个条例进行了修改，以增加信用评级机构评级方法的透明度，加强评级的信息披露，增强评级机构的记录管理，并禁止评级机构参与不平等、不合规和滥用权力的交易行为。2010年7月，美国国会通过了《多德-弗兰克华尔街改革和消费者保护法案》（简称《多德-弗兰克法案》）。在信用评级监管方面，该法案修改了《信用评级机构改革法案》的第15E条款，对全国认可的信用评级机构增加了新的监管条例来强化报告、披露和审查要求。《多德-弗兰克法案》授权SEC实施一系列对全国认可的信用评级机构的条例和措施。SEC下设的信用评级机构监管机构有权指派评级机构提供首次信用评级；对评级公司费用标准的合理性进行审查，对信用评级机构进行年检，并公开检查结果；对评级的模型和方法进行定期检查；有权撤销严重违规或多次出现重大评级失误的评级机构的注册资格；对评级机构故意或严重渎职所造成的评级失误，可以提起司法诉讼。

在利益分配和均衡上，美国联邦存款保险公司（FDIC）新的《安全港规则》（Safe Harbor）中规定，支付给信用评级机构或第三方评估的费用和报酬，应在证券化产品首次发行后分期支付，支付周期最短不低于5年，费用和报酬应以其服务和金融资产的表现为基础，支付给任何单一方的报酬比例不得超过预计总费用的60%。

同时，《金融监管改革法》要求监管当局在监管活动中尽可能减少使用信用评级。SEC的《Regulation AB修正案》也取消了证券化产品注册发行的投资级评级要求，转为主要依靠第三方监督、发行人5%的利益保留、注册人CEO的资产质量保证和证券交易规定的定期持续报告等机制安排。

为了避免利益冲突，有关监管部门还提议要求评级机构加强内部管理、强化员工职业道德操守、合理设计员工奖励机制、明确信用评级机构对广大投资人和发行人的责任等。

（十四）美国联邦存款保险公司评估费的改革

根据《多德－弗兰克法案》，美国联邦存款保险公司在金融危机后改变了向银行征收的评估费的办法。新的收费率是根据资产而定的，其中包括对资产压力分数评定。而这个分数评定中一个重要指标就是由“高风险”资产和一级资本间的比例决定的。这项新的规定把杠杆贷款、建设发展贷款（基建贷款）、次级消费者贷款和非传统抵押贷款都归为高风险资产。如果一个资产支持证券的支持资产属于高风险资产，则这个资产支持证券将被视作高风险资产，不管该证券是否有信用支持。这一规定不考虑资产证券化的风险分散和优化作用，所以会增加银行持有以高风险资产作为基础资产优级支持证券的成本，从而影响该类资产证券化的预期收益和证券结构。

（十五）TRACE 报告

2013 年 10 月 31 日，美国金融业监管局（FINRA）向 SEC 提出了修改 FINRA 条例中一部分交易报告条例的方案。该方案要求增加在“交易买卖报告和合规系统”（TRACE）中发布的资产支持证券的交易信息，并且缩短交易报告的期限。该方案实施后，投资者将会有机会查看更多的资产支持证券的交易情况；对小投资者来说，资产支持证券的价格透明度将会得到提升，投资更有吸引力；随着更多投资者的参与和价格透明度的增加，资产支持证券的交易市场预计将会得到扩展。

美国的金融监管改革还在继续，我们还将看到更多新的法律法规的出台和实施。虽然现在还不能评判这一系列新的法律、规章和提案的合理性和有效性，但其中的一些规定和条款值得我国资产证券化监管部门和相关从业人员去思考、参考或借鉴。

第二节

资产证券化会计处理的对比

资产证券化中发起人的会计主要围绕两个基本问题展开：

（1）交易中的特殊目的实体（SPV）是否需要合并入表？

（2）资产的转让是否在会计上形成销售？

会计法规对这两个问题的回答对资产证券化有着重大的影响，因为不同的会计处理会给发起人带来截然不同的会计结果和财务表现。前面各章中都提到了资产证券化的诸多用途和优点，但很多都是基于特殊目的实体表外处理和资产实现销售的假设，比如银行利用资产证券化来转移风险出表、降低资本要求和提高资本收益率等。一旦SPV需要被合并，资产证券化的这些优势也就不再存在。就算在不必合并SPV的情况下，如果资产不能在会计上形成销售（终止确认），资产也必须回归资产负债表，相应的转让收入也没有办法马上实现。对于财务报表使用者来说，以上两个问题相关的会计规则也非常重要；不了解相关的会计操作的报表使用者，难以真正读懂会计报表中关于资产证券化的数据信息。

一、资产证券化案例会计资料

在具体介绍相关的会计准则和规定之前，我们先用一个例子来展示不同的会计处理方式对财务报表的影响。表10.1和表10.2是一个虚构银行的一个季度的简化资产负债表和利润表。该银行总资产400亿美元，股东权益50亿美元，未进行贷款证券化情况下预计的季度净利润为1.44亿美元。该银行的资产中有贷款250亿美元，其中有100亿美元贷款拟在该季度末进行资产证券化。

表 10.1　某银行季度资产负债表　（单位：亿美元）

	季度初	正常季度末
现金	30.00	31.44
证券投资	70.00	70.00
贷款——持有	150.00	15.00
贷款——拟证券化	100.00	100.00
其他资产	50.00	50.00
总资产	400.00	401.44
客户存款	250.00	250.00
证券化借款		
短期负债	40.00	40.00
长期贷款	60.00	60.00
总负债	350.00	350.00
股本	40.00	40.00
未分配利润	10.00	11.44
股东权益合计	50.00	51.44
负债和股东权益	400.00	401.44
股东权益比例	12.50%	12.81%

表 10.2　某银行季度利润表　（单位：亿美元）

	正常季度收益
净利息收入	3.20
贷款销售收入	—
减：支出和费用	(1.76)
净利润	1.44
股权收益率	11.20%
资产收益率	1.43%

该银行在该季度末进行了100亿美元的贷款资产证券化：交易总共发行了与资产等面值的资产支持证券100亿美元，其中90亿美元有评级的证券由第三方投资者购买，而银行保留了10亿美元级别较低的证券。同时，该银行还保留了超额利差的权利和对所转让的贷款的服务权。表10.3所示是该资产证券化交易的经济收益计算。

表10.3　资产证券化交易的经济收益　（单位：美元）

交易构成	面值	市价	市值
证券——出售*	90.00	99.95%	89.96
证券——持有	10.00	100.00%	10.00
超额利差		1.50%	1.50
服务权		0.50%	0.50
总的交易价值			101.96
减：贷款账面成本			100.00
交易获利			1.96

*出售市价中已扣除交易和承销费用。

二、不同资产证券化会计处理的案例分析

以下是在不同的会计处理情景下的财务报表情况：

情景一：交易的特殊目的实体无须合并，资产的转让形成销售（终止确认）

在该会计情景下，证券化中转让的贷款不再出现在证券化后的资产负债表上，取而代之的是证券发行的现金所得（89.6亿美元）、保留的资产支持证券（10亿美元）以及超额利差和贷款服务权的价值（2亿美元）。该交易对银行的负债没有任何影响。详见表10.4。

表 10.4　情景一的资产负债表　　（单位：亿美元）

	季度初	正常季度末	资产证券化	证券化后季度末
现金	30.00	31.44	89.96	121.40
证券投资	70.00	70.00	10.00	80.00
借款——持有	150.00	150.00		150.00
贷款——拟证券化	100.00	100.00	(100.00)	—
其他资产	50.00	50.00	2.00	52.00
总资产	400.00	401.44	1.96	403.40
客户存款	250.00	250.00		250.00
证券化借款				—
短期负债	40.00	40.00		40.00
长期负债	60.00	60.00		60.00
总负债	350.00	350.00	—	350.00
股本	40.00	40.00		40.00
未分配利润	10.00	11.44	1.96	13.40
股东权益合计	50.00	51.44	1.96	53.40
负债和股东权益	400.00	401.44	1.96	403.40
股东权益比例	12.50%	12.81%		13.24%

同时，交易的经济获利（表 10.5，1.96 亿美元）将会作为资产的销售收入计入当期利润表（表 10.5，为简化，不考虑税收的影响）。

表 10.5　情景一的利润表　　（单位：亿美元）

	正常情况季度收益	资产证券化	证券化后季度收益
净利息收入	3.20	—	3.20
贷款销售收入	—	1.96	1.96
减：支出和费用	(1.76)	—	(1.76)
净利润	1.44	1.96	3.40
股权收益率	11.20%		25.43%
资产收益率	1.43%		3.37%

证券化之后，该银行的资产负债表更加健康，现金和证券取代了原来的贷款，总体资产的风险度降低，相应的资本要求也会降低。同时，由于资产销售收入的实现，未分配利润增加了股东权益，所以股东权益比例有所提高，从 12.81% 升至 13.24%。利润表中，资产销售收入的确认使季度净利润从原来预计的 1.44 亿美元飙升至 3.40 亿美元，资产收益率从 1.43% 增加到 3.37%，股权收益率从 11.20% 增加到 25.43%。这个例子中，资产证券化对银行财务指标的"刺激"作用可以说是立竿见影。

情景二：交易的特殊目的实体需要合并或资产的转让不能形成销售（作为借款抵押）

在该会计情景下，虽然证券化中转让的贷款在法律形式上可能已经实现了"真实销售"，但在会计上必须保留在证券化后的资产负债表上；出售证券的所得增加了现金，但同时成为银行的负债（借款）；银行保留的资产支持证券、超额利差和贷款服务权不在表内做确认（也被称作"消失在表内"）。由于这个"担保融资"交易行为，该银行的总资产和总负债规模在证券化后都增加了，而股东权益没有变化。同时，由于资产的转让没有实现销售，该交易对利润表没有任何影响。

证券化之后，该银行的资产负债表趋于弱化，虽然总体资产的风险因为现金的注入而得以降低，但是负债的增加提高了杠杆，股东权益比例从 12.81% 降至 10.47%，详见表 10.6。同时，由于资产的增加，当期资产收益率从 1.43% 降到了 1.17%（虽然只是暂时的），详见表 10.7。

表 10.6　情景二的资产负债表　　（单位：亿美元）

	季度初	正常季度末	资产证券化	证券化后季度末
现金	30.00	31.44	89.96	121.40
证券投资	70.00	70.00		70.00
贷款——持有	150.00	150.00		150.00
贷款——拟证券化	100.00	100.00		100.00

（续表）

	季度初	正常季度末	资产证券化	证券化后季度末
其他资产	50.00	50.00		50.00
总资产	400.00	401.44	89.96	491.40
客户存款	250.00	250.00		250.00
证券化借款			89.96	89.96
短期负债	40.00	40.00		40.00
长期贷款	60.00	60.00		60.00
总负债	350.00	350.00	89.96	439.96
股本	40.00	40.00		40.00
未分配利润	10.00	11.44	—	11.44
股东权益合计	50.00	51.44	—	51.44
负债和股东权益	400.00	401.44	89.96	491.40
股东权益比例	12.50%	12.81%		10.47%

表 10.7　情景二的利润表　（单位：亿美元）

	正常情况季度收益	资产证券化	证券化后季度收益
净利息收入	3.20	—	3.20
贷款销售收入	—	—	—
减：支出和费用	（1.76）	—	（1.76）
净利润	1.44	—	1.44
股权收益率	11.20%		11.20%
资产收益率	1.43%		1.17%

从以上两个会计情景下财务报表的对比中，我们不难发现资产证券化交易在财务报表中的“表现”很大程度上是由会计处理方式决定的。在资产证券化的实践中，由于资产证券化复杂多变的结构和形式，我们很难判定究竟

哪一个会计情景更能反映证券化交易的经济本质。资产证券化会计准则的制定就是要决定在什么条件下使用哪个情景下的会计处理方式；而这些条件可能包括资产证券化交易的方方面面，如交易的结构、资产的特点、风险和回报的分配、控制权的转移、资产的服务和管理、交易参与各方的权利和义务、特殊的协议条款等。美国会计准则和国际会计准则在资产证券化会计上都经历了不同的阶段，有很多成功的经验和理念，但也有很多失败的教训，值得我国相关会计政策制定者和从业人员参考和借鉴。

第三节
美国的资产证券化会计

一、美国资产证券化会计法规的演化

在美国财务会计标准委员于2009年颁布FAS166和FAS167之前，美国的资产证券化会计经历了多个阶段的演变和改革。由于资产证券化不断推陈出新的本质，会计准则的演变还将继续。美国资产证券化会计的历史对我国相关会计制度的制定有重要的参考意义。

（一）早期

在资产证券化的早期阶段，美国的会计准则中没有针对SPV的专门规定。SPV的会计主要是根据1959年会计程序委员会（CAP）发布的《第51号会计研究公报——合并财务报表》（简称ARB51）。ARB51是一个总的财务报表合并会计规定，并没有专门针对SPV的条款。ARB51的主要合并原则是"财务利益的控制"，而"多数表决权是财务利益控制的一般条件"。但是，资产证券化的发行人可以利用复杂的SPV结构来取得对SPV实际控制，但又没有在形式上或协议中取得多数表决权，这样就可以避开ARB51的合并要求，无须合并SPV，从而实现表外处理。

由于资产证券化中的SPV大部分无须合并，交易中转让的金融资产的终止确认处理自然成了证券化会计中接下来最主要的问题。而在1996年以前，美国没有一个完整的会计准则来对金融资产的转让和服务进行统一规范。资产证券化相关的会计处理“散落”在多个会计准则和会计解释通告中，比如《财务会计准则第76号——债务的解除》、《财务会计准则第77号——附有追索权的应收账款转移的报告》、《财务会计准则第122号——抵押贷款服务权会计》以及《FASB技术通告第84-4号——负债的实质终止》和《FASB技术通告第85-2号——房地产抵押支持证券会计》等。

（二）FAS125

随着资产证券化的迅速发展，美国财务会计标准委员会意识到了美国会计政策在这方面的不足和漏洞，并于1996年6月发布了《美国会计准则第125号——金融资产的转让与服务和债务解除》（简称FAS125）。在FAS125之前，金融资产的转让是销售还是抵押融资的主要判断依据是交易协议的“声称”，也就是法律的形式。而FAS125则更注重对资产的控制，要求资产转让方必须放弃对资产的控制权才能满足销售的条件。而且，FAS125还引进了一个不同从前的判断方法——“金融合成分析法”。FAS125通过对金融资产转让中产生的各个金融组成部分分别进行判断和收入确认，而不是对所有资产进行一揽子判断和确认。在FAS125下，一个交易的资产转让中可能有一部分资产可以作为销售处理，但另一部分则可能作为融资的抵押而保留在转让方的资产负债表上。

（三）FAS140和FIN46

但是，FAS125在很多方面的定义和规定存在漏洞和模糊之处，受到多方的指责和重新制定请求。于是，2000年9月，美国财务会计标准委员会发布了《美国会计准则第140号——金融资产的转让与服务和债务解除》（简称FAS140）。FAS140继承了FAS125的大部分重要概念和观点，但是更加明确了转让方实现金融资产的销售所需的条件和债务解除的条件。同时，FAS140

对合格SPV进行了进一步的定义，并加强了对在资产证券化交易中保留的资产的风险进行披露的要求。考虑到当时证券化实务中有一类性质“被动”的SPV（“被动”指实体资产不能被发起人主动管理），FAS140将SPV划分为合格特殊目的实体（QSPV）和不合格特殊目的实体（NSPV）两类，并规定QSPV可以免于合并。

2001年，安然、世通等企业会计丑闻的爆发把特殊目的实体推到公众的聚光灯下，如何把漂离在资产负债表之外的神秘“特殊实体”重新“公之于众”一时成为议论的话题。迫于压力，美国财务会计标准委员于2002年6月发行了对特殊目的实体的会计征求意见稿，主要是对ARB51进行解释。2003年1月，美国财务会计标准委员正式颁布了《第46号解释——可变利益实体的合并，对ARB51的解释》（简称FIN46）。

FIN46是美国第一个系统的关于SPV合并的指南，并创造性地提出了可变利益实体这个重要概念。在标准的制定过程中，美国财务会计标准委员最开始只是想针对在安然事件中被滥用的特殊目的实体，但它们很快认识到这个解释规定应该适用于所有可变利益的实体，所以应用的范围更广。2003年年底，美国财务会计标准委员对FIN46进行了修订，颁布了FIN46（R）。FIN46和FIN46R对财务利益控制的测试做了重新规定，弥补了ARB51中“财务利益的控制”定义中的漏洞，把“控制”的标准扩大到了股权和表决权之外。FIN46把对“控制”的理解从形式转向实质，这个转变可以防止企业通过结构设计或交易安排来逃避会计准则的约束，从而更好地反映企业所面临的风险和损失。FIN46和FIN46（R）在“可变利益”和“可变利益实体”（VIE）两个重要基础概念上，建立了由可变利益实体评估和首要受益人测试两部分组成的SPV合并判定体系。

但是，由于FAS140对QSPV的免除合并特赦，QSPV不在FIN46和FIN46（R）的合并测试范围之内。因此，很多发行人都将其设立的特殊目的实体设计为QSPV，从而使大多数资产证券化特殊目的实体绕过合并规范，逃离表外。以美国的花旗银行为例，由该银行发起创立的所有QSPV拥有的资产额在2008年年底达到8 821亿美元，这些资产都通过销售确认“逃”出了花旗银行的资产负债表。FAS140 提出的对 QSPV 免于合并的特权是为了不阻碍资产证券化的发展，但是监管方和规则制定方也隐隐地担心这一特权被滥用。为了防止 QSPV 被滥用，FASB 从 2003 年开始一直致力于明确 QSPV 的特征，包括对 QSPV 允许从事的活动做出限制及进一步明确 QSPV 的概念和判断标准。但是，由于资产证券化交易结构的不断创新和变化，用静态的条条框框对 QSPV 进行限定并非易事，FASB 发布的多次征求意见稿几经反复，却始终找不到理想的方案。

（四）FAS166 和 FAS167

2007 年开始的金融危机暴露了资产证券化特殊目的实体中潜藏的巨大风险，特殊目的实体的合并问题再次成为议论的中心。资产证券化会计，特别是特殊目的实体的会计规定，由于没有向财务报表使用者提供及时有用的关于资产证券化的风险和信息而受到指责。为了提高财务信息透明度，重树投资者信心，监管机构迫于压力，开始对特殊目的实体的会计处理和报告进行重新审视和研究。压力之下，FASB 也终于选择了废除 QSPV，严格 SPV 的合并规则。FASB 于 2009 年 6 月发布了《财务会计准则公告第 166 号——金融资产的转让和服务》（简称 FAS166）和《财务会计准则公告第 167 号——可变利益实体的合并》（简称 FAS167）。

FAS166 是 FAS140 的修订版，该公告将要求提供关于金融资产转让的更多信息，其中包括证券交易以及公司面临的有关转让的金融资产风险方面的信息。该公告取消了 QSPV 的概念，改变了终止确认金融资产的要求，同时还对额外披露做出了严格的要求。FAS166 要求资产转让方在财务报告中具体披露其对已转让的资产任何持续参与行为（包括追述、担保、服务等关系），不管该转让方是否合并特殊目的实体。

FAS167 对 FIN46（R）进行了修订，提出了新的 VIE 合并规则。FAS167 与 FIN46（R）相比，主要有以下变化：

- FAS 167 取消了在 FIN46（R）下 QSPV 免于合并的特权，FAS167 要求

QSPV 要重新接受 VIE 评估。

- FAS167 要求报告企业进行分析以确定它的可变利益或利益是否给予其在 VIE 中的“控制性财务利益”，并以此识别该报告企业是否为 VIE 的“首要受益人”。
- FAS167 要求对报告企业是否是一个 VIE 的首要受益人进行持续地重新评估，而 FIN46（R）只要求在具体事件发生时才进行重新评估。
- 在 FAS167 中，首要受益人的确定基于确定哪一个企业吸收了一个实体的大多数预期损失或接受了一个实体的大多数预期剩余回报；FIN46（R）中确定谁是一个 VIE 的首要受益人采用的是定量方法在 FAS167 中已被删除。
- 当风险权益投资持有人整体失去源自该投资的投票权或类似能主导被投资实体的最重大的影响其经济表现活动的权力时，FAS 167 增加了一个额外的重新考虑事项以确定一个主体还是不是 VIE。
- FIN46（R）下，困难债务重组（Troubled Debt Restructuring）不作为要求重新考虑一个实体是不是 VIE 以及一个企业是否是一个 VIE 的首要受益人的重新考虑事项，而 FAS167 取消了这一例外。
- 此外，FAS167 还强化了信息披露。

FAS166 和 FAS167 的发布使得资产证券化交易的“销售确认”和“表外处理”变得非常困难，很多资产证券化的相关参与人（尤其是发起人）被迫对特殊目的实体进行合并，导致大规模资产的回归。图 10.1 所示是美国不在金融机构的资产负债表上体现的消费者贷款总量（不含抵押贷款），这些消费者贷款大都是通过资产证券化交易转移到特殊目的实体中的。2009 年 FAS166 和 FAS167 的发布使得这笔庞大的在表外游离的资产从超过 5 500 亿美元一下子跌至不足 500 亿美元。

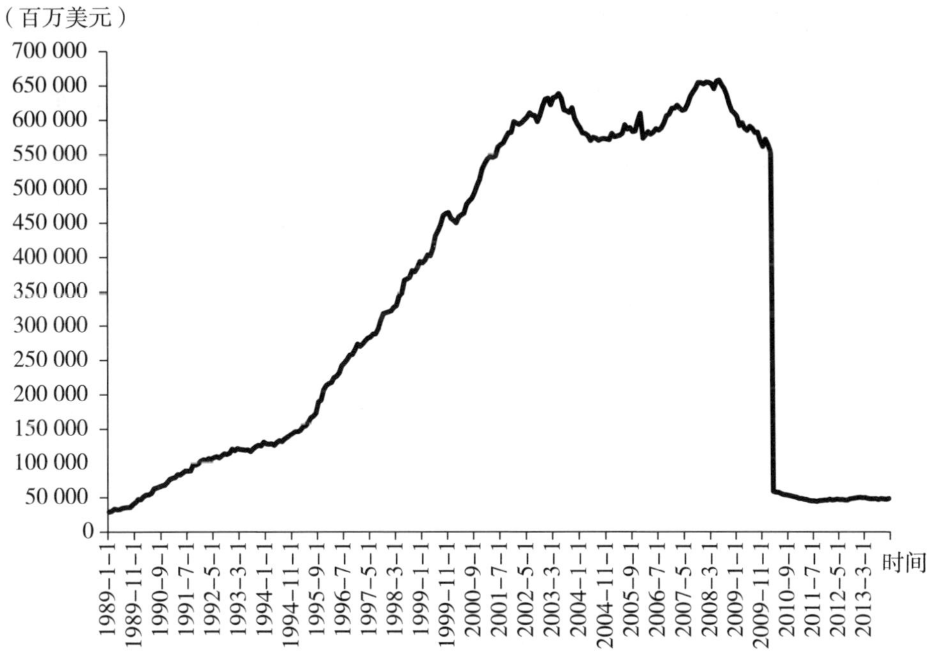

图 10. 1　美国因资产证券化而出表的消费者贷款

资料来源：美联储

二、美国资产证券化现行会计法规

对资产证券化会计法规的具体介绍还是要再回到资产证券化会计需要解决的两个基本问题上：

（1）交易中的特殊目的实体是否需要合并入表?

（2）资产的转让是否在会计上形成销售?

目前，美国会计准则中的《财务会计准则公告第 167 号——可变利益实体的合并》（简称 FAS167）和《财务会计准则公告第 166 号——金融资产的转让和服务》（简称 FAS166）分别是对以上第一个和第二个问题的回答。除了 SPV 合并和资产转让的销售的相关会计准则外，美国会计准则中还有一些和资产证券化相关的会计准则和规定，涉及资产证券化的服务权、公允价值和投资人相关的会计处理等方面，我们也在本节进行简单介绍。

（一）《财务会计准则公告第167号——可变利益实体的合并》

1. 可变利益实体

FAS167涵盖的是可变利益实体的合并问题。根据FAS167规定，满足以下条件之一的任何实体均是可变利益实体，在该准则的范围之内：

（1）在没有额外的次级财务支持下，风险权益投资不足以为实体自己的经营活动提供资金。

（2）作为一个整体来看，风险权益投资人缺少下列任一特征：

- 通过表决权或类似权力，实现对VIE经济表现产生最重大影响的活动的主导。
- 承受实体预计损失的义务。
- 获取实体预计剩余收益的权利。

虽然不是所有的特殊目的实体都符合FAS167中可变利益实体的定义，但是在资产证券化中使用的特殊目的实体几乎都是可变利益实体。如果一个对VIE的投资满足用来承受VIE的部分预计损失或获取VIE的部分剩余收益的权利的条件，那么这个投资可以称为可变利益。

2. 首要受益人

对资产证券化来讲，实行FAS167的结果之一就是资产证券化的多个交易参与者中可能有一方必须对资产证券化的特殊目的实体进行合并；而且，这一合并方不一定是资产的原始转让方。

FAS167围绕“主导对VIE经济表现产生最重大影响的活动的权力”概念，确立了新的首要受益人测试程序。FAS167认为：一个持有VIE可变利益的报告企业必须评估它是否拥有对VIE的“控制性财务利益”，如果有，则它就是VIE的首要受益人。“控制性财务利益”有两个特征：（1）主导对VIE经济表现产生最重大影响的活动的权力，（2）吸收VIE潜在的重大损失的义务或接受VIE潜在重要收益的权利。

FAS167 提出的“我是否要合并 VIE”（谁是首要受益人）的测试程序见图 10.2。

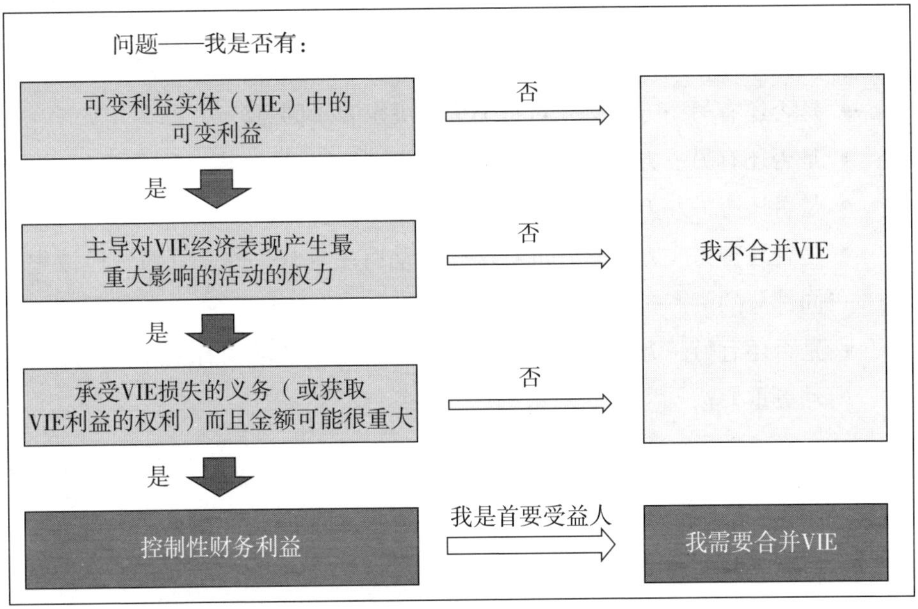

图 10.2　首要受益人测试

FAS167 下的 VIE 合并不存在部分合并。如果一个企业要对 VIE 进行合并，那么 VIE 所有的资产和负债（对第三方的）都必须并入该企业的资产负债表，而不只是该企业持有的那一部分相对应的资产和负债。

3. 谁拥有主导对 VIE 经济表现产生最重大影响的活动的权力？

对“谁拥有主导对 VIE 经济表现产生最重大影响的活动的权力”的判断，需要考虑多方面的因素。在资产证券化交易中，对 VIE 经济表现产生重大影响的一般是基础资产的表现。当然，在有的交易中，对负债的管理也会对 VIE 的表现产生重大影响，比如商业票据管道。有些对证券化中的基础资产表现能产生重大影响的因素可能不是证券化交易任何参与方所能控制的，比如贷款的提前偿付或抵押物的贬值等。在一般的证券化交易中，对证券化基础资产的表现产生重大影响的往往是服务商对贷款迟付或违约的管理；或是在 CDO 交易中，资产管理人对基础资产的选择、监督和处置等。

在决定谁对这些活动有主导权时，报告企业必须考虑如下问题：

（1）我拥有的这个权力是单方面的吗？

（2）其他参与方是否也有相关的权利和义务？比如：

- 是否还有另一方也必须对每个重要决定表示同意？
- 是否还有另一方有权对我的某些行为进行主导？
- 是否还有另一方有权替代我，而且无须特定理由？
- 是否还有另一方或多方也对这些活动有主导权，只是针对资产池中不同部分的资产？
- 是否还有另一方或多方对信托的另外一些重要活动有主导权？那些活动更重要？

（3）我的这些主导权是现在就已经可执行，还是要基于将来的事件才可以？

4. 首要受益人测试中的注意点

关于首要受益人测试，FAS167 提供了以下 3 个方面的说明：

（1）关于踢出权、参与权、保护权和涉及 VIE 的设计。只要没有一方（包括其关联方和实质上的代理人）能单方面行使踢出权或参与权，主导权就不被视为受踢出权或参与权存在的影响。能单方面行使踢出权或参与权的一方，就可能拥有主导权。保护权的存在不影响主导权。报告企业重大涉及 VIE 的设计并不等于拥有主导权，但可能意味着企业有机会和动机去建立能使其拥有主导权的安排。比如，如果发起人有明示或暗示的义务去保证实体按照设计要求运营，那它可能建立能使自己拥有主导权的设计安排。因此，FAS167 规定在判定报告企业是否有主导权时，要注意报告企业是否有隐含的要保证实体按照设计运营的财务责任。

（2）关于多方主导。首要受益人只有一个；如果两方或多方共同拥有主导对 VIE 经济表现产生最重大影响的活动的权力，则认为权力被分享，没有首要受益人，VIE 不需被任何一方合并；如果权力没有被分享，但对 VIE 经济表现产生最重大影响的活动被多方主导，且每方主导的活动性质是相同的，则主导绝大多数活动的一方被认定为首要受益人；如果权力没有被分享，但对 VIE 经济表现产生最重大影响的活动被多方主导，且每方主导的活动性质是不同的，则能主导最核心活动的一方被认定为首要受益人。

（3）关于经济（财务）利益。FAS167 强调要注意报告企业在 VIE 中的总体经济利益。虽然经济利益并不是首要受益人判定的决定性因素，但它能指示报告企业事实上拥有的主导权，尤其是当报告企业在 VIE 中的经济利益远远大于其主导权时。

FAS167 要求对报告企业是否是一个 VIE 的首要受益人进行持续地重新评估，而不是只要求在具体事件发生时才进行重新评估。如果由于条件的变化，一个报告企业（曾是首要受益人）不再是首要受益人，那么该企业就必须在条件发生变化的当期对 VIE 进行剥离出表，同时确认盈亏。

5. 披露和列报

除了对 VIE 合并的新规定，FAS167 更加强化了披露要求，其中：

- 要求首要受益人企业和非首要受益人的可变利益持有企业必须披露 VIE 能要求企业提供财务支持的所有合同条款，包括明示的合同和暗示的可变利益，及可能使企业遭受损失的事项或环境。
- 要求非首要受益人的可变利益持有企业必须将与企业持有可变利益相关的 VIE 的资产、负债与企业可能承担的 VIE 的最大损失做表格式的对比。

FAS167 在列报方面做出了两大改进：

第一，考虑到被合并的 VIE 的资产和负债与被合并的其他选票利益实体的资产和负债之间的对比，由于 VIE 破产隔离机制所具有的特殊性，FAS167 要求首要受益人在合并报表上，必须将 VIE 只能用于偿还 VIE 自身债务的资产和 VIE 债权人（及受益人权益持有人）无法追索到首要受益人资产部分的 VIE 负债与合并报表上其他资产、负债区别表示。FASB 意图用这一列报要求帮助报表使用者认识被合并 VIE 的破产隔离机制，即 VIE 资产在用途上的限制和被合并 VIE 的债权人在索偿方面的限制。FAS167 没有要求具体的列报格式，报告企业可以采用附加说明或在科目下分开列示等方式。

第二，FAS167 不允许报告企业将涉及 VIE 的资产、负债以净值列示，允许报告企业将相似的多个不需合并的 VIE 的资产、负债以合计表示，将多个相似的要被合并的 VIE 的资产、负债以合计表示。但在合计时，不允许报告企业通过合计来遮掩重要信息或通过提供过多不重要信息来遮掩重要信息。

（二）《财务会计准则公告第 166 号——金融资产的转让和服务》

如果资产证券化的特殊目的实体需要由资产的转让方合并，那么实体中的资产就会回归转让方的表内，前述的资产证券化会计的第二大问题也就无须回答。但是，如果资产的转让方无须对特殊目的实体进行合并，那么资产的转让就需要在会计上进行处理，而这个处理往往只有两个选择：销售（终止确认）或担保融资。

1. 是否满足终止确认条件

在 FAS166 下，对资产证券化中一个资产、一组资产或一部分资产进行终止确认要有两个前提：

（1）转让方放弃了对资产的控制权。

（2）转让方收到了现金或其他对价。

控制权是 FAS166 中的一个核心概念。FAS166 规定，只有当以下 3 个条件同时满足时，控制权才算被放弃：

（1）资产在法律上被隔离开来。

（2）资产的转入方有权出售资产或将其作为抵押物。

（3）资产的转让方不再对资产保持有效控制。

以上第一条中的法律隔离也就是资产证券化中常说的风险隔离或破产隔离。如前所述，资产证券化中资产转让一般分两步走：

第一步，资产的转让方（卖方）首先将资产转让给一个特殊目的实体。虽然这个特殊目的实体一般由转让方全资拥有，但对实体的特殊设计使得转让方和转让方的债权人对该实体的资产没有追讨权。这一步的转让一般不涉及额外的信用增级或收益保护，是法律上的“真实销售”。

第二步，特殊目的实体将资产转让给一个信托或法律载体。这一步一般都会有信用增级或收益保护措施来取得投资者期望的信用水平。

从法律上来讲，以上第二步转让不一定是真实销售，特殊目的实体的破产受托人理论上可能有权对信托中的资产进行追讨。但是由于第一步中的特殊目的实体设计不允许实体进行举债或其他经济行为，其破产风险也就不存在了。所以，通过以上两步，资产证券化的转让资产一般能够实现在法律上的“隔离”或“独立”。需要注意的一点是，虽然律师意见是会计中的一个考虑因素，但是法律上的真实销售并不是资产实现终止确认的决定条件。

而在资产的转让方是否对资产还保持有效控制的考量上，FAS166 要求对协议的条款进行分析，查看是否有以下影响控制的情况：

- 是否有协议要求资产的转让方在资产的到期日前回购该资产（协议对资产的转让方提出回购的义务和权利，比如一个期货或回购合同）。
- 资产的转让方是否有单方面的权力要求特殊目的实体返还特定的资产（除了清理回购），而且该返还会对资产的转让方有不小的利益。
- 资产的转入方是否有权要求资产的转让方以一个有利的协议价格回购所转让的资产，而且由于该协议价格的有利，资产的转入方很可能会实施这一权力。

FAS166 不仅对一个资产或一组金融资产的转让进行了规定，还提出了“参与利益”（Participating Interests）的概念，允许对资产的一部分，甚至是某一部分的一定比例进行分别评定和终止确认。“参与利益”的提出是对原 FAS140 中的“金融合成分析法”进一步改进，把资产的“控制权”与资产证券化中资产池的“可分割性”进行结合考虑。

银行或投资机构经常会联合起来参与对一个企业或实体的贷款或投资，每个参与者都持有一部分参与利益。在 FAS166 中，参与利益是金融资产的一部分，而且必须满足以下条件才可能实现资产销售：

（1）所有权分配：每一个参与利益持有者按照相同的优先权按比例享有（针对该金融资产的）所有权的权利。

（2）现金流分配：金融资产的所有现金流入都应该按比例在所有的参与利益持有者之间进行分配，不能赋予任何参与利益持有者享有比其他参与利益持有者更早收到现金的权利。

（3）无等级差异：参与利益没有优先等级之分，任何参与利益都不是其他参与利益的从属利益。

（4）资产的处置：除非所有参与利益持有者一致同意，没有任何一方有权对金融资产进行交易或用作担保。

如果满足如下两个条件的，发起人可将金融资产的一部分（或几部分）按照销售进行终止确认，否则，只有当全部的金融资产或金融资产整组的转移满足了终止确认条件，才能按照销售进行终止确认：

- 转移的金融资产一部分（或几部分）以及发起人继续持有的任何部分，都必须是满足条件的参与利益。
- 参与利益的转移必须满足发起人放弃控制权的条件。

2. 如何计量终止确认

如果一个、一组或一部分资产证券化交易不满足销售（终止确认）的条件，那么该资产证券化就会在会计上作为担保融资处理：转让的资产还会继续保留在资产转让人的资产负债表上，但要和其他资产分开列示；出售的资产支持证券的所得将会作为借款计入资产负债表的负债方；相关的资产销售盈亏也不得在利润表中确认。而资产转让方持有的证券化资产支持证券将不在报表中显示，其经济呈现就是所转让的资产和证券化借款的差额。

如果资产的转让满足终止确认的条件，那么就要对资产销售的损益进行会计计量和记录，这其中包含多个会计步骤：

（1）归集所转让资产相关的会计要素，包括资产的溢价和折扣、资本化的费用和收入、成本和市价孰低法下的价值准备和资产的损失减值准备等。

（2）归集在资产证券化中产生的各项资产和负债。

（3）对各个资产和负债进行价值评估。这个步骤往往会涉及很多主观判断，需要运用合理的假设和适合的定价模型。

对资产证券化中资产转让的销售确认在会计上的处理如下：

- 把资产的销售所得（扣除交易费用和相关的负债）和资产的账面价值（扣除溢价和折扣、资本化的费用和收入、价值准备和损失减值准备等）的差额计入当期损益。
- 把交易中获得的新资产计入原资产的销售所得，并以市价计入资产负债表（比如证券投资和服务费权等）。

（3）把交易中获得的新负债作为原资产销售所得的减项，并以公允价值计入资产负债表（比如担保、回购责任、互换合约、承诺或其他金融衍生工具等）。

由于交易的复杂和特殊以及公开市场的有限，资产证券化中产生的某些资产或负债的公允价值评估的难度很大，所以金融定价模型的应用是证券化会计过程中不可或缺的一部分。这里值得一提的是，以会计为目的的价值评估和资产证券化的真正经济价值评估有时是不一样的，必须只考虑已经转让的资产，而不能把将来的资产转让考虑进来。这种情况在循环类贷款资产的证券化（如信用卡应收款、汽车分销商贷款、房屋净值信用额、商业应收款等）上尤为突出。

3. 会计处理举例说明

最后，我们用两个简化的例子来说明 FAS166 下资产转让的销售确认。

例一：住房抵押贷款资产证券化交易（假设符合终止确认的条件）

该交易的基础资产是面额为 1 亿美元的贷款，发起人出售所有的有信用评级证券（A 级和 B 级证券），但保留没有评级的仅付利息证券和超额利差（剩余利息）。同时，发行人还保留对所转让资产的服务权。

该基础资产在发起人资产负债表上的账面价值如表 10.8 所示。

表 10.8　例一资产负债表账面价值　（单位：百万美元）

资产的面额	100.00
加：利息预提（转让）	0.50
购买溢价	0.50
发行成本（未摊销部分）	0.20
减：损失准备	(1.70)
资产的账面价值	99.50

该交易的结构和市价分析如表 10.9 所示。

表 10.9　例一交易结构与市价　（单位：百万美元）

交易构成	面值	市价	市值
A 级证券	90.00	100.00%	90.00
B 级证券	10.00	95.00%	9.50
仅付利息证券			1.50
超额利差			1.00
总的交易价值			102.00

资产出售的损益计算和会计分录如表 10.10 所示。

表 10.10　例一资产出售的损益与会计分录　（单位：百万美元）

项目	金额	会计分录	借方	贷方
证券出售的所得*	98.80	现金	98.80	
仅付利息证券市价	1.20	仅付利息证券	1.20	
超额利差市价	0.50	超额利差	0.50	
服务权市价	0.20	服务权	0.20	
交易净所得	100.70	资产的账面价值		99.50
减：资产的账面价值	(99.50)	资产销售收入（税前）		1.20
资产销售收入（税前）	1.20			

* 出售所得中已扣除交易和承销费用。

例二：信用卡资产证券化交易（假设符合终止确认的条件）

该交易为一统合信托发行的一系列证券之一，资产的转让也是该信托循环购买中的一次。本次转让的基础资产面额是1.2亿美元的信用卡贷款，账面价值为1.19亿美元，发起人保留0.2亿美元的卖方权益并出售所有的有信用评级证券（A级和B级证券）。同时，发行人还出资150万美元建立现金抵押账户来为证券进行增信；现金抵押账户和超额利差（剩余利息）归发起人所有。该次发行的总交易成本为100万美元，本次资产转让所占的比例预计25%。

该交易的结构和市价分析如表10.11所示。

表10.11　例二交易结构与市价　（单位：百万美元）

交易构成	面值	市价	市值
A级证券	95.00	100.00%	95.00
B级证券	5.00	100.00%	5.00
卖方权益	20.00		20.00
初始现金抵押存入			(1.50)
现金抵押账户权益			1.10
超额利差			1.20
交易成本（初始销售分摊25%）			(0.25)
总的交易价值			120.55

该次资产出售的损益计算和会计分录如表10.12所示。

表10.12　例二资产出售的损益与会计分录　（单位：百万美元）

项目	金额	会计分录	借方	贷方
证券出售的所得	98.25	现金	97.50	
卖方权益市价	20.00	卖方权益	20.00	
现金抵押账户权益市价	1.10	现金抵押账户权益市价	1.10	
超额利差市价	1.20	超额利差	1.20	
销售净所得	120.55	未分摊的交易费用	0.75	
减：资产的账面价值	(119.00)	资产的账面价值		119.00
资产销售收入（税前）	1.55	资产销售收入（税前）		1.55

（三）美国其他有关资产证券化的会计规定

1. 服务权会计（Servicing Right）

服务权资产不在FAS166涵盖的金融资产的范围之内，服务权的转让和销售（终止确认）对“风险和报酬”的分析要求门槛更高。在美国的会计规定中，服务权的转让和终止确认主要是由紧急问题工作组（EITF）的第90-21号简报和第95-5号简报来规范的。服务权资产在转让和确认时都是按公允价值进行会计处理；在随后的会计期间，企业可以选择按公允价值法或成本摊销法对服务权进行会计处理。在公允价值法下，企业必须按期对服务权的公允价值进行评估，并把公允价值的变化计入当期的损益；在成本摊销法下，企业可以根据预计的服务收入期间对服务权进行摊销，同时定期通过和公允价值的比较来决定是否需要计提资产减值损失。

2. 资产支持证券会计方法的选择

资产证券化中的证券，包括没有评级或专门分档的（比如超额利息），一般都属于债券的范畴，在美国会计准则中由“ASC320——投资债券和股权”来规范。在目前的美国会计准则下，所有这些证券在取得时都必须以公允价值入账。在随后的会计期间，投资者可以选择是否继续使用公允价值来计量该证券。如果选择继续用公允价值法来计量，那么持有人必须按期对证券进行评估并把公允价值的变化计入当期的损益；如果不选择公允价值法，那么持有人必须在以下3种债券持有会计处理选项中进行选择（一旦选择，不能轻易更改）：

（1）交易证券：和公允价值法一样，证券按公允价值记录在资产负债表上，持有人必须按期对证券进行评估并把公允价值的变化计入当期的损益。

（2）可供出售证券：证券按公允价值记录在资产负债表上，但公允价值的变化不计入当期损益，而是在股东权益（其他全面收益，OCI）中体现，除非证券是由于非临时性原因而贬值（OTTI）。

（3）持有到期证券：证券按历史成本价记录在资产负债表上，但会根据OTTI的原因做减值。

3. 资产支持证券的减值处理

2009 年 4 月，美国财务会计标准委员颁布了 FASB 意见 FAS115 –2 和 FAS124 –2“确认和阐述非临时性减损”，来对之前的资产减值会计规定和准则进行解释和修改，并对相关的信息披露提出了新的要求。FAS115 2 和 FAS124 –2 指出，当一个企业确定一个债券存在非临时性减损但是该企业不准备出售或在该减损预计得到恢复前很可能无须出售该债券时，非临时性减损可以分为两部分分开进行处理：（1）和信用损失相关的非临时性减损计入当期损益；（2）由其他因素引起的非临时性减损在扣除税收影响之后计入股东权益的“其他全面收益”中。

4. 资产支持证券的折扣和溢价

资产支持证券的折扣和溢价的会计处理一般是由《美国财务会计准则第 91 号——与发生或获得贷款有关的不可退回的费用和成本，以及租赁初始直接成本的会计处理》（简称 FAS91）来规范。FAS91 的基本原理是按证券的合同现金流来分摊折扣或溢价，从而使证券投资在合同期内实现“水平收益率”。对于由大量同类型资产作为基础资产的资产支持证券，如果基础资产很可能有提前付款而且提前付款的速度能够合理预测，FAS91 也允许在现金流的预测中加入提前付款的假设。否则，提前偿付对折扣和溢价摊销的影响只有在提前付款发生时才能一次性计入当期损益。

对于在转让交易中获得的已经出现信用问题的资产支持证券，FAS91 并不适用。特别是在金融危机爆发后，很多信贷资产和资产支持证券由于信用问题大幅贬值，所以在转让中低价（折扣）购买问题证券的情况很多。购买这类折扣证券时，投资者在一开始就能预见到证券不可能按票面全额得到偿付，所以预期的现金流不会和证券按合同规定的现金流一样。如果按照 FAS91 的方法对这类证券进行会计处理，将会在短期内高估证券的收益水平。在美国会计准则中，有信用问题的资产支持证券的收入和减值会计处理是由 2003 年 12 月美国注册会计师协会颁布的《03 –03 号意见报告——部分在转让中获得的贷款或债券的会计处理》（简称 SOP03 –3）来规范的。SOP03 –3 的基本原理是按证券的预期现金流（而不是合同现金流）来分摊折扣，从而使证券在预期现金流期限内实现“水平收益率”。SOP03－3 要求持有人在预期现金流的预测中加入适当和合理的假设，比如资产违约、损失和提前偿付等，并对这些假设和相应的现金流预测进行定期更新。如果证券的预期现金流减少而且不是由于利率的原因，SOP03－3 要求证券持有人对证券进行减值准备，并计入当期损益；如果证券的预期现金流增加，SOP03－3 则要求持有人在证券的减值准备全部冲减完之后调整资产的会计收益率，以便在未来期间内实现这部分现金流的增加，而不是在当期确认收入。

5. 有重大提前偿付风险或信用风险的证券的利息收入的计量

对于有重大提前偿付或信用风险的证券，美国财务会计准则委员会指定了一个特定的方法来计算和确认利息收入：紧急问题工作组的第 99－20 号简报（简称 EITF99－20）。资产证券化的很多证券产品属于这类证券，如没有政府担保的或信用支持不充分（比如 AA 级以下）的 ABS、CDO、CMBS、MBS 证券和所有剩余利息（超额利息）证券。

EITF99－20 要求持有人利用在市价评估中使用的假设对证券的预期现金流进行预测；所得的预期现金流和初始投资额之间的差异为待计收益；通过“有效收益法”在证券的预计期限内实现待计收益，计为利息收入。在有效收益法中，由初始预期现金流和初始投资额计算出来的内部投资回报率就是用以计算第一期利息收入的收益率。持有人必须定期对证券的预期现金流进行更新（利用市场假设）并重新计算证券的内部投资回报率，并以新的投资回报率进行利息收入的计算。

和资产证券化产品相关的这些会计计量，一般都要求对证券的现金流（包括合同现金流和预期现金流）进行预测，并结合会计准则进行分析和计算，所以对现金流预测和会计建模的要求很高。

第四节
国际会计准则和中国会计准则关于资产证券化的会计

一、国际会计准则相关会计准则简介

和美国会计准则一样，国际会计准则中关于资产证券化的会计准则也要回答以下两个基本问题：

（1）交易中的特殊目的实体是否需要合并入表？（SPV 的合并问题）

（2）资产的转让是否在会计上形成销售？（资产的终止确认问题）

国际会计准则下的资产证券化会计也经历了不同阶段的发展和演化。直到于 2007 年开始的金融危机之前，国际会计准则中 SPV 的合并问题主要由《国际会计准则第 27 号——合并财务报表和单独财务报表》（简称 IAS27）和《解释公告第 12 号——合并：特殊目的主体》（简称 SIC12）来规范；而资产的终止确认问题则是由《国际会计准则第 39 号——金融工具：确认和计量》（简称 IAS39）来规范。这些准则也是我国目前关于资产证券化的会计准则的重要参考。

（一）特殊目的实体的合并问题

金融危机之后，国际会计准则理事会（IASB）迫于各方压力，加快了对资产证券化会计的研究和改革。2011 年 5 月 12 日，IASB 发布了新的《国际财务报告准则第 10 号——合并财务报表》（简称 IFRS10）和《国际财务报告准则第 12 号——涉入其他主体的披露》（简称 IFRS12）。IFRS 10 取代了 IAS27 和 SIC12 中有关 SPV 合并的指引，IFRS12 规定了有关合并主体及未予合并主体的更多披露要求。

IFRS10 这个新准则的制定从开始立项到最终发布，历时 9 年。在规则的制定中，IASB 和 FASB 进行了多次联合会议商讨，也借鉴了较多美国 SPV

合并新准则（FAS167）中的观点。IFRS 10 和 FAS167 的颁布使得国际财务报告准则（IFRS）和美国公认会计原则（GAAP）在关于结构化主体（特殊目的主体）的合并方面在实质上趋于一致；虽然两者在具体的条款上还有不少差异，但两者都使用以“控制”为中心的模型，相应有着同样的合并基础。

IFRS10 制定了针对所有主体的以控制为基础的单一合并模型，不论被投资者的性质如何，即无论对主体的控制是通过投资者的表决权还是通过其他合约安排形成。根据 IFRS10 的规定，当一个投资者通过对被投资者的涉入承受了变动回报风险或有权利获得变动回报，并且有能力利用其对被投资者的权力影响变动回报金额，这个投资者就能控制被投资者。一个投资者控制被投资者必须满足以下 3 个条件：

（1）拥有主导被投资者的权力，这个权力是现行的，并且能够主导对被投资者回报有重大影响的相关活动。

（2）通过对被投资者的涉入，面临变动回报的风险敞口或取得变动回报的权利。

（3）有利用其对被投资者的权力影响投资者回报金额的能力。

虽然 IFRS10 和美国会计准则中的 FAS167 在原则上类似，即要求投资者合并被其控制的 SPV，但是两者也有不同。在 IFRS10 下，即使投资者按要求需要对 SPV 进行合并，投资者也可能对转让的资产进行销售确认（终止确认）；而在 FAS167 下，在合并情况下对资产进行销售确认是不大可能的。

IFRS12 旨在要求提供相关信息，以便财务报表使用者能够评价控制的基础、对合并资产和负债的任何限制、涉入未予合并的结构化主体产生的风险敞口，以及非控制性权益持有人对合并主体活动的涉入。IFRS12 扩大了关于合并的更多披露要求，不仅要求披露合并的主体，也要披露未合并的结构化主体。IFRS12 对于报告主体与子公司、联营企业、合营企业、未合并的结构化主体的特殊关系，提供了一个简单的披露标准。

（二）资产的终止确认问题

国际会计准则下，资产证券化中的资产的终止确认问题则是由 IAS39 来规范的。IAS39 本身涵盖了很多资产证券化之外的会计规定，但有对资产证券化资产终止确认的详细规定。金融危机之后，IASB 针对金融危机中暴露出来的会计问题，对金融工具会计准则进行了大量研究，对立项进行了改革，并推出了《国际财务报告准则第 9 号》（简称 IFRS9）用以取代 IAS39。但是，IAS39 中关于资产的终止确认的规定几乎被 IFRS9 原封不动地保留了下来。

1. IAS39 和 FAS166 的对比

虽然美国会计准则在 FAS166 颁布之后和 IAS39（或将来的 IFRS9）更趋一致，但还是有很多不同之处。美国会计准则更注重控制（包括法律上的销售），而 IAS39 对风险和报酬的权衡要多于对控制的要求。在会计实践中，这些偏重的不同会导致不同的会计结果：

- 在美国会计准则下，在一定的情况下，就算资产的转让方还会继续涉入所转移的资产（比如保留重大信用风险），资产的终止确认也可以实现。
- 在国际会计准则下，如果资产的转让方没有转移资产上几乎所有的风险和报酬，一般不可能实现整个资产的终止确认。

表 10.13 所示是两个会计准则在不同条件下对资产证券化中资产转让的会计处理（销售或借款）的对比。

表 10.13　两个准则对资产转让的会计处理比较

条件和情况	国际会计准则——IAS39	美国会计准则——FAS166
资产法律上的隔离	无要求	要求
转入方的资产处置能力	无要求	要求
买方期权	期权部分为借款	期权部分为借款（一般情况）

（续表）

条件和情况	国际会计准则——IAS39	美国会计准则——FAS166
清收式赎回权	期权部分为借款（一般情况）	不会影响 100% 销售确认
转入方的卖方期权	期权部分为借款	可以作为销售（如果是真实销售）
担保权	担保部分为借款	可以作为销售（如果是真实销售）
保留次级证券权	次级证券部分为借款	满足参与利益条件的可以作为销售
全部回报互换交易权	借款	可以作为销售（如果是真实销售）
回购单个贷款权	回购权利部分为借款	全部是借款
循环结构	一般不终止确认	可以作为销售

2. 资产转让的定义

IAS39 中资产转让的定义其实也和 FAS166 不同。在 IAS39 中，要满足资产转让的定义，转让方必须：

（1）将收取资产的现金流的合同权利转移给另一方。

（2）保留收取所转移的资产的现金流的权利，但承担将收取的现金流支付给最终收款方的义务，同时必须满足以下 3 个条件：

第一，从该资产收到对等的现金流时，才有义务将其支付给最终收款方。由转让方进行的短期垫付款，但有权全额收回该垫付款并按照市场上同期银行贷款利率计收利息的，视同满足本条件。

第二，根据合同约定，不能出售该金融资产或作为担保物，但可以将其作为对最终收款方支付现金流量的保证。

第三，有义务将收取的现金流及时支付给最终收款方。转让方无权将该现金流进行再投资，但按照合同约定在相邻两次支付间隔期内将所收到的现金流进行现金或现金等价物投资的除外。转让方按照合同约定进行再投资的，应当将投资收益按照合同约定支付给最终收款方。

条件一主要是确保转让方没有相应的负债，条件二和三主要是确保转让方没有相应的资产。如果不满足以上任何一项条件，交易就不能被视为“转让”，也就是说转让方必须继续把资产保留在资产负债表上，同时把转让所得计为负债。IAS39 对“转让”的这些条件约束主要是为了把“转手”交易安排和拥有资产和负债区别开来。由于 IAS39 对“转让”的严格定义，一些资产证券化结构不符合转手条件，难以实现销售出表，特别是循环结构的证券化。

3. IAS39 的资产终止确认测试

IAS39 中资产终止确认测试的应用流程如图 10.3 所示。

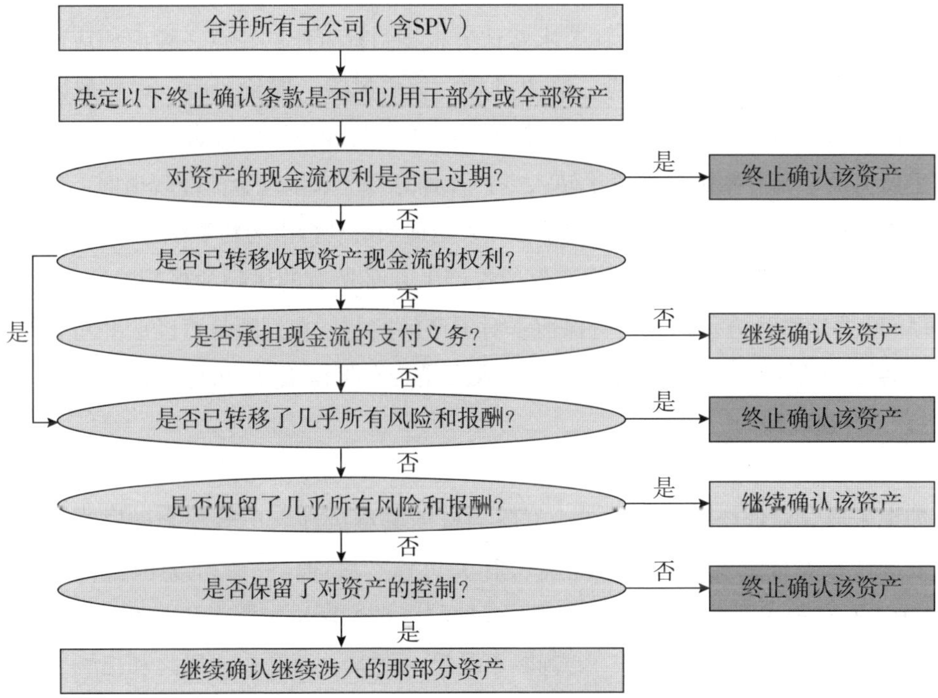

图 10.3　IAS39 资产终止确认测试

图 10.3 所示的流程中对“是否已转移了几乎所有风险和报酬”和“继续涉入”的判断也是 IAS39 在实际应用中的难点和有争议之处。

4. 是否已转移了几乎所有风险和报酬?

在“是否已转移了几乎所有风险和报酬”的判断上，IAS39 要求转让方比较转移前后该资产净现金流在金额和时间上的波动使其面临的风险。

如果转让方面临的风险因金融资产转移发生实质性改变的，表明转让方已将金融资产所有权上几乎所有的风险和报酬转移给了转入方，比如不附任何保证条款的资产出售或资产出售带有以市场价回购转让资产的条款等。

如果转让方面临的风险没有因金融资产转移发生实质性改变的，表明转让方仍保留了金融资产所有权上几乎所有的风险和报酬，比如将贷款整体转移并对该贷款可能发生的信用损失进行全额补偿、资产出售并以固定价格进行回购，或证券借用等。

在具体判断时，IAS39 还要求转让方根据目标资产的特点，考虑相应的风险和报酬因素，如利率风险、信用风险、货币风险、股价风险、迟付风险和提前偿付风险等。转让方需要通过计算来判断是否已将金融资产所有权上几乎所有的风险和报酬转移给了转入方；在计算资产未来现金流净现值时，应当考虑所有合理、可能的现金流波动，并采用适当的现行市场利率作为折现率。

在转让方既没有转移也没有保留资产上几乎所有的风险和报酬的情况下，IAS39 要求转让方评估其是否保留了对资产的控制。在判断是否已放弃对所转移融资产的控制时，转让方要分析转入方是否有出售该资产的实际能力。

5. 继续涉入

在 IAS39 中，如果放弃了对资产的控制，转让方应当终止确认该资产；如果未放弃对资产的控制，转让方应当按照其继续涉入所转移金融资产的程度确认有关金融资产，并相应确认有关负债。后面这一点和美国会计准则 FAS166 有很大区别。在 FAS166 中，“控制”的判断决定资产是否可以终止确认；而在 IAS39 中，“控制”的判断不是第一要素，而是在“风险和报酬”判断后决定所转移的资产是否可以全部进行终止确认还是按“继续涉入”来处理。

“继续涉入”是美国会计准则中没有的概念。由于 IAS39 中的“继续涉入”的定义，转让方可能可以实现部分资产的终止确认，即转让方同时确认一个总负债和一部分资产，两者之差代表转让方继续涉入的部分，比如担保、卖方期权等。

以转让方为所转移的资产提供担保为例，由于转让方对资产在转移后的继续涉入，转让方应当在转移日按照资产的账面价值和担保金额两者之中的较低者，确认继续涉入形成的资产；同时，按照担保金额和担保合同的公允价值之和确认继续涉入形成的负债。详见图 10.4。

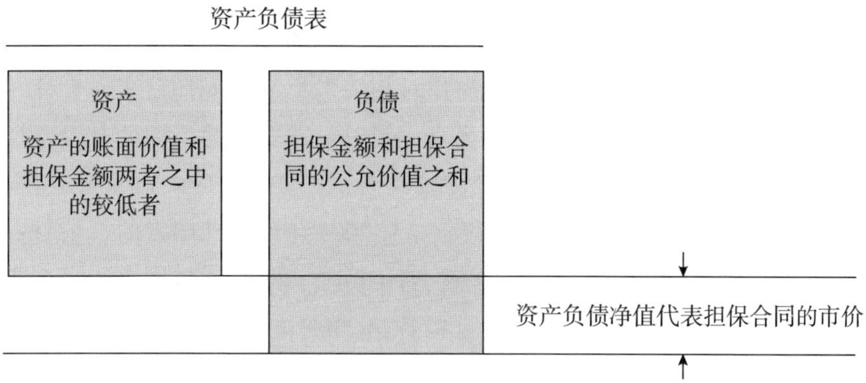

图 10.4 “继续涉入”资产与负债的确认

注：转让方担保一定比例的第一信用损失。

虽然从金融资产的计量上来讲，以上这种记录资产和负债的方式不符合金融资产的一般估价原理，但该处理在体现“继续涉入”的部分上也有其合理之处。在随后的会计期间，担保合同的初始确认金额应当在担保合同期间内按照时间比例摊销，确认为各期收入；因担保形成的资产的账面价值，应当在资产负债表日进行减值测试。

6. 服务权会计

在资产服务权的会计处理上，国际会计准则和美国会计准则也有所不同：国际会计准则下，服务权资产或负债一般在服务期内平均分摊，没有美国会计准则中的市价法的选择。

虽然金融危机之后国际会计准则和美国会计准则在资产证券化的会计上有了一定程度上的趋同，但两者在理念和实践中还有很多差异，对这两者孰好孰坏的研究和讨论还将继续。虽然 IASB 和 FASB 还在努力促成在这方面的会计准则的一致，但统一并非易事，前述的各项不同之处还将在今后的几年内存在。

二、中国关于资产证券化的相关会计准则

我国关于资产证券化的会计还处在试点、研究和调整阶段，现行的会计法规还比较粗放，这也是由我国目前资产证券化的试点状态决定的。资产证券化会计准则的制定、应用和具体操作对相关人员（准则制定人、会计、审计、报表使用人等）提出了很高的要求，同时也需要相关机构的有效监督和管理，所以必然是一个慢慢积累的过程。

我国现行的资产证券化会计法规主要有2005年财政部印发的《信贷资产证券化试点会计处理规定》（简称试点会计规定）和2006年推出的《企业会计准则第23号——金融资产转移》（简称第23号准则）。前者主要是对资产证券化的各个参与机构（发起机构、特定目的信托、受托机构、资金保管机构、贷款服务机构和投资机构）的会计处理进行大概的规定和要求，而后者则是对资产证券化中的金融资产终止确认问题进行了规范。

关于SPV合并，我国目前还没有颁布专项的准则或处理办法。第23号准则中提到了“企业对金融资产转入方具有控制权的，除在该企业财务报表基础上运用本准则外，还应当按照《企业会计准则第33号——合并财务报表》的规定，将转入方纳入合并财务报表范围”。《财政部关于执行企业会计准则的上市公司和非上市企业做好2010年年报工作的通知》中也提到“仅通过合同而不是所有权份额将两个或者两个以上单独的企业（或特殊目的主体）合并形成一个报告主体的企业合并，也应当按照《企业会计准则第20号——企业合并》第五条至第十九条的规定进行会计处理”。但这些相关的法规在对SPV的定义、操作和会计处理上还没有很明确、详尽和一致的指导和规定。

目前，第23号准则是我国资产证券化业务会计处理的主要依据。第23号准则主要是参照《国际会计准则第39号——金融工具：确认和计量》制定的，其基本原理和具体的会计测试和计量规定都套用了国际会计准则。和IAS39一样，第23号准则采用了“风险和报酬 + 控制”的框架来对资产的转移进行终止确认测试（具体参考前文对IAS39的介绍）。以下我们简单介绍第

23 号准则在实际应用中的一些要点：

（一）终止确认测试

第 23 号准则中终止确认测试的简化流程图如图 10.5 所示。

第一步→	第二步→	第三步→	第四步
是否合并 SPV	全部或部分资产	是否已转移资产	风险转移的程度

图 10.5 终止确认测试简化流程

在会计实务中，以上每一步中都有必须考虑的因素：

（1）考虑是否合并 SPV？第 23 号准则有关规定：

- 经营活动：是否是为了特定经营业务需要直接或间接设立特殊目的实体？
- 决策方面：是否具有控制或获得控制特殊目的实体或其资产的决策权？
- 经济利益：是否通过章程、合同、协议等具有获取特殊目的实体大部分利益的权利？
- 风险方面：是否通过章程、合同、协议等承担了特殊目的实体的大部分风险？

（2）终止确认全部或部分资产？终止确认规定适用于一项金融资产的一部分取决于以下考量：

- 可特定辨认的现金流量。
- 全部现金流量中的一定比例。
- 可特定辨认的现金流量的一定比例。

（3）是否已转移资产？资产转移需要满足过手原则，同时符合以下 3 个条件：

- 从该金融资产收到对等现金流量时，才有义务将其支付给最终收款方。
- 转让合同条款禁止转出方出售或抵押原始资产。
- 转出方有义务将收取的现金流量及时支付给最终收款方。

（4）判断风险转移的程度，见表 10. 15。

表 10. 15　风险转移程度的会计处理

<table>
<tr><th colspan="2">情形</th><th>会计处理</th></tr>
<tr><td colspan="2">已转移金融资产所有权上几乎所有的风险和报酬</td><td rowspan="2">终止确认该金融资产，并确认新的资产和负债</td></tr>
<tr><td rowspan="2">既没有转移也没有保留金融资产所有权上几乎所有的风险和报酬</td><td>放弃了对金融资产的控制</td></tr>
<tr><td>未放弃对金融资产的控制</td><td>按照继续涉入所转移金融资产的程度确认有关资产和负债及任何保留权益</td></tr>
<tr><td colspan="2">保留了金融资产所有权上几乎所有的风险和报酬</td><td>继续确认该金融资产，并将收益确认为负债</td></tr>
</table>

在资产证券化的交易结构设计中，经常会有信用增级或流动性方面等的安排，第 23 号准则的应用中，我们还需要关注证券化中的一些特定交易条款，比如：

- 发行人持有次级债券。
- 支付时差与顺序。
- 流动性支持或差额支付。
- 赎回或清仓回购（清收式赎回）。
- 服务合同的具体条款。

（二）资产转移的计量

在金融资产转移的计量上，第 23 号准则规定：在满足终止确认部分或全部金融资产转移的条件下，应当将终止确认部分或全部资产的账面价值和因转移终止确认部分或全部资产而收到的对价，与计入所有者权益的公允价值变动累计额之和，两者之间的差额计入当期损益。以上对价中包括按照公允价值确认的资产转移中获得的新金融资产（如期权和服务权）或承担新金融负债（如担保负债）。

对于企业与资产转入方签订服务合同提供相关服务的，第23号准则规定企业应当就该服务合同确认一项服务资产或服务负债，并按照公允价值进行初始计量，作为上述对价的组成部分。

从国外资产证券化发展的历史来看，会计不只是对资产证券化经济行为的记录和计量，还会对资产证券化的发展产生影响和推动作用。比如，美国资产证券化会计准则在金融危机前的“宽松”，推动了资产证券化的全面发展；而金融危机后美国新的会计准则的“过紧”，又在一定程度上打压了资产证券化的复兴。随着我国资产证券化的不断改革和发展，对资产证券化会计准则的要求也会越来越高。如何创造一个有利于资产证券化健康发展的会计环境，是我国监管部门需要解决的一个难题。我国在会计规则制定上可以参考其他国家的会计准则，但不可盲目套用，而是需要根据中国资产证券化的市场特点和发展需要进行有针对性的借鉴，实现与国际的逐步接轨。

第十一章
资产证券化的现金流建模

从美国的金融发展史来看，资产证券化迅速崛起的一个重要条件是金融工程的发展。资产证券化首先需要有资产，同时需要金融工具对资产的风险和收益进行量化、增补、分割和重组，从而把资产转化为流通性高的证券。20 世纪 70 年代开始，随着数学在金融领域运用的不断深化和计算机技术的爆发式进步，金融的建模和结构创新也得以突飞猛进，从而使得资产证券化的发展成为可能。

由于资产证券化的复杂和多变，常规的金融和财务计算公式没有办法满足其在量化方面的要求。资产证券化参与各方需要一个或一套系统和全面的金融模型来满足各自在发行、评级、投资和监管等各个方面的技术要求。金融建模作为资产证券化中一个不可或缺的部分，已经被广泛运用于资产证券化的各个方面：

- 交易的设计和优化。
- 证券的定价。
- 证券的信用评级。
- 投资的预测和分析。
- 风险管理。
- 金融监管。
- 会计和税务的计算。

从本质上来讲，建模就是通过抽象化和简单化处理来对一个复杂系统的某一个或一些方面进行合理、准确的分析和预测。不管这个系统属于实物还是金融，其建模原理是一样的。资产证券化的建模就是把对资产证券化交易的多个变量和复杂信息的理解通过模型进行梳理和简化，并通过运算的形式对交易的某些方面进行分析和预测。

资产证券化的建模涉及多个方面，需要用到数理统计、金融计算、模拟优化、风险评估和资产定价等多方面的知识和经验。由于资产证券化的基础资产和证券一般规模都很大，涉及的变量很多，所以对数据处理和建模运算的要求很高。

特别是对发起人来讲，资产证券化的建模在证券正式发行之前就早已开始。以房地产抵押贷款的证券化交易为例，图 11.1 所示是证券化之前发起人各个部门和第三方共同合作建模的一个简化的基本流程。这个过程包括基础资产分析、损失评估和结构优化三个建模过程；其中，结构优化建模还包括组合优化建模和定价建模这两个步骤。值得注意的是，这类发行交易的建模是一个动态的过程，往往会经历很多次修改和尝试，其目的是对资产的现金流进行预测并找出最佳的结构来实现最低的融资成本。在实际的发行过程中，信用评级机构、投资银行和会计师等也会参与进来，各自对交易进行建模，并对发行方的建模结果进行评估和认证。

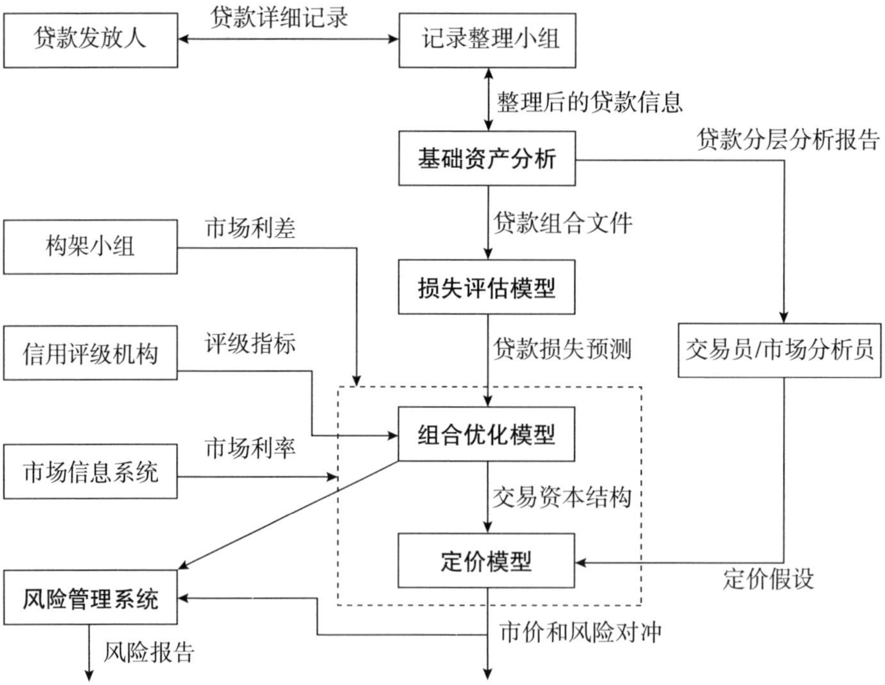

图 11.1　资产证券化建模流程

由于资产证券化的各类计算主要是围绕着现金流展开的，所以对现金流的预测是资产证券化建模最重要的一个方面，现金流模型也就自然成为资产证券化相关的各种金融模型中最重要的一个。本章主要介绍现金流的建模，包括基础资产的现金流计算模型（资产方）和证券的现金流分配模型（负债方）。现金流建模在资产证券化的以上各方面都需要用到，是一切资产证券化分析的基础。正如图 11.1 所示，发起人在设计交易结构时就必须对目标基础资产的现金流进行预测并找出最优的分割计划来分配现金流，以满足不同投资者的投资需求，如期限、信用评级、收益率等；信用评级机构在对资产证券化交易的评级中也必须对现金流进行预测和评估，以决定证券的信用风险；投资人需要对证券的现金流进行预测，来分析投资的风险和回报；第三方增信机构需要估测现金流的表现来决定风险敞口的大小等。

当然，如前文资产证券化建模流程中提到，在现金流的计算中需要用到各种假设，比如损失的概率和程度、提前付款的速度等；这些假设往往需要借助复杂的数据统计模型对历史数据进行处理并结合当前的市场信息和判断才能得出。同时，在资产证券化的交易设计中，发行人还会利用结构优化模型来对资产和结构进行分析和模拟，以实现设计的最优化。由于篇幅有限，本章对资产证券化相关的数据统计模型和优化模型不做介绍，而是假设现金流模型中所用到的基础资产的假设和证券的结构都是已知且不变的。

由于中国的资产证券化还处在试点阶段，规模有限，市场上还没有成熟的资产证券化现金流模型系统或软件。微软公司的办公软件 Excel 是目前商业领域使用最广的计算和分析工具。而在金融领域，Excel 也是大部分从业人员使用的建模工具。用 Excel 工作表进行金融建模比较直观和快捷，成本也很低。但是，Excel 工作表的功能强度是有限的，当复杂的模型对数据处理、计算速度、变化弹性和表现度上提出更高要求的时候，金融建模就必须借助于其他高级编程语言，比如 C + + 、C#或 Java 等。但是，用这些编程语言进行建模的投资比较大，建模的时间比较长，一般要请专业的程序员团队进行开发和测试，在使用没有达到一定的规模前不太实际。从国外的经验来看，资产证券化的建模可以用 Excel 工作表和 VBA 相结合的方法。VBA 是 Excel 中附带的编程语言，无须额外购买，而且易学易用。虽然 VBA 可能没有C + + 之类的语言那么强大，但是通过和 Excel 工作表的结合，这个“混搭组合”在速度、模块化、稳定性、灵活度、表现性和拓展性等各方面，都有不错的表现，可以满足资产证券化建模的各种基本要求。在这个组合中，Excel 工作表可以提供灵活、直观和大家所熟悉的用户界面，而 VBA 则可以用来进行模块化的设计和复杂的后台运算。

本章从实用出发，介绍如何利用 Excel 工作表及其附带的 VBA 语言进行资产证券化的现金流建模。在第一节中，我们将会重温资产证券化中现金流的流程和基本的计算公式以及在 Excel 工作表中的使用。这一节中的金融建模主要是以 Excel 公式为主，以 VBA 的循环计算功能为辅助的组合方法。而在第二节中，我们将以一个典型的住房抵押贷款证券化的案例展示如何用 VBA 完成所有计算，而 Excel 则是仅提供输入和输出平台的金融建模。由于现金流建模的复杂性，我们不可能在一个章节里把它讲清楚，也不可能在这里教大家如何使用 Excel 和 VBA 编程；但我们希望这一章能抛砖引玉，使读者对现金流建模有一个大体的了解，并通过参考其他专业书籍和不断的实践与尝试来真正掌握这门重要的技能。

第一节 资产证券化现金流模型基本知识

一、现金流建模的准备

（一）现金流建模常用的 Excel 设置和基本原则

在具体介绍用 Excel 和 VBA 进行建模前，我们有必要先介绍一下建模中常用的 Excel 设置和一些基本原则。

第一，为了满足资产证券化现金流的建模需要，Excel 附加程序中的几个可选加载项需要被激活，如分析工具（Analysis Toolpak）、VBA 功能（Analysis ToolPak-VBA）和求解程序（Solver Add-in）。这些工具在现金流建模和分析中都会被用到。

第二，前面提到，Excel 的数据处理和计算能力不是很强大，如果 Excel 工作表中有大量数据和公式应用，工作表的反应会由于不停地计算而放慢。为了加快模型速度，减少计算储存的浪费，用户一般需要关闭 Excel 的自动计算选项（Automatic Calculate）和保存前再计算选项（Recalculate before Save）。

第三，一个好的专业建模人员需要养成良好的建模习惯和风格。我们在此分享一些行业内普遍采用的 Excel 建模习惯和经验：

- 每个 Excel 文档，其中的每个文件和每段程序都要有明确的目的和范畴，按逻辑次序合理排列，并有统一的命名方式。
- 如果一个 Excel 文档中有多个工作页，第一个工作页一般设为封面页，对整个文档进行介绍和说明，操作复杂的还要辅以操作指导。
- Excel 中每个单元都有明确的类别：常数、公式、混合（常数和公式）和 VBA 指令（比如宏）；不同类别的单元里的内容要用不同的颜色来分别标注，比如：蓝色为常数、黑色为公式、绿色为混合型。
- 输入和输出都要有明确和统一的区域和工作页，避免散落各处。
- 输入中的事实数据和假设条件最好分开列示，以避免混淆。
- 要运用统一的颜色规定对 Excel 文本中的特殊单元、说明、区域、工作页等进行标注。
- 不同的公式要在 Excel 工作表的不同列中体现，同一列的公式要相同。
- 公式推进和数据流向尽量按从左到右的次序，避免跳跃和往复。
- 避免使用常数（除非是在指定的模型输入数据区）。
- 避免使用舍入和求整。
- 要设计验算和检查项以保证计算结果的合理，比如，现金流的进项总额要等于现金流的分配总额。
- 建模过程中要有详细记录并储存好旧版本。
- 每个模型都应该配有模型说明和使用说明。

图 11.2 和图 11.3 所示是一个简单的住房抵押贷款的合同现金流预测小模型的贷款信息输入区和现金流计算区的样本。

	A / B	C	D	F
5	I. Loan Data Inputs			
7	**Loan Option**	**Loan 1**	**Loan 2**	**Description**
8	Loan Type	1 Yr ARM	30 Yr Fixed	Loan types
9	Loan Amount	$ 360,000.00	$ 500,000.00	Loan amount borrowed
10	Maturity Term (month)	360	180	The length of the term, i.e. from origination to maturity
11	Amortization Term (month)	360	360	The amortization term used to calculate the monthly payment
12	IO Term (month)	12	12	Length of the interest only period if any
13	Check Term	Ok	Ok	Check User Input and pop up error message if "Error"
14	Loan Rate	3.000%	5.000%	Loan interest rate
15	Points Paid	0.000%	1.000%	The additional point paid to lower the interest rate
16	Origination Cost Paid	$600.00	$600.00	Origination cost, including refinance cost, to be paid to bank or broker
17	Rate Style	Variable	Fixed	Interest rate type, i.e. fixed rate or variable rate
18	Ajustable Rate	Yes	No	Internal Use
19	Index	3M LIBOR	Custom	The interest benchmark will be used to reset the interest rate
20	Index Number	2	11	Internal Use
21	Spread over Index	2.50%	0.00%	The spread that will be added to the index to come up with the interest rate
22	Reset Period (month)	3	-	The month when the rate will be first reset
23	Rate Cap	6.00%	0.00%	Maximun interest rate
24	Rate Floor	3.00%	0.00%	Minimun interest rate
25	Reset Frequency (month)	2	0	Frequency of rate adjustment
26	Initial Rate Adj Cap	0.10%	0.00%	Max rate change for first rate reset
27	Periodic Rate Adj Cap	0.20%	0.00%	Max rate change for subsequent rate reset

图 11.2　贷款信息输入区（要用不同的颜色标注）

Cashflow Calculations - Loan 1

	Month	Adjust Rate (0=N, 1=Y)	Index	IO Period	Remaining Amort Term	Principal	Rate	Interest Accrual	Interest Payment	Principal Payment	Total Cashflow
6	0					360,000.00					
7	1	0	2.56%	1	0	360,000.00	3.000%	900.00	900.00	-	900.00
8	2	0	2.64%	2	0	360,000.00	3.000%	900.00	900.00	-	900.00
9	3	0	2.59%	3	0	360,000.00	3.000%	900.00	900.00	-	900.00
10	4	1	2.60%	4	0	360,000.00	3.100%	930.00	930.00	-	930.00
11	5	0	2.64%	5	0	360,000.00	3.100%	930.00	930.00	-	930.00
12	6	1	2.56%	6	0	360,000.00	3.300%	990.00	990.00	-	990.00
13	7	0	2.63%	7	0	360,000.00	3.300%	990.00	990.00	-	990.00
14	8	1	2.71%	8	0	360,000.00	3.500%	1,050.00	1,050.00	-	1,050.00
15	9	0	2.62%	9	0	360,000.00	3.500%	1,050.00	1,050.00	-	1,050.00
16	10	1	2.65%	10	0	360,000.00	3.700%	1,110.00	1,110.00	-	1,110.00
17	11	0	2.70%	11	0	360,000.00	3.700%	1,110.00	1,110.00	-	1,110.00
18	12	1	2.62%	12	0	360,000.00	3.900%	1,170.00	1,170.00	-	1,170.00
19	13	0	2.65%	0	360	359,471.99	3.900%	1,170.00	1,170.00	528.01	1,698.01
20	14	1	2.72%	0	359	358,960.77	4.100%	1,228.20	1,228.20	511.23	1,739.42
21	15	0	2.65%	0	358	358,447.79	4.100%	1,226.45	1,226.45	512.98	1,739.42
22	16	1	2.74%	0	357	357,951.05	4.300%	1,284.44	1,284.44	496.74	1,781.18
23	17	0	2.75%	0	356	357,452.53	4.300%	1,282.66	1,282.66	498.52	1,781.18
24	18	1	2.67%	0	355	356,969.72	4.500%	1,340.45	1,340.45	482.81	1,823.25
25	19	0	2.73%	0	354	356,485.10	4.500%	1,338.64	1,338.64	484.62	1,823.25
26	20	1	2.83%	0	353	356,015.69	4.700%	1,396.23	1,396.23	469.41	1,865.64

图 11.3　现金流计算区（保持同一列中公式的一致性）

鉴于本章的演示图表和 VBA 语言中大都采用英文，我们先把一些常用的和现金流相关术语的中英文对照列示如表 11.1。

表 11.1 现金流模型相关术语中英文对照

英文	中文对照	英文	中文对照
Loan	贷款	Initial Rate Adj Cap	初始利率重设限制
Loan Type	贷款类型	Periodic Rate Adj Cap	利率重设限制
Loan Amount	贷款额度	Reinvestment Rate	再投资回报率
Principal Balance	本金余额	Reinvestment Rate Index	再投资利率指数
Principal	本金	Reinvestment Margin	再投资利差
Maturity Term (month)	贷款期限	Amortization	摊销/分期付款
Remaining Term	剩余贷款期限	Prepayment	提前偿付/预付
Amortization Term (month)	摊销期	Prepayment Rate	提前偿付率
Remaining Amortization Term	剩余摊销期	Prepayment Penalty	提前偿付罚款
IO Term (month)	仅付利息期	Default	违约
Remaining IO Term	剩余仅付利息期	Probability of Default	违约可能性(概率)
Loan Rate	贷款利率	Foreclosure	止赎
Interest	利息	Foreclosure Rate	止赎率
Points Paid	贷款点数	Loss	损失
Origination Cost Paid	贷款成本/费用	Loss Given Default	违约的损失率
Rate Style	利息类型	Recovery	损失回收
Adjustable Rate	可变利息	Recovery Rate	损失回收率
Fixed Rate	固定利息	Group	资产群
Index	利息指数	Repline	资产组合
Index Number	利息指数号	Servicing	服务
Spread over Index	利差	Servicing Fee	服务费
Reset Period (month)	利率重设期	Servicing Cost	服务成本
Rate Cap	最高利率	Trust Fee/Expense	信托费
Rate Floor	最低利率	Administration Fee	管理费
Reset Frequency (month)	利率重设周期		

（二）现金流建模常用的 Excel 公式

在用 Excel 进行现金流建模时，以下公式经常会被用到。请读者利用 Excel 的帮助功能或参考相关书籍来熟悉这些公式：

- 日期和时间相关的公式：
  EDATE，EOMONTH，DAYS360，DAY，MONTH，YEAR
- 数据参考的公式：
  VLOOKUP，OFFSET，MATCH，INDEX
- 文字处理的公式：
  TEXT，LEFT，RIGHT，CONCATINATE
- 关系转换的公式：
  IF，IFERROR
- 计算的公式：
  SUM，SUMIF，SUMPRODUCT，COUNT，COUNTIF，MAX，MIN，ROUND，ROUNDUP，ROUNDDOWN，PMT，PPMT，NPV，PV，IRR

（三）现金流建模的日期和时间

所谓的现金流预测不仅是一个数量问题，还是一个时间问题。现金流建模就是要对现金流在各个时段间或时点上的数量金额进行预测。日期和时点不但决定现金流的分配，而且也会直接影响现金流的数量计算，比如利息的计算。由于一般的贷款和证券都是按月或更长的时间区段来进行收付款的结算，所以资产证券化的现金流模型一般采用按月为单位的形式。

表 11.2 所示是一个简单的证券现金流预测，这也是所有现金流建模的最常用的表达方式——在现金流预测区的左首列示时间指数（一般按月）、相应的具体日期和不同时点间的长度（一般按天）。

表 11.2 证券现金流预测

期间	分配日	交易日	实际天数/360	30/360天	当前本金余额	利息总额	本金总额
0	08/15/13	08/15/13			1 000 000		
1	09/25/13	09/25/13	41	40	990 246	6 730	9 754
2	10/25/13	10/25/13	30	30	977 850	6 664	12 396
3	11/25/13	11/25/13	31	30	962 821	6 580	15 030
4	12/25/13	12/25/13	30	30	945 190	6 479	17 630
5	01/25/14	01/27/14	31	30	925 008	6 360	20 182
6	02/25/14	02/25/14	31	30	902 347	6 224	22 661
7	03/25/14	03/25/14	28	30	877 304	6 071	25 043
8	04/25/14	04/25/14	31	30	850 970	5 902	26 334
9	05/25/14	05/26/14	30	30	825 406	5 725	25 564
10	06/25/14	06/25/14	31	30	800 600	5 553	24 806
11	07/25/14	07/25/14	30	30	776 529	5 386	24 071
12	08/25/14	08/25/14	31	30	753 177	5 224	23 352
13	09/25/14	09/25/14	31	30	730 523	5 067	22 654
14	10/25/14	10/27/14	30	30	708 545	4 915	21 977
15	11/25/14	11/25/14	31	30	687 225	4 767	21 321
16	12/25/14	12/25/14	30	30	666 541	4 624	20 683
17	01/25/15	01/26/15	31	30	646 476	4 485	20 065
18	02/25/15	02/25/15	31	30	627 011	4 350	19 465
19	03/25/15	03/25/15	28	30	608 128	4 219	18 883
20	04/25/15	04/27/15	31	30	589 809	4 092	18 318
…	…	…	…	…	…	…	…

现金流模型的时间指数一般以交易的完成日（Closing Date）为起点（零点），以资产池中贷款期最长的贷款的最后还款日为终点（有时要加上损失处

理和回收期，所以一般假设最长为30年或50年，即360或600个月）。这个时间指数将会在基础资产现金流回收计算（比如贷款仅付利息期的结束）、证券现金流分配计算（比如证券摊销期的开始）和特殊事项激活机制计算（比如加速偿还期的开始）中被频繁用到。有时，由于贷款回收日和贷款付款日之间的差异，或者由于周末或假期而导致的工作日递延的原因，建模中还必须建立不同的日期系列来对应于同一时间指数。

在时间指数的起点和终点之间，除了第一个月，所有其他时间段都应该是一个整月。这里的第一个月是指交易的完成日到第一个证券付款日之间的时段，往往不满一个月。而“一个整月”在不同的计算中也往往不是正好一个月。资产证券化的现金流建模中会用到3种不同的方法来计算不同时点间的长度：（1）30/360：每年按360天算，每个月都是30天，不管实际天数是28、29、30或31；（2）实际/360：每年按360天算，但是不同日期间的天数按实际的天数计算；（3）实际/365：每年按365天算，不同日期间的天数按实际的天数计算。在计算贷款利息、证券利息、服务费、利息互换净额、利息封顶合同收入、保险收入等项目时，我们需要分析合同条款，采用最合理的日期计算方法。

二、资产证券化现金流模型

前面讲到，资产证券化现金流模型可以分成基础资产现金流模型（资产方模型）和证券现金流分配模型（负债方模型），每个分模型都有各自的模型输入和输出。

（一）基础资产现金流模型（资产方模型）

1. 基础资产现金流模型的输出项

基础资产现金流模型的输出是证券现金流分配模型最重要的输入，也决定了证券的现金流表现。资产证券化交易的发行文件中都会对基础资产的信息、特点和风险进行详细介绍。以住房抵押贷款证券化交易为例，交易的发行文件一般会对基础资产的重要信息进行详细披露，包括贷款类型（固定或浮动）、贷款面额、剩余贷款期、当前利率、地理位置、贷款和资产价值比例、抵押物的类别（比如独立别墅或联排）、贷款目的、入住情况（投资、自住、第二套）、贷款文件状况和贷款人信用评分等。实际的贷款发放和贷款签订中会含有更多的信息，但并非所有的信息都有价值。由于住房抵押贷款证券化交易的基础资产一般含数以千计或万计的贷款，以上披露一般按资产群组或组合进行，所以数据一般是加总或加权平均。这些所选的信息披露一般有助于投资人和评级机构了解基础资产的质量，也是进行现金流建模最重要的输入项。

资产证券化中的现金流主要来自基础资产的本金和利息的回收（合成交易的现金流会有所不同，本章不做介绍）。基础资产现金流模型的目的就是预测这些本金和利息的回收金额和时间。

2. 基础资产现金流模型的输入项

在建模中，我们一般把模型的输入项分为实际参数和假设条件，前者可以根据合同、现有信息或历史数据得出（比如贷款的面额和现行利息），而后者需要对将来的条件做出判断和假设（比如未来的基准利率变化和贷款违约率）。在形式上，这些输入项可以是一个静态的数值（Constant），也可能是一条动态的曲线（Curve）。

（1）模型的实际参数输入：

- 每个贷款或贷款组合的类型、金额、利息条款、偿还条款信息、处罚条款（提前偿付和违约）。
- 基础资产池的服务费。
- 第三方合同条款（担保和互换合同）。

（2）模型的假设条件输入：

- 基准利率曲线：对将来市场利息的假设，用于计算浮动利息贷款的利息现金流和互换合同的净现金流。由于不同的贷款可能会基于不同的基准利率，这个假设可能是一整套利率曲线，如不同年限的伦敦银行同业拆借（LIBOR）、高级客户利率（Prime）、国债利率（Treasury）。

- 提前偿付率曲线：对提前偿付率的假设，用以计算贷款将来提前偿付的数量和时间。
- 违约率曲线：对违约率的假设，用以计算贷款将来违约的数量和时间。
- 损失率参数或曲线：对净损失率的假设，用以计算贷款违约部分的最终损失比例。有时也用损失回收率来计算。
- 回收率参数或曲线：对损失回收率的假设，用以计算贷款损失的回收或补偿比例。

3. 基础资产的现金流计算

（1）单个资产（Loan Level）与代表组合资产（Representative Line or Pool Level）现金流计算。

对基础资产的现金流计算可以按照不同的层次来进行：

①对资产池中的每个资产的现金流进行计算（单个资产法）

②把资产池中的有类似特点的资产归结为资产组合来统一进行计算（代表组合资产法）。

如果资产的信息比较详尽，单个资产法比代表组合资产法的计算结果更精确，但是对信息和运算的要求较高。在代表组合资产法下，由于重要的贷款信息（比如利率、贷款期）都是按照简单的面额加权平均来计算，没有考虑到时间上的影响，所以在总的现金流上看可能比较接近，但在具体时点上的现金流计算结果可能有较大的偏差。

图 14.4 所示是四个贷款在这两种方法下计算结果的差异比较。

在以上例子中，由于这四个贷款的贷款期差异较大（最低 8，最高 18），所以在不同方法下的计算结果有明显的差异。如果贷款期比较接近或相同，计算结果的差异将会很小。所以，在使用代表组合资产法时，资产的分类和归集要尽可能考虑多种参数的共性，实现资产组合的合理细分。

在单个资产层面的信息不是很全面或者资产池中的资产数量很多的情况

	Balance	Coupon	Term	
1	125,000	5.900%	12	
2	141,900	6.599%	15	
3	108,345	4.229%	8	
4	267,314	9.786%	18	
RepLine	642,559	7.39%	14.0	***weighted by curbal (always)***

REPLINE

Gross Interest:	30,069
WAL:	0.63

Period		Balance	PandI	Interest	Principal
					642,559
0	$	642,559			
1	$	598,471	48,045	3,957	44,088
2	$	554,111	48,045	3,685	44,360
3	$	509,478	48,045	3,412	44,633
4	$	464,570	48,045	3,137	44,908
5	$	419,386	48,045	2,861	45,184
6	$	373,924	48,045	2,582	45,462
7	$	328,181	48,045	2,302	45,742
8	$	282,157	48,045	2,021	46,024
9	$	235,850	48,045	1,737	46,307
10	$	189,257	48,045	1,452	46,593
11	$	142,378	48,045	1,165	46,879
12	$	95,209	48,045	877	47,168
13	$	47,751	48,045	586	47,459
14	$	0	48,045	294	47,751
15					
16					
17					
18					

LOAN LEVEL

		Diff	
Gross Interest:	31,923	6.17%	
WAL:	0.66	-0.27	*MONTHS*

Period	Balance	PandI	Interest	Principal
				642,559
0	642,559			
1	596,095	50,421	3,957	46,464
2	549,371	50,421	3,697	46,724
3	502,386	50,421	3,435	46,986
4	455,137	50,421	3,172	47,249
5	407,623	50,421	2,907	47,514
6	359,843	50,421	2,641	47,780
7	311,795	50,421	2,372	48,048
8	263,478	50,421	2,103	48,318
9	228,647	36,662	1,831	34,830
10	193,592	36,662	1,607	35,055
11	158,311	36,662	1,380	35,281
12	122,802	36,662	1,153	35,509
13	97,816	25,909	924	24,986
14	72,652	25,909	746	25,164
15	47,310	25,909	566	25,343
16	31,668	16,028	386	15,642
17	15,898	16,028	258	15,769
18	0	16,028	130	15,898

图 11.4　单个资产法和代表组合资产法下的现金流比较

下，代表组合资产法常常是更实用的选择，对运算功能的要求也比较低。特别在当资产池是非确定或滚动的情况下，单个资产的信息无法获得或需要“猜测”，代表组合资产法是更合适的选择。图 11.5 是代表组合资产法选用房贷条件参数（如还款余额、利率、房贷服务费、剩余还款期、总还款期、一次性还款期、利率重设周期、预付罚款等）对抵押资产池资产进行分组的例子。

从现金流的建模来看，不管基础资产是以贷款或贷款组合形式，建模的方法和程序是一样的。

（2）法定现金流（Scheduled or Notional Cashflows）的计算。

法定现金流是按照贷款合同条款严格执行的现金流，不考虑提前偿付或违约。

①利息的计算。

利息的计算是比较直接的：当期利息计提 = 未违约本金额 × 利率 × 时间因子。如前所述，这个时间因子的计算可以有三种方法：30/360、实际/360 或实际/365。

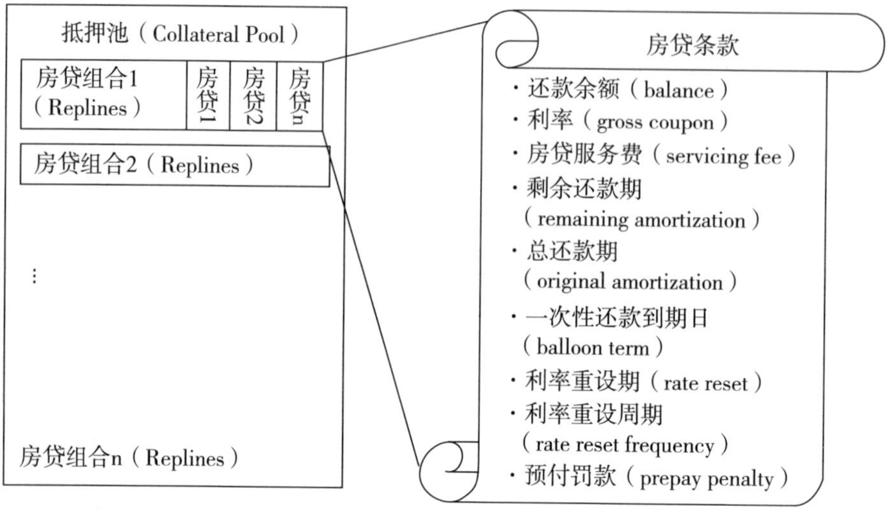

图 11.5　采用房贷参数对抵押池进行分组

但是，当贷款的利率为浮动利率时，利率的预测和计算就可能比较复杂。除了开始固定期的利率外，贷款的利率将会随着利率基准的变化而浮动，但又受到一定的利率约束，如利率重置的日期、重置的频率、最高利率、最低利率、起始最大变化值、重置最大变化值等。

图 11.6 是一个浮动利率贷款利率计算的例子（简化版）：贷款以 3 个月的 LIBOR 为基准（C16，I 列），利差为 2.50%（C18，Spread1），利率在第三个月重置（C19，ResetPd1），之后每两个月重置一次（C22，ResetFr1），最高利率为 6%（C20，RateCap1），最低利率为 3%（C21，RateFloor1），起始最大变化值为 0.5%（C23，iRateAdjCap1），重置最大变化值 1.0%（C24，pRateAdjCap1）。

上面例子中的基准利率（L 列，Index）一般是以 Offset（）公式、以基准利率名字（C16）和基准利率曲线指数（C17），从基准利率数据表的各个利率曲线（Index Curves）中提取。

②本金的计算。

在不同的偿还计划下，本金的偿付会有很大差别。本金还款计算中最主

M7

```
=IF(ifARM1="Yes",IF(G7<=ResetPd1,InitialRate1,IF(G7=ResetPd1+1,MAX(
RateFloor1,InitialRate1-iRateAdjCap1,MIN(RateCap1,I7+Spread1,
InitialRate1+iRateAdjCap1)),IF(H7=0,M6,MAX(RateFloor1,M6-
pRateAdjCap1,MIN(RateCap1,Spread1+I7,M6+pRateAdjCap1))))),
InitialRate1)
```

	B	C	G	H	I	L	M	N	O	P	Q
5	Loan Option	Loan 1	Month	Adjust Rate (0=N, 1=Y)	Index	Principal	Rate	Interest Accrual	Interest Payment	Principal Payment	Total Cashflow
6	Loan Type	1 Yr ARM	0			100,000					
7	Loan Amount	100000	1	0	2.00%	94,562	3.00%	250	250	5,438	5,688
8	Maturity Term (month)	18	2	0	2.00%	89,110	3.00%	236	236	5,452	5,688
9	Amortization Term (month)	18	3	0	3.00%	83,644	3.00%	223	223	5,466	5,688
10	IO Term (month)	0	4	1	4.00%	78,181	3.50%	244	244	5,463	5,707
11	Loan Rate	3.000%	5	0	3.00%	72,701	3.50%	228	228	5,479	5,707
12	Points Paid	0.000%	6	1	5.00%	67,234	4.50%	273	273	5,468	5,740
13	Origination Cost Paid	$600.00	7	0	7.00%	61,745	4.50%	252	252	5,488	5,740
14	Rate Style	Variable	8	1	6.00%	56,260	5.50%	283	283	5,486	5,769
15	Ajustable Rate	Yes	9	0	5.00%	50,749	5.50%	258	258	5,511	5,769
16	Index	3M LIBOR	10	1	4.00%	45,222	6.00%	254	254	5,527	5,781
17	Index Number	2	11	0	3.00%	39,667	6.00%	226	226	5,555	5,781
18	Spread over Index	2.50%	12	1	5.00%	34,085	6.00%	198	198	5,582	5,781
19	Reset Period (month)	3	13	0	6.00%	28,475	6.00%	170	170	5,610	5,781
20	Rate Cap	6.00%	14	1	5.00%	22,836	6.00%	142	142	5,638	5,781
21	Rate Floor	3.00%	15	0	5.00%	17,170	6.00%	114	114	5,666	5,781
22	Reset Frequency (month)	2	16	1	2.74%	11,472	5.24%	75	75	5,698	5,773
23	Initial Rate Adj Cap	0.50%	17	0	2.75%	5,748	5.24%	50	50	5,723	5,773
24	Periodic Rate Adj Cap	1.00%	18	1	2.67%	-	5.17%	25	25	5,748	5,773

图 11.6 浮动利率贷款的利率计算

要的是三个“期”：剩余贷款期（Remaining Term）、仅付利息期（IO Term）和分期偿付期（Amortization Term）。剩余贷款期决定最终偿还所有本金的时点，仅付利息期没有本金的偿还要求，分期偿付期决定在仅付利息期外分期付款的本金数额。具体的计算公式见以下例子中的公式栏。

传统的分期偿还贷款中一般没有仅付利息期，贷款期限和分期偿付期一般一样，所以不存在贷款终止日的气球型偿还。图 11.7 是一个贷款现金流例子——本金余额：100 000 美元，利率：固定 3.00%，剩余贷款期和剩余分期偿付期：18 个月。

如果贷款含有仅付利息期，在仅付利息期中没有本金的现金流。图 11.8

Q7 =IF(H7=LoanTerm1,M6,IF(L7=0,0,-PPMT(N7/12,1,L7,M6)))

	H	K	L	M	N	O	P	Q	R
4									
5	Month	IO Period	Remaining Amort Term	Principal	Rate	Interest Accrual	Interest Payment	Principal Payment	Total Cashflow
6	0			100,000.00					
7	1	0	18	94,561.57	3.00%	250.00	250.00	5,438.43	5,688.43
8	2	0	17	89,109.54	3.00%	236.40	236.40	5,452.03	5,688.43
9	3	0	16	83,643.88	3.00%	222.77	222.77	5,465.66	5,688.43
10	4	0	15	78,164.55	3.00%	209.11	209.11	5,479.32	5,688.43
11	5	0	14	72,671.53	3.00%	195.41	195.41	5,493.02	5,688.43
12	6	0	13	67,164.78	3.00%	181.68	181.68	5,506.75	5,688.43
13	7	0	12	61,644.26	3.00%	167.91	167.91	5,520.52	5,688.43
14	8	0	11	56,109.93	3.00%	154.11	154.11	5,534.32	5,688.43
15	9	0	10	50,561.77	3.00%	140.27	140.27	5,548.16	5,688.43
16	10	0	9	44,999.75	3.00%	126.40	126.40	5,562.03	5,688.43
17	11	0	8	39,423.81	3.00%	112.50	112.50	5,575.93	5,688.43
18	12	0	7	33,833.94	3.00%	98.56	98.56	5,589.87	5,688.43
19	13	0	6	28,230.09	3.00%	84.58	84.58	5,603.85	5,688.43
20	14	0	5	22,612.23	3.00%	70.58	70.58	5,617.86	5,688.43
21	15	0	4	16,980.33	3.00%	56.53	56.53	5,631.90	5,688.43
22	16	0	3	11,334.35	3.00%	42.45	42.45	5,645.98	5,688.43
23	17	0	2	5,674.25	3.00%	28.34	28.34	5,660.10	5,688.43
24	18	0	1	-	3.00%	14.19	14.19	5,674.25	5,688.43

图 11.7 水平摊销型贷款的现金流计算

是一个含有仅付利息期的贷款现金流例子——本金余额：100 000 美元，利率：固定 3.00%，剩余贷款期：18 个月，仅付利息期：6 个月，分期偿付期：12 个月。由于在仅付利息期结束时（即分期偿还期的开始）剩余贷款期和剩余分期偿还期一样，所以每期的现金流总和一样，没有气球型付款。

如果贷款含有仅付利息期，而且剩余仅付利息期和分期偿付期之和超过剩余贷款期，那么就会出现前期无本金付款，随后本金偿还逐渐增加，最后一次大额本金偿付的情况。图 11.9 是一个贷款现金流例子——本金余额：100 000 美元，利率：固定 3.00%，剩余贷款期：18 个月，仅付利息期：6 个月，分期偿付期：24 个月。

对于没有指定付款计划的基础资产（比如滚动型信用卡），以上计算并不适用。在实践中，这类资产的本金现金流往往根据当期的期初本金余额和一

Q13 =IF(H13=LoanTerm1,M12,IF(L13=0,0,-PPMT(N13/12,1,L13,M12)))

	H	K	L	M	N	O	P	Q	R
4									
5	Month	IO Period	Remaining Amort Term	Principal	Rate	Interest Accrual	Interest Payment	Principal Payment	Total Cashflow
6	0			100,000.00					
7	1	1	0	100,000.00	3.00%	250.00	250.00	-	250.00
8	2	2	0	100,000.00	3.00%	250.00	250.00	-	250.00
9	3	3	0	100,000.00	3.00%	250.00	250.00	-	250.00
10	4	4	0	100,000.00	3.00%	250.00	250.00	-	250.00
11	5	5	0	100,000.00	3.00%	250.00	250.00	-	250.00
12	6	6	0	100,000.00	3.00%	250.00	250.00	-	250.00
13	7	0	12	91,780.63	3.00%	250.00	250.00	8,219.37	8,469.37
14	8	0	11	83,540.71	3.00%	229.45	229.45	8,239.92	8,469.37
15	9	0	10	75,280.19	3.00%	208.85	208.85	8,260.52	8,469.37
16	10	0	9	66,999.02	3.00%	188.20	188.20	8,281.17	8,469.37
17	11	0	8	58,697.15	3.00%	167.50	167.50	8,301.87	8,469.37
18	12	0	7	50,374.53	3.00%	146.74	146.74	8,322.63	8,469.37
19	13	0	6	42,031.09	3.00%	125.94	125.94	8,343.43	8,469.37
20	14	0	5	33,666.80	3.00%	105.08	105.08	8,364.29	8,469.37
21	15	0	4	25,281.60	3.00%	84.17	84.17	8,385.20	8,469.37
22	16	0	3	16,875.43	3.00%	63.20	63.20	8,406.17	8,469.37
23	17	0	2	8,448.25	3.00%	42.19	42.19	8,427.18	8,469.37
24	18	0	1	-	3.00%	21.12	21.12	8,448.25	8,469.37

图 11.8 含仅付利息期的贷款现金流计算

个付款率（Payment Rate）或付款曲线（Payment Curve）来计算，而且本金没有合同本金和提前偿付之分。

（3）提前偿付的计算。

除了按计划的本金付款，现实生活中借款人常常会提前偿付（Prepayments）贷款。这种提前偿付可能是全额偿还（Complete Payoff）或部分提前偿付（Partial Prepayment or Curtailment）。提前偿付的原因多种多样，包括重新融资、出售抵押资产、有额外盈余等。

基础资产的提前偿付可以由几种不同的方式来表达和计算，包括：SMM、CPR、PSA 和 ABS。

①单月消亡率（Single Monthly Mortality，简称 SMM）。SMM 是最基本的提前偿付的速度衡量指标。在基础资产的提前偿付计算中，尽管各类资产所

Q24 =IF(H24=LoanTerm1,M23,IF(L24=0,0,-PPMT(N24/12,1,L24,M23)))

	H	K	L	M	N	O	P	Q	R
4									
5	Month	IO Period	Remaining Amort Term	Principal	Rate	Interest Accrual	Interest Payment	Principal Payment	Total Cashflow
6	0			100,000.00					
7	1	1	0	100,000.00	3.00%	250.00	250.00	-	250.00
8	2	2	0	100,000.00	3.00%	250.00	250.00	-	250.00
9	3	3	0	100,000.00	3.00%	250.00	250.00	-	250.00
10	4	4	0	100,000.00	3.00%	250.00	250.00	-	250.00
11	5	5	0	100,000.00	3.00%	250.00	250.00	-	250.00
12	6	6	0	100,000.00	3.00%	250.00	250.00	-	250.00
13	7	0	24	95,951.88	3.00%	250.00	250.00	4,048.12	4,298.12
14	8	0	23	91,893.64	3.00%	239.88	239.88	4,058.24	4,298.12
15	9	0	22	87,825.25	3.00%	229.73	229.73	4,068.39	4,298.12
16	10	0	21	83,746.69	3.00%	219.56	219.56	4,078.56	4,298.12
17	11	0	20	79,657.94	3.00%	209.37	209.37	4,088.75	4,298.12
18	12	0	19	75,558.96	3.00%	199.14	199.14	4,098.98	4,298.12
19	13	0	18	71,449.74	3.00%	188.90	188.90	4,109.22	4,298.12
20	14	0	17	67,330.24	3.00%	178.62	178.62	4,119.50	4,298.12
21	15	0	16	63,200.45	3.00%	168.33	168.33	4,129.80	4,298.12
22	16	0	15	59,060.32	3.00%	158.00	158.00	4,140.12	4,298.12
23	17	0	14	54,909.85	3.00%	147.65	147.65	4,150.47	4,298.12
24	18	0	13	-	3.00%	137.27	137.27	54,909.85	55,047.13

图 11.9　贷款含仅付利息期且剩余仅付利息期和分期偿付期之和超过剩余贷款期的现金流

使用的“提前偿付率”有不同的形式（比如住房抵押贷款用 CPR，而汽车抵押贷款用 ABS），但是在建模中通用的做法是把提前偿付率转化为 SMM 来计算提前偿付的金额。

在计算历史提前偿付率时，SMM = 该月的提前偿付额 /（该月月初的本金余额 - 该月的计划本金偿付额）。

在利用 SMM 进行预测时，该月的提前偿付额 = SMM ×（该月月初的本金余额 - 该月的计划本金偿付额）。

②条件提前偿付率（Conditional Prepayment Rate，简称 CPR）。在表达住房抵押贷款或其他长期资产的提前偿付速度时，行业内常常用 CPR 这个年化的比率。CPR 和 SMM 之间的转化公式如下：

$$CPR = 1 - (1 - SMM)^{12} \text{或者} SMM = 1 - (1 - CPR)^{1/12}$$

③公共证券协会标准速度（Public Securities Association，简称 PSA）。在住房抵押贷款领域，由于贷款提前偿付的历史数据非常充足，美国的公共证券协会提出这一标准化的提前偿付速度衡量方法。根据历史数据分析，住房抵押贷款的提前偿付率在时间上呈现一定的规律：在贷款的初始阶段，提前偿付率比较低，但随着时间的流逝，提前偿付率会逐渐增长，并在某一时点（已摊还期限）达到稳定状态，之后比较平稳。相应地，美国的公共证券协会提出了一套形状一致的提前偿付曲线（CPR Curves），并按一定比例的 PSA 命名。这些曲线中有一个基准提前偿付曲线（100% PSA），该基准的第 1 个月的 CPR 为 0.2%，之后每个月的 CPR 以 0.2% 递增，在第 30 个月达到 6.0%，之后的 CPR 一直保持在 6.0%。其他 PSA 曲线都以一定比例的 PSA 命名，相应的曲线的起始 CPR 和递增过程中的每月增值就是该比例乘以 0.2%，并和基准 PSA 一样，在第 30 个月达到稳态并保持在该水平。图 11.10 是不同 PSA 下的 CPR 曲线。

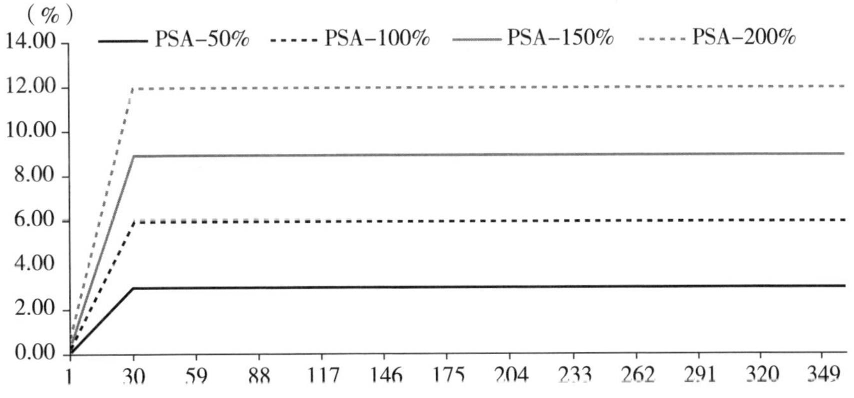

图 11.10 不同 PSA 下的 CPR 曲线

④绝对提前偿付速度（Absolute Prepayment Speed，简称 ABS）。对于短期的资产如汽车贷款，ABS 是更加常用的提前偿付率衡量标准。由于该类贷款的期限比较短，提前偿付往往会在很短的时间内迅速增加。ABS 和 SMM 之间

的转化公式如下：

ABS = SMM/［1 + SMM ×（n - 1）］或者 SMM = ABS/［1 - ABS ×（n - 1）］

其中，n 为该贷款从发放到目标时点间的月份数。

图 11.11 是不同 ABS 下的 SMM 曲线。

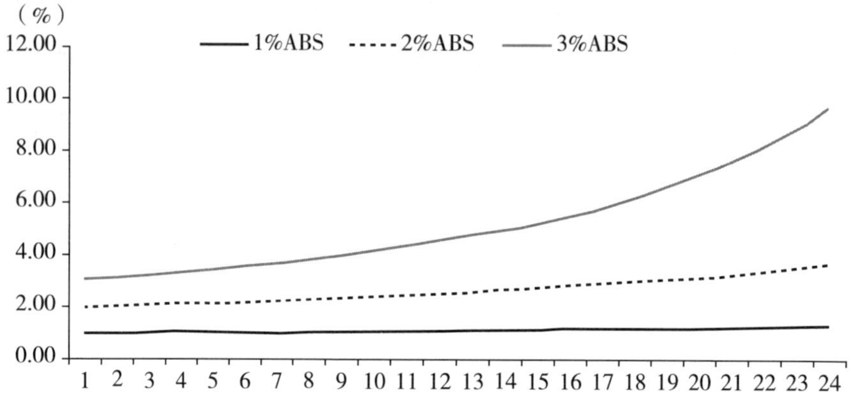

图 11.11　不同 ABS 下的 SMM 曲线

在资产证券化的发行文件中一般都会披露在不同提前偿付率情境下证券本金的降低速度（偿付速度）。表 11.3 是一个典型的汽车贷款证券化交易的优先级证券在不同 ABS 下的本金降低速度和相关指标的对比。

表 11.3　不同 ABS 下优先级证券的本金偿还速度

ABS 偿还速度	0.50%	1.00%	1.30%	1.50%	1.70%	2.00%
WAL（年）	0.46	0.37	0.34	0.31	0.29	0.27
MDUR（年）	0.44	0.36	0.33	0.31	0.29	0.26
投资期（月）	1 - 11	1 - 9	1 - 8	1 - 8	1 - 7	1 - 7
0	100.00%	100.00%	100.00%	100.00%	100.00%	100.00%
1	90.42%	88.10%	86.64%	85.65%	84.63%	83.05%
2	80.89%	76.32%	73.46%	71.50%	69.49%	66.40%

（续表）

ABS 偿还速度	0.50%	1.00%	1.30%	1.50%	1.70%	2.00%
3	71.39%	64.65%	60.44%	57.55%	54.60%	50.04%
4	61.92%	53.11%	47.59%	43.81%	39.94%	33.97%
5	52.50%	41.69%	34.92%	30.28%	25.53%	18.21%
6	43.12%	30.39%	22.42%	16.95%	11.37%	2.75%
7	33.77%	19.21%	10.09%	3.84%	0.00%	0.00%
8	24.47%	8.16%	0.00%	0.00%	0.00%	0.00%
9	15.21%	0.00%	0.00%	0.00%	0.00%	0.00%
10	5.98%	0.00%	0.00%	0.00%	0.00%	0.00%
11	0.00%	0.00%	0.00%	0.00%	0.00%	0.00%

（4）违约和损失的计算。

一个贷款的损失过程往往会经历一个从迟付/过期（Delinquency）到违约（Default）到损失/减值（Loss）到最后的损失回收（Recovery）的过程。损失的预测方法多种多样，不同类型的贷款往往采用不同的计算方法。损失的计算不仅包含损失的数量，还有对损失时间上的分布。在结构金融建模中，一般有两种基本的违约或损失计算方式：初始本金额法和当期本金法。

①在初始本金额法中，违约或损失的金额是根据贷款的初始本金额计算并按照一条时间分配曲线在各个时间段内进行分配的：

目标月份的违约或损失 = 初始本金额 ×
总的违约/损失比例 × 目标月份的分配额

这个方法一般适用于那些有足够的基于贷款初始金额的损失历史数据和损失回收数据的贷款类型。

总的违约率一般由累计违约率（Cumulative Default Rate，简称 CDR）或者违约概率（Probability of Default，简称 PD）来表示。总的净损失可能有几种不同的表达方式，但原理是一样的：累计违约率（CDR）乘以损失严重度

（Loss Severity），违约概率（PD）乘以违约损失率（Loss Given Default，简称LGD），或者违约率（CDR）减去损失回收率（Recovery）。

图 11. 12 是一个初始本金额法的计算例子：贷款初始金额为 100 000 美元，预期总违约率为 10%（单元 L2），损失回收率为 35%（单元 L3），损失分配时间曲线（按月）为第 M 列。为了简化说明，我们假设损失回收在损失的当期就可以实现。在实际的建模中，我们还必须根据情况加入一定的时间间隔。

S7 =N6*L2*M7

Lifetime Default	10%
Recovery Rate	35%

Month	IO Period	Remaining Amort Term	Loss Timing Curve	Principal	Interest Payment	Principal Payment	Default	Recovery	Total Cashflow
0				100,000					
1	0	18	2.2%	94,342	250	5,438	220	77	5,765
2	0	17	2.7%	88,632	236	5,439	270	95	5,770
3	0	16	3.2%	82,876	222	5,436	320	112	5,770
4	0	15	4.7%	76,977	207	5,429	470	165	5,801
5	0	14	6.2%	70,947	192	5,410	620	217	5,819
6	0	13	7.7%	64,801	177	5,376	770	270	5,823
7	0	12	8.0%	58,675	162	5,326	800	280	5,768
8	0	11	9.5%	52,457	147	5,268	950	333	5,747
9	0	10	10.0%	46,270	131	5,187	1,000	350	5,668
10	0	9	9.5%	40,230	116	5,090	950	333	5,538
11	0	8	8.0%	34,445	101	4,985	800	280	5,366
12	0	7	7.3%	28,831	86	4,884	730	256	5,226
13	0	6	6.0%	23,456	72	4,775	600	210	5,057
14	0	5	5.0%	18,288	59	4,668	500	175	4,901
15	0	4	4.0%	13,333	46	4,555	400	140	4,741
16	0	3	3.0%	8,600	33	4,433	300	105	4,572
17	0	2	2.0%	4,105	21	4,295	200	70	4,386
18	0	1	1.0%	0	10	4,005	100	35	4,051

图 11. 12　初始本金额法计算违约现金

②在当期本金法中，违约或损失的金额是根据贷款的当期本金起始额和当期损失率计算所得，即：

$$目标期间的违约/损失=当期起始本金额\times当期违约/损失率$$

基础资产的违约率可以由几种不同的方式来表达和计算，包括：MDR、ADR 和 SDA。每月违约率 MDR 是最基本的违约速度衡量指标。在基础资产的违约计算中，尽管各类资产所使用的“违约率”有不同的形式，但是在建模中通用的做法是把违约率转化为 MDR 来计算违约的金额。

在利用 MDR 进行预测时：

$$目标月的违约额=MDR\times（该月月初的本金余额-该月的计划本金偿付额）$$

在表达住房抵押贷款或其他长期资产的违约速度时，行业内常常用每年违约率 ADR 这个年化的比率。ADR 和 MDR 之间的转化公式如下：

$$ADR=1-(1-MDR)^{12}或者MDR=1-(1-ADR)^{1/12}$$

在住房抵押贷款领域，由于贷款违约和损失的历史数据非常充足，美国的公共证券协会提出了一个标准化的衡量违约的方法——标准违约假设（Standard Default Assumption，简称 SDA）。和提前偿付率一样，住房抵押贷款的违约率在时间上也呈现一定的规律：在贷款的初始阶段，违约率比较低，但随着时间的流逝，违约率会逐渐增长，并在某段时间段（已摊还期限）达到顶峰状态，之后迅速回落到一个稳定的状态。相应地，美国的公共证券协会提出了一套形状一致的 SDA 曲线（SDA Curves），并按一定比例的 SDA 命名。这些曲线中有一个基准 SDA 曲线（100% SDA），该基准的第 1 个月的 ADR 为 0.02%，之后每个月的 ADR 以 0.02% 递增，在第 30 个月达到顶峰 ADR 0.60%，该 ADR 水平在之后 30 个月里保持不变，在第 61 个月到 120 个月之间，ADR 将以每月 0.0095% 的速度降低，直到在第 120 个月时达到稳定状态的 0.03%。其他 SDA 曲线都以一定比例的 SDA 命名，相应曲线的起始 ADR 和递增或递减过程中的每月变化值就是该比例乘以 100% SDA 中的值。图 11.13 是不同 SDA 比例下的 ADR 曲线。

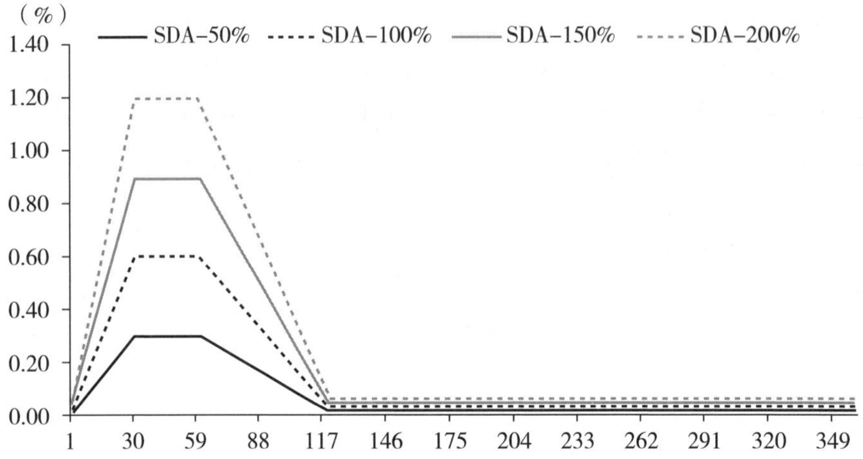

图 11.13　不同 SDA 比例下的 ADR 曲线

（5）其他基础资产的现金流处理。

在建立基础资产现金流模型的时候，除了对贷款本金和利息的计算，我们还必须考虑基础资产的一些特点并对相关的现金流进行处理。

①预先融资（Prefunding）。

在资产证券化中，预先融资是指在交易发行时一部分证券销售所得的资金还没有全部用于购买资产，而是先存入一个指定的账户用于在交易后的一段时间内继续购买基础资产。这种情况在 RMBS 和 CMBS 中很普遍。在有预先融资的情况下，资产池是贷款和现金的组合，而且这个组合会在一段时间内不断变化。在现金流的计算中，我们需要对预先融资这块资金在使用前的投资回报率、购买资产的速度和将来所购买资产的特点进行假设。

图 11.4 是一个预先融资资产的现金流计算例子，该例子中假设预先融资账户中的资金将在两个月内购得目标贷款，这些贷款在第 3 个月开始摊销。

如果交易中有预先融资，而且预先融资账户中的资金在指定期间内没有用完，那么这部分资金就会用来偿付证券，从而加速证券的偿付。但在一般的交易中，我们会假设发起人能够使用完预先融资。

	A	B	C	D	E	F	G	H	I
1	Collateral Input			Period	Season	Ending Balance	Vector	Prepay Curve	Default Curve
2	Scenario	5		0	0	-	100.00%		
3	Rep Line	1		1	1	-	100.00%	0.00%	0.00%
4	Group Number	1		2	2	6,039,151	100.00%	0.00%	0.00%
5	Principal Balance	6,039,151		3	3	6,006,067	99.45%	6.00%	0.00%
6	Original Amort Term	120		4	4	5,972,751	98.90%	8.00%	0.00%
7	Remaining Term to Maturity	118		5	5	5,939,202	98.34%	10.00%	0.00%
8	Season (Age)	2		6	6	5,905,418	97.79%	12.00%	0.00%
9	Prefunding Delay	2		7	7	5,871,397	97.22%	14.00%	0.00%
10	IO Period	-		8	8	5,837,138	96.65%	16.00%	0.00%
11	Net IO Period	0		9	9	5,802,639	96.08%	18.00%	0.01%
12	Prepayment Curve	1		10	10	5,767,899	95.51%	20.00%	0.01%
13	Default Curve	1		11	11	5,732,916	94.93%	20.00%	0.03%
14	Default Lag	-		12	12	5,697,687	94.35%	20.00%	0.05%
15	Loss Severity	50.000%		13	13	5,662,212	93.76%	20.00%	0.07%
16	Advance P&I?	Yes		14	14	5,626,488	93.17%	20.00%	0.10%
17	Cumulative Loss Target	2.250%		15	15	5,590,515	92.57%	20.00%	0.13%
18	Cumulative Def Tgt	2.250%		16	16	5,554,289	91.97%	20.00%	0.17%
19				17	17	5,517,810	91.37%	20.00%	0.26%
20				18	18	5,481,075	90.76%	20.00%	0.40%
21				19	19	5,444,083	90.15%	20.00%	0.61%
22				20	20	5,406,832	89.53%	20.00%	0.87%

图 11.14 预先融资资产的现金流计算

②提前偿付罚金（Prepayment Penalty）。

如果基础资产中的贷款有提前偿付罚金条款，基础资产的现金流中还要包括和提前偿付相对应的罚金。提前偿付罚金的罚金可以是一个固定的值、一个固定的比例或一条按贷款时间变动的比例曲线，其中最常用的是按时间变动的比例。表 11.4 是几个个人住房贷款的提前偿付罚金按时间变动的比例样本。

表 11.4 个人住房贷款提前偿付罚金按时间变动的比例样本

罚金规则 1		罚金规则 2		罚金规则 3	
月份	罚金率	月份	罚金率	月份	罚金率
1	2.00%	1	5.00%	1	5.00%
13	2.00%	13	5.00%	13	4.00%
25	2.00%	25	5.00%	25	3.00%
37	2.00%	37	5.00%	37	2.00%
49	2.00%	49	0.00%	49	1.00%
61	2.00%	61	0.00%	61	0.00%
73	2.00%	73	0.00%	73	0.00%
85	0.00%	85	0.00%	85	0.00%

在计算时：

$$提前偿付罚金=提前偿付额\times罚金率$$

③担保或其他第三方增信。

如果交易中涉及担保或其他第三方提供的增信条款，除了资产池本身产生的现金流之外，模型还必须计算这些第三方在合同所规定特定情况下所提供的现金流。值得注意的是，在这些现金流的计算中运用的假设必须和基础资产的现金流运用的假设一致。

④垫付（Advance）。

如果交易中的某一方，如资产的服务商或管理人，在一定的情况下有义务对交易中的暂时现金流短缺进行垫资，模型还要计算该交易方在这些情况下所提供的现金流和这些垫资的偿还。

⑤回购（Buyback Cleanup Calls）。

资产证券化交易中一般都有资产的回购条款，比如住房抵押贷款证券化中典型的清理回购（Cleanup Calls）——当基础资产的余额降到低于交易发行时的10%时，服务商有权以票面值回购所有资产。在有些CDO和CLO交易中，资产管理人或股权投资者有权回购基础资产来提前偿付证券。在现金流的建模中，我们需要对回购的可能性进行估计并相应地计算由于回购产生的“非正常”现金流。

⑥资产现金流的归集、分类和分群（Group）。

在完成对每一个贷款或贷款组合的现金流的计算之后，我们必须把基础资产池中的所有贷款的现金流和第三方提供的现金流按照日期进行归集，以供证券的现金流分配模型使用。为了给负债方的现金流分配提供足够的信息，在现金流建模中，我们还需要把基础资产每期的现金流进行分类、分组和分群。

虽然现金就是现金，不管是利息还是本金，在实质上是一样的，没有好坏之分；但是，在证券的现金流分配中，不同来源的现金会有不同的处理方式，所以我们需要对基础资产的现金流进行分类。现金流的分类就是把现金流的信息归集为利息、费用、合同预期本金、本金预付/提前偿付、违约、损失和损失回收等各项。违约和损失虽然不是纯现金流信息（不产生现金），但是可能会用于某些证券现金流的触发机制的计算，所以也需要把这些信息作为现金流的附属部分进行跟踪和汇总。

在有些交易中，资产池中的资产可能会被分为不同的群组以支持不同的资产。在这种情况下，我们在现金流建模中必须把各个贷款或贷款组合的现金流按照交易的规定归集到不同的群组。图 11.15 是一个现金流分群组归集的例子。

	A	B	C	D	E	F	G	H	I
1		Group 1				Group 2			
2	Period	Balance	Principal	Interest	PP Penalty	Balance	Principal	Interest	PP Penalty
3	0	272,000,000				528,000,000			
4	1	270,970,135	1,029,865	1,755,532	20,102	525,955,365	2,044,635	3,471,673	40,511
5	2	269,308,912	1,661,223	1,748,953	33,978	522,735,246	3,220,119	3,457,959	68,544
6	3	267,148,637	2,160,275	1,738,257	45,368	518,558,339	4,176,907	3,436,451	92,434
7	4	264,489,676	2,658,961	1,724,338	56,754	513,425,098	5,133,241	3,408,645	116,336
8	5	261,336,531	3,153,145	1,707,199	68,047	507,341,199	6,083,899	3,375,072	140,124
9	6	257,694,756	3,641,775	1,686,866	79,219	500,317,441	7,023,758	3,334,697	163,667
10	7	253,572,882	4,121,874	1,664,282	90,203	492,363,723	7,953,718	3,290,063	186,566
11	8	248,982,106	4,590,776	1,637,837	100,934	483,508,725	8,854,998	3,238,689	209,269
12	9	243,938,514	5,043,592	1,608,197	111,279	473,780,705	9,728,020	3,180,007	231,276
13	10	238,474,817	5,463,698	1,575,631	120,920	463,252,261	10,528,444	3,115,581	251,680
14	11	232,736,990	5,737,827	1,540,353	127,428	452,245,405	11,006,855	3,045,868	262,572
15	12	226,805,155	5,931,835	1,503,121	131,679	440,946,923	11,298,483	2,971,293	267,331
16	13	220,959,209	5,845,946	1,464,766	119,817	429,820,667	11,126,256	2,895,935	240,261
17	14	215,269,072	5,690,137	1,427,030	114,089	418,987,098	10,833,569	2,822,094	226,656
18	15	209,730,466	5,538,606	1,390,245	110,962	408,438,129	10,548,969	2,750,143	220,875
19	16	204,339,238	5,391,227	1,354,440	107,020	[illegible]	10,272,528	2,680,108	[illegible]
20	17	199,091,352	5,247,886	1,319,589	104,969	388,161,930	10,003,671	2,611,916	209,740
21	18	193,982,894	5,108,458	1,285,741	102,097	378,419,769	9,742,161	2,545,532	204,396
22	19	189,010,048	4,972,846	1,252,916	99,306	368,932,055	9,487,714	2,481,431	199,195
23	20	184,169,110	4,840,938	1,220,879	96,495	359,691,541	9,240,514	2,419,009	194,201

图 11.15　资产池现金流分群组归集举例

（二）证券现金流分配模型（负债方模型）

证券现金流分配模型就是把基础资产现金流模型计算出来的现金流按照一定的次序分配给各个“债主”，即证券、股权和相关交易费用。和基础资产现金流模型相比，证券的现金流分配模型会因为不同的证券交易结构而变化，所以需要更多的弹性。

在资产证券化交易的负债方，每一个“债主”在一定的日期都有按合同计划的现金流（“计划现金流”或“目标现金流”），如服务商的服务费、证券的利息和本金应付款。但是，一个债主的计划现金流是否可以得到偿付和如何得到偿付取决于基础资产的现金流数量和时间、交易的证券结构和其他高级债主的分配情况。所以，在证券的现金流分配的建模中需要计算两个不同的现金流项目：计划现金流和实际现金流。其中，计划现金流是目标，而实际现金流为现实。对特定的债主，在资产现金流充沛的情况下，实际现金流等于计划现金流；而在现金流短缺时，实际现金流就会小于计划现金流。

和基础资产现金流建模一样，证券的现金流分配模型在 Excel 中也会按照一个二维的结构来表达现金流在次序上和时间上的分配。在次序上，同一日期中不同的现金流项目（如费用、利息、不同级别的本金和股权利差）一般按从左到右的次序依次分配；而在时间上，现金流的分配也一般按月从上到下进行。证券的现金流分配模型和基础资产现金流模型一般使用同一个月份轴，但在具体的付款时间上（资产的收款日和负债的付款日）可以按照交易的实际情况有一定的延迟。

1. 现金流瀑布的结构

由于受到基础资产现金流的限制，证券现金流的分配在有些情况下不可能按“需”分配，而是必须按照实际的现金流存量按优先次序对各个证券进行分配，即优先满足高级别的需求，低级别的需求只有在高级别的需求得到满足后才可以得到满足。值得注意的是，这里所说的高级别需求不一定是高级别的证券的需求，而是按照合同规定所排列的有优先权的现金流分配项目。

总的来说，资产证券化的负债方现金流的瀑布结构有三种：“I”结构、“Y”结构和“H”结构。

(1)“I”结构。

“I”结构是“一条大瀑布”的结构，这条瀑布中的水流按阶梯依次流下，是最简单直接的现金流分配结构。在“I”结构中，现金流一般按照证券的优先级次序依次分配，优先级证券最先获得所需的现金流，然后是次优级证券、次级证券和股权证券。图 11.16 是一个“I”结构住房抵押贷款的证券化交易：一个资产池支持 10 个证券和净息差证券（Net Interest Margin Securities，简称

NIMS）和 OTE（Owner's Trust Equity）。所有证券的利息都是浮动利率。以利息现金流的分配为例，如果现金流足够，那么每个证券的利息都会得到偿付，但是，当现金流不足时，那么 A1 的利息将首先得到偿付，如果还有现金流剩余，A2 的利息才可以得到分配，依次类推。本金的偿付也是同样的道理。

划分	级别	信贷评级	占比	利率
A1	Senior	AAA	55%	1mL+30bp
A2	Senior	AAA	15%	1mL+35bp
A3	Senior	AAA	10%	1mL+38bp
M1	Mezzanine	AA	7%	1mL+68bp
M2	Mezzanine	A	5%	1mL+100bp
M3	Mezzanine	A-	2%	1mL+288bp
B	Sub	BBB+	1%	1mL+309bp
N1	NIM	BBB	5%	6%
OTE	OTE	BBB-	NA	15%

图 11.16　“I”结构住房抵押贷款的证券化交易

“I”结构是最流行和易懂的结构，在汽车贷款和学生贷款等证券结构比较直接的证券化交易中普遍使用。

（2）“Y”结构。

“Y”结构是“两条小瀑布汇成一条大瀑布”的结构，这两条小瀑布的流水在高处各自为政，按各自的次序往下流，但在瀑布中低部汇合，然后按阶梯依次流下。这两条小瀑布的“水”可能来自基础资产池中不同群组的资产，或是按照一定的比例分配所得。在“Y”结构中，不同群组的现金流在高级证券的现金流分配中分开处理，在群组内按照证券的优先级次序依次分配或按比例分配，但是在一个群组的现金流不足时，其他群组多余的现金流可以用来支持该群组。而在低级证券的现金流分配中，不同群组的现金流汇合并在一起处理，没有群组之别。“Y”结构在多组的住房贷款证券化中较常见。

图 11.17 是全国财务公司（Countrywide Financial）于 2007 年发行的一笔住房抵押贷款证券化交易（CWABS 2007－11，我们会在下一节进行详细介绍）的结构。

划分	级别	信贷评级	利率
1A1	Senior	AAA	1mL+17 bps
1A2	Senior	AAA	1mL+27 bps
2A1	Senior	AAA	1mL+6 bps
2A2	Senior	AAA	1mL+13 bps
2A3	Senior	AAA	1mL+18 bps
2A4	Senior	AAA	1mL+25 bps
1M1	Mezz	AA+	1mL+26 bps
2M1	Mezz	AA+	1mL+26 bps
1M2	Mezz	AA	1mL+27 bps
2M2	Mezz	AA	1mL+27 bps
1M3	Mezz	AA–	1mL+29 bps
2M3	Mezz	AA–	1mL+29 bps
M4	Mezz	A+	1mL+38 bps
M5	Mezz	A	1mL+50 bps
M6	Mezz	A–	1mL+80 bps
M7	Mezz	BBB+	1mL+155 bps
M8	Mezz	BBB	1mL+235 bps
M9	Mezz	BBB–	1mL+235 bps
B	Sub	BB+	700 bps

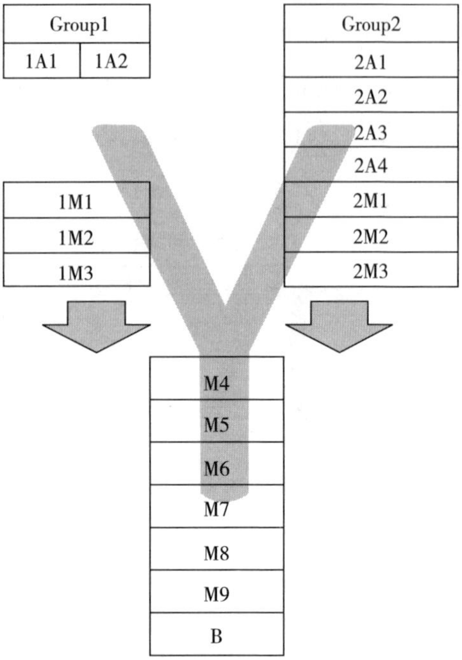

图 11.17 “Y”结构住房抵押贷款的证券化交易

(3)“H”结构。

“H”结构是“两条小瀑布”的结构，这两条小瀑布从上到下各自为政，按各自的次序往下流，但偶尔会在瀑布流的过程中相互补给。和“Y”结构类似，这两条小瀑布的“水”来自基础资产池中不同群组的资产，或是资产池的一定比例。和“Y”结构不同的是，不同群组的现金流在分配中从高级到低级证券都保持独立，虽然不同群组的现金流在一定的条件下可以用来互相支持，但并没有在低级证券的现金流分配中合并处理。“H”结构在人住房抵押贷款证券化交易中使用过，也常出现在统合信托发行多系列证券的交易中，比如信用卡应收款的证券化交易。

2. 证券现金流分配模型的输入项

在证券现金流分配的建模中，我们一般把模型的输入项分为事实数据和假设条件，前者可以根据证券发行合同/协议条款得出（比如证券的面额、利息、分配次序），而后者需要对将来的条件做出判断和假设（比如未来的基准利率变化和贷款违约率）。在形式上，这些假设输入项可以是一个静态的数值，也可能一条动态的曲线。

图 11. 18 是一个住房抵押贷款证券化的负债方数据输入项，图 10. 19 是基准利率曲线输入项的例子。

Class Number	Bond	Payment Method	Tranche	Balance	Coupon	Bond Margin	Day Count	FP Days (Actual=0)	AI Days (Def=14)	Index (0=Fixed)
1	A1	1	Senior-G1	507,895,000	0.000%	0.550%	Act / 360	0	0	1
2	A2	1	Senior-G1	159,602,000	6.274%	0.750%	Act / 360	0	0	1
3	A3	1	Senior-G1	203,630,000	6.500%	0.000%	30 / 360	30	14	0
4	A4	1	Senior-G1	56,607,000	6.500%	0.000%	30 / 360	30	14	0
5	A5	1	Senior-G1	84,911,000	6.500%	0.000%	30 / 360	30	14	0
6	A6	NAS	NAS-G1	157,243,000	6.500%	0.000%	30 / 360	30	14	0
7	M-1	1	Mezzanine	55,035,000	6.500%	0.000%	30 / 360	30	14	0
8	M-2	1	Mezzanine	44,028,000	6.500%	0.000%	30 / 360	30	14	0
9	M-3	1	Mezzanine	20,442,000	6.500%	0.000%	30 / 360	30	14	0
10	M-4	1	Mezzanine	24,373,000	6.500%	0.000%	30 / 360	30	14	0
11	M-5	1	Mezzanine	22,014,000	6.500%	0.000%	30 / 360	30	14	0
12	M-6	1	Mezzanine	25,159,000	6.500%	0.000%	30 / 360	30	14	0
13	M-7	1	Mezzanine	28,303,000	6.500%	0.000%	30 / 360	30	14	0
14	M-8	1	Mezzanine	23,587,000	6.500%	0.000%	30 / 360	30	14	0
15	Bond	1	Mezzanine	50,318,000	6.500%	0.000%	30 / 360	30	14	0
16	IO	IO	Senior-IO	Notional	0.000%		30 / 360	0	0	0

图 11. 18　住房抵押贷款证券法负债端数据

3. 目标和实际现金流的计算：费用、利息和本金

（1）目标现金支付和实际支付现金的关系。

目标和实际现金流的计算就是“理想”和“现实”的计算，其中目标现金流就是理想，即需求，而实际现金流就是在可控分配的现金流的限制下所能实现的分配。由于不是每个需求都会得到满足，现金流的计算中需要跟踪“应付而未付”的数额。我们可以用一个简单的公式来说明这个关系：

每个需求的实际的现金流分配 = MIN（该需求的目标现金流，
实际可供该需求分配的现金流）

月份	基准利率曲线							
	1	2	3	4	5	6	7	8
1	5.350%	5.342%	5.320%	5.342%	5.392%	5.339%	5.368%	5.392%
2	5.350%	5.342%	5.355%	5.314%	5.392%	5.339%	5.380%	5.392%
3	5.350%	5.342%	5.273%	5.264%	5.392%	5.339%	5.335%	5.392%
4	5.350%	5.342%	5.254%	5.217%	5.392%	7.000%	5.319%	5.382%
5	5.350%	5.342%	5.261%	5.167%	5.392%	8.000%	5.313%	5.351%
6	5.350%	5.342%	5.234%	5.111%	5.392%	9.000%	5.291%	5.320%
7	5.350%	5.342%	5.152%	5.053%	5.392%	7.000%	5.250%	5.283%
8	5.350%	5.342%	5.063%	5.002%	5.392%	8.000%	5.199%	5.238%
9	5.350%	5.342%	4.996%	4.959%	5.392%	9.000%	5.145%	5.187%
10	5.350%	5.342%	4.962%	4.921%	5.392%	10.000%	5.091%	5.135%
11	5.350%	5.342%	4.933%	4.887%	5.392%	12.000%	5.039%	5.085%
12	5.350%	5.342%	4.895%	4.854%	5.392%	12.000%	4.991%	5.040%
13	5.350%	5.342%	4.850%	4.826%	5.392%	12.000%	4.949%	4.999%
14	5.350%	5.342%	4.808%	4.805%	5.392%	15.000%	4.913%	4.964%
15	5.350%	5.342%	4.777%	4.789%	5.392%	15.339%	4.883%	4.934%
16	5.350%	5.342%	4.758%	4.778%	5.392%	15.339%	4.858%	4.910%
17	5.350%	5.342%	4.743%	4.770%	5.392%	15.339%	4.840%	4.891%
18	5.350%	5.342%	4.731%	4.764%	5.392%	15.339%	4.826%	4.877%
19	5.350%	5.342%	4.722%	4.761%	5.392%	15.339%	4.815%	4.866%
…	…	…	…	…	…	…	…	…

图 11.19　住房抵押贷款证券化负债端基准利率曲线

每个需求的应付未付的现金流 = 该需求的目标现金流 − 该需求的实际的现金流分配

实际可供该需求分配的现金流 = 基础资产的现金流 − 更高级别的需求分配到的现金流

（2）利息的目标现金流计算。

在各类需求的目标现金流中，费用和利息的数量计算比较直观，和基础资产的合同预期现金流计算类似，主要按照合同规定的费率的利率计算，一般不受偿还次序的影响。

当期服务费/管理费/信托费 = 费率 × 当期费率基准（或者定额） × 时间分子 + 前期应付未付费用

当期证券利息 = 利率 × 证券本金余额 × 时间分子 + 前期应付未付利息

在一些比较复杂的交易中（比如 CLO 和 CDO），资产管理人的管理费可能会有多个组成部分，包括按一定比例的利润提成。这类管理费的费率基准（如股权投资人的利润）需要建立在对整个交易的现金流的计算之上。

（3）本金的目标现金流计算。

本金的目标现金流计算对证券的分析来讲是最重要的，也是最复杂的，每期的本金偿还需求不是固定的，而是会随着基础资产的表现和偿付次序的变化而变化。每个证券化交易都可能对本金的偿付目标提出不同的条件，计算中要考虑多个方面，比如基础资产的表现（损失和提前偿付率）、证券的信用支持率、交易的差额抵押额、剩余利差率、证券的组别和级别、储备账户的充足率等。我们会在本章的例子中进行一些相关的介绍。

当期本金 = 本期应付本金额 + 前期应付未付本金额

图 11.20 是一个住房抵押贷款证券化的证券利息分配的例子：三个高级证券（A1、A2、A3）各自都有目标利息现金流（Accrued），但是实际利息现金流（Paid）要根据可供分配的现金流和上一级证券的分配情况计算得来。

4. 现金流计算和分配要点处理方式

（1）超额抵押和信用支持。

很多证券化交易在现金流的分配中都会使用超额抵押目标，以保证证券有足够的信用支持。如果交易的实际超额抵押没有达到目标超额抵押，那么可供分配的现金流将首先用于偿付证券的本金，直到该证券的超额抵押达到或超过目标之后，股权证券或次级证券才可以得到偿付。

一般情况下，交易的超额抵押目标在交易的起始阶段保持不变，但是随着高级证券的如期偿付，超额抵押目标会随着证券的年限而逐渐降低，这也称作超额抵押的递减（OC Stepdown）。当然，交易中一般会规定只有在满足一定的表现条件下，超额抵押目标才可以递减。这种设计是为了保证交易中的高级别证券在交易的初期得到快速偿付。

BR8 =MIN(BQ8,BL8-BO8)

CLASS A INTEREST DISTRIBUTION (GROUP 1)

	A	BL	BN	BO	BQ	BR	BT	BU
5–6	Period	Available Funds	A1 Accrued	A1 Paid	A2 Accrued	A2 Paid	A3 Accrued	A3 Paid
8	1	25,920,487	3,412,772	3,412,772	834,452	834,452	1,102,996	1,102,996
9	2	29,970,424	2,411,780	2,411,780	834,452	834,452	1,102,996	1,102,996
10	3	33,980,057	2,378,295	2,378,295	834,452	834,452	1,102,996	1,102,996
11	4	37,909,716	2,171,493	2,171,493	834,452	834,452	1,102,996	1,102,996
12	5	41,735,766	2,088,441	2,088,441	834,452	834,452	1,102,996	1,102,996
13	6	45,418,249	1,913,146	1,913,146	834,452	834,452	1,102,996	1,102,996
14	7	48,924,865	1,551,969	1,551,969	834,452	834,452	1,102,996	1,102,996
15	8	50,689,175	1,503,707	1,503,707	834,452	834,452	1,102,996	1,102,996
16	9	49,198,978	1,238,664	1,238,664	834,452	834,452	1,102,996	1,102,996
17	10	47,737,751	1,065,753	1,065,753	834,452	834,452	1,102,996	1,102,996
18	11	46,319,178	839,594	839,594	834,452	834,452	1,102,996	1,102,996
19	12	44,934,137	675,283	675,283	834,452	834,452	1,102,996	1,102,996
20	13	43,590,300	488,729	488,729	834,452	834,452	1,102,996	1,102,996
21	14	42,286,446	297,821	297,821	834,452	834,452	1,102,996	1,102,996
22	15	41,021,391	132,175	132,175	834,452	834,452	1,102,996	1,102,996
23	16	39,793,983	-	-	795,191	795,191	1,102,996	1,102,996
24	17	38,603,108	-	-	625,149	625,149	1,102,996	1,102,996
25	18	37,447,681	-	-	460,190	460,190	1,102,996	1,102,996
26	19	36,326,652	-	-	300,162	300,162	1,102,996	1,102,996
27	20	35,239,001	-	-	144,920	144,920	1,102,996	1,102,996
28	21	34,183,738	-	-	-	-	1,097,111	1,097,111
29	22	33,159,903	-	-	-	-	945,754	945,754
30	23	32,166,563	-	-	-	-	798,924	798,924

图 11.20　住房抵押贷款证券化的证券利息分配

在具体的计算中，我们一般会用到三种不同的超额抵押目标：初始超额抵押目标、递减超额抵押目标和最低超额抵押目标。

①如果交易还没有发生过超额抵押的递减，那么超额抵押目标就是初始超额抵押目标，也称为递减前超额抵押目标（Pre-Stepdown OC Target）：

递减前超额抵押目标 = 基础资产发行初始额 × 目标超额抵押比例

②如果已经发生过超额抵押的递减，那么超额抵押目标就是初始超额抵押目标和新的超额抵押目标两者中的低者，即递减后超额抵押目标（Post-Stepdown OC Target）。新的超额抵押目标是根据当前的基础资产的余额来计算的：

递减后超额抵押目标 = 基础资产当期初始额 × 标超额抵押比例 ×
目标超额抵押比例 × 调整度（一般为 2）

但是，交易中也一般会规定，如果发生交易的触发机制被激活（比如交易的资产损失过高），那么超额抵押的目标就不可以递减。

③交易的超额抵押最低额（OC Floor）：这个额度一般是按照交易发行时基础资产的面额和一个固定的比例计算而得：

最低超额抵押目标 = 基础资产发行初始额 × 最低超额抵押比例

图 11.21 是一个住房抵押贷款证券化交易的证券超额抵押计算的例子。该交易的前 36 个月的超额抵押目标（金额）保持不变，所有现金流都用来偿付高级证券；36 个月之后，超额抵押目标（金额）开始递减，由于实际的超额抵押超过目标所需，所以没有证券得到偿付；在 39 个月，交易达到新的超额抵押目标比例，高级证券和中间证券同时开始得到一定程度的偿付，总的超额抵押从此一直保持该比例。

（2）证券利息的计算。

证券的利息计算和基础资产的利息计算类似，也涉及固定利率、浮动利率、基准率曲线、调整限制等处理（见本节前面部分）。值得注意的是，有些证券化交易中的证券属于可回购的债券，在一定情况下会有针对可回购权的利率惩罚。也就是说，当交易的可回购权生效时，如果服务商、管理人或股权投资人不执行回购时，证券的利率会增加。对浮动利率证券来说，这个惩罚利差称为“可回购后利差递增”（Margin Stepup after Call），一般是正常利差的 1.5 ~2 倍。对固定利率证券来说，回购期后的利率惩罚一般为一个固定的值，如 50 个基点。在现金流建模中，我们需要考虑回购权的生效时间和可能的执行情况，并相应地调整利息的计算。

（3）储备账户的处理。

很多证券化交易中都有储备账户条款，以对证券进行信用支持，如储蓄账户、利差账户和现金抵押账户等。在现金流建模中，我们必须了解这些储

月份	资产余额	证券余额	高级证券	中间证券	目标OC	实际OC	OC比例
0	1,572,430,507	1,463,147,000	1,169,888,000	293,259,000		109,283,507	6.95%
1	1,557,092,922	1,445,783,509	1,152,524,509	293,259,000	132,870,378	111,309,413	7.15%
2	1,537,601,463	1,423,369,087	1,130,110,087	293,259,000	132,870,378	114,232,376	7.43%
3	1,513,968,501	1,396,911,549	1,103,652,549	293,259,000	132,870,378	117,056,953	7.73%
4	1,486,246,161	1,366,317,549	1,073,058,549	293,259,000	132,870,378	119,928,613	8.07%
5	1,454,510,584	1,331,814,447	1,038,555,447	293,259,000	132,870,378	122,696,137	8.44%
6	1,418,878,387	1,293,453,568	1,000,194,568	293,259,000	132,870,378	125,424,819	8.84%
7	1,379,499,288	1,251,224,896	957,965,896	293,259,000	132,870,378	128,274,392	9.30%
8	1,338,090,463	1,207,183,651	913,924,651	293,259,000	132,870,378	130,906,813	9.78%
9	1,297,893,427	1,165,023,049	871,764,049	293,259,000	132,870,378	132,870,378	10.24%
10	1,258,887,360	1,126,016,982	832,757,982	293,259,000	132,870,378	132,870,378	10.55%
11	1,221,037,613	1,088,167,235	794,908,235	293,259,000	132,870,378	132,870,378	10.88%
33	622,763,450	489,893,072	196,634,072	293,259,000	132,870,378	132,870,378	21.34%
34	603,943,301	471,072,923	177,813,923	293,259,000	132,870,378	132,870,378	22.00%
	...	...	...	...	...	...	...
35	585,687,407	452,817,030	159,558,030	293,259,000	132,870,378	132,870,378	22.69%
36	567,978,949	435,108,571	141,849,571	293,259,000	132,870,378	132,870,378	23.39%
37	550,801,606	435,108,571	141,849,571	293,259,000	93,085,471	115,693,035	21.00%
38	534,139,542	435,108,571	141,849,571	293,259,000	90,269,583	99,030,971	18.54%
39	517,977,393	430,439,213	141,849,571	288,589,642	87,538,179	87,538,179	16.90%
40	502,300,248	417,411,506	141,849,571	275,561,935	84,888,742	84,888,742	16.90%
41	487,093,642	404,774,816	141,849,571	262,925,245	82,318,825	82,318,825	16.90%
42	472,343,537	392,517,479	141,849,571	250,667,908	79,826,058	79,826,058	16.90%
	...	...	...	...	...	...	...

图 11.21　住房抵押贷款证券化交易的证券超额抵押计算举例

备账户的资金来源和使用分配。在来源方面，除了交易初期的现金存入外，这些账户还会从基础资产的现金流中吸收现金，所以也是交易负债方的一部分。同时，这些账户里的资金在一定的情况下会被用于证券的偿付，所以又是证券现金流的补充。

证券化交易的发行文件一般会指定在一定资产表现情况下或一定时间点上的储备金要求。如果交易的实际储备金余额没有达到目标，那么可供分配的现金流将会首先存入储备账户，而不是用来偿付股权或支持证券的投资人，直到账户的余额达到目标。有些交易中的储备金目标还会根据情况而变化，在建模中必须考虑这种动态计算。

表 11.5 下是一个信用卡应收款证券化交易中各个超额利差水平下利差账户的资金要求（按证券面额的比例）的例子。

表 11.5 信用卡应收款证券化利差账户目标

利差率水平	利差账户目标
4.01% ~4.50%	1.00%
3.51% ~4.00%	1.50%
2.51% ~3.50%	2.50%
1.51% ~2.50%	4.00%
0.01% ~1.50%	6.00%
0.00%或更低	7.00%

交易的发行文件也会指定储备金在何种情况下会使用和如何使用，比如在储备账户高于目标或者所支持的证券出现现金流短缺的情况下要相应释放储备金。这些文件条款都需要在现金流的计算中用到。

（4）衍生金融工具——利率通道（Corridors）和利率互换。

资产证券化交易中经常使用衍生金融工具来规避信用或利率风险。在合成交易中，衍生金融工具（信用互换）还可以成为“基础资产”的现金流来源。但证券化中运用最广泛的是利率互换和利率通道，两者都是用来减少交易的利率风险。如果交易中涉及利率互换或利率通道合约，除了资产池本身产生的现金流之外，模型还必须计算这些合约产生或支出的现金流。

利率通道实质上是一系列不同期限的利率期权，每个期权都有指定的履约价格和一个名义合约额。如果市场利率大于履约价格，那么利率通道提供方就得偿付利差现金流。为了避免市场利率过度走高带来的风险，利率通道往往会设一个利率上限（Cap），其目的是确定利率通道提供方的偿付上限，即利率上限和履约价格之差。利率通道的费用在交易发行时一次付清，之后交易发行人只会收到现金流，不会有额外的现金流出。

以下是利率通道现金流在第 t 期的偿付额计算：

$$\text{利率通道现金流}_t = \text{Max}\ \{0,\ [\text{Min}（\text{市场基准利率}_t,\ \text{最高利率}_t）- \text{履约价格基准利率}_t]\}\ \times \text{名义合约额}_t$$

利率互换一般是固定利率和浮动利率的互换，目的是平衡证券化交易中资产方和负债方在利率上的差异。利率互换合约中会指定一个收入基准利率和一个付出基准利率，其中一般一个为浮动，另一个为固定。合约的名义额一般会尽量设为基础资产中相应的利率类型的资产余额，这个余额会随着交易的年限而逐渐降低。在交易发行时签订利率互换合约一般无须偿付任何费用，但在合约期内的合约产生的净现金流可能是正数，也可能为负，而且会随时点的变化而变化。

利率互换现金流$_t$ =（收入基准利率$_t$ − 付出基准利率$_t$）× 名义合约额$_t$

如图 11. 22 所示，我们用一个例子来比较这两种不同利率合约的现金流。

G4 | =C4*MAX(0,MIN(D4,E4)-F4)

	A	B	C	D	E	F	G	H	I
2			合约		利率通道			利率互换	
3		月份	名义额	市场利率	最高利率	履行利率	现金流	固定利率	现金流
4		1	1,000,000	5.34%	8.00%	5.25%	890	5.25%	890
5		2	950,000	5.34%	8.00%	5.25%	846	5.25%	846
6		3	900,000	5.34%	8.00%	5.25%	801	5.25%	801
7		4	850,000	7.00%	8.00%	5.25%	14,875	5.25%	14,875
8		5	800,000	8.00%	8.00%	5.25%	22,000	5.25%	22,000
9		6	750,000	9.00%	8.00%	5.25%	20,625	5.25%	28,125
10		7	700,000	7.00%	8.00%	5.25%	12,250	5.25%	12,250
11		8	650,000	8.00%	8.00%	5.25%	17,875	5.25%	17,875
12		9	600,000	9.00%	8.00%	5.25%	16,500	5.25%	22,500
13		10	550,000	10.00%	8.00%	5.25%	15,125	5.25%	26,125
14		11	500,000	8.00%	8.00%	5.25%	13,750	5.25%	13,750
15		12	450,000	7.00%	8.00%	5.25%	7,875	5.25%	7,875
16		13	400,000	6.00%	8.00%	5.25%	3,000	5.25%	3,000
17		14	350,000	5.00%	8.00%	5.25%	-	5.25%	(875)
18		15	300,000	4.00%	8.00%	5.25%	-	5.25%	(3,750)
19		16	250,000	3.00%	8.00%	5.25%	-	5.25%	(5,625)
20		17	200,000	2.00%	8.00%	5.25%	-	5.25%	(6,500)
21		18	150,000	2.00%	8.00%	5.25%	-	5.25%	(4,875)
22		19	100,000	1.00%	8.00%	5.25%	-	5.25%	(4,250)
23		…	…	…	…	…		…	…

图 11. 22　利率通道与利率互换的现金流比较

（5）触发机制（Triggers）。

资产证券化交易中经常使用各种触发机制来改变现金流的分配次序，以保护证券投资人或特定交易方的权益。这些触发机制的测试有的是定性的，比如相关交易方做假、违规、违约或破产等情况；有的是定量的，比如基础资产的表现恶化（如损失率上升）或交易的风险升高（如利差减少）。在现金流的建模中，我们主要针对的是定量的触发机制的计算。首先，我们需要在模型中建立交易的触发机制测试来判断这些触发机制是否和何时被激活，同时还要设计触发机制激活后的现金流的结构转换。

我们在这里对一些常用的定量触发机制进行介绍：

①违约率触发机制：当基础资产的违约率达到或超过一定的比例时，证券的现金流分配次序将会改变，如不允许超额抵押目标的递减（住房抵押贷款证券化交易）。

②累计损失率触发机制：当基础资产的累计损失率达到或超过一定的比例时，证券的现金流分配次序将会改变，如不允许超额抵押目标的递减（住房抵押贷款证券化交易）。

③利差率、月支付率、买方权益比例等触发机制：当证券化交易的超额利差率、基础资产的付款速度或买方权益的比例低于规定的最低水平，交易将进入提前分期偿还期，所有分摊到投资者权益证券的本金收入将会全部用于偿还证券投资者（信用卡或其他循环资产证券化交易）。

④超额抵押率（OC）触发机制：当证券化交易的超额抵押率低于规定的最低水平，交易将进入强制赎回或提前分期偿还期，即所有现金流将按级别高低来顺次偿付证券，直到超额抵押率水平达到最低要求（CLO 交易）。

⑤利息覆盖率（IC）触发机制：当证券化交易的利息覆盖率低于规定的最低水平，交易将进入强制赎回或提前分期偿还期，即所有现金流将按级别高低来顺次偿付证券，直到利息覆盖率水平达到最低要求（CLO 交易）。

图 11.23 是一个住房抵押贷款证券化交易的累计损失率触发机制测试的例子，其中 CollateralBal 是基础资产的初始额，Assumptions!DA 列是目标累计损失率。如果基础资产的累计损失率在特定的日期高于目标累计损失率，累

计损失率触发机制就会在该日期被激活。

AQ8 =IF(CumLossTrigger="No",0,IF(AP8/CollateralBal>Assumptions!DA5,1,0))

	A	AL	AM	AN	AO	AP	AQ	AR
1								
2								
3		PERFORMANCE TRIGGERS						
4		*Delinquency Trigger*			< OFF >	*Cum. Loss Trigger*	< ON >	
5–6	Period	Recovery and Loss	60+ Day Delinquency	Credit Enhancement	Flag	Cumulative Losses	Flag	Group 2 Cumulative Loss
7	0							
8	1	6,551,794	4.228%	25.600%	0	2,620,718	0	0
9	2	6,487,887	4.143%	25.814%	0	5,215,872	0	0
10	3	6,406,673	4.070%	26.162%	0	7,778,541	0	0
11	4	6,308,202	4.010%	26.586%	0	10,301,822	0	0
12	5	6,192,692	3.962%	27.102%	0	12,778,899	0	0
13	6	6,060,461	3.927%	27.710%	0	15,203,084	0	0
14	7	5,911,993	3.905%	28.423%	0	17,567,881	0	0
15	8	5,747,914	3.896%	29.264%	0	19,867,046	0	0
16	9	5,575,377	3.895%	30.188%	0	22,097,197	0	0
17	10	5,407,889	3.895%	31.145%	0	24,260,353	0	0
18	11	5,245,364	3.894%	32.130%	0	26,358,498	0	0
19	12	5,087,657	3.894%	33.149%	0	28,393,561	0	0
20	13	4,934,660	3.894%	34.198%	0	30,367,425	0	0
21	14	4,786,234	3.893%	35.280%	0	32,281,919	0	0
22	15	4,642,243	3.893%	36.399%	0	34,138,816	0	0
23	16	4,502,555	3.892%	37.552%	0	35,939,838	0	0
24	17	4,367,041	3.892%	38.742%	0	37,686,654	0	0
25	18	4,235,579	3.892%	39.971%	0	39,380,886	0	0
26	19	4,108,046	3.891%	41.239%	0	41,024,104	0	0
27	20	3,984,327	3.891%	42.549%	0	42,617,835	0	0

图 11.23 住房抵押贷款证券化交易的累计损失率触发机制测试

在证券化交易的现金流建模中，我们一般会为每一个量化触发机制测试建立一条判断曲线，在 Excel 里以单独一列来表示："0" 表示没有激活，"1" 表示激活。现金流的分配公式会参考该曲线来决定是否需要改变分配次序。

第二节 资产证券化现金流建模案例演示

这一节中，我们会利用一个比较复杂的资产证券化交易来展示整个建模的过程，让读者可以知道现金流是如何计算和分配到投资者手里的。

由于住房抵押贷款建模的典型和通用性，本章使用经济危机前美国住房抵押贷款证券化中的一个经典交易——CWABS 2007 - 11，来演示如何利用

VBA 进行现金流建模。该笔交易是由当时美国最大的住房贷款公司——全国财务公司（Countrywide Financial）旗下的全国住房贷款公司（Countrywide Home Loans）发起的，全国财务公司旗下的全国住房贷款服务公司（Countrywide Home Loans Servicing）担任服务商。

图 11.24 所示为该交易发行文件的封面。

PROSPECTUS SUPPLEMENT
(To Prospectus dated June 27, 2007)

$780,400,100
(Approximate)

CWABS, Inc.
Depositor

Countrywide®
HOME LOANS
Sponsor and Seller

Countrywide Home Loans Servicing LP
Master Servicer

CWABS Asset-Backed Certificates Trust 2007-11
Issuing Entity

Asset-Backed Certificates, Series 2007-11

Distributions payable monthly beginning July 25, 2007

The issuing entity will issue certificates, including the following classes of certificates that are offered pursuant to this prospectus supplement and the accompanying prospectus:

Class	Original Certificate Principal Balance(1)	Price to Public	Underwriting Discount	Proceeds to Depositor(2)		Class	Original Certificate Principal Balance(1)	Price to Public	Underwriting Discount	Proceeds to Depositor(2)
1-A-1	$ 199,022,000	100.00000%	0.10417%	99.89583%		1-M-3	$ 2,992,000	100.00000%	0.83333%	99.16667%
1-A-2	$ 22,114,000	100.00000%	0.10417%	99.89583%		2-M-3	$ 5,808,000	100.00000%	0.83333%	99.16667%
2-A-1	$ 170,859,000	100.00000%	0.10417%	99.89583%		M-4	$ 10,400,000	100.00000%	1.25000%	98.75000%
2-A-2	$ 62,921,000	100.00000%	0.10417%	99.89583%		M-5	$ 9,600,000	100.00000%	1.25000%	98.75000%
2-A-3	$ 136,697,000	100.00000%	0.10417%	99.89583%		M-6	$ 6,000,000	100.00000%	1.25000%	98.75000%
2-A-4	$ 58,787,000	100.00000%	0.10417%	99.89583%		M-7	$ 8,400,000	98.31975%	1.66667%	96.65308%
1-M-1	$ 13,600,000	100.00000%	0.10417%	99.89583%		M-8	$ 6,000,000	93.29934%	1.87500%	91.42434%
2-M-1	$ 26,400,000	100.00000%	0.10417%	99.89583%		M-9	$ 8,800,000	91.00648%	1.87500%	89.13148%
1-M-2	$ 10,880,000	100.00000%	0.83333%	99.16667%		A-R	$ 100	(3)	(3)	(3)
2-M-2	$ 21,120,000	100.00000%	0.83333%	99.16667%						

图 11.24　CWABS 2007 - 11 发行文件封面

资料来源：CWABS 2007 - 11 发行文件

CWABS 2007 - 11 的发行时间为 2007 年 6 月底，当时美国的住房贷款问题已经开始逐渐显现，但是投资者还没有警觉，所以这次交易的证券销售还算成功，交易结构也没有太大变化，保持了住房抵押贷款最高峰时代的特点和复杂程度。虽然这种结构在金融危机后已基本不用，但是，这类结构在现金流建模上非常经典，值得分析和参考。

CWABS 2007 - 11 的总发行面额为 7.8 亿美元，含多档证券，其中优先级为1A1、1A2、2A1、2A2、2A3、2A4，中间级和次级证券包括1M1、2M1、1M2、2M2、1M3、2M3、M4、M5、M6、M7、M8、M9和AR凭证。

CWABS 2007－11的交易参与方及相关的关系如图11.25所示。

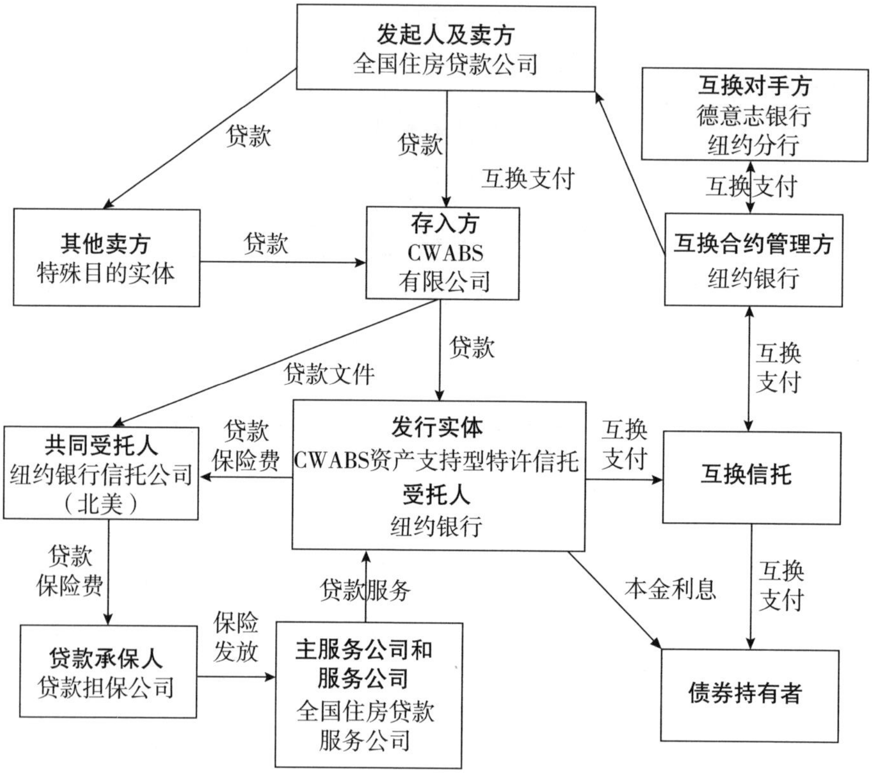

图11.25　CWABS 2007－11的交易参与方

资料来源：CWABS 2007－11发行文件

如前面章节中所讲，资产证券化交易的结构可以用资产负债表来解释，其中资产方为交易的基础资产，负债方为交易发行的各档证券，股东权益则是超额抵押、超额利差和所有者凭证等。如图11.26，基础资产产生的现金流将用于分配负债方的各档证券和股东权益的所有人。

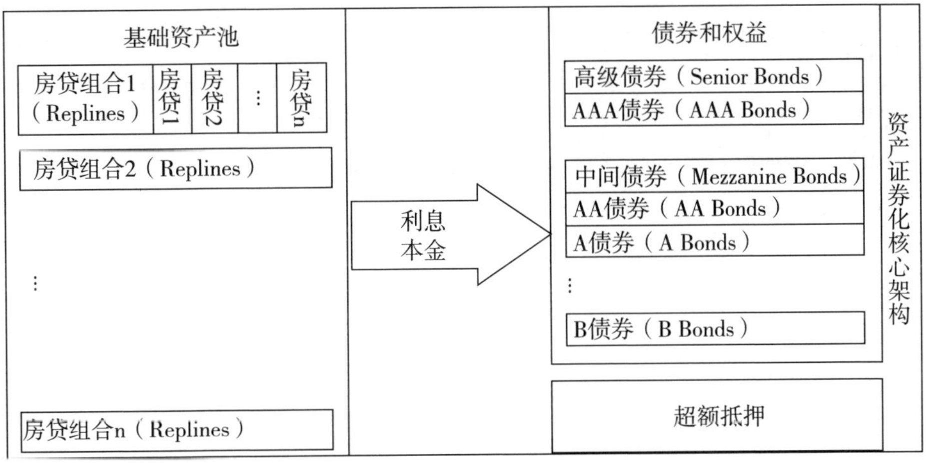

图 11.26　资产证券化交易的资产负债结构

一、交易的资产方

（一）交易的基础资产

CWABS 2007－11 的基础资产为全国住房贷款公司发行或购买的次级住房贷款。总的资产池分为两个资产组，各自支持一部分高级别的证券。这两个资产集团的基本情况如图 11.27 所示。

从以上贷款信息来看，这两个资产组的平均借款人信用分数都低于 600 分，是比较典型的次级贷款资产；平均的贷款资产价值比例都在 75% 左右；在地域上，加州的集中度很高，都达到了 50%。

（二）交易的代表组合资产

CWABS 2007－11 的基础资产是 2 768 个住房贷款，其中第一组包含1 033 个住房贷款，第二组包含 1 735 个住房贷款。这 2 768 个贷款按照特点进行归集，组成了 363 个资产组合，每个都有类似的特性，如贷款类型、利息高低、面额大小等。每个贷款组合的总面额、平均利息（如果是浮动，还会披露平

Loan Group 1 Characteristic		Permitted Variance
Weighted Average Mortgage Rate	8.598%	±0.10%
Weighted Average Original Loan-to-Value Ratio	75.49%	±3.00%
Weighted Average Credit Bureau Risk Score	589 points	±5 points
Percentage Originated under Full Doc Program	76.85%	±3.00%
Weighted Average Gross Margin of Adjustable Rate Mortgage Loans	6.369%	±0.10%
Maximum Concentration of Mortgage Loans with Mortgaged Properties in the State of California	50.00%	N/A

Loan Group 2 Characteristic		Permitted Variance
Weighted Average Mortgage Rate	8.588%	±0.10%
Weighted Average Original Loan-to-Value Ratio	75.08%	±3.00%
Weighted Average Credit Bureau Risk Score	598 points	±5 points
Percentage Originated under Full Doc Program	76.87%	±3.00%
Weighted Average Gross Margin of Adjustable Rate Mortgage Loans	6.399%	±0.10%
Maximum Concentration of Mortgage Loans with Mortgaged Properties in the State of California	50.00%	N/A

图 11.27　CWABS 2007 -11 的基础资产

资料来源：CWABS 2007 -11 发行文件

均利差）、平均贷款期、平均已摊还期限、平均分期付款期都在交易的发行文件中披露，以供使用者进行分析和现金流预测。

住房抵押贷款证券化的基础资产的一般归集过程如图 11 -28 所示。

图 11.29 是 CWABS 2007 -11 交易文件中披露的资产组合信息摘录。

（三）资产方的假设参数

为了进行现金流预测，除了以上基本贷款信息外，我们还必须收集一些影响现金流的交易参数，并且对利率和贷款的某些非合同规定行为进行以下假设：

（1）服务费。

（2）基准利率曲线：对将来市场利息的假设，用于计算浮动利息贷款的利息现金流和互换合约的净现金流。由于不同的贷款可能会基于不同的基准利率，这个假设可能是一整套利率曲线，如不同年限的伦敦银行同业拆借（LIBOR）、高级客户利率（Prime）、国债利率（Treasury）。

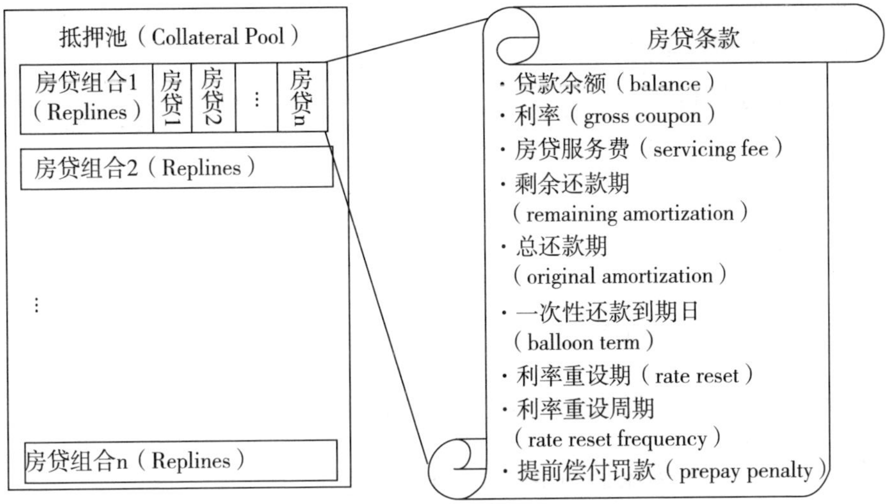

图 11.28　住房抵押贷款证券化的基础资产归集

ID#	Group	Name	Gross Coupon	Servicing Fee	Net Coupon	Cut Off Date Balance	Remaining Amortization	Original Amortization	Remaining Balloon Term	Original Balloon Term	Age	ARM Index
1	1	Fix_120_120_S	8.765487	0.509	8.256487	230519.35	120	120	120	120	0	0
2	1	Fix_180_180_S	10.453314	0.509	9.944314	750836.05	180	180	180	180	0	0
3	1	Fix_180_180_S	8.25	0.509	7.741	192351.04	174	180	174	180	6	0
4	1	Fix_180_180_S	9.193369	0.509	8.684369	276835.4	180	180	180	180	0	0
5	1	Fix_180_180_S	7.9	0.509	7.391	159119.56	180	180	180	180	0	0
6	1	Fix_180_180_S	8	0.509	7.491	231199.36	180	180	180	180	0	0
7	1	Fix_180_180_S	8.875	1.339	7.536	320687.12	180	180	180	180	0	0
8	1	Fix_180_180_S	7.202068	1.066414	6.135654	359287.18	180	180	180	180	0	0
9	1	Fix_180_180_S	7.411638	0.509	6.902638	315519.13	180	180	180	180	0	0
10	1	Fix_240_240_S	9.048949	0.772079	8.27687	791014.62	240	240	240	240	0	0
11	1	Fix_240_240_S	7.5	0.509	6.991	178499.51	240	240	240	240	0	0
12	1	Fix_240_240_S	8.269	0.509	7.76	244799.33	240	240	240	240	0	0
13	1	Fix_240_240_S	8.74	0.509	8.231	135999.63	240	240	240	240	0	0
14	1	Fix_240_240_S	6.625	0.509	6.116	239359.34	240	240	240	240	0	0
15	1	Fix_300_300_S	10.5	0.509	9.991	319599.12	300	300	300	300	0	0
16	1	Fix_360_360_S	8.8039	0.879334	7.924566	13059246.97	360	360	360	360	0	0
17	1	Fix_360_360_S	8.538268	0.509	8.029268	1183371.16	359	360	359	360	1	0
18	1	Fix_360_360_S	8.635976	0.69245	7.943526	8147873.58	360	360	360	360	0	0
19	1	Fix_360_360_S	8.582432	0.509	8.073432	314499.13	360	360	360	360	0	0
20	1	Fix_360_360_S	9.453876	0.918368	8.535508	3675933.89	360	360	360	360	0	0
21	1	Fix_360_360_S	8.25	0.509	7.741	266559.27	360	360	360	360	0	0
22	1	Fix_360_360_S	8.245868	1.325694	6.920174	987357.28	360	360	360	360	0	0
23	1	Fix_360_360_S	9.25	0.509	8.741	244799.33	360	360	360	360	0	0
24	1	Fix_360_360_S	7.926947	0.606648	7.320299	3366835.28	360	360	360	360	0	0
25	1	Fix_360_360_S	9	0.509	8.491	172671.92	360	360	360	360	0	0
26	1	Fix_360_360_S	10.75	0.509	10.241	112274.49	360	360	360	360	0	0
27	1	Fix_360_360_S	8.75	0.509	8.241	467022.71	360	360	360	360	0	0
28	1	Fix_360_360_S	10.623119	1.02808	9.595039	877061.59	360	360	360	360	0	0
29	1	Fix_360_360_S	10.95	2.249	8.701	239903.34	360	360	360	360	0	0
30	1	Fix_360_360_S	10.9	0.509	10.391	161839.55	360	360	360	360	0	0
31	1	Fix_360_360_S	10	0.509	9.491	148445.89	359	360	359	360	1	0
32	1	Fix_360_360_S	8.143086	0.713659	7.429427	14204790.79	360	360	360	360	0	0
33	1	Fix_360_360_S	9.25	0.509	8.741	374678.97	360	360	360	360	0	0
34	1	Fix_360_360_S	7.996409	0.509	7.487409	4996830.25	360	360	360	360	0	0

图 11.29　CWABS 2007－11 交易文件中披露的资产组合信息

资料来源：CWABS 2007－11 发行文件

（3）提前偿付曲线：对提前偿付率的假设，用以计算贷款将来提前偿付的数量和时间。

（4）提前偿付罚款。

（5）违约率曲线。

（6）损失率。

二、交易的负债方

（一）CWABS 2007－11 交易所发行的证券

CWABS 2007－11 交易发行的证券如表 11.6 所示。

（二）交易负债端的现金流结构

该交易的现金流瀑布结构为“Y”结构，在第一群组中，A1 和 A2 属平行次序，从 M1 到 M3 是优先次序；而在第二群组中，从 A1 到 M3 都是优先次序。该交易的现金流分配结构如图 11.30 所示。

表 11.6　CWABS 2007－11 交易发行的证券

划分	级别	信贷评级	利率
1A1	Senior	AAA	1mL＋17 bps
1A2	Senior	AAA	1mL＋27 bps
2A1	Senior	AAA	1mL＋6 bps
2A2	Senior	AAA	1mL＋13 bps
2A3	Senior	AAA	1mL＋18 bps
2A4	Senior	AAA	1mL＋25 bps
1M1	Mezz	AA＋	1mL＋26 bps
2M1	Mezz	AA＋	1mL＋26 bps
1M2	Mezz	AA	1mL＋27 bps
2M2	Mezz	AA	1mL＋27 bps

（续表）

划分	级别	信贷评级	利率
1M3	Mezz	AA -	1mL + 29 bps
2M3	Mezz	AA -	1mL + 2 bps
M4	Mezz	A +	1mL + 38 bps
M5	Mezz	A	1mL + 50 bps
M6	Mezz	A -	1mL + 80 bps
M7	Mezz	BBB +	1mL + 155 bps
M8	Mezz	BBB	1mL + 235 bps
M9	Mezz	BBB -	1mL + 235 bps
B	Sub	BB +	700 bps

资料来源：CWABS 2007 - 11 发行文件

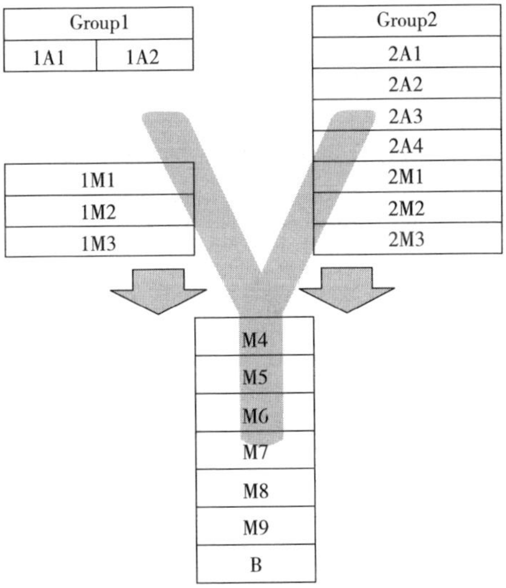

图 11.30　CWABS 2007 - 11 交易的现金流分配结构

该交易中的证券都属于浮动利率的可回购债券，在一定情况下会有利率惩罚性调整。在证券的总剩余面额降到发行总额的 10% 时，各个证券将进入可回购期，利差按倍数递增，如图 11.31 所示。

Bonds	Size	% of Total	Coupon	Margin (1ML +)	margin step up after call
1A1	199,022,000	24.88%	5.490	0.17	2.0x
1A2	22,114,000	2.76%	5.590	0.27	2.0x
2A1	170,859,000	21.36%	5.380	0.06	2.0x
2A2	62,921,000	7.87%	5.450	0.13	2.0x
2A3	136,697,000	17.09%	5.500	0.18	2.0x
2A4	58,787,000	7.35%	5.570	0.25	2.0x
1M1	13,600,000	1.70%	5.580	0.26	1.5x
2M1	26,400,000	3.30%	5.580	0.26	1.5x
1M2	10,880,000	1.36%	5.590	0.27	1.5x
2M2	21,120,000	2.64%	5.590	0.27	1.5x
1M3	2,992,000	0.37%	5.610	0.29	1.5x
2M3	5,808,000	0.73%	5.610	0.29	1.5x
M4	10,400,000	1.30%	5.700	0.38	1.5x
M5	9,600,000	1.20%	5.820	0.50	1.5x
M6	6,000,000	0.75%	6.120	0.80	1.5x
M7	8,400,000	1.05%	6.870	1.55	1.5x
M8	6,000,000	0.75%	7.670	2.35	1.5x
M9	8,800,000	1.10%	7.670	2.35	1.5x
B	8,000,000	1.00%	7.000		

图 11.31　各证券的可回购后利差

此外，该交易中的证券的利率还受限于基础资产的利息现金流。在利息现金流不足的情况下，证券的实际利率会低于合同利率，这部分利率短缺会在后期用超额利差来偿付。

（三）现金流计算和分配要点处理方式

1. 超额抵押和信用支持

该交易为每个证券都制定了明确的超额抵押目标和超额抵押不足情况下的具体分配规则。交易的超额抵押目标在交易起始的 3 年内保持不变，然后在满足一定的表现条件下逐渐降低，直至达到最低超额抵押。

在建模的计算中，在决定第 t 个期间的现金流分配时，我们必须对交易在分配前的超额抵押进行计算：

$$超额抵押_t = 基础资产余额_{t-1} - 基础资产的损失_t - 证券的余额_{t-1}$$

该交易的文件中指定的各证券的信用支持目标列示如表 11.7。

表 11.7　各证券的信用支持目标

	初始目标信用支持比例	递减目标信用支持比例
M－1 档	19.80%	39.60%
M－2 档	18.15%	36.30%
M－3 档	13.70%	27.40%
M－4 档	12.45%	24.90%
M－5 档	11.00%	22.00%
M－6 档	9.25%	18.50%
M－7 档	8.50%	17.00%
M－8 档	7.60%	15.20%
M－9 档	7.10%	14.20%

资料来源：CWABS 2007－11 发行文件

在该交易中，超额抵押的递减（OC Stepdown）一般需要满足两个条件：

（1）日期已超过指定的超额抵押的递减，或者高级证券的余额为零。

Threshold (t) = (t > Step Down Period) or (Senior Balance (t) =0)

（2）高级证券的信用支持率达到交易发行时的两倍。

Senior Enhancement Percentage (t) = {Subordinate Bond Balance (t－1) + O/C (t)} /Collateral Balance (t)

Senior Enhancement Percentage (t) > =2 * Senior Enhancement Percentage (0)

图 11.32 是 CWABS 2007－11 交易在整个交易周期内超额抵押目标的预计。在交易的第 37 个月，超额抵押目标开始递减，并且在第 73 个月达到最低目标，之后保持恒定。当然，在交易的表现出现意外时，实际的超额抵押目标不一定遵循这个趋势。

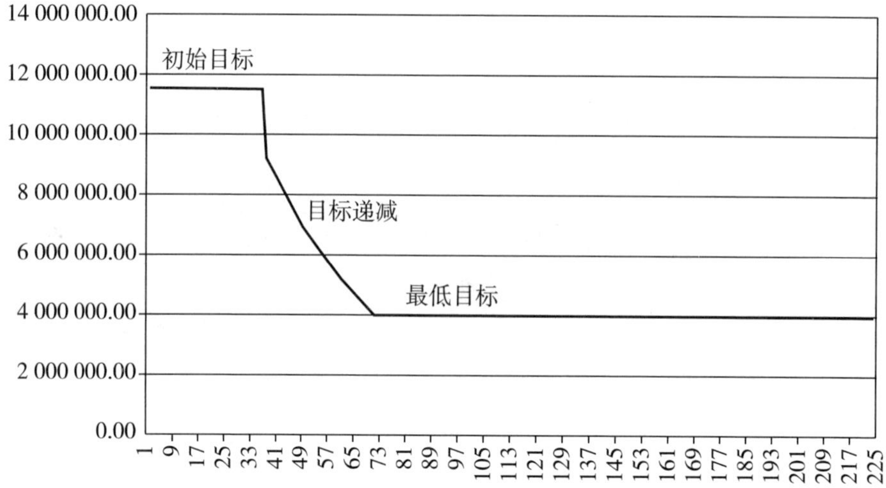

图 11.32 CWABS 2007－11 整个交易周期内的超额抵押目标

资料来源：CWABS 2007－11 发行文件

2. 本金的偿还

证券本金偿还的现金流来源包括两部分：（1）基础资产的本金现金流，（2）为了达到超额抵押目标而用来加速证券本金偿还的现金流（如利差）。总的证券本金偿还现金流一旦决定后，就需要在高级证券和支持证券之间进行分配，然后再在各级证券之间进行明细的分配。

$$总的本金偿还现金流_t = 基础资产本金现金流_t + 超额抵押目标现金流_t$$

PrincipalDistributionAmount（t）＝Collateral Principal（t）＋Acceleration（t）

$$超额抵押目标现金流_t = 最小值（超额利差_t，超额抵押目标 - 超额抵押值）$$

Acceleration（t）＝minimum（Excess Spread（t），OCTarget－OC Balance））

在超额抵押目标递减前，所有的证券本金偿还现金流都将用于偿付高级证券。在超额抵押目标递减后，高级证券的分配额将由证券的信用支持率来决定，支持证券将在高级证券的信用支持率得到满足后也得以获得本金的偿付。

在高级证券组的内部，现金流的分配将根据组内的瀑布结构来进行，即按照各个证券的优先级别来进行。低级证券组的内部也是如此。以下我们对现金流的分配步骤做一个简单介绍，这些步骤会在后面的程序中用到。

3. 高级证券现金流分配步骤

（1）计算高级证券的本金现金流总额：

$$高级证券信用支持目标_t = 基础资产面值_t \times 高级证券信用支持百分比$$

Subordination Target（t） = Collateral Balance（t） * Senior Subordination Target Percentage

$$高级证券本金支付_t = 高级证券本金面值_{t-1} - 次级目标_t$$

Senior PDA（t） = Senior Bond Balance（t − 1） − Subordination Target（t）

（2）计算群组间的现金流分配：

dist1 = CalcSeniorDist（period，1）

dist2 = CalcSeniorDist（period，2）

（3）计算群组内的现金流分配：

rem1 = CashPipes（“G1”）. PayPipe（period，dist1，fGroupPercent）

rem2 = CashPipes（“G2”）. PayPipe（period，dist2，fGroupPercent）

（4）如果现金流有短缺，计算群组间多余现金流的分享和额外的分配：

rem2 = CashPipes（“G1”）. PayPipe（period，rem2，fGroupPercent）

rem1 = CashPipes（“G2”）. PayPipe（period，rem1，fGroupPercent）

4. 次级证券现金流分配步骤

（1）计算支持证券的本金现金流总额：

$$次级证券本金支持_t = 总的本金支付_t - 优先级本金支付_t$$

Subordinate PDA（t） = PDA（t） − Senior PDA（t）

（2）计算信用支持目标：

$$次级信用支持目标_{(t,优先级)} = 信用支持目标百分比_{优先级} \times 基础资产面值_t$$

Subordination Target（t，seniority） = Subordination Target Percentage（seniority） * Collateral Balance（t）

次级证券本金支付金额$_t$ = 最小值（次级证券本金支付$_t$，证券本金金额$_t$）

Subordinate Principal Distribution Amount（t，seniority）= minimum（Subordinate PDA（t），Bond Balance（t，seniority））

（3）加总所有级别比目标证券高的证券的余额（设为 S）。

（4）加总所有级别比目标证券低的证券的余额（设为 J）。

（5）计算证券本金现金流的分配：

次级证券本金支付金额$_t$ = 最小值（次级证券本金支付$_t$，证券本金金额$_t$）

Subordinate Principal Distribution Amount（t，seniority）= minimum（Subordinate PDA（t），Bond Balance（t，seniority））

5. 触发机制（Triggers）

该交易中设有多个触发机制，来在特殊情况下改变常规现金流的分配顺序（本章节将不会包括此机制的建模细节）。

（1）迟付率触发机制（Delinquency Trigger）。

如果 3 个月的滚动平均迟付率（60 天以上）超过一定的比例（具体定义和条款如图 11.33 所示），那么超额抵押的目标就不可以递减。

A "***Delinquency Trigger Event***" with respect to any Distribution Date on or after the Stepdown Date exists if the Rolling Sixty-Day Delinquency Rate for the Distribution Date equals or exceeds the product of (x) the Senior Enhancement Percentage for that Distribution Date and (y) the applicable percentage listed below for the most senior class of outstanding interest-bearing certificates:

Class	Percentage
A............................	30.00%
M-1............................	33.79%
M-2............................	36.86%
M-3............................	48.83%
M-4............................	53.73%
M-5............................	60.82%
M-6............................	72.32%
M-7............................	78.71%
M-8............................	88.03%
M-9............................	94.23%

图 11.33　迟付率触发机制

资料来源：CWABS 2007 – 11 发行文件

具体的计算公式如下：

$$\text{迟付率触发机制}_t = \left[\left(\text{迟付率}_{t-2} + \text{迟付率}_{t-1} + \text{迟付率}_t\right)/3\right] / \text{基础资产本金面值}_{t-1} > \text{迟付率触发百分比}$$

$$\text{DelinqTrigger}(t) = \left(\left(\text{Delinq}(t-2) + \text{Delinq}(t-1) + \text{Delinq}(t)\right)/3\right) / \text{Collateral Balance}(t-1) > \text{DelinqPerc}$$

（2）累计损失触发机制（Cumulative Loss Trigger）。

如果累计损失率超过一定的比例（具体定义和条款如图 11.34 所示），那么超额抵押的目标就不可以递减。

"***Cumulative Loss Trigger Event***" with respect to any Distribution Date on or after the Stepdown Date, a Cumulative Loss Trigger Event is in effect if (x) the aggregate amount of Realized Losses on the Mortgage Loans from the Cut-off Date for each Mortgage Loan to (and including) the last day of the related Due Period (reduced by the aggregate amount of any Subsequent Recoveries received through the last day of that Due Period) exceeds (y) the applicable percentage, for the Distribution Date, of the Cut-off Date Pool Principal Balance, as set forth below:

Distribution Date	Percentage
September 2009 — August 2010	0.80% with respect to September 2009, plus an additional 1/12th of 0.95% for each month thereafter through August 2010
September 2010 — August 2011	1.75% with respect to September 2010, plus an additional 1/12th of 1.10% for each month thereafter through August 2011
September 2011 — August 2012	2.85% with respect to September 2011, plus an additional 1/12th of 0.90% for each month thereafter through August 2012
September 2012 — August 2013	3.75% with respect to September 2012, plus an additional 1/12th of 0.70% for each month thereafter through August 2013
September 2013 — August 2014	4.45% with respect to September 2013, plus an additional 1/12th of 0.15% for each month thereafter through August 2014
September 2014 and thereafter.............................	4.60%

图 11.34　累计损失触发机制

资料来源：CWABS 2007－11 发行文件

具体的计算公式如下：

$$累计损失触发机制_t = 累计损失_t / 基础资产本金面值_{t-1} > 累计损失触发百分比$$

$$CumLossTrigger(t) = CumulativeLoss(t) / Collateral\ Balance(t-1) > CumLossThreshold(t)$$

6. 回购（Call）

该交易也有回购条款，当交易的余额降到交易初始额的10%以下，服务商有权行使回购权，即以账面价值购买所有剩余的基础资产。在交易的建模中，一般会计算行使回购权和不行使回购权两种不同情景下的现金流。

三、现金流模型的模块设计

在了解了资产池的结构、贷款组合信息和以上这些必要的参数和假设之后，我们就可以开始进行基础资产现金流的建模了。模型主要分为两部分：资产方的现金流和负债方的现金流。

- 资产方
  ——资产管理人模块（Collateral Analyst）
  ——资产池模块（Collateral）
  ——房贷组合模块（Repline）
- 负债方
  ——债券结构师模块（Structurer）
  ——债券模块（Tranche）
  ——现金流管道模块（CashPipe）
  ——衍生品模块（Derioatives）

图11.35是进入Excel中的VBA建模的界面，我们会分模块和分步骤对各个主要环节的设计和编程进行演示。

我们用剩下的篇幅介绍该案例中各个模块的宏程序段（Sub），其中包含：

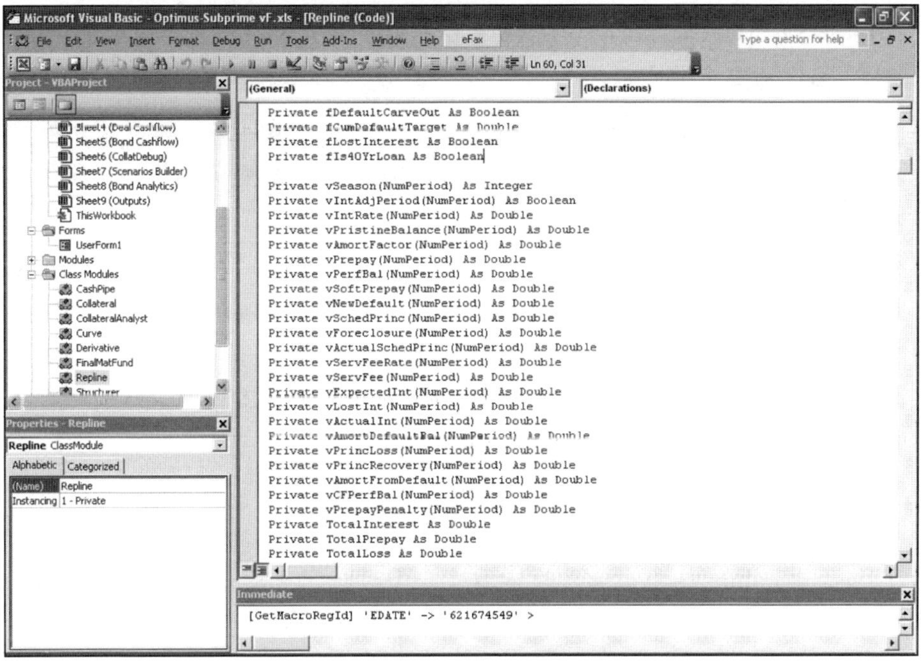

图 11.35 Excel VBA 建模界面

(1) 与基础资产的现金流相关的资产管理人模块、资产池模块和房贷组合模块,(2) 与证券现金流分配相关的债券结构师模块、债券模块、现金流管道模块和衍生品模块等。在这些宏程序中包含多个计算函数 (Function),我们会在稍后部分一一详细演示一些主要宏程序中的函数。

(一) 资产方模块

1. 资产管理人模块

该模块利用各种贷款信息和表现假设计算每个贷款或贷款组合的预期现金流,并把这些现金流汇总以备其他模块使用。

Public Sub LoadCurves ( ) #加载利率曲线、提前偿付曲线、违约率曲线

Public Sub LoadReplines ( ) #加载各种房贷组合

Public Sub RunCashflow ( ) #计算各个房贷组合的现金流

Public Sub CreateCollatGroups（） #为不同组别的债券建立各组的抵押池

Public Sub AddCollatCashflow（） #汇总各个组别的所有房贷组合现金流

2. 资产池模块

该模块的作用是储存资产管理人模块（Collateral Analyst）计算出来的现金流结果，将现金流的各个主要组成部分归类，并把现金流归集到相应的群组以备其他模块进行现金流的分配。

Public Sub AddToCollatGroup（ByVal period As Integer, Balance As Double, Interest As Double, Principal As Double, Loss As Double, PrepayPenalty As Double） #按房贷群组汇总各种数据

#以下函数可以让其他模块（例如债券结构师）使用现金池的数据：

Public Property Get Balance（period As Integer） As Double

Public Property Get Interest（period As Integer） As Double

Public Property Get Principal（period As Integer） As Double

Public Property Get Loss（period As Integer） As Double

Public Property Get PrepayPenalty（period As Integer） As Double

Public Property Get group（） As Integer

Public Property Get name（） As String

3. 房贷组合模块

该模块的作用是计算每个房贷组合相关的各种现金流。

#以下函数可以让其他模块使用房贷组合的数据：

Public Property Get CF_ PrepayPenalty（ByVal period As Integer） As Double

Public Property Get CF_ Balance（ByVal period As Integer） As Double

Public Property Get CF_ Interest（ByVal period As Integer） As Double

Public Property Get CF_ SchedPrinc（ByVal period As Integer） As Double

Public Property Get CF_ PrepayPrinc（ByVal period As Integer） As Double

Public Property Get CF_ PrincLoss（ByVal period As Integer） As Double

Public Property Get CF_ Recovery（ByVal period As Integer） As Double

…

Public Sub RunCashflow（） #运行特定房贷组合的现金流计算

Private Function CalcPerfBal（period As Integer） As Double #计算目标月份的本金余额

Private Function CalcForeclosure (period As Integer) As Double #计算目标月份的止赎金额

Private Function CalcAmortFromDefault (period As Integer) As Double #计算目标月份的违约款的本金摊销额

Private Function CalcPrincRecovery (period As Integer) As Double #计算目标月份违约款的回收金额

Private Function CalcPrincLoss (period As Integer) As Double #计算目标月份的本金损失

Private Function CalcAmortDefaultBal (period As Integer) As Double #计算可供摊销的违约本金额

Private Function CalcInterest (period As Integer) As Double #计算利息

Private Function CalcServFee (period As Integer) As Double #计算服务费

Private Function CalcActualSchedPrinc (period As Integer) As Double #计算实付的应付本金

Private Function CalcSchedPrinc (period As Integer) As Double #计算应付本金

Private Function CalcNewDefault (period As Integer) As Double #计算新违约额

Private Function CalcPrepay (period As Integer) As Double #计算提前偿付额

Private Function CalcAmortFactor (period As Integer) As Double #计算分期偿还因子

Private Function CalcIntRate (period As Integer) As Double #计算利率

Private Function CalcPrepayPenalty (period As Integer) As Double #计算提前偿付罚款

(二) 负债方模块

1. 债券结构师模块

该模块对交易中的证券进行分析运算计算并按照交易条款和结构来分配资产池模块计算所得的现金流、维护各种信贷增强机制、计算衍生工具现金流、计算债券现金分配等。

Public Sub Waterfall () #计算债券方的所有现金流

Public Sub PrintDeal () #在 Excel 上列出交易的现金流

Public Sub PrintBond () #在 Excel 上列出债券的现金流

Private Function CalcMoreSeniorBal (period As Integer, Seniority As Integer) As Double

#计算比目标等级债券高级的债券的剩余面额

Private Function WTF_ SeniorPrincipal（period As Integer, availFund As Double）As Double #用剩余现金流偿付高级债券本金

Private Function SetExcessSpread（period As Integer, ex As Double）As Double #计算剩余利差额

Private Function CalcSeniorDist（period As Integer, groupNum As Integer）As Double #计算群组的高级债券应还本金额

Private Function CalcGroupPercent（period As Integer, groupNum As Integer）As Double #按不同指定规则（房利美或房地美方法）计算目标群组本金百分比

Private Function CalcPDA（period As Integer）As Double #计算总债券应还本金额

Private Function CalcSeniorPDA（period As Integer）As Double #计算高级债券应还本金额

Public Function CalcSubPDA（period As Integer, Seniority As Integer）As Double #计算次级债券应还本金额

Private Function CalcAcceleration（period As Integer）As Double #计算超额抵押目标现金流

Private Function CalcOCBalance（period As Integer）As Double #计算超额抵押额

Private Function CalcOCTarget（period As Integer）As Double #计算超额抵押目标

Private Function CalcStepdown（period As Integer）As Boolean #计算目标月份是否进入超额抵押递减期

Private Function CalcExpense（period As Integer, ByRef bond As Tranche）As Double #计算债券担保费

Private Function PayInterest（period As Integer, ByRef bond As Tranche, availFund As Double, status As String）As Double #计算所有债券的应付利息并用现有现金流付清

Private Function WTF_ BondCarryForward（period As Integer, availCollatInt As Double）As Double #用现有现金流付清前期所欠利息

Private Function GetSubTarget（Seniority As Integer）As Double #计算次级债券本金目标余额

Public Function CalcSubBalance（period As Integer, Seniority As Integer）As Double #计算目标月份目标等级的次级债券面额

Private Function CalcSubDist (period As Integer, Seniority As Integer) As Double #计算目标月份目标等级的次级债券应付本金面额

Private Function WTF_ SubPrincipal (period As Integer, availFund As Double) As Double #计算目标月份剩余现金流偿付次级债券本金

Private Function WTF_ Turbo (period As Integer, availFund As Double) As Double #计算目标月份剩余现金流加速偿付债券本金

Dim fund As Double #计算目标月份是否需要加速还款，并用剩余现金付加快还款额

Private Function isCall (period As Integer) As Boolean #测试目标月份是否需要回购债券

Private Function CalcTurboTrigger (period As Integer) As Boolean #计算目标月份是否需要加速还款

Public Function CalcSwap (period As Integer) As Double #计算目标月份互换衍生工具现金流

Public Function CollatBalance (period As Integer, groupNum As Integer) As Double #计算目标月份群组内资产池面额

Public Function CollatLoss (period As Integer, groupNum As Integer) As Double #计算目标月份群组内资产的损失额

Public Function CollatPrepayPenalty (period As Integer, groupNum As Integer) As Double #计算目标月份群组内资产池内的提前偿付罚款额

Public Function CollatInterest (period As Integer, groupNum As Integer) As Double #计算目标月份群组内资产池的利息额

Public Function CollatPrincipal (period As Integer, groupNum As Integer) As Double #计算目标月份群组内资产池的本金额

Public Function BondPrincipal (period As Integer, groupNum As Integer) As Double #计算目标月份群组债券的本金额

Public Function BondInterest (period As Integer, groupNum As Integer) As Double #计算目标月份群组债券的利息

Public Function BondBalance (period As Integer, groupNum As Integer) As Double #计算目标月份群组的债券余额

Public Function SeniorBalance (period As Integer, groupNum As Integer) As Double #计算目标月份群组的高级债券余额

Public Function subBalance（period As Integer，groupNum As Integer）As Double #计算目标月份群组次级债券余额

Private Sub LoadPipes（） #按结构要求制作现金流管道

Public Sub AddBonds（） #按结构要求把债券加入现金流管道

Private Function CalcCumLoss（period As Integer） #计算累计损失额

Private Function CalcRealizedLoss（period As Integer） #计算已实现的损失

2. 债券模块

接收现金流管道里提供的现金流并按期偿还本金和利息并分摊损失。

Public Function PrincipalWritedown（period As Integer，totalWritedown As Double）As Double #债券损失

Public Function PayInterest（period As Integer，rawRate As Double，capRate As Double，availFund As Double，bondCoupon As Double，couponCap As Double，status As String）As Double #偿付目标月份的债券利息

Public Function PayPrincipal（period As Integer，payable As Double）As Double #偿付目标月份的债券本金

3. 现金流管道模块

该模块对现金流的分配进行计算。现金流管道分为横向和纵向两种。横向管道负责分割现金流并付款给同样信贷级别的债券；纵向管道则对现金流进行自上而下的分配。

Public Function PayPipe（period As Integer，availFund As Double，groupPercents As Variant）As Double #按横向或纵向以及比例向管道内注入现金流

Public Function PayRemainLeg（ByVal period As Integer，availFund As Double）As Double #如果横向管道内某一债券已完全付清，剩下的应付现金将用以支付管道内剩余的另一债券

Public Function PipeBalance（ByVal period As Integer）As Double #计算管道内所有债券的余额

Public Function PriorityBalance（ByVal period As Integer，ByVal Priority As Integer）As Double #计算管道内某个目标等级的余额

Private Function PayPriorityLevel（ByVal period As Integer，ByVal Priority As Integer，availFund As Double）As Double #为管道内同一指定级别的债券注入现金流

Public Function WritedownPipe（period As Integer，totalWritedown As Double）As Double

#为管道内债券进行减值

4. 衍生品模块

利率通道（Corridors）和利率互换（SWAP）的计算。

Private Sub CalDealPayLeg（useLessor As Boolean, BondBal As Double, period As Integer, DayAdj30 As Double） #计算付款（固定利率）的金额

Private Sub CalDealRecLeg（useLessor As Boolean, BondBal As Double, period As Integer, dayAdjAct As Double） #计算收款（浮动利率）的金额

Public Sub CalDealCashflow（useLessor As Boolean, BondBal As Double, period As Integer, DayAdj30 As Double, dayAdjAct As Double） #计算净现金流

四、现金流建模的宏程序和函数展示

（一）资产端模块

1. 资产管理人模块（Collateral Analyst）

（1）将 Excel 输入的所有的曲线加入到 VBA 模型里（LoadCurves）。

```
Public Sub LoadCurves ()
Set myInterestCurves = New Collection
Set myPrepayCurves = New Collection
Set myDefaultCurves = New Collection
Set myVarServFeeCurves = New Collection
Dim intCurve As Curve, prepayCurve As Curve, defaultCurve As Curve, servCurve As Curve
Dim i As Integer
Set servCurve = New Curve
Call servCurve. initialize (Range ( "VarServFee"), 1)
Call myVarServFeeCurves. Add (servCurve)
For i = 1 To NumCurves
    Set intCurve = New Curve
    Set prepayCurve = New Curve
    Set defaultCurve = New Curve
    Call intCurve. initialize (Range ( "InterestCurveHome"), i)
```

```
        Call prepayCurve. initialize (Range ( "PrepayCurveHome"), i)
        Call defaultCurve. initialize (Range ( "DefaultCurveHome"), i)
        Call myInterestCurves. Add (intCurve)
        Call myPrepayCurves. Add (prepayCurve)
        Call myDefaultCurves. Add (defaultCurve)
    Next i
    End Sub
```

（2）将 Excel 里所有的房贷组合加入 VBA 模型里（LoadReplines）。

```
    Public Sub LoadReplines ()
    Dim PrepaySpeed As Double
    Dim DefaultSpeed As Double
    …
    Dim DefaultCarveOut As String
    Set myReplines = New Collection
    PrepayCap = Range ( "PrepayCap")
    RunCumLoss = Range ( "RunCumLoss")
    CapDefault = Range ( "CapDefault")
    DefaultCarveOut = Range ( "DefaultCarveOut")
    LostInterest = Range ( "LostInterest")
    Dim oneRep As Repline
    For i = 1 To fNumReplines
        Set oneRep = New Repline
        If Range ( "rARMIndex") (i + 1, 1) = "" Then
            PrepaySpeed = Range ( "FixedPrepaySpeed")
            DefaultSpeed = Range ( "FixedDefaultSpeed")
        Else
            PrepaySpeed = Range ( "ARMPrepaySpeed")
            DefaultSpeed = Range ( "ARMDefaultSpeed")
        End If
        Call oneRep. initialize (Range ("rID") (i + 1, 1), Range ("rGroup") (i + 1, 1), Range
( "rName") (i + 1, 1), Range ( "rGrossCoupon") (i + 1, 1), Range ( "rServFee") (i + 1, 1),
```

```
Range ("rNetCoupon") (i+1, 1), Range ("rCutOffBalance") (i+1, 1) _
    , Range ("rRemainAmort") (i+1, 1), Range ("rOrigAmort") (i+1, 1), Range ("rRemainBallon") (i+1, 1), Range ("rOrigBallon") (i+1, 1), Range ("rAge") (i+1, 1), Range ("rARMIndex") (i+1, 1), Range ("rGrossMargin") (i+1, 1) _
    , Range ("rNextResetPeriod") (i+1, 1), Range ("rResetFreq") (i+1, 1), Range ("rLifeCap") (i+1, 1), Range ("rInitCap") (i+1, 1), Range ("rPeriodicCap") (i+1, 1), Range ("rLifeFloor") (i+1, 1), Range ("rLookbackDays") (i+1, 1) _
    , Range ("rOrigFixedPeriod") (i+1, 1), Range ("rServFeeStepUp") (i+1, 1), Range ("rPPTerm") (i+1, 1), Range ("rPPType") (i+1, 1), Range ("rOrigIOPeriod") (i+1, 1), Range ("rCreditComeback") (i+1, 1), Range ("rPrefDelay") (i+1, 1) _
    , Range ("rPrefRate") (i+1, 1), Range ("rInterestCurve") (i+1, 1), Range ("rPrepayCurve") (i+1, 1), Range ("rDefaultCurve") (i+1, 1), Range ("rAdvancePI") (i+1, 1), Range ("rDefaultLag") (i+1, 1), Range ("rSeverity") (i+1, 1) _
    , Range ("rCumLossTarget") (i+1, 1), PrepaySpeed, DefaultSpeed, Range ("SeasonPPCurve"), Range ("SeasonDefaultCurve"), PrepayCap, RunCumLoss, CapDefault, DefaultCarveOut, LostInterest)
        Call oneRep. FeedCurve (myInterestCurves (oneRep. InterestIndex), "Interest")
        Call oneRep. FeedCurve (myPrepayCurves (oneRep. PrepayIndex), "Prepay")
        Call oneRep. FeedCurve (myDefaultCurves (oneRep. DefaultIndex), "Default")
        Call oneRep. FeedCurve (myVarServFeeCurves (1), "VarServ")
        Call myReplines. Add (oneRep)
    Next i
    End Sub
```

（3）在 VBA 里创建指定数量的资产池群组（CreateCollatGroups）。

```
Public Sub CreateCollatGroups ()
Dim period As Integer
Set myCollaterals = New Collection
Set my40YrLoan = New Collateral
Dim collat As Collateral
Dim groupNum As Integer
For groupNum = 1 To HowManyGroups
```

```
        Set collat = New Collateral
        collat. initialize (groupNum)
        Call myCollaterals. Add (collat, collat. name)
    Next groupNum
    End Sub
```

（4）运算资产方所有的房贷组合各自的现金流（RunCashFlow）。

```
    Public Sub RunCashflow ()
    Dim arep As Repline
    For i = 1 To myReplines. Count
        Set arep = myReplines (i)
        Call arep. RunCashflow
        Sheets (collatPage) . Range ( "AN6") (i)  = arep. Interest
    Next i
    End Sub
```

（5）汇总所有的房贷组合现金流（AddCollatCashflow）。

```
    Public Sub AddCollatCashflow ()
    Dim group As Integer
    Dim bal As Double, Interest As Double, princ As Double, Loss As Double, PP As Double
    For period = 0 To NumPeriod
        For i = 1 To myReplines. Count
            bal = myReplines (i) . CF_ Balance (period)
            Interest = myReplines (i) . CF_ Interest (period)
    princ = myReplines (i) . CF_ SchedPrinc (period)  + myReplines (i) . CF_ PrepayPrinc (period)  + myReplines (i) . CF_ Recovery (period)
            Loss = myReplines (i) . CF_ PrincLoss (period)
            PP = myReplines (i) . CF_ PrepayPenalty (period)
            group = myReplines (i) . groupNum
            If myReplines (i) . is40YrLoan Then
                Call my40YrLoan. AddToCollatGroup (period, bal, Interest, princ, Loss, PP)
            End If
            Call myCollaterals (group) . AddToCollatGroup (period, bal, Interest, princ, Loss, PP)
```

```
        Next i
    Next period
    End Sub
```

2. 资产池模块

按群组管理各种资产方的现金流（AddToCollatGroup）。

```
Public Sub AddToCollatGroup (ByVal period As Integer, Balance As Double, Interest As Double, Principal As Double, Loss As Double, PrepayPenalty As Double)
    fBalance (period) = fBalance (period) + Balance
    fInterest (period) = fInterest (period) + Interest
    fPrincipal (period) = fPrincipal (period) + Principal
    fLoss (period) = fLoss (period) + Loss
    fPrepayPenalty (period) = fPrepayPenalty (period) + PrepayPenalty
End Sub
```

3. 房贷组合模块

（1）计算房贷组合的所有现金流（RunCashFlow）。

```
Public Sub RunCashflow ()
TotalInterest = 0
TotalPrepayPenalty = 0
TotalPrepay = 0
TotalLoss = 0
TotalServFee = 0
TotalPenalty = 0
Dim i As Integer
For i = 1 To fRemainBallon + fPrefDelay
    Call CalcAmortFactor (i)
    Call CalcPrepay (i)
    Call CalcNewDefault (i)
    Call CalcSchedPrinc (i)
    Call CalcActualSchedPrinc (i)
    Call CalcServFee (i)
    Call CalcInterest (i)
```

```
        Call CalcAmortDefaultBal (i)
        Call CalcPrincLoss (i)
        Call CalcPrincRecovery (i)
        Call CalcAmortFromDefault (i)
        Call CalcForeclosure (i)
        Call CalcPerfBal (i)
        Call CalcPrepayPenalty (i)
        TotalPrepay = TotalPrepay + vPrepay (i)
        TotalServFee = TotalServFee + vServFee (i)
        TotalInterest = TotalInterest + vActualInt (i)
        TotalLoss = TotalLoss + vNewDefault (i)
        TotalPenalty = TotalPenalty + vPrepayPenalty (i)
    Next i
    End Sub
```

（2）计算实际偿还本金和新增违约款（CalcActualSchedPrinc）。

```
    Private Function CalcActualSchedPrinc (period As Integer) As Double
    Dim SchedPrinc As Double
    If vAmortFactor (period - 1) = 0 Then
        SchedPrinc = 0
    ElseIf fDefaultCarveOut Then
        SchedPrinc = vPerfBal (period - 1) * (1 - vAmortFactor (period) / vAmortFactor (period - 1))
    Else
        SchedPrinc = (vPerfBal (period - 1) - vNewDefault (period)) * (1 - vAmortFactor (period) / vAmortFactor (period - 1))
    End If
    vActualSchedPrinc (period) = Application. WorksheetFunction. Min (vPerfBal (period - 1) - vNewDefault (period), SchedPrinc)
    CalcActualSchedPrinc = vActualSchedPrinc (period)
    End Function
```

（3）计算提前偿还本金（CalcSchedPrinc）。

```
    Private Function CalcSchedPrinc (period As Integer) As Double
```

```
Dim SchedPrinc As Double
If vAmortFactor (period - 1) =0 Then
    SchedPrinc =0
Else
    SchedPrinc = (vPerfBal (period - 1) + vForeclosure (period - 1) - vAmortDefaultBal (period - 1)) * (1 - vAmortFactor (period) /vAmortFactor (period - 1))
End If
vSchedPrinc (period) =WorksheetFunction. Max (0, SchedPrinc)
CalcSchedPrinc = vSchedPrinc (period)
End Function
```

（4）计算新增违约款（CalcNewDefault）。

```
Private Function CalcNewDefault (period As Integer) As Double
Dim DefaultRate As Double
Dim DefaultSMM As Double
Dim Cap As Double
Dim Default As Double
If vAmortFactor (period - 1) = 0 Or vSeason (period) < = 0 Or period > fRemainBallon - WorksheetFunction. Max (1, fDefaultLag) Then
    DefaultRate =0
Else
    If fSeasonDefaultCurve Then
        DefaultRate = myDefaultCurve. Item (vSeason (period))
    Else
        DefaultRate = myDefaultCurve. Item (period)
    End If
End If
DefaultRate = DefaultRate * fDefaultSpeed
DefaultSMM =1 - (1 - DefaultRate) ^ (1/12)
If fRunCumLoss Then
    Default = DefaultRate * fCutOffBalance * fCumDefaultTarget * fDefaultSpeed
    If vSeason (period) =fRemainBallon Then
```

```
            Cap = vPerfBal (period - 1)
            Default = WorksheetFunction. Min (Cap, Default, vPrepay (period))
        End If
    Else
        Default = vPerfBal (period - 1) * DefaultSMM
    End If
    If fCapDefault Then
        Default = WorksheetFunction. Min (Default, vPrepay (period))
    Else
        Default = WorksheetFunction. Min (Default)
    End If
    vNewDefault (period) = Default
    CalcNewDefault = Default
    End Function
```

（5）计算有效还款额（CalcPerfBal）。

```
    Private Function CalcPerfBal (period As Integer) As Double
    If vSeason (period) < = 0 Then
        vPerfBal (period) = fCutOffBalance
    ElseIf fDefaultCarveOut Then
        vPerfBal (period) = vPerfBal (period - 1) - vActualSchedPrinc (period) - Worksheet-
Function. Max (vNewDefault (period), vPrepay (period))
    Else
        vPerfBal (period) = vPerfBal (period - 1) - vActualSchedPrinc (period) - vNewDefault
(period) - vPrepay (period)
    End If
    vCFPerfBal (period) = vPerfBal (period) + vForeclosure (period)
    CalcPerfBal = vCFPerfBal (period)
    End Function
```

（6）计算提前偿还本金（CalcPrepay）。

```
    Private Function CalcPrepay (period As Integer) As Double
    Dim PrepayRate As Double
```

```
Dim PrepaySMM As Double
bbb = 1
If vAmortFactor (period - 1) = 0 Or vSeason (period) < = 0 Then
    vPrepay (period) = 0
Else
    If fSeasonPPCurve Then
        PrepayRate = myPrepayCurve. Item (vSeason (period)) * fPrepaySpeed
    Else
        PrepayRate = myPrepayCurve. Item (period) * fPrepaySpeed
    End If
    PrepayRate = WorksheetFunction. Min (PrepayRate, fPrepayCap)
    PrepaySMM = 1 - (1 - PrepayRate) ^ (1/12)
    vPrepay (period) = vPerfBal (period - 1) * vAmortFactor (period) /vAmortFactor (peri-
od - 1) * PrepaySMM
End If
CalcPrepay = vPrepay (period)
Call CalcSoftPrepay (period)
End Function
```

（7）计算分期偿还因子（CalcAmortFactor）。

```
Private Function CalcAmortFactor (period As Integer) As Double
Dim season As Integer
Dim adjust As Boolean
Dim rate As Double
Dim Principal As Double
season = CalcSeason (period)
adjust = CalcIntAdjPeriod (period)
rate = CalcIntRate (period)
If season < = fOrigIOPeriod Then
    vPristineBalance (period) = vPristineBalance (period - 1)
Else
    If season < = 0 Then
```

```
            vPristineBalance (period) = vPristineBalance (period - 1)
        ElseIf period = fRemainBallon + fPrefDelay Then
            vPristineBalance (period) = 0
        Else
            If vPristineBalance (period - 1) > 0.01 Then
             Principal = PPmt (rate/12, 1, fAmortPeriodRemaining, - vPristineBalance (period - 1))
             fAmortPeriodRemaining = fAmortPeriodRemaining - 1
            End If
             vPristineBalance (period) = vPristineBalance (period - 1) - Principal
        End If
    End If
    vAmortFactor (period) = vPristineBalance (period) /fCutOffBalance
    CalcAmortFactor = vAmortFactor (period)
    End Function
```

（8）计算止赎（CalcForeclosure）。

```
    Private Function CalcForeclosure (period As Integer) As Double
    vForeclosure (period) = WorksheetFunction. Max (vNewDefault (period) + vForeclosure (peri-
od - 1) - vAmortDefaultBal (period) - vAmortFromDefault (period), 0)
    CalcForeclosure = vForeclosure (period)
    End Function
```

（9）计算违约款的摊销额（CalcAmortFromDefault）。

```
    Private Function CalcAmortFromDefault (period As Integer) As Double
    If fAdvancePI Then
        If vAmortFactor (period) = 0 Then
            vAmortFromDefault (period) = 0
        Else
            vAmortFromDefault (period) = (vNewDefault (period) + vForeclosure (period - 1) -
vAmortDefaultBal (period)) * (1 - vAmortFactor (period) /vAmortFactor (period - 1))
        End If
    Else
        vAmortFromDefault (period) = 0
```

```
End If
CalcAmortFromDefault = vAmortFromDefault (period)
End Function
```

(10) 计算目标月份是否利率重新调整期（CalcIntAdjPeriod）。

```
Private Function CalcIntAdjPeriod (period As Integer) As Boolean
If fARM Then
    If period <= fNextResetPeriod + fPrefDelay Then
        vIntAdjPeriod (period) = False
    Else
        If period = fNextResetPeriod + fPrefDelay + 1 Then
            vIntAdjPeriod (period) = True
        Else
            If ((period - (fNextResetPeriod + fPrefDelay + 1)) Mod fResetFreq) = 0 Then
                vIntAdjPeriod (period) = True
            Else
                vIntAdjPeriod (period) = False
            End If
        End If
    End If
Else
    vIntAdjPeriod (period) = True
End If
CalcIntAdjPeriod = vIntAdjPeriod (period)
End Function
```

(11) 计算利息（CalcInterest）。

```
Private Function CalcInterest (period As Integer) As Double
vExpectedInt (period) = (vPerfBal (period - 1) + vForeclosure (period - 1)) * vIntRate (period) /12 - vServFee (period)
If fLostInterest Then
    vLostInt (period) = (vNewDefault (period) + vForeclosure (period - 1)) * (vIntRate (period) - vServFeeRate (period)) /12
```

```
Else
    vLostInt (period) =0
End If
vActualInt (period) =vExpectedInt (period) -vLostInt (period)
CalcInterest = vActualInt (period)
End Function
```

（12）计算利率（CalcIntRate）。

```
Private Function CalcIntRate (period As Integer) As Double
Dim rate As Double
If fARM Then
    If period < = fNextResetPeriod + fPrefDelay Then
        rate = fGrossCoupon
    ElseIf period = fNextResetPeriod + fPrefDelay + 1 Then
        rate = WorksheetFunction. Min (vIntRate (period - 1) + fInitCap, myInterestCurve. Item (period) + fGrossMargin)
    ElseIf Not vIntAdjPeriod (period) Then
        rate = vIntRate (period - 1)
    Else
        rate = WorksheetFunction. Min (vIntRate (period - 1) + fPeriodicCap, myInterest-Curve. Item (period) + fGrossMargin)
    End If
    rate = WorksheetFunction. Max (fLifeFloor, rate)
Else
    If fCreditComeback Then
        If vSeason (period) < = 12 Then
            rate = vIntRate (period - 1)
        Else
            If vSeason (period) =13 Or vSeason (period) =25 Or vSeason (period) =37 Or vSeason (period) =49 Then
                rate = vIntRate (period - 1) - fCCReduction
                fCCRemain = fCCRemain - 1
```

```
                Else
                    rate = vIntRate (period - 1)
                End If
            End If
        Else
            rate = fGrossCoupon
        End If
    End If
    vIntRate (period)  = rate
    CalcIntRate = vIntRate (period)
    End Function
```

(13) 计算新增违约 (CalcNewDefault)。

```
    Private Function CalcNewDefault (period As Integer) As Double
    Dim DefaultRate As Double
    Dim DefaultSMM As Double
    Dim Cap As Double
    Dim Default As Double
    If vAmortFactor (period - 1)  = 0 Or vSeason (period)  < = 0 Or period > fRemainBallon -
WorksheetFunction. Max (1, fDefaultLag) Then
        DefaultRate = 0
    Else
        If fSeasonDefaultCurve Then
            DefaultRate = myDefaultCurve. Item (vSeason (period))
        Else
            DefaultRate = myDefaultCurve. Item (period)
        End If
    End If
    DefaultRate = DefaultRate * fDefaultSpeed
    DefaultSMM = 1 -  (1 - DefaultRate) ^ (1/12)
    If fRunCumLoss Then
        Default = DefaultRate * fCutOffBalance * fCumDefaultTarget * fDefaultSpeed
```

```
        If vSeason (period) = fRemainBallon Then
            Cap = vPerfBal (period - 1)
            Default = WorksheetFunction. Min (Cap, Default, vPrepay (period))
        End If
    Else
      Default = vPerfBal (period - 1) * DefaultSMM
    End If
    If fCapDefault Then
        Default = WorksheetFunction. Min (Default, vPrepay (period))
    Else
        Default = WorksheetFunction. Min (Default)
    End If
    vNewDefault (period) = Default
    CalcNewDefault = Default
    End Function
```

（14）计算本金损失额（CalcPrincLoss）。

```
    Private Function CalcPrincLoss (period As Integer) As Double
    If period < = fDefaultLag Then
        vPrincLoss (period) =0
    Else
        vPrincLoss (period) = WorksheetFunction. Min (vNewDefault (period - fDefaultLag) * fSeverity, vAmortDefaultBal (period))
    End If
    CalcPrincLoss = vPrincLoss (period)
    End Function
```

（15）计算已回收的违约额（CalcPrincRecovery）。

```
    Private Function CalcPrincRecovery (period As Integer) As Double
    vPrincRecovery (period) = WorksheetFunction. Max (0, vAmortDefaultBal (period) - vPrincLoss (period))
    CalcPrincRecovery = vPrincRecovery (period)
    End Function
```

（16）计算服务费（CalcServFee）。

```
Private Function CalcServFee (period As Integer) As Double
Dim servFee As Double
Dim StepUp As Double
Dim VarFee As Double
If period > fNextResetPeriod + fPrefDelay Or fAge > = fOrigFixedPeriod Then
    servFee = fServFee + fServFeeStepUp
Else
    servFee = fServFee
End If
VarFee = myVarServCurve. Item (period)
vServFeeRate (period) = servFee + VarFee
vServFee (period) = (vPerfBal (period - 1) + vForeclosure (period - 1)) * vServFeeRate
(period) /12
CalcServFee = vServFee (period)
End Function
```

（二）债券方模块

1. 债券结构师模块

（1）负债方所有债券的现金流计算和分配次序（Waterfall）。

```
Public Sub waterfall ()
Dim ex As Double
Dim availCollatInt As Double
Dim availFund As Double
Dim period As Integer
Dim groupNum As Integer
For period = 1 To NumPeriod
    ex = 0
    availCollatInt = 0
    availFund = 0
    Call CalcCumLoss (period)
```

```
availCollatInt = fCF_ CollatInterest (period, 0)
If BondBalance (period - 1, 0) > 0.01 Then
    For groupNum = 0 To myCollat. Count
    Call CalcGroupPercent (period, groupNum)
    Next groupNum
availCollatInt = WorksheetFunction. Max (0, WTF_ BondExp (period, availCollatInt))
availCollatInt = WorksheetFunction. Max (0, WTF_ SwapExp (period, availCollatInt))
    Call CalcCaps (period)
    availCollatInt = WTF_ BondInterest (period, availCollatInt)
    ex = SetExcessSpread (period, availCollatInt)
    availCollatInt = WTF_ FinalMaturityDeposit (period, ex)
    availFund = availCollatInt + fCF_ CollatPrincipal (period, 0)
    availFund = WTF_ SeniorPrincipal (period, availFund)
    availFund = WTF_ SubPrincipal (period, availFund)
    availFund = WTF_ Turbo (period, availFund)
    Call WTF_ Writedown (period)
    availFund = WTF_ BondCarryForward (period, availFund)
Else
    fDealCollapsed = True
    availFund = availCollatInt + fCF_ CollatPrincipal (period, 0)
    ex = SetExcessSpread (period, availCollatInt)
End If
fResidual (period) = availFund
Next period
End Sub
```

（2）支付所有债券以前拖欠的利息（WTF_ BondCarryForward）。

```
Private Function WTF_ BondCarryForward (period As Integer, availCollatInt As Double) As Double
Dim availFund As Double
availFund = availCollatInt
For i = 1 To mybonds. Count
```

```
    availFund = PayInterest (period, mybonds (i), availFund, "carryforward")
Next i
WTF_ BondCarryForward = availFund
End Function
```

(3) 支付所有债券担保费用(WTF_ BondExp)。

```
Private Function WTF_ BondExp (period As Integer, availFund As Double) As Double
Dim exp As Double
exp = 0
For i = 1 To mybonds. Count
    exp = exp + CalcExpense (period, mybonds (i))
Next i
fCF_ WrapFee (period) = exp
WTF_ BondExp = availFund - exp
End Function
```

(4) 计算债券利息的支付(WTF_ BondInterest)。

```
Private Function WTF_ BondInterest (period As Integer, availCollatInt As Double) As Double
Dim paid As Double
Dim availFund As Double
paid = 0
availFund = availCollatInt
For i = 1 To mybonds. Count
    availFund = PayInterest (period, mybonds (i), availFund, "initial")
Next i
WTF_ BondInterest = availFund
End Function
```

(5) 计算高级债券本金的支付(WTF_ SeniorPrincipal)。

```
Private Function WTF_ SeniorPrincipal (period As Integer, availFund As Double) As Double
Dim dist1 As Double, dist2 As Double, fund As Double, rem1 As Double, rem2 As Double
fund = availFund
Dim SenBal As Double
SenBal = SeniorBalance (period, 0)
```

```
If fTurboTrigger (period) Then
    If fCF_ CollatPrincipal (period, 0) =0 Or SenBal < 0.01 Then
        WTF_ SeniorPrincipal = availFund
        Exit Function
    Else
            If fGroupPercent (period, 0) =0 Then
                dist1 = SeniorBalance (period, 1) /SenBal * fund
                dist2 = SeniorBalance (period, 2) /SenBal * fund
            Else
                dist1 = fGroupPercent (period, 1) * fund
                dist2 = fGroupPercent (period, 2) * fund
            End If
    End If
    Call CalcSeniorDist (period, 1)
    Call CalcSeniorDist (period, 2)
Else
    dist1 = CalcSeniorDist (period, 1)
    dist2 = CalcSeniorDist (period, 2)
End If
fund = fund - dist1 - dist2
rem1 = CashPipes ("G1") . PayPipe (period, dist1, fGroupPercent
rem2 = CashPipes ("G2") . PayPipe (period, dist2, fGroupPercent)
rem2 = CashPipes ("G1") . PayPipe (period, rem2, fGroupPercent)
rem1 = CashPipes ("G2") . PayPipe (period, rem1, fGroupPercent)
fund = fund + rem1 + rem2
WTF_ SeniorPrincipal = fund
End Function
```

（6）计算次级债券本金的支付（WTF_ SubPrincipal）。

```
Private Function WTF_ SubPrincipal (period As Integer, availFund As Double) As Double
Dim isTurbo As Boolean
Dim fund As Double
```

```
Dim remain As Double
Dim currentlevel As Integer
Dim levelFund As Double
Dim bondName As String
Dim Percent As Double
Dim subDist As Double
Dim SplitRemain As Double
Dim splitname As String
Dim Seniority As Integer
isTurbo = fTurboTrigger (period)
If isTurbo Then fund = availFund Else fund = WorksheetFunction. Min (availFund, CalcSubPDA
(period))
remain = availFund - fund
currentlevel = 0
For i = 1 To CashPipes. Count
    Seniority = CashPipes (i) . Seniority
    If Seniority > = 2 Then
        If isTurbo Then
            levelFund = fund
        ElseIf fStepdown (period) Then
            subDist = CalcSubDist (period, Seniority)
            levelFund = WorksheetFunction. Min (fund, subDist)
        Else
            levelFund = fund
        End If
      fund = fund - levelFund + CashPipes (i) . PayPipe (period, levelFund, fGroupPercent)
    End If
Next i
WTF_ SubPrincipal = fund + remain
End Function
```

（7）计算衍生品（互换）的费用支付（WTF_ SwapExp）。

```
Private Function WTF_ SwapExp (period As Integer, availFund As Double) As Double
Dim exp As Double
exp = - WorksheetFunction. Min (CalcSwap (period), 0)
WTF_ SwapExp = availFund - exp
End Function
```

（8）计算债券的加速偿付本金支付（WTF_ Turbo）。

```
Private Function WTF_ Turbo (period As Integer, availFund As Double) As Double
Dim fund As Double
Dim isTurbo As Boolean
isTurbo = CalcTurboTrigger (period)
fund = availFund
fCF_ TurboFund (period) = availFund
If isTurbo Then
    fund = WTF_ SeniorPrincipal (period, fund)
    fund = WTF_ SubPrincipal (period, fund)
End If
WTF_ Turbo = fund
End Function
```

（9）计算债券的损失（坏账注销）（WTF_ Writedown）。

```
Private Sub WTF_ Writedown (period As Integer)
Dim totalWritedown As Double
Dim bondName As String
totalWritedown = CalcRealizedLoss (period)
Dim currentlevel As Integer
Dim levelWritedown As Double
Dim SplitRemain As Double
Dim splitname As String
Dim currentwritedown As Double
For i = CashPipes. Count To 1 Step -1
    currentlevel = CashPipes (i) . Seniority
```

```
        If currentlevel  >  1  Then
            totalWritedown = CashPipes (i) . WritedownPipe (period, totalWritedown)
        End If
    Next i
    End Sub
```

（10）把所有债券从 Excel 输入 VBA 环境下（AddBonds）。

```
Public Sub AddBonds ()
Sheets (tranchePage) . Select
Dim bonds As New Collection
Dim abond As Tranche
    For i = 1 To fNumBonds
        Set abond = New Tranche
Call abond. initialize (Range ( "CollatGroup") (i+1), Range ( "Priority") (i+1) , Range ( "Seniority") (i+1), Range ( "TrancheName") (i+1), Range ( "TrancheBalance") (i+1)
 , Range ("TrancheDescription") (i+1), Range ("TrancheType") (i+1), Range ("MarginStepup") (i+1), Range ("DayCount") (i+1), Range ("AccrualDate") (i+1), Range ("CapKey") (i+1) _
        , Range ( "TrancheSize") (i+1), Range ( "TrancheSubTarget") (i+1), Range ( "Coupon") (i+1)
        , Range ("Margin") (i+1), Range ("FPDays") (i+1), Range ("Index") (i+1) _
        , Range ("Guarantee") (i+1), Range ("TargetPrice") (i+1), Range ("NAS") (i+1))
        Call bonds. Add (abond, abond. TrancheName)
    Next i
    Set mybonds = bonds
    Set bonds = Nothing
End Sub
```

（11）计算债券总余额（BondBalance）。

```
Public Function BondBalance (period As Integer, groupNum As Integer) As Double
BondBalance = SeniorBalance (period, groupNum)  + subBalance (period, groupNum)
```

```
fCF_ BondBalance (period, groupNum) = BondBalance
End Function
```

(12) 计算债券的利息支付 (BondInterest)。

```
Public Function BondInterest (period As Integer, groupNum As Integer) As Double
Dim temp As Double
temp = 0
For i = 1 To mybonds. Count
    If groupNum = 0 Then
        temp = temp + mybonds (i) . intPaid (period)
    Else
        If groupNum = mybonds (i) . CollatGroup Then
            temp = temp + mybonds (i) . intPaid (period)
        End If
    End If
Next i
fCF_ BondInt (period, groupNum) = temp
BondInterest = temp
End Function
```

(13) 计算债券的本金支付 (BondPrincipal)。

```
Public Function BondPrincipal (period As Integer, groupNum As Integer) As Double
Dim temp As Double
temp = 0
For i = 1 To mybonds. Count
    If groupNum = 0 Then
        temp = temp + mybonds (i) . Principal (period)
    Else
        If groupNum = mybonds (i) . CollatGroup Then
            temp = temp + mybonds (i) . Principal (period)
        End If
    End If
Next i
```

```
fCF_ BondPrinc (period, groupNum) =temp
BondPrincipal = temp
End Function
```

(14) 计算加速偿还本金额 (CalcAcceleration)。

```
Private Function CalcAcceleration (period As Integer) As Double
Dim OCTarget As Double
Dim OCBalance As Double
Dim OCAdjust As Double
OCTarget = CalcOCTarget (period)
OCBalance = CalcOCBalance (period)
OCAdjust = OCTarget - OCBalance
fCF_ Acceleration (period) = WorksheetFunction. Min (OCAdjust, fCF_ ExcessSpread (period))
CalcAcceleration = fCF_ Acceleration (period)
End Function
```

(15) 计算贷款损失金额 (CalcCumLoss)。

```
Private Function CalcCumLoss (period As Integer)
Dim Loss As Double
Loss =0
For i =1 To myCollat. Count
    Loss = Loss + myCollat (i) . Loss (period)
Next i
fCF_ CollatLoss (period, 0) = Loss
fCF_ CumLoss (period) = fCF_ CumLoss (period -1) + Loss
CalcCumLoss = fCF_ CumLoss (period)
End Function
```

(16) 计算债券的担保费 (CalcExpense)。

```
Private Function CalcExpense (period As Integer, ByRef bond As Tranche) As Double
Dim dayCountAdj As Double
Dim exp As Double
If fWrapFeeDayCount = "act/360" Then
    dayCountAdj = fAdjustAct (period)
```

```
Else
    dayCountAdj = 30/360
End If
exp = bond. Balance (period - 1) * bond. Guarantee * dayCountAdj
bond. setBondExpense (period) = exp
CalcExpense = exp
End Function
```

（17）按指定规则（房利美或房地美方法）计算群组的本金百分比（CalcGroupPercent）。

```
Private Function CalcGroupPercent (period As Integer, groupNum As Integer) As Double
Dim FreddieNum As Double
Dim FreddieDenom As Double
… …
Dim freddie As Double
Dim result As Double
If fAgencyConform = "Fannie" Then
    CollatGroupPrinc = fCF_ CollatPrincipal (period, groupNum)
    CollatPrinc = fCF_ CollatPrincipal (period, 0)
    If CollatPrinc = 0 Then fannie = 0 Else fannie = CollatGroupPrinc/CollatPrinc
ElseIf fAgencyConform = "Freddie" Then
If fAgencyConform = "Freddie" Then
    Dim gp As Integer
    fCF_ SeniorTargetAmount (period, 0) = 0
    For gp = 1 To HowManyGroups
fCF_ SeniorTargetAmount (period, gp) = WorksheetFunction. Max (0, SeniorBalance (period - 1, gp) - WorksheetFunction. Min (fSeniorTarget * fCF_ CollatBalance (period, gp), fCF_ CollatBalance (period, gp) - fOCFloor * fCF_ CollatBalance (0, gp)))
        fCF_ SeniorTargetAmount (period, 0) = fCF_ SeniorTargetAmount (period, 0) + fCF_ SeniorTargetAmount (period, gp)
    Next gp
    If fCF_ SeniorTargetAmount (period, 0) > 0 Then
```

```
            freddie = fCF_ SeniorTargetAmount (period, groupNum) /fCF_ SeniorTargetAmount
(period, 0)
        Else
            freddie = 0
        End If
    End If
    If (Not CalcStepdown (period)) Then
        result = fannie
    ElseIf fAgencyConform = "Fannie" Then
        result = fannie
    Else
        result = freddie
    End If
    fGroupPercent (period, groupNum) = result
    CalcGroupPercent = fGroupPercent (period, groupNum)
    End Function
```

(18) 计算比所指定等级债券高级的债券的剩余面额(CalcMoreSeniorBal)。

```
    Private Function CalcMoreSeniorBal (period As Integer, Seniority As Integer) As Double
    Dim bal As Double
    bal = 0
    For i = 1 To mybonds. Count
        If mybonds (i) . Seniority < Seniority Then
            bal = bal + mybonds (i) . Balance (period)
        End If
    Next i
    CalcMoreSeniorBal = bal
    End Function
```

(19) 计算超额抵押额(CalcOCBalance)。

```
    Private Function CalcOCBalance (period As Integer) As Double
    fOCBalance (period) = fCF_ CollatBalance (period - 1, 0) - fCF_ CollatLoss (period, 0) -
BondBalance (period - 1, 0)
```

```
CalcOCBalance = fOCBalance (period)
End Function
```

（20）计算超额抵押目标（CalcOCTarget）。

```
Private Function CalcOCTarget (period As Integer) As Double
Dim TriggerEvent As Boolean
Dim PreSDOCTarget As Double
… …
Dim OC1 As Double
Dim Stepdown As Boolean
TriggerEvent = CalcDelinqTrigger (period - 1) Or CalcCumLossTrigger (period - 1)
PreSDOCTarget = fCF_ CollatBalance (0, 0) * fPreSDOCTarget
PostSDOCTarget = fCF_ CollatBalance (period, 0) * fPostSDOCTarget
OCFloor = fCF_ CollatBalance (0, 0) * fOCFloor
StepUp = (period > fOCStepUp) And fStress
Stepdown = CalcStepdown (period)
If period > fOCHoliday Then
    If Stepdown Then
        OC3 = WorksheetFunction. Min (PreSDOCTarget, PostSDOCTarget)
    ElseIf StepUp Then
        OC3 = PreSDOCTarget + fLossStepUp * fCF_ CollatBalance (0, 0)
    Else
        OC3 = PreSDOCTarget
    End If
    If TriggerEvent Then
        OC2 = fOCTarget (period - 1)
    Else
        OC2 = OC3
    End If
    OC1 = WorksheetFunction. Min (fCF_ CollatBalance (period - 1, 0), OC2)
    fOCTarget (period) = WorksheetFunction. Max (OCFloor, OC1)
Else
```

```
    fOCTarget (period) = 0
End If
lastOCDummy = OC2
CalcOCTarget = fOCTarget (period)
End Function
```

（21）计算债券应还本金额（CalcPDA）。

```
Private Function CalcPDA (period As Integer) As Double
fPDA (period) = WorksheetFunction. Max (0, fCF_ CollatPrincipal (period, 0) + CalcAcceleration (period))
CalcPDA = fPDA (period)
End Function
```

（22）计算已发生的损失（CalcRealizedLoss）。

```
Private Function CalcRealizedLoss (period As Integer)
Dim BondBal As Double
Dim collatBal As Double
BondBal = BondBalance (period, 0)
collatBal = fCF_ CollatBalance (period, 0)
fCF_ RealizedLoss (period) = WorksheetFunction. Max (BondBal - collatBal, 0)
CalcRealizedLoss = fCF_ RealizedLoss (period)
End Function
```

（23）计算群组的高级债券应还本金额（CalcSeniorDist）。

```
Private Function CalcSeniorDist (period As Integer, groupNum As Integer) As Double
Dim groupPercent As Double
Dim seniorPDA As Double
groupPercent = fGroupPercent (period, groupNum)
seniorPDA = CalcSeniorPDA (period)
fGroupTargetPayment (period, groupNum) = seniorPDA * groupPercent
CalcSeniorDist = fGroupTargetPayment (period, groupNum)
End Function
```

（24）计算高级债券的应还本金额（CalcSeniorPDA）。

```
Private Function CalcSeniorPDA (period As Integer) As Double
```

```
Dim SeniorOpt As Double
Dim SeniorTargetBal As Double
Dim subTarget As Double
Dim lastSenBal As Double
lastSenBal = SeniorBalance (period - 1, 0)
If fStress Or (Not CalcStepdown (period)) Then
    fSeniorPDA (period) = BondBalance (period - 1, 0) - WorksheetFunction. Max (0, fCF_
CollatBalance (period, 0) - CalcOCTarget (period))
Else
    subTarget = WorksheetFunction. Min (fCF_ CollatBalance (period, 0) - fCF_ CollatBalance
(0, 0) * fOCFloor, fCF_ CollatBalance (period, 0) * fSeniorTarget)
    fSeniorPDA (period) = WorksheetFunction. Max (0, SeniorBalance (period - 1, 0) - sub-
Target)
End If
fSeniorPDA (period) = WorksheetFunction. Min (CalcPDA (period), fSeniorPDA (period),
lastSenBal)
fSeniorPDA (period) = WorksheetFunction. Max (0, fSeniorPDA (period))
CalcSeniorPDA = fSeniorPDA (period)
End Function
```

（25）计算目标月份是否进入超额抵押递减期（CalcStepdown）。

```
Private Function CalcStepdown (period As Integer) As Boolean
Dim Threshold As Boolean
Dim collatBal As Double
Dim LastBondBal As Double
Dim lastSenBal As Double
Dim BondTarget As Double
Dim OCTarget As Double
Dim SeniorEnhPer As Double
collatBal = WorksheetFunction. Max (fCF_ CollatBalance (period, 0), 0.0001)
lastSenBal = SeniorBalance (period - 1, 0)
LastBondBal = BondBalance (period - 1, 0)
```

```
OCTarget = fPreSDOCTarget * fCF_ CollatBalance (0, 0)
BondTarget = WorksheetFunction. Max (0, collatBal - OCTarget)
Threshold = (period > fStepDownPeriod) Or (SeniorBalance (period - 1, 0) < = 0.00001)
SeniorEnhPer - (lastSenBal - WorksheetFunction. Max (0, LastBondBal - BondTarget)) /collatBal
fStepdown (period) = (fStepDownOC And (Not fStress) And Threshold And (SeniorEnhPer < =
fSeniorTarget)) Or fStepdown (period - 1)
CalcStepdown = fStepdown (period)
End Function
```

（26）计算目标月份目标等级的次级债券面额（CalcSubBalance）。

```
Public Function CalcSubBalance (period As Integer, Seniority As Integer) As Double
Dim Balance As Double
Balance =0
For i =1 To mybonds. Count
    If mybonds (i) . Description = "Mezz" Then
            If mybonds (i) . Seniority = Seniority Then
                Balance = Balance + mybonds (i) . Balance (period)
            End If
    End If
Next i
CalcSubBalance = Balance
End Function
```

（27）计算目标月份目标等级的次级债券偿付金额（CalcSubDist）。

```
Private Function CalcSubDist (period As Integer, Seniority As Integer) As Double
Dim subTarget As Double, subBalance As Double, moreSeniorBal As Double
If fStepdown (period) Then
        Dim StepUpAdj As Double
        If CalcOCStepUpTrigger (period) Then
            StepUpAdj = fPostSDOCTarget - fLossStepUp
        Else
            StepUpAdj =0
        End If
```

```
        subTarget = GetSubTarget (Seniority)
        TargetBal = WorksheetFunction. Min ( (subTarget + StepUpAdj) * fCF_ CollatBalance (period, 0), fCF_ CollatBalance (period, 0) - fOCFloor * fCF_ CollatBalance (0, 0))
        subBalance = CalcSubBalance (period - 1, Seniority)
        moreSeniorBal = CalcMoreSeniorBal (period, Seniority)
        subDist = subBalance + moreSeniorBal TargetBal
    Else
        subDist = fSubPDA (period)
    End If
    CalcSubDist = WorksheetFunction. Max (0, WorksheetFunction. Min (fSubPDA (period), subBalance, subDist))
    End Function
```

(28) 计算次级债券应还本金额 (CalcSubPDA)。

```
Private Function CalcSubPDA (period As Integer) As Double
fSubPDA (period) = CalcPDA (period) - CalcSeniorPDA (period)
CalcSubPDA = fSubPDA (period)
End Function
```

(29) 计算目标月份衍生工具的现金流 (CalcSwap)。

```
Public Function CalcSwap (period As Integer) As Double
Call mySwap. CalDealCashflow (fSwapLessorBond, FloatingBondBal (period - 1, 0), period, fAdjust30 (period), fAdjustAct (period))
fCF_ Swap (period) = mySwap. DealCashflow (period)
CalcSwap = fCF_ Swap (period)
End Function
```

(30) 计算目标月份是否需要加速还款 (CalcTurboTrigger)。

```
Private Function CalcTurboTrigger (period As Integer) As Boolean
Dim OCBal As Double
Dim MatBal As Double
OCBal = fCF_ CollatBalance (period, 0) - BondBalance (period, 0)
MatBal = MatFund. Balance (period)
Dim FortyBal As Double
```

```
FortyBal = collat40. Balance (period)
    If period < fFinalMatOCTriggerPeriod Then
        fTurboTrigger (period) = False
    Else
        If MatBal + OCBal < FortyBal Then
            fTurboTrigger (period) = True
        Else
            fTurboTrigger (period) = False
        End If
    End If
CalcTurboTrigger = fTurboTrigger (period)
End Function
```

(31) 计算目标月份群组内资产池的余额 (Collatbalance)。

```
Public Function CollatBalance (period As Integer, groupNum As Integer) As Double
Dim temp As Double
temp = 0
For i = 1 To myCollat. Count
    If groupNum = 0 Then
        temp = temp + myCollat (i) . Balance (period)
    Else
        If groupNum = myCollat (i) . group Then
            temp = temp + myCollat (i) . Balance (period)
        End If
    End If
Next i
fCF_ CollatBalance (period, groupNum) = temp
CollatBalance = temp
End Function
```

(32) 计算目标月份群组的资产利息金额 (CollatInterest)。

```
Public Function CollatInterest (period As Integer, groupNum As Integer) As Double
Dim temp As Double
```

```
temp = 0
For i = 1 To myCollat. Count
    If groupNum = 0 Then
        temp = temp + myCollat (i) . Interest (period)
    Else
        If groupNum - myCollat (i) . group Then
            temp = temp + myCollat (i) . Interest (period)
        End If
    End If
Next i
fCF_ CollatInterest (period, groupNum) = temp
CollatInterest = temp
End Function
```

（33）计算目标月份群组资产池的损失金额（CollatLoss）。

```
Public Function CollatLoss (period As Integer, groupNum As Integer) As Double
Dim temp As Double
temp = 0
For i = 1 To myCollat. Count
    If groupNum = 0 Then
        temp = temp + myCollat (i) . Loss (period)
    Else
        If groupNum = myCollat (i) . group Then
            temp = temp + myCollat (i) . Loss (period)
        End If
    End If
Next i
fCF_ CollatLoss (period, groupNum) = temp
CollatLoss = temp
End Function
```

（34）计算目标月份群组资产池的提前偿付罚款额（CollatPrepayPenalty）。

```
Public Function CollatPrepayPenalty (period As Integer, groupNum As Integer) As Double
```

```
Dim temp As Double
temp = 0
For i = 1 To myCollat. Count
    If groupNum = 0 Then
        temp = temp + myCollat (i) . PrepayPenalty (period)
    Else
        If groupNum = myCollat (i) . group Then
            temp = temp + myCollat (i) . PrepayPenalty (period)
        End If
    End If
Next i
fCF_ CollatPenalty (period, groupNum) = temp
CollatPrepayPenalty = temp
End Function
```

（35）计算目标月份群组资产池的本金额（CollatPrincipal）。

```
Public Function CollatPrincipal (period As Integer, groupNum As Integer) As Double
Dim temp As Double
temp = 0
For i = 1 To myCollat. Count
    If groupNum = 0 Then
        temp = temp + myCollat (i) . Principal (period)
    Else
        If groupNum = myCollat (i) . group Then
            temp = temp + myCollat (i) . Principal (period)
        End If
    End If
Next i
fCF_ CollatPrincipal (period, groupNum) = temp
CollatPrincipal = temp
End Function
```

(36) 计算次级债券的目标余额 (GetSubTarget)。

```
Private Function GetSubTarget (Seniority As Integer) As Double
For i = 1 To mybonds. Count
    If mybonds (i) . Description = "Mezz" Then
            If mybonds (i) . Seniority = Seniority Then
                GetSubTarget = mybonds (i) . subTarget
                Exit For
            End If
    End If
Next i
End Function
```

(37) 测试本月是否需要回购资产或债券 (IsCall)。

```
Private Function isCall (period As Integer) As Boolean
If fCallBase = "Collateral" Then
    isCall = (fCF_ CollatBalance (period, 0) /fcollatBalance < = fCallPercent)
Else
    isCall = (BondBalance (period, 0) /fBondBalance < = fCallPercent)
End If
fisCall (period) = isCall
If period > 1 Then
    If Not fisCall (period - 1) And fisCall (period) Then Range ( "CallPeriod") = period
End If
If (fisCall (period) And fRunToCall) Or fExerciseCall Then
    fExerciseCall = True
Else
    fExerciseCall = False
End If
End Function
```

(38) 计算债券的应付利息，并用现有现金流偿付 (PayInterest)。

```
Private Function PayInterest (period As Integer, ByRef bond As Tranche, availFund As Double, status As String) As Double
```

```
Dim callSpread As Double
Dim callAdj As Double
…
Dim dayCountAdj As Double
Dim rate As Double
If status = "initial" Then
    callSpread = bond. MarginStepup
    If isCall (period - 1) Then callAdj = callSpread Else callAdj = 0
    rate = myInterestCurves (bond. Index) . Item (period)
    If bond. TrancheType = "Float" Then bondCoupon = rate + bond. Margin + callAdj Else bond-
Coupon = bond. TrancheCoupon + callAdj
    If bond. DayCount = "act/360" Then
        dayCountAdj = fAdjustAct (period)
    Else
        If period = 1 Then
            dayCountAdj = bond. FPDays/360
        Else
            dayCountAdj = fAdjust30 (period)
        End If
    End If
    rawRate = bondCoupon * dayCountAdj
    key = bond. capKey
    couponCap = myCaps (key) . capRate (period)
    capRate = couponCap * dayCountAdj
End If
PayInterest = bond. PayInterest (period, rawRate, capRate, availFund, bondCoupon, couponCap,
status)
End Function
```

（39）计算目标月份群组的高级债券余额（SeniorBalancc）。

```
Public Function SeniorBalance (period As Integer, groupNum As Integer) As Double
Dim temp As Double
```

```
temp = 0
For i = 1 To mybonds. Count
    If groupNum = 0 Then
        If mybonds (i) . Description = "Senior" Then temp = temp + mybonds (i) . Balance
(period)
    Else
        If groupNum = mybonds (i) . CollatGroup Then
            If mybonds (i) . Description = "Senior" Then temp = temp + mybonds (i)
. Balance (period)
        End If
    End If
Next i
fCF_ SeniorBondBalance (period, groupNum) = temp
SeniorBalance = temp
End Function
```

（40）计算目标月份群组的次级债券余额（SubBalance）。

```
Public Function subBalance (period As Integer, groupNum As Integer) As Double
Dim temp As Double
temp = 0
For i = 1 To mybonds. Count
    If groupNum = 0 Then
        If Not (mybonds (i) . Description = "Senior") Then temp = temp + mybonds (i)
. Balance (period)
    Else
        If groupNum = mybonds (i) . CollatGroup Then
            If Not (mybonds (i) . Description = "Senior") Then temp = temp + mybonds (i)
. Balance (period)
        End If
    End If
Next i
fCF_ SubBondBalance (period, groupNum) = temp
```

```
subBalance = temp
End Function
```

2. 债券模块

（1）偿还目标月份的利息（PayInterest）。

```
Public Function PayInterest (period As Integer, rawRate As Double, capRate As Double, availFund As Double, bondCoupon As Double, couponCap As Double, status As String) As Double
Dim OwedInt As Double
…
If fBalance (period - 1) = 0 And fIntShortfall (period) = 0 And fCapShortfall (period) = 0 Then
    PaidInt = 0
ElseIf status = "initial" Then
    fIntShortfall (period) = fIntShortfall (period - 1) * rawRate
    fCapShortfall (period) = (fCapShortfall (period - 1) - fCapShortfallPayback (period - 1)) * (1 + rawRate)
    fIntAccrued (period) = fBalance (period - 1) * rawRate
    If capRate < rawRate Then CappedInt = fBalance (period - 1) * (rawRate - capRate) Else CappedInt = 0
    intOwed = WorksheetFunction. Max (0, fIntAccrued (period) - CappedInt - fIntPaid (period))
    fIntPaid (period) = WorksheetFunction. Min (intOwed, availFund) + fIntPaid (period)
    fIntShortfall (period) = fIntShortfall (period) + WorksheetFunction. Max (0, intOwed - fIntPaid (period))
    fCapShortfall (period) = CappedInt + fCapShortfall (period)
    fCoupon (period) = bondCoupon * 100
    fCouponCap (period) = couponCap * 100
    PaidInt = WorksheetFunction. Min (intOwed, availFund)
ElseIf status = "shortfall" Then
    fIntShortfall (period) = fIntShortfall (period) - WorksheetFunction. Min (fIntShortfall (period), availFund)
    PaidInt = WorksheetFunction. Min (fIntShortfall (period), availFund)
```

```
ElseIf status = "carryforward" Then
    fCapShortfallPayback (period) = WorksheetFunction. Min (fCapShortfall (period), availFund)
    fIntPaid (period) = fIntPaid (period) + fCapShortfallPayback (period)
    PaidInt = fCapShortfallPayback (period)
Else
End If
PayInterest = availFund - PaidInt
End Function
```

（2）偿还目标月份的债券本金（PayPrincipal）。

```
Public Function PayPrincipal (period As Integer, payable As Double) As Double
Dim PaidPrinc As Double
If period > fPaidDownPeriod Then
    PayPrincipal = payable
Else
    PaidPrinc = WorksheetFunction. Min (fBalance (period - 1) - fPrincipal (period), payable)
    fPrincipal (period) = fPrincipal (period) + PaidPrinc
    fBalance (period) = fBalance (period - 1) - fPrincipal (period)
    If fBalance (period) < 0. 01 Then fPaidDownPeriod = period
    PayPrincipal = payable - PaidPrinc
End If
End Function
```

（3）计算债券的损失减值（PrincipalWritedown）。

```
Public Function PrincipalWritedown (period As Integer, totalWritedown As Double) As Double
Dim thisWritedown As Double
thisWritedown = WorksheetFunction. Min (totalWritedown, fBalance (period))
fWriteDown (period) = fWriteDown (period) + thisWritedown
fBalance (period) = fBalance (period) - thisWritedown
PrincipalWritedown = totalWritedown - thisWritedown
End Function
```

3. 现金流管道模块

(1) 按横向或纵向以及比例向管道内注入现金流 (PayPipe)。

```
Public Function PayPipe (period As Integer, availFund As Double, groupPercents As Variant)
As Double
    Dim fund As Double, Percent As Double
    fund = availFund
    If myPipe.Count > 0 Then
        If fVertical Then
            For p = 1 To fMaxPriority
                fund = PayPriorityLevel (period, p, fund)
            Next p
        Else
            Dim pipeBal As Double
            Dim share As Double
            pipeBal = PipeBalance (period - 1)
            If pipeBal > 0 Then
                For i = 1 To myPipe.Count
                    If fSplitMethod = "ProRata" Then
                        Percent = myPipe (i) .Balance (period - 1) /pipeBal
                    ElseIf fSplitMethod = "GroupPercent" Then
                        Percent = groupPercents (period, myPipe (i) .CollatGroup)
                    Else
                        Percent = 1
                    End If
                    share = availFund * Percent
                    fund = fund - share + myPipe (i) .PayPrincipal (period, share)
                Next i
                fund = PayRemainLeg (period, fund)
            End If
        End If
    End If
```

```
PayPipe = fund
End Function
```

（2）支付管道内剩余的剩余债券（PayRemainLeg）。

```
Public Function PayRemainLeg (ByVal period As Integer, availFund As Double) As Double
Dim fund As Double, Percent As Double, share As Double, pipeBal As Double
fund = availFund
If fSplitMethod = "GroupPercent" Then
    For i = 1 To myPipe. Count
        pipeBal = PipeBalance (period)
        If pipeBal > 0 Then
            Percent = myPipe (i) . Balance (period) /PipeBalance (period)
            share = availFund * Percent
            fund = fund - share + myPipe (i) . PayPrincipal (period, share)
        End If
    Next i
End If
PayRemainLeg = fund
End Function
```

（3）为管道内同一级别的债券注入现金流（PayPriorityLevel）。

```
Private Function PayPriorityLevel (ByVal period As Integer, ByVal Priority As Integer, availFund As Double) As Double
Dim fund As Double, amount As Double, levelFund As Double, priorityBal As Double, pipeBal As Double
fund = availFund
For i = 1 To myPipe. Count
    If myPipe (i) . Priority = Priority Then
        priorityBal = PriorityBalance (period - 1, Priority)
        pipeBal = PipeBalance (period - 1)
            If myPipe (i) . IsNAS And pipeBal > 0.01 And priorityBal > 0 Then
                amount = WorksheetFunction. Min (availFund * myPipe (i) . NASSchedule (period) * priorityBal/pipeBal, availFund) * myPipe (i) . Balance (period - 1) /priorityBal
```

```
            ElseIf priorityBal > 0.01 Then
                amount = availFund * myPipe(i).Balance(period - 1)/priorityBal
            Else
                amount = 0
            End If
        fund = fund - amount + myPipe(i).PayPrincipal(period, amount)
    End If
Next i
PayPriorityLevel = fund
End Function
```

（4）计算管道内所有债券的余额（PipeBalance）。

```
Public Function PipeBalance(ByVal period As Integer) As Double
Dim Balance As Double
Balance = 0
For i = 1 To myPipe.Count
    Balance = Balance + myPipe(i).Balance(period)
Next i
PipeBalance = Balance
End Function
```

（5）计算管道内目标等级的余额（PriorityBalance）。

```
Public Function PriorityBalance(ByVal period As Integer, ByVal Priority As Integer) As Double
Dim Balance As Double
Balance = 0
For i = 1 To myPipe.Count
    If myPipe(i).Priority = Priority Then
        Balance = Balance + myPipe(i).Balance(period)
    End If
Next i
PriorityBalance = Balance
End Function
```

（6）计算管道内债券的损失减值（WritedownPipe）。

```
Public Function WritedownPipe (period As Integer, totalWritedown As Double) As Double
Dim totalWD As Double
totalWD = totalWritedown
If myPipe. Count > 0 Then
    If fVertical Then
        For i = myPipe. Count To 1 Step -1
            totalWD = myPipe (i) . PrincipalWritedown (period, totalWD)
        Next i
    Else
        Dim pipeBal As Double
        Dim share As Double
        pipeBal = PipeBalance (period)
        If pipeBal > 0. 00001 Then
            For i = myPipe. Count To 1 Step -1
                share = totalWD * myPipe (i) . Balance (period) /pipeBal
                totalWD = totalWD - share
                totalWD = totalWD + myPipe (i) . PrincipalWritedown (period, share)
            Next i
        End If
    End If
End If
WritedownPipe = totalWD
End Function
```

4. 衍生品模块

（1）计算衍生品（互换）的付款（固定利率）金额（CalDealPayLeg）。

```
Private Sub CalDealPayLeg (useLessor As Boolean, BondBal As Double, period As Integer, DayAdj30 As Double)
Dim Balance As Double
    If useLessor Then
        Balance = WorksheetFunction. Min (BondBal, fDealPayBalance (period - 1))
```

```
        Else
            Balance = fDealPayBalance (period - 1)
        End If
        fDealPay (period) = Balance * fDealPayRate (period) * DayAdj30
    End Sub
```

（2）计算衍生品（互换）的收款（浮动利率）金额（CalDealRecLeg）。

```
    Private Sub CalDealRecLeg (useLessor As Boolean, BondBal As Double, period As Integer, dayAdjAct As Double)
    Dim Balance As Double
        If useLessor Then
            Balance = WorksheetFunction. Min (BondBal, fDealRecBalance (period - 1))
        Else
            Balance = fDealRecBalance (period - 1)
        End If
        fDealRec (period) = Balance * fDealRecRate (period) * dayAdjAct
    End Sub
```

（3）计算净现金流（CalDealCashflow）。

```
    Public Sub CalDealCashflow (useLessor As Boolean, BondBal As Double, period As Integer, DayAdj30 As Double, dayAdjAct As Double)
    Call CalDealPayLeg (useLessor, BondBal, period, DayAdj30)
    Call CalDealRecLeg (useLessor, BondBal, period, dayAdjAct)
    fDealCashflow (period) = fDealRec (period) - fDealPay (period)
    End Sub
```

本章我们所演示的建模案例和具体的程序是针对住房抵押贷款证券化这类交易的，不一定适合其他类别的资产证券化。我们的目的不是让读者拷贝这些算法和程序，生搬硬套到具体的交易中，而是想让读者通过对所演示的内容来强化对资产证券化交易的理解，并掌握资产证券化建模的基本框架、步骤和设计理念。值得注意的是，资产证券化是一个不断创新和变化的事物，所以对它的建模也必须不断更新，与时俱进。我们在培养计算和编程能力的同时，更要注重对交易的理解和诠释，这是一切金融建模的根本。

后　记

去年有幸在北京见到同乡孙鲁军司长，在他的鼓励下从2013年年初开始酝酿和筹备本书的写作，从2013年4月开始利用周末和晚上的时间进行写作构思和材料收集。

本着以最优质的质量完成本书创作的目的，在2013年的国庆前邀请了在美国工作期间结识的好友郁冰峰先生加入创作过程，其后两位好友郝延山和邓海清博士也陆续加入了创作团队，使本书的创作团队实力大为增强。

本书的构思按照技术、市场、环境三个方面进行，在11个章节中，我完成了第3章、第4章、第6章、第8章及第11章的修订工作；郁冰峰先生完成了第5章、第7章、第8章、第9章及第11章部分内容；邓海清博士完成第1章、第2章；郝延山完成第11章的部分内容。本人负责全书的架构设计和组织管理，并进行了统稿校对。

在图书出版过程中得到了银监会原副主席蔡鄂生、央行金融研究所金中夏老师，以及霍学文书记、黄世忠老师、许晓曦董事长等领导前辈的大力支持，使本书的完成成为可能。特别感谢中国金融会计学会的马德伦会长和金中夏老师给予我在央行演讲汇报的机会，开拓了我的视野，同时让自己得到了很大的提高。

这本书的技术性比较强，在此对中信出版社相关编辑为本书的出版所付出的努力，深表谢意。

其中有一些错漏之处，请各位同行老师批评指正！

林　华